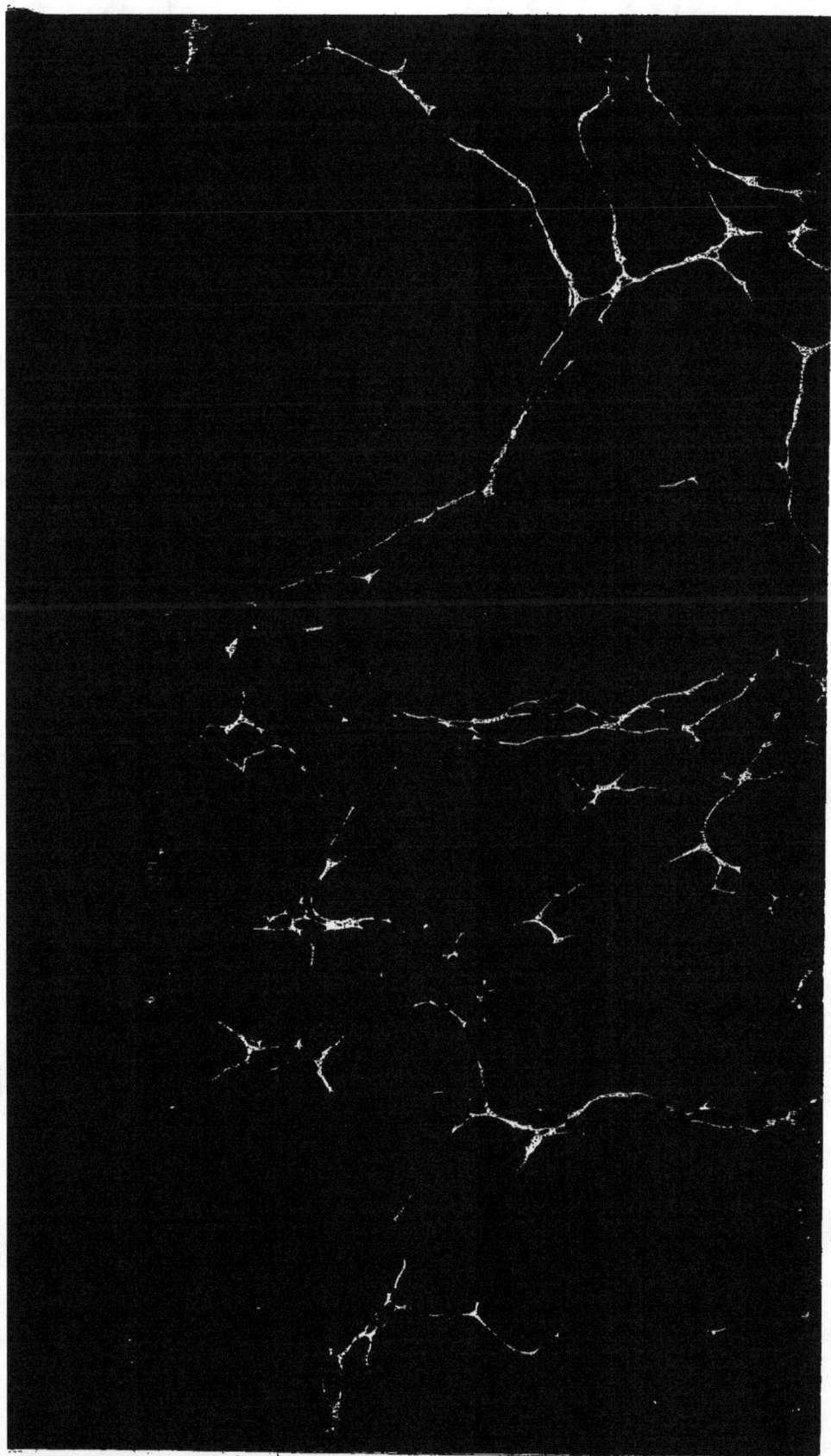

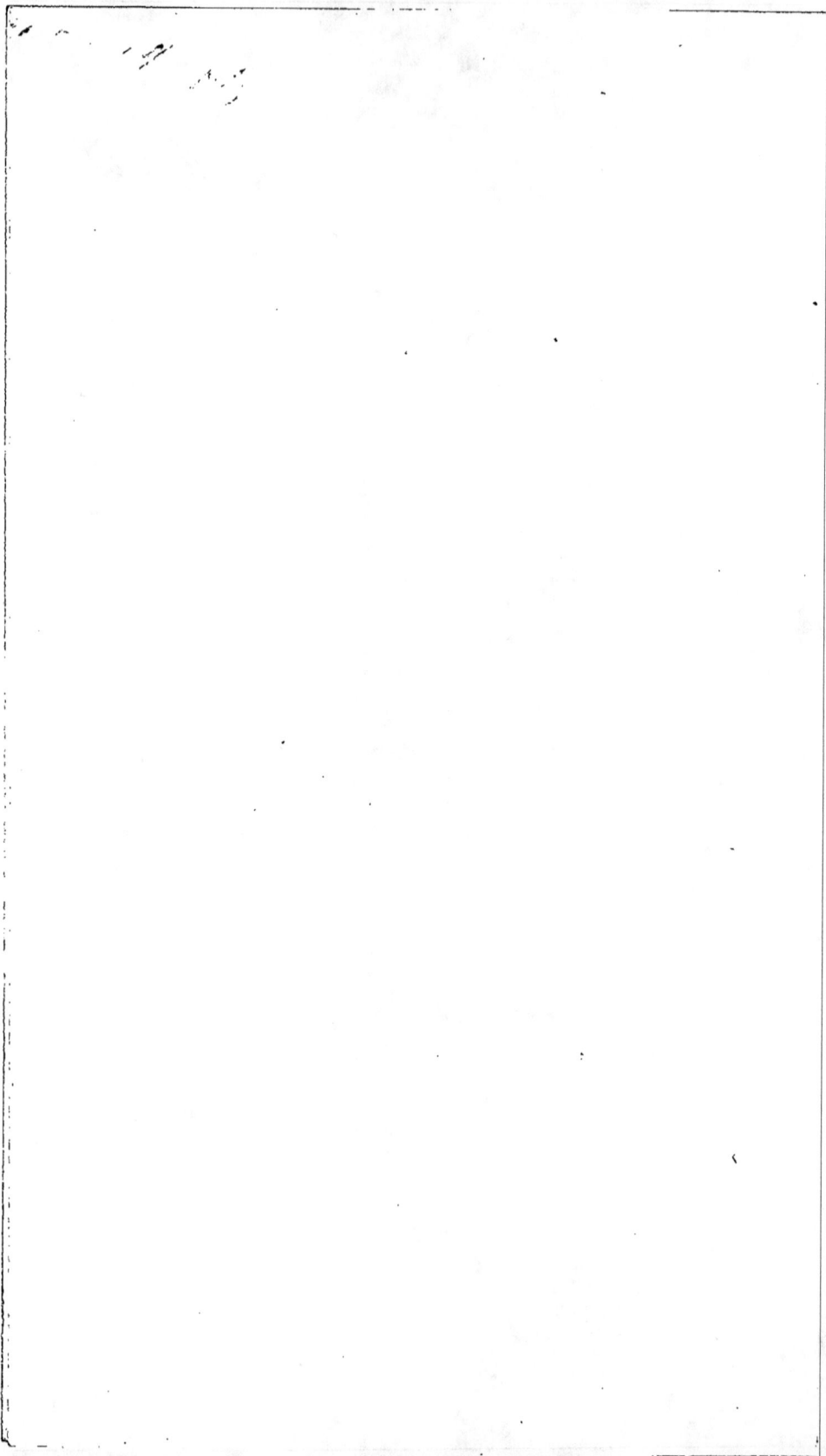

DE LA

CONDITION DU FONDS DOTAL

EN DROIT ROMAIN

IMPRIMÉ PAR CHARLES NOBLET

Rue Soufflot, 18.

DE LA CONDITION

DU FONDS DOTAL

EN

DROIT ROMAIN

COMMENTAIRE

DU TITRE DU DIGESTE *DE FUNDO DOTALI*

(DIX LEÇONS FAITES AU COURS DE 1860)

PAR

Charles DEMANGEAT

Professeur suppléant à la Faculté de Droit, avocat à la Cour impériale de Paris.

PARIS

A. MARESCQ AÎNÉ, LIBRAIRE-ÉDITEUR

17, RUE SOUFFLOT, 17

1860

DE LA CONDITION

DU FONDS DOTAL

EN

DROIT ROMAIN

NOTIONS PRÉLIMINAIRES.

La dot est une valeur que le mari reçoit en cette qualité de mari, valeur destinée à lui permettre de faire face aux charges qu'entraîne avec lui le mariage. Cette valeur ne consiste pas nécessairement en une ou plusieurs choses corporelles. Comme le dit Ulpien (1), *dos aut datur aut dicitur aut promittitur. Dos datur*, lorsque le mari acquiert, soit de la femme, soit d'un tiers, la propriété ou l'usufruit d'une chose soit mobilière, soit immobilière(2). *Dos dicitur*, lorsque le mari obtient, par suite d'un contrat particulier, qui peut émaner de la femme ou de son ascendant paternel ou de son débiteur, soit un droit de créance, soit l'extinc-

(1) *Ulp. Fragm.*, Tit. VI, § 1.
(2) Le mot *datio* peut s'appliquer même à des *nomina* : supposez qu'une personne qui a une créance sur un tiers la cède au mari *dotis causá*. V. L. 49 pr. *Sol. matr.* (24, 3); L. 2, C., *De oblig. et act.* IV, 10).

1

tion d'une dette dont il était tenu (1). Enfin *dos pro-*
mittitur, lorsque le mari stipule d'une personne quelconque un certain avantage, de manière à devenir
créancier de cette personne. — Il ne faudrait pas croire,
du reste, que cette énumération donnée par Ulpien soit
limitative. Nous voyons qu'une dot peut encore se
trouver constituée dans d'autres circonstances. Ainsi,
le mari étant tenu d'une obligation verbale envers la
femme ou envers un étranger, le créancier peut lui
faire *acceptilatio, dotis constituendæ causâ* (2). Il est vrai
qu'on pourrait rattacher ce mode au cas de *datio* : c'est
comme si le mari se fût acquitté par un paiement entre
les mains du créancier et que celui-ci lui eût immédiatement retransféré la somme ou la chose reçue (3).
Ajoutons que plusieurs textes parlent d'un legs *per*
damnationem fait au mari *dotis constituendæ causâ* (4).

Quel est précisément l'objet du Titre *De fundo dotali*,
dont nous entreprenons l'explication? Les différents
fragments dont se compose ce Titre se rattachent à une
disposition célèbre de la loi Julia qui limitait entre les
mains du mari, relativement au fonds dotal, les pouvoirs qui de droit commun appartiennent au propriétaire. Le mari, bien qu'il soit *dominus dotis*, ne peut
pas disposer librement du fonds dotal : voilà le principe
essentiel dont nous devons mesurer la portée exacte, et
rechercher les applications. Tout d'abord il importe

(1) Voyez mon Traité *Des obligations solidaires en droit ro-*
main, p. 56 et suiv.

(2) Voy. notamment L. 41 § 2 et L. 43 *De jure dot.* (23, 3).

(3) Deux traditions sont ainsi sous-entendues. La L. 43 § 1 *De jure*
dot. en suppose même trois. Aj. L. 49, *in fine, cod. Tit.*

(4) L. 48 § 1 *De jure dot.*; L. 71 § 3 *De condit. et dem.*
(35, 1).

d'en bien préciser le sens, et pour cela il faut le dé-
composer en ses éléments les plus simples. Or, dans la
formule qui vient d'être donnée, sont contenues les
trois propositions suivantes : Les choses dotales appartiennent au mari ; — la propriété du mari n'est nullement restreinte quant aux meubles dotaux ; — elle n'est
point non plus restreinte quant aux immeubles apportés en dot avec estimation, attendu qu'en cas pareil ce
qui est dotal, c'est le montant de l'estimation, et non
l'immeuble estimé.

Reprenons successivement ces trois propositions.

1° LES CHOSES DOTALES APPARTIENNENT AU MARI.

Cela n'est pas vrai seulement lorsque, suivant l'expression d'Ulpien, *dos datur*, c'est-à-dire lorsque la
femme ou toute autre personne transfère au mari, à titre
de dot, sans être tenue à cet égard d'une obligation
préexistante, une chose dont elle est propriétaire (1).
Cela peut également recevoir application lorsque la dot
a été constituée par *promissio* ou par *dictio*. En effet,
supposons d'abord que la femme ou toute autre personne
a promis au mari, à titre de dot, de lui donner une
chose, soit *in specie* soit *in genere :* sans doute, lors
même que l'objet de la promesse est une *species*, un
corps certain, lors même que ce corps certain appartient déjà au promettant, il ne devient point dotal et ne
passe point dans la propriété du mari avant le paie-

(1) Si le constituant n'est pas propriétaire, mais que le mari soit
de bonne foi, ou si le constituant a simplement livré une chose *mancipi*, il y aura lieu au profit du mari à une usucapion *pro dote* (Dig.,
lib. XLI, Tit. 9).

ment; mais, dès qu'il y a paiement valablement fait, la chose payée qui appartenait au promettant devient dotale et se trouve transférée au mari (1). Si nous supposons maintenant qu'il y a eu *dictio dotis*, deux cas doivent être distingués : ou le constituant, tenu de fournir une chose, accomplit son obligation au moyen d'un paiement, et alors tout se passe comme si le paiement avait lieu en exécution d'une promesse proprement dite; ou l'objet de la *dictio* a été *quod maritus debebat*, et alors, pourvu que le mari soit déjà propriétaire de la chose qu'il doit au constituant, cette chose par l'effet de la *dictio* devient immédiatement dotale, et, bien entendu, ne cesse pas d'appartenir au mari (2). — On voit donc que ce n'est pas seulement dans le cas où *dos datur*, mais également quand la constitution a eu lieu par l'un des deux autres modes indiqués dans les *Fragments d'Ulpien*, que des choses corporelles peuvent être dotales et comme telles appartenir au mari.

La propriété du mari sur les choses dotales, dans les différents cas qui viennent d'être signalés, est mise hors de doute par un grand nombre de textes. De tous ces textes, aucun assurément n'est plus décisif que le passage suivant des Institutes de Gaius : « *Accidit aliquando* « *ut qui dominus sit, alienandæ rei potestatem non habeat,* « *et qui dominus non sit alienare possit. Nam dotale præ-*

_____

(1) Si le mari reçoit de bonne foi une chose qui n'appartient pas au promettant, il y aura lieu à une usucapion *pro soluto*. De même si le mari *accipiens* croit qu'il y a eu promesse *dotis causá* lorsqu'en réalité il n'y en a jamais eu. Voy. LL. 46 et 48 *De usurp.* (41, 3), L. 3 *Pro suo* (41, 10).

(2) De même si, au lieu d'une *dictio*, c'est une *acceptilatio* qui a été faite par le créancier au mari débiteur.

« *dium maritus, invitâ muliere, per legem Juliam prohi-*
« *betur alienare, quamvis ipsius sit, vel mancipatum ei*
« *dotis causâ, vel in jure cessum, vel usucaptum* » (1):
Gaius proclame que le mari est *dominus prædii dotalis;*
et en effet comment ne le serait-il pas, lorsque la chose
lui a été mancipée ou cédée *in jure* par le propriétaire,
ou lorsqu'il a pu en accomplir l'usucapion ? Ce sont là
trois événements qui, appliqués à une chose corporelle,
à un *prædium*, ne peuvent avoir d'autre résultat que de
conférer la propriété (2). Du reste, la disposition même
de la loi Julia présuppose la propriété du mari : évidemment, s'il n'était pas propriétaire, le législateur
eût pris une peine tout à fait inutile en lui défendant
d'aliéner : cette défense ne se comprend que parce
qu'elle s'adresse à une personne qui, suivant le droit
commun de la propriété, aurait pouvoir d'aliéner (3).

(1) Comment. II, §§ 62 et 63 : « Il peut arriver que celui qui est
« propriétaire n'ait pas le pouvoir d'aliéner la chose, et que celui qui
« n'est point propriétaire puisse l'aliéner. Ainsi, aux termes de la loi
« Julia, il n'est pas permis au mari d'aliéner le fonds dotal sans le
« consentement de la femme, bien que ce fonds lui appartienne en
« vertu d'une *mancipatio* à lui faite *dotis causâ*, ou d'une *in jure*
« *cessio*, ou d'une usucapion. » Comparez Inst. de Justinien, pr.
Quib. alien. lic. rel non (II, 8).

(2) En présence de ce texte de Gaius, il est tout à fait impossible
d'admettre, avec certains interprètes, que le mari n'est pas propriétaire des biens dotaux, mais qu'il a mandat de faire en général ce
que peut faire un propriétaire. Ajoutez que le mari, simple mandataire, ne pourrait pas procéder à un affranchissement *vindictâ* (L. 3,
C., *De vindictâ lib.*); or nous voyons que le mari a *liberam facultatem inter vivos manumittendi dotalia mancipia* (L. 3, C., *De
jure dot.*).

(3) Chez nous, au contraire, la défense d'aliéner le fonds dotal
s'adresse particulièrement à la femme; mais je me garderais bien de
dire que cette défense ne peut avoir absolument aucun intérêt quand

Je me bornerai pour le moment à invoquer encore deux autres témoignages.

Gaius, dans la L. 49 *De furtis* (47,2), s'exprime ainsi : « *Interdùm accidit ut non habeat furti actionem* « *is cujus interest rem salvam esse. Ut ecce : creditor, ob* « *rem debitoris subreptam, furti agere non potest, etsi* « *aliundè creditum servare non possit; loquimur autem* « *scilicet de eâ re quæ pignoris jure obligata non sit. Item,* « *rei dotalis nomine, quæ periculo mulieris est, non mu-* « *lier furti actionem habet, sed maritus* » (1). Ce texte, rapproché des principes généraux sur l'action *furti,* prouve clairement que les choses dotales appartiennent au mari et seulement au mari. En effet, quand un *fur-tum* a été commis, quelle personne est fondée à poursuivre le voleur par l'action *furti ?* La règle à cet égard est ainsi formulée par Gaius lui-même dans ses Institutes : « *Furti actio ei competit cujus interest rem salvam* « *esse, licet dominus non sit : itaque nec domino aliter* « *competit quàm si ejus intersit rem non perire* » (2). D'où nous sommes certainement autorisés à conclure

c'est le mari seul qui a voulu aliéner le fonds dotal. V. Code Nap., art. 1560.

(1) « Il arrive quelquefois que l'action *furti* n'appartient pas à ce- « lui qui avait intérêt à la conservation de la chose. Ainsi le créan- « cier, une chose étant volée au débiteur, ne peut pas intenter l'ac- « tion *furti,* lors même que sans cette chose il lui serait impossible « d'obtenir paiement de sa créance ; bien entendu, nous supposons « une chose qui ne lui était pas engagée. De même, pour une chose « dotale, qui est aux risques de la femme, ce n'est point la femme , « c'est le mari qui a l'*actio furti.* » — La même décision se retrouve dans une Constitution des empereurs Dioclétien et Maximien : L. 11, C., *De jure dot.* (v, 12).

(2) Comment. III, § 203. Comp. Iust. de Justinien. § 13 *De oblig. quæ ex del. nasc.* (IV, 1).

que l'action *furti* est valablement intentée par celui qui
à la fois est propriétaire de la chose volée et avait intérêt à ce que le vol n'eût pas lieu : aussi voyons-nous
que, si la chose volée était grevée d'un droit d'usufruit,
l'action *furti* appartiendrait, non-seulement à l'usufruitier, mais également au nu-propriétaire(1). Donc si Gaius,
au cas où le *furtum* s'applique à une chose dotale, refuse l'action *furti* à la femme, malgré l'intérêt qu'elle
avait à ce que le *furtum* n'eût pas lieu, et l'accorde exclusivement au mari, c'est que la femme n'a aucun
droit de propriété sur cette chose dotale, c'est que le
mari en est bien réellement le seul propriétaire. — On
objectera peut-être que, lorsqu'une chose est volée
entre les mains d'un commodataire, l'action *furti* appartient, non au propriétaire commodant, mais au commodataire (2) : « Si Gaius, pourrait-on dire, refuse l'*actio furti* à la femme, c'est sans doute par le même
motif qui le conduit à la refuser au propriétaire commodant ; ce refus n'est donc point exclusif d'un droit
de propriété existant au profit de la femme sur les
choses dotales ». L'objection n'est point fondée. En
effet, pour que l'*actio furti* soit refusée au commodant,
il faut supposer d'abord qu'il y a eu faute de la part du
commodataire qui a laissé voler la chose, ou, en d'autres termes, que par suite de ce *furtum* il est tenu de
l'action *commodati directa*, et il faut supposer de plus
qu'il est solvable : à cette double condition, le *furtum*
ne cause aucun préjudice au commodant (*ejus nihil in-*

(1) Ulpien, L. 46 § 1 *De furt.*
(2) Gaius, Comment. III, § 206. — Comp. Inst. de Justinien, § 16
De oblig. quæ ex del. nasc.

terest rem non periisse), et par conséquent on se conforme à la règle générale en lui refusant l'*actio furti*.
Au contraire Gaius, dans le texte qui nous occupe
(L. 49 *De furt.*), ne s'attache point à la circonstance
que le mari est responsable du vol, il ne suppose point
non plus la solvabilité du mari : la perte, dit-il, est
pour la femme (*res periculo mulieris est*), et cependant
la femme n'aura pas l'*actio furti!* Cela ne peut s'expliquer que par l'absence de tout droit de propriété chez
la femme relativement aux choses dotales (1).

Un dernier texte que nous pouvons invoquer dès à
présent, c'est la L. 24 *De act. rerum amot.* (25, 2),
dans laquelle Ulpien s'exprime ainsi : « *Ob res amotas,*
« *vel proprias viri vel etiam dotales, tàm vindicatio quàm*
« *condictio viro adversùs mulierem competit, et in potes-*
« *tate est quâ velit actione uti* » (2). Lorsqu'un époux se
rend coupable d'un détournement (*contrectatio fraudu-
losa*) au préjudice de son époux, l'opinion qui a prévalu, c'est qu'au fond il y a bien *furtum*, mais que
cependant l'*actio furti* ne sera pas donnée, et même que
l'époux qui agit pour se faire indemniser (*qui rem per-
sequitur*) ne peut pas employer une action qui, comme
la *condictio furtiva*, désigne le fait honteux reproché au
défendeur (3). Ainsi l'époux dont la chose a été déro-

---

(1) Il paraît, du reste, que certains jurisconsultes accordaient l'action *furti* à toute personne qui souffre du *furtum*, lors même que la
personne n'aurait encore qu'un simple droit de créance. Voy. notamment Africain, L. 38 § 1 *in fine De solut.* (46, 3).

(2) « En cas de détournement de choses propres au mari ou même
« de choses dotales, le mari a contre la femme tant la revendication
« que la *condictio*, et il est en son pouvoir d'intenter celle des deux
« qu'il préfère. »

(3) LL. 1 et 2 *De act. rer. amot.*

bée peut, suivant les cas, intenter contre son époux l'action *rerum amotarum* ou la *condictio propter turpem vel injustam causam* (1); il peut aussi, *si exstant res,* intenter la revendication. Bien entendu, il ne lui est jamais permis de cumuler ces différentes actions. Le texte d'Ulpien que nous avons rapporté met sur la même ligne le cas où la femme a dérobé des choses appartenant en propre au mari, et celui où elle a dérobé des choses dotales : dans le deuxième cas comme dans le premier, la revendication peut être exercée par le mari contre la femme. Preuve décisive que la propriété des choses dotales appartient au mari et n'appartient point à la femme ! — De ce fragment d'Ulpien on peut rapprocher un rescrit de Carus, Carinus et Numerianus, qui en forme la contre-partie exacte. Les empereurs, répondant à un mari qui les avait consultés, s'expriment ainsi : « *Doce ancillam de quâ supplicas dotalem* « *fuisse, in notione Præsidis : quo patefacto, dubium non* « *erit vindicari ab uxore tuâ nequivisse* » (2). Cujas entend ce texte en ce sens que, si la femme pendant le mariage revendique contre le mari une chose dotale, le mari peut la repousser par une exception *rei in dotem datæ;* mais, ajoute-t-il, si le mariage était déjà dissous, le mari n'aurait plus ce moyen de défense (3). Sans doute, cette décision serait bonne dans le droit de Justi-

---

(1) L. 25 *eod. Tit.*

(2) L. 9, C., *De rei vindic.* (III, 32) : « Prouvez par devant le Pré-
« sident que l'esclave au sujet de laquelle vous réclamez près de nous
« était dotale : cette preuve une fois faite, il ne sera pas douteux
« que l'esclave en question n'a pas pu être revendiquée par votre
« femme. »

(3) Cujas, *Recit. sol. in Tit. Dig.* DE REI VINDIC., *ad* L. 24.

nien (1); mais elle ne se trouve pas, et même elle ne
peut pas se trouver dans le rescrit des empereurs
Carus, Carinus et Numerianus. A la date de ce rescrit,
c'est-à-dire en 283, le mari contre lequel la femme eût
revendiqué une chose dotale n'aurait certainement pas
eu besoin d'une exception pour se défendre. Voici, je
crois, comment s'étaient passés les faits qui ont donné
lieu au rescrit. Une esclave dotale avait cessé d'être
possédée par le mari; elle était possédée par un tiers
ou bien elle était elle-même en possession de la liberté.
La femme la revendique : laissant de côté la circonstance
qu'elle s'est constitué cette esclave en dot, elle prouve
son droit de propriété, elle obtient du juge une décision
favorable et rentre en possession. Le mari alors s'adresse
aux empereurs et leur demande comment il doit s'y
prendre pour sauvegarder le droit qui résulte à son
profit de la constitution dotale. Les empereurs lui
répondent : « Adressez-vous au Président qui a pro-
noncé sur la revendication de votre femme ou qui du
moins a nommé un juge pour examiner la question; si
vous lui démontrez que l'esclave dont s'agit est dotale,
la conséquence sera que votre femme n'était pas fondée
à revendiquer et que l'esclave doit vous être rendue. »
Voilà l'espèce à laquelle me paraît s'appliquer la Constitution (2). Du reste, lors même qu'on n'admettrait pas

---

(1) V. *infra*, dans la 2ᵉ partie de mon commentaire sur la L. 1 pr.
De fundo dot., ce que je dis de la L. 30, C., *De jure dot.*

(2) En supposant que le Président avait nommé un juge pour statuer sur la revendication de la femme, c'est par voie d'appel que le
mari s'adressera à ce même Président. En effet, pour interjeter appel il n'est pas absolument nécessaire d'avoir été partie en 1ʳᵉ instance : L. 4 § 2 et L. 5 pr. *De appell.* (49, 1).

que les faits se fussent réellement passés ainsi, tout au moins est-il impossible de ne pas reconnaître comme ressortant de la Constitution ce principe que, la dotalité d'une chose étant une fois établie, cette chose ne peut pas être de la part de la femme l'objet d'une revendication, *vindicari ab uxore nequivisse*, en d'autres termes qu'elle n'appartient pas à la femme (1).

(1) D'autres textes encore établissent la propriété du mari. Je mentionne seulement ici les LL. 7 § 3 et 9 § 1 *De jure dot.*, la L. 47 § 6 *De peculio* (15, 1), enfin la L. 3 § 1 *De public. in rem act.* (6, 2).—On pourrait cependant opposer un passage de la L. 63 *De re judic.* (42, 1), où le jurisconsulte Macer, au premier abord, paraît admettre que la femme est fondée à revendiquer les choses dotales (ce qui serait tout à fait inconciliable avec les textes qui viennent d'être expliqués). Macer dit qu'une sentence *inter alios data* peut quelquefois nuire *aliis scientibus.* Dans quel cas? *Cùm quis de eâ re, cujus actio vel defensio primùm sibi competit, sequentem agere patiatur*, lorsque le principal intéressé dans une affaire laisse plaider (soit comme demandeur, soit comme défendeur) une personne qui n'a qu'un intérêt secondaire. Et le jurisconsulte cite notamment comme exemple le cas où le mari *experiri passus sit socerum vel uxorem de proprietate rei in dotem acceptæ.* Voilà donc la femme (ou son père) qui plaide sur la propriété des objets qui ont été apportés en dot au mari. Faut-il en conclure que la femme, si elle était propriétaire avant la constitution des objets dont il s'agit, en reste propriétaire après cette constitution, de manière à pouvoir encore les revendiquer avec succès contre un tiers possesseur? Cujas, qui a donné un commentaire étendu de cette L. 63 (*ad Tit.* DE RE JUDIC.), semble bien l'entendre ainsi. Mais c'est, à mon sens, dénaturer complétement la pensée du jurisconsulte. Le jurisconsulte suppose le cas où un tiers, ne tenant pas compte de la constitution dotale, que peut-être il ne connaît pas, revendique contre la femme (ou contre son père) la chose apportée en dot : alors le mari, s'il connaît cette revendication, et s'il n'intervient pas pour y défendre lui-même, est censé se soumettre d'avance à ce qui sera jugé. On arrive naturellement à reconnaître que telle est bien l'hypothèse prévue par Macer, quand on rapproche de cet exemple l'exemple qui suit : dans celui-ci, le jurisconsulte suppose qu'un possesseur *experiri passus sit venditorem*

2° LA PROPRIÉTÉ DU MARI N'EST NULLEMENT RESTREINTE QUANT AUX MEUBLES DOTAUX.

Nous possédons un assez grand nombre de textes relatifs à la limitation que la loi Julia avait apportée aux pouvoirs du mari propriétaire des choses dotales; ces textes mentionnent toujours la limitation comme se référant, non pas aux choses dotales en général, mais uniquement aux immeubles dotaux. Je me borne à citer quelques-uns de ces textes, à titre d'exemples. Ainsi le § 63 du commentaire II de Gaius (V. ci-dessus, p. 4 et 5) parle du *prædium dotale;* le Titre du Digeste où sont réunis les fragments des jurisconsultes qui avaient commenté la disposition de la loi Julia, et le Titre du

---

de proprietate rei emptæ; or, pour un possesseur, il ne peut pas être question de revendiquer, mais au contraire de défendre à la revendication exercée par un tiers. Ainsi, dans un cas, une personne qui a vendu et livré une chose est actionnée en revendication par un tiers ; et, de même, dans l'autre cas, la revendication est exercée contre une femme au sujet d'une chose qu'elle a donnée en dot à son mari. Cette L. 63 *De re judic.* ne prouve donc en aucune façon que la femme reste propriétaire des choses qu'elle apporte en dot : car elle ne dit point que la femme puisse encore revendiquer ces objets. Voy., en ce sens, M. de Savigny (*Traité de droit romain*, t. VI, p. 486 de la traduction française). Suivant Keller, *Uber Litis-contestation und Urtheil*, p. 377, note 25, on peut encore supposer qu'il s'agit d'une *res mancipi* qui a été simplement livrée au mari *dotis causa :* alors la femme, en ayant conservé le *dominium ex jure Quiritium*, pourrait exercer la revendication.

Il est tout à fait impossible d'admettre, avec M. Troplong, que les rédacteurs du Code Napoléon aient voulu reproduire cette idée romaine que le mari est propriétaire des choses dotales : V. notamment les art. 1554, 1552, 1555 et 1566.

Code qui contient les Constitutions impériales relatives
au même objet, portent pour rubrique *de fundo dotali* (1); enfin Justinien, dans ses Institutes, emploie
l'expression *res soli* (2), laquelle assurément est bien
exclusive des choses mobilières.

Cette circonstance que, le mari étant propriétaire de
toutes les choses dotales, les textes ne présentent jamais
le droit de propriété comme restreint entre ses mains
que par rapport aux immeubles dotaux, cette circonstance suffirait déjà pour nous autoriser à dire que les
meubles dotaux étaient pleinement à la disposition du
mari. Mais en ce sens nous avons quelque chose de plus
décisif encore. Assurément, en fait de choses mobilières, au point de vue des Romains, les esclaves doivent
être comptés parmi les plus précieuses (3) : si le mari
peut disposer des esclaves dotaux, c'est qu'il peut disposer en général des meubles dotaux. Assurément aussi,
quand un maître peut affranchir son esclave, il faut en
conclure par *a fortiori* qu'il peut en disposer de toute
autre manière, l'aliéner, l'hypothéquer, etc. (4). Or il

---

(1) Sur le sens précis de ces deux mots *prædium* et *fundus*, Voy.
Ulpien, L. 60, et Javolenus, L. 115 *De verb. signif.* (50, 16).

(2) « *Lex (Julia) in soli tantummodo rebus locum habebat quæ
Italicæ fuerant* » (pr. *Quib. alien. lic. vel non*).

(3) Ainsi le vendeur est tenu de promettre à l'acheteur le double
du prix pour le cas d'éviction : *Emptori duplum promitti a vendi-
tore oportet, nisi aliud convenit.* Mais cela s'entendait seulement
de rebus quæ pretiosiores essent. Or point de doute que l'acheteur
d'un esclave ne puisse exiger la *cautio duplæ.* Voy. Ulpien, L. 37
pr. et § 1 *De evict.* (21, 2), et L. 31 § 20 *De ædil. Edicto*
(21, 1).

(4) A cet égard, il suffit de rappeler la disposition de la loi Ælia
Sentia, d'après laquelle le maître mineur de vingt ans ne peut affranchir son esclave que sous certaines conditions : V. Gaius, Comment. i,

résulte de plusieurs textes que le mari peut, à son gré,
sans avoir besoin du consentement de la femme, affranchir un esclave dotal :

Papinien le dit d'abord en termes très-généraux,
dans la L. 21 *De manum.* (40, 1), qui est ainsi conçue :
« *Servum dotalem vir qui solvendo est, constante matri-*
« *monio, manumittere potest. Si autem solvendo non est,*
« *licet alios creditores non habeat, libertas servi impedie-*
« *tur, ut constante matrimonio deberi dos intelliga-*
« *tur* » (1). Le jurisconsulte commence par proclamer
le droit du mari solvable d'affranchir l'esclave dotal.
Que s'il est insolvable, le mari sera soumis à la disposition de la loi *Ælia Sentia*, comme en général tout maître
qui veut affranchir son esclave *in fraudem creditorum*.
En conséquence, si l'actif du mari est déjà insuffisant
pour faire face à ses dettes même avant l'affranchissement, ou s'il doit le devenir par l'effet de l'affranchissement, et si de plus le mari a conscience du tort que cet
affranchissement causerait à ses créanciers, *libertas
servi impedietur*, l'affranchissement sera considéré
comme non avenu (2). Ce résultat est-il applicable même
au cas où le mari pour le moment n'a point de dettes,

----

§§ 38 et suiv. Au contraire, ce maître mineur de 20 ans, mais pubère, pourrait à son gré aliéner l'esclave, sauf, bien entendu, le cas
où l'aliénation ne serait faite que pour arriver à éluder la loi Ælia
Sentia : V. Julien, L. 7 § 1 *Qui et a quib. manum.* (40, 9), et Marcellus, L. 4 *De serv. export.* (18, 7).

(1) « Durant le mariage, le mari solvable peut affranchir l'esclave
« dotal. Mais s'il est insolvable, lors même qu'il n'aurait pas d'autres
« créanciers, la liberté de l'esclave est empêchée, la dot étant consi-
« dérée comme exigible pendant le mariage. »

(2) Inst. de Justinien, pr. et § 3 *Qui quib. ex caus. manum. non
poss.* (1, 6).

mais se trouve seulement débiteur éventuel de la dot
qu'il a reçue? Au premier abord, on serait tenté de traiter
l'affranchissement ainsi fait par le mari comme on traite
l'affranchissement qu'un maitre fait en fraude d'un
créancier conditionnel (1), c'est-à-dire de décider que
l'esclave devient *statuliber*, que l'affranchissement aura
effet si, à la dissolution du mariage, il se trouve que le
mari n'a point de dot à restituer ou que, même abstraction faite de la valeur de l'esclave, il est à ce moment
en mesure de la restituer. Mais il n'en est point ainsi :
l'affranchissement, dans le cas qui nous occupe, n'est
point simplement *in pendenti*, il est dès à présent déclaré nul. C'est que, comme le remarque très-bien Papinien, le mari étant insolvable, la dot devient dès à
présent exigible, quoique le mariage ne soit point dissous (2). — Il faut bien remarquer que cette dernière
décision de notre texte n'est aucunement fondée sur la
circonstance que l'esclave affranchi par le mari est
dotal, est précisément l'objet de l'*obligatio dotalis*. Une
décision identique devrait être donnée si le mari, qui
n'a point de créanciers étrangers, mais qui est déjà ou
qui va être hors d'état de restituer la dot, voulait affranchir son propre esclave.

L'assimilation du *servus dotalis* au *servus marito pro-
prius*, en ce qui concerne le *jus manumittendi* du mari,
est même expressément reconnue dans une Constitution
de Gordien. Voici en quels termes cet empereur répond
à une femme qui l'avait consulté : « *Sive cùm nupsisses*

----

(1) V. Paul, L. 16 § 4 *Qui et à quib. manum.* (40, 9).
(2) Comp. Ulpien, L. 24 pr. *Sol. matr.*; Justinien, L. 30 *in fine*,
C., *De jure dot.* (v, 12).

« *mancipia in dotem dedisti, sive post datam dotem de*
« *pecuniâ dotis maritus tuus quædam comparavit, justis*
« *rationibus dominia eorum ad eum pervenerunt : ideoque*
« *frustra quæstionem super statu manumissorum conaris*
« *inferre : qui, ejus facti qui comparavit vel in dotem ac-*
« *cepit, ab eo jure potuerunt manumitti* » (1). Quant aux
esclaves achetés par le mari avec l'argent dotal, dans
l'espèce de la Constitution, le mari ne les avait point
achetés d'accord avec la femme, de manière à les rendre dotaux (2). L'empereur évidemment suppose que
ces esclaves sont propres au mari : la pensée qu'il veut
exprimer, c'est que, pour les esclaves dotaux comme
pour les autres, l'affranchissement a pu être valablement opéré par le mari, légitime propriétaire.

Même après que le mariage est dissous et que l'action *rei uxoriæ* peut être exercée contre le mari au sujet
des esclaves dotaux, le mari conserve le droit de les
affranchir, soit entre-vifs, soit par acte de dernière volonté : « *Etsi dotis exactio*, dit l'empereur Alexandre,
« *defunctâ in matrimonio filiâ, potuisset ad patrem per-*
« *tinere, dotalibus tamen servis maritus testamento di-*
« *rectam et fideicommissam libertatem jure dedit, et*
« *præstita revocari non debuit, cùm et inter vivos manu-*
« *mittendi mancipia dotalia constante matrimonio liberam*

_____

(1) L. 7, C., *De servo pign. dato manum.* (VII, 8): « Soit que
« lors de votre mariage vous ayez donné des esclaves en dot, soit que
« votre mari en ait acheté avec l'argent dotal qui lui avait été compté,
« il en est devenu légitime propriétaire. En conséquence, c'est à tort
« que vous voudriez contester l'état de ces esclaves affranchis : de-
« venus la propriété du mari qui les a achetés ou reçus en dot, ils ont
« pu être valablement affranchis par lui. »

(2) V. Julien, L. 21 *De pact. dotal.* (23, 4).

« *habeat maritus facultatem* » (1). Sans doute, dans l'espèce à laquelle s'applique le rescrit, il s'agissait d'une dot *profectice*, et, la femme étant morte *in matrimonio*, l'action *rei uxoriæ* appartenait à son père (2); mais la même décision devrait être donnée si, le mariage étant dissous par le divorce, cette action appartenait à la femme *sui juris*.

Il va de soi que, s'il s'agit d'un esclave qui n'est pas simplement dotal, mais qui de plus est engagé ou hypothéqué à la femme, le mari ne pourra pas l'affranchir au préjudice de ce droit de gage ou d'hypothèque. Il serait extraordinaire, en effet, que le mari eût ici plus de pouvoir que n'en a en général le maître dont l'esclave est ainsi grevé au profit d'un créancier (3). Les empereurs Sévère et Antonin font donc une pure et simple application du droit commun lorsqu'ils disent, dans un rescrit adressé à un nommé Proculus : « *Licet* « *dotale mancipium vir qui solvendo est possit manumittere, tamen si te pignori quoque datum mulieri appa-* « *ruerit, invitâ eâ non posse libertatem adsequi non am-* « *bigitur* » (4). Proculus, esclave dotal, demande aux

---

(1. L. 3, C., *De jure dot.* v, 12) : «Bien que, la fille étant morte « dans le mariage, le père pût réclamer la dot, néanmoins le mari « a eu le droit dans un testament de donner aux esclaves dotaux la « liberté directe ou fidéicommissaire, et ce bénéfice une fois acquis ne « doit pas être révoqué, de même que, durant le mariage, le mari a « la libre faculté d'affranchir entre-vifs les esclaves dotaux. »

(2) V. Pomponius. L. 6 pr. *De jure dot.*; *Ulp. Fragm.*, Tit. vi, § 4 ; Paul, *Fragm. Vatic.*, § 108.

(3) Ulpien, L. 4, et Hermogénien, L. 27 § 1 *Qui et a quib. manum.* (40, 9).

(4) L. 4, C., *De servo pign. dato manum.* vii, 8 : « Bien que « le mari solvable puisse affranchir un esclave dotal, cependant, si

2

empereurs si le mari n'a pas eu le pouvoir de l'affranchir. Les empereurs répondent : « Sans doute le mari a pu vous donner la liberté, mais à deux conditions : 1° en supposant qu'il fût solvable ; 2° en supposant que vous ne fussiez pas engagé ou hypothéqué à la femme. La femme, ayant sur vous un *jus pignoris*, pourrait bien y renoncer sans contrevenir au sénatusconsulte Velléien (1) ; mais, tant qu'elle n'y a pas renoncé, c'est en vain que le mari voudrait vous affranchir » (2).

Il est donc incontestable qu'en principe le mari n'a point besoin du consentement de la femme pour donner la liberté à l'esclave dotal. Est-ce à dire qu'il n'y ait aucun intérêt à rechercher si cette *manumissio* émanée du mari a eu lieu avec ou sans l'agrément de la femme ? En aucune façon. Sans doute l'affranchissement vaudra toujours, le mari sera patron, et comme tel appelé à l'hérédité légitime de l'affranchi (3) ; mais les conséquences ultérieures pourront être fort différentes suivant les cas. Nous avons sur ce point un fragment tiré des *Questions* de Papinien : « *Dotalem servum « vir invitâ uxore manumisit. Heres solus vir a liberto « institutus portionem hereditatis quam ut patronus con-*

« l'on reconnaît que de plus vous avez été donné en gage à la femme,
« il est certain que vous ne pouvez pas malgré elle obtenir la
« liberté. »

(1) V. Ulpien, L. 8 pr. *Ad sen. Vell.* (16, 1) ; Philippe, L. 11, C., *cod. Tit.* (IV, 29).

(2) Nous voyons, par un deuxième rescrit des mêmes empereurs Sévère et Antonin, adressé au même Proculus (L. 1, C, *De remiss. pign.*), que celui-ci prétendit effectivement que la femme avait ratifié l'affranchissement, et qu'ainsi elle avait renoncé à son *jus pignoris*.

(3) Ulpien, L. 3 § 2 *De suis et legit.* (38, 16).

« *sequi potuit ac debuit restituere debet; alteram vero*
« *portionem dotis judicio, si modo uxor manumittenti re-*
« *fragatur* » (1). Le jurisconsulte suppose que l'affranchissement a eu lieu *invita uxore*. Ces derniers mots
peuvent être pris en deux sens : ils peuvent signifier
d'abord que la femme s'est positivement opposée à l'affranchissement; ils peuvent signifier aussi que le mari
a procédé à l'affranchissement sans avoir obtenu le consentement de la femme (peut-être même à son insu).

1° Supposons que la femme proteste contre l'affranchissement : *manumittenti refragatur*. Dans ce cas, Papinien décide que le mari, appelé par l'affranchi à re-
cueillir toute son hérédité, n'en pourra retenir aucune
partie. Toutefois la restitution dont il est tenu n'est pas
soumise aux mêmes principes, suivant qu'il s'agit de la
portion de l'hérédité qui devait nécessairement lui revenir, qui lui était en quelque sorte *réservée*, ou qu'il
s'agit au contraire de la portion que l'affranchi était libre de faire passer à un autre, que par conséquent le
mari tient uniquement *ex affectione liberti*. S'agit-il de
la première portion, de celle qui était due au patron (2): la restitution doit en être faite immédiate-

---

(1) L. 61 *Sol. matr.* '24. 3) : « Le mari, sans le consentement
« de la femme, a donné la liberté à un esclave dotal. Institué seul
« héritier par l'affranchi, le mari doit restituer la portion de cette
« hérédité que comme patron il pouvait et devait obtenir; quant à
« l'autre portion, il la restituera par le *judicium dotis*, en suppo-
« sant que la femme résistait à l'affranchissement. »

(2) Cette portion, établie d'abord par le Préteur, n'existe qu'autant
que l'affranchi ne laisse point d'enfants *ex justis nuptiis* (les enfants exhérédés ne comptent pas); elle est de la moitié de la succession.
Plus tard la loi Papia vint décider que, si l'affranchi laisse une for-
une d'au moins 100,000 sest. et seulement un ou deux enfants, le

ment à la femme, qui peut exercer de ce chef une *condictio ex lege Juliâ et Papiâ*(1). S'agit-il de la deuxième
portion, de celle dont l'affranchi a librement disposé en
faveur du mari : elle s'ajoute à la dot, elle devra être
restituée avec la dot, quand il y aura lieu pour la femme
d'exercer l'action *rei uxoriæ*.

On peut se demander, à vue du texte de Papinien,
si l'obligation du mari se borne à restituer la succession
de l'esclave qu'il a ainsi affranchi malgré la femme. Sans
aucun doute le mari peut avoir autre chose à restituer :
ce que le jurisconsulte décide relativement à la succession doit être étendu par voie d'analogie à toutes
acquisitions qui sont pour le mari une suite plus ou
moins directe de l'affranchissement. Ainsi la femme
pourra réclamer, par la *condictio ex lege Juliâ et Papiâ*, le
montant des charges imposées à l'esclave *libertatis causâ*,
même *post manumissionem*, c'est-à-dire tout ce qui est
parvenu au mari *quasi ad patronum* (2); il faut en excepter seulement la valeur des *operæ* fournies en nature
par l'affranchi (3). Quant aux acquisitions du mari qui
proviendraient d'une pure libéralité de l'affranchi, elles
doivent augmenter la dot et sont comprises dans l'action

patron aura toujours droit à une part virile, c'est-à-dire la moitié ou
le tiers. Voy. Gaius, Comment. III. §§ 41 et 42 ; Comp. Inst. de Justinien, Tit. *De success. libert.* (III, 7). — Ce qui vient d'être dit
suppose que l'affranchi est citoyen romain, le seul cas que Papinien
ait en vue dans notre L. 61.

(1) Voy. l'*inscriptio* des LL. 63 et 64, et la L. 65 de ce Titre
Sol. matr.; Paul, L. 14 § 2 *De lege Corneliâ de falsis* (48,10).—
Comp. Cujas, *Observ.*, liv. II, ch. 34 ; *Comment. in lib.* XI *Quæst.
Papiniani*.

(2) Ulpien, L. 64 §§ 1, 3 et suiv. *Sol. matr.*

(3) *Eod.* L. 64 § 2.

rei uxoriæ. — Enfin que décider en ce qui concerne la valeur même de l'esclave affranchi malgré la femme ? De même qu'en général le débiteur d'un corps certain ne se libère pas de sa dette en l'aliénant ou en le détruisant, de même ici le mari devra, lors de la restitution de la dot, y comprendre la valeur qu'aurait actuellement l'esclave s'il ne l'eût pas affranchi. Et remarquons bien qu'en affranchissant l'esclave sans le consentement de la femme, il n'a point changé la nature de son obligation, qu'ainsi nous devrons toujours le considérer comme étant débiteur d'un corps certain. D'où les deux conséquences suivantes : d'abord, le mariage une fois dissous, la dette sera immédiatement exigible, il ne jouira pas de l'avantage de pouvoir payer *annuâ, bimâ, trimâ die* (1) ; d'un autre côté, l'esclave affranchi venant à mourir avant que le mari soit en demeure de restituer, la dette sera éteinte (2).

2° La femme ne s'est point opposée à l'affranchissement de l'esclave dotal ; elle n'a point non plus voulu faire une donation à son mari : le mari, en affranchissant l'esclave, a géré l'affaire de la femme. Dans ce cas, comme dans le cas précédent, la femme aura la *condictio ex lege Juliâ et Papiâ* pour se faire rendre compte de tout ce qui parvient au mari *quasi ad patronum* (3) ; mais

---

(1) Argument de L. 78 § 4 *De jure dot.*

(2) V. Paul, L. 45 *De oblig. et act.* (44, 7). Cujas paraît cependant décider le contraire : car, après avoir indiqué la distinction faite par Papinien dans la L. 61, il dit en termes absolus que le mari doit aussi restituer, *judicio seu actione dotis, ipsius servi æstimationem* (*Comment. in lib.* XIII *Resp. Pap.*, ad L. 21 *De manum.*).

(3) L. 24 § 4 *in fine.* et L. 64 *Sol. matr.*

elle ne pourra pas, par l'action *rei uxoriæ*, se faire rendre ce que le mari tient de la pure libéralité de l'esclave affranchi : ceci constitue pour le mari un bénéfice qui lui est acquis d'une manière définitive (1).

3º Enfin la femme, voulant faire donation au mari,
consent à ce qu'il affranchisse l'esclave dotal. On peut
se demander avant tout si le consentement de la femme,
intervenant *donationis causâ*, ne devrait pas être considéré comme nul à cause de la règle qui interdit les donations entre époux. Cette règle souffre précisément
exception quand l'un des époux donne à l'autre un esclave pour l'affranchir : ici, en effet, l'époux donataire
ne s'enrichit réellement pas aux dépens de l'autre (2).
Ainsi la femme peut donner au mari son esclave paraphernal, à charge par le mari de l'affranchir, et le mari
pourra exercer dans toute sa plénitude le droit de pa-
tronage. De même, relativement à l'esclave dotal, la
femme peut renoncer à ce qu'il soit *in dote*, renoncer à
sa créance dotale en tant qu'elle a pour objet cet esclave, moyennant que le mari lui donne la liberté. « *Cui*
« *manumittendi causâ donare liceret*, dit Paul, *si quo-*
« *dammodo donaret quod permitteret manumittere* » (3).
Alors la dot, et par conséquent l'obligation de restituer
qui pèse sur le mari, est diminuée de la valeur de l'esclave; de plus, le mari n'aura aucun compte à rendre,

(1) Voy. surtout [Ulpien, L. 64 § 5 *Sol. matr.* Papinien exprime
également cette idée, lorsqu'il dit, à la fin de la L. 61 : « Le mari
institué par l'affranchi doit restituer *dotis judicio* la portion que l'affranchi eût pu laisser à un autre, *si modo uxor manumittenti refragatur.* »

(2) *Sentences de Paul*, liv. II, Tit. XXIII, § 2.

(3) L. 63 *Sol. matr.*

non-seulement des libéralités que pourra lui faire l'affranchi, mais même de ce qui lui arrive comme conséquence forcée de l'affranchissement et abstraction faite de la bonne volonté de l'affranchi (1).

Je tiens pour établi, d'après ce qui précède, que le mari, propriétaire des choses dotales, peut disposer à son gré, et conformément au droit commun de la propriété, de celles qui sont meubles, son droit sur elles n'étant soumis à aucune restriction particulière (2). La Constitution de Justinien qui forme la L. 30, C., *De jure dot.* (v, 12), n'est-elle pas contraire à cette proposition? C'est un point que nous examinerons un peu plus loin.

— Lorsque la dot comprend, non plus des choses corporelles dont le mari est propriétaire, mais des *nomina*, des droits de créance sur des tiers, ces droits de créance sont-ils complétement à la disposition du

---

(1) Ulpien, L. 62 *eod. Tit.*

(2) Comme le remarque très-bien Glück. *Ausführliche Erläuterung der Pandekten*, t. xxv, p. 452, « Si les lois parlent spé« cialement de l'affranchissement des esclaves, et non des autres « modes de disposition des meubles, c'est qu'il fallait sur les consé« quences de l'affranchissement des décisions détaillées, ce qui était « inapplicable aux autres cas. » Ceci se réfère notamment à la *condictio ex lege Juliâ et Papiâ.*

La distinction entre les meubles et les immeubles est indiquée de la manière la plus précise dans les *Petri exceptiones*, ouvrage qui paraît avoir été composé à Valence un peu après le milieu du XIe siècle, et qui reproduit exclusivement le droit Justinien : « *Maritus* « *dotem alienare potest, si mobilis sit, etiam sine consensu uxo-* « *ris, astimatione tamen reddendâ uxori* » (lib i, c. 34). V. M. de Savigny, *Hist. du dr. rom. au moyen âge*, t. ii, chap. ix, §§ 48 et suiv. (p. 82 et suiv. de la traduction).

mari? Plusieurs textes supposent qu'il a le droit de les éteindre par novation ou par *acceptilatio*, même sans le consentement de la femme (1). Mais cela doit-il être admis sans distinction, aussi bien quand le droit de créance a pour objet un immeuble que quand il a pour objet un meuble? Quoique certains textes ne distinguent pas et parlent, en termes généraux, d'une dot *viro promissa* (2), cependant le pouvoir qu'ils reconnaissent au mari me paraît devoir être limité aux droits de créance purement mobiliers : faire *acceptilatio* d'une créance dont l'objet est un immeuble, transformer une pareille créance en un droit mobilier, ce serait là véritablement *prædium alienare* dans le sens de la loi Julia : il faut donc reconnaître, pour se conformer à l'esprit de cette loi, que le mari ne peut valablement procéder à de pareils actes sans le consentement de la femme. Je puis d'ailleurs invoquer en ce sens ce que dit Julien, dans la L. 49 *De jure dot.*, pour expliquer que le mari, faisant *acceptilatio* sans le consentement de la femme, prend dès lors sur lui tous les risques (*omnimodo periculum ad eum pertinebit*) : « C'est, dit-il, comme si le mari avait touché la somme due et l'avait ensuite donnée au débiteur » (*perinde enim est ac si acceperit pecuniam et eamdem promissori donaverit*). Or, si l'objet dû, au lieu d'être une somme, était un immeuble, il est bien évident que le mari, après en avoir reçu le paiement, ne pourrait pas en faire donation sans le consentement de la femme (3).

(1) V. Ulpien, L. 35 *De jure dot.* ; Julien, L. 49 *eod. Tit.* ; Javolenus, L. 66 § 6 *Sol. matr.* (24, 3).

(2) L. 35 *De jure dot.*, et L. 66 § 6 *Sol. matr.*

(3) On peut encore tirer un argument d'analogie d'une décision

— En même temps que le mari est propriétaire des biens dotaux, la femme peut avoir par rapport à ces biens un droit de créance contre le mari (nous supposons que la restitution de la dot n'a pas été stipulée par un tiers au moment où la constitution avait lieu). Cette créance de la femme est-elle laissée par la loi à sa libre disposition, ou bien au contraire a-t-on restreint entre les mains de la femme le pouvoir qui de droit commun appartient au créancier même avant l'exigibilité? Sans difficulté il faut répondre que la femme peut, du moins jusqu'à Justinien, faire relativement à sa créance dotale exactement ce qu'elle peut faire relativement à toute autre créance qu'elle aurait contre son mari : en d'autres termes, la femme est parfaitement libre de se dépouiller de sa créance dotale, en tout ou en partie, pourvu qu'elle ne contrevienne pas à la règle qui défend les donations entre époux. Voici des applications de ce principe :

En général, la femme pendant le mariage ne peut pas faire remise au mari de l'*obligatio dotalis*, et il n'y a même pas à distinguer si cette remise porte sur toute la dot ou seulement sur une partie. Cela ne tient en aucune façon à ce que l'objet de la créance est une *res dotalis :* cela dérive uniquement du lien particulier qui unit ici

---

donnée par Paul relativement à l'application de la loi Ælia Sentia. D'après cette loi, le maître mineur de 20 ans ne peut pas, à sa volonté, affranchir son esclave (Gaius, Comment. 1, § 38) : que décider si un mineur de 20 ans, à qui un esclave est dû, stipule du débiteur qu'il affranchira l'esclave? Certes l'affranchissement ne serait pas contraire au texte de la loi Ælia Sentia; Paul, L. 66 *De verb. oblig.* (45, 1), n'en décide pas moins que la stipulation n'a pas force obligatoire. On voit donc que les jurisconsultes romains interprètent les lois d'une manière un peu large, en se conformant à leur esprit au lieu de s'asservir à leur texte.

le créancier et le débiteur, joint à ce que l'*acceptilatio*
ou le *pactum de non petendo* constitue une véritable
donation (1). Donc, si nous nous trouvons dans un des
cas exceptionnels où la donation entre époux peut valoir,
la remise accordée par la femme au mari de l'*obligatio
dotalis* aura tout son effet : cela se présente notamment
lorsque la femme, *donandi animo*, consent à ce que le
mari affranchisse l'esclave dotal (2).

La femme peut parfaitement abdiquer au profit d'un
tiers, soit à titre onéreux, soit même à titre gratuit, sa
créance dotale. Peu importe que cette créance ait pour
objet des immeubles : en effet la distinction entre les
meubles et les immeubles qui résulte de la loi Julia
n'a trait qu'au pouvoir d'aliénation du mari. Ce transport de la créance dotale au profit d'un tiers s'effectue
soit par une cession (e tiers étant constitué *procurator
in rem suam*), soit par une délégation (le tiers stipulant
du mari, de manière à le libérer envers la femme). Du
reste, pas plus dans le premier cas que dans le deuxième,
le tiers ne peut exercer le *privilegium* établi au profit
de la femme qui réclame sa dot. En effet, le *privilegium
dotis*, mis par les jurisconsultes sur la même ligne que
le *privilegium tutelæ* (3), est du nombre des privilèges
quæ personæ sunt, non causæ, qui par conséquent ne
sont transmis ni à l'héritier ni au cessionnaire du
créancier primitif (4).

(1) Ulpien, L. 3 § 10; Pomponius, L. 31 §§ 4 et 5 *De donat.
int. vir. et ux.* (24, 1).
(2) LL. 62 et 63 *Sol. matr.* Voy. ci-dessus, p. 22 et 23.
(3) Paul, L. 29 *De novat.* (46, 2).
(4) Paul, L. 68, et Modestin, L. 196 *De reg. jur.*; Papinien,
L. 42 *De admin. et peric. tut.* (26, 7).

Sur la délégation que la femme peut faire à un tiers de sa créance dotale, nous avons un texte formel. Le jurisconsulte Ulpien admet que la *restitutio in integrum* peut être accordée à un mineur de 25 ans, même fils de famille, *ex his solis causis quæ ipsius intersint ;* puis il ajoute : « *Ergo etiam filiamfamilias, in dote captam, dùm* « *patri consentit stipulanti dotem non statim quam dedit,* « *vel adhibenti aliquem qui dotem stipularetur, puto* « *restituendam : quoniam dos ipsius filiæ proprium pa-* « *trimonium est* » (1). Voici l'espèce : Un père, mariant la fille qu'il avait sous sa puissance, a constitué une dot ; quelque temps après, la femme consent à ce que le mari promette de restituer la dot à son père ou à quelqu'un que le père indique. La promesse ainsi faite par le mari est-elle valable ? Elle le serait si elle fût intervenue à l'instant même où le père constituait la dot (ou depuis cette constitution ; mais avant le mariage) ; bien plus, en pareil cas le consentement de la fille n'eût pas été indispensable : en effet, *initio dotis dandæ, legem quam velit, etiam citrà personam mulieris, is qui dat dicere potest* (2). Mais, une fois que la dot a été constituée sans réserve de la part du père et que le mariage a eu lieu, la femme a un droit acquis : lors même qu'elle serait encore *filiafamilias* à l'instant où le mariage se dissout par le divorce ou par la mort du mari, la restitution

____

(1) L. 3 § 5 *De minor.* (4. 4) : « Je pense donc qu'il faut resti- « tuer *in integrum* la fille de famille lésée au sujet de sa dot, en ce « qu'elle a consenti à ce que son père la stipulât quelque temps après « l'avoir donnée ou la fit stipuler par un tiers. En effet, la dot est « patrimoine propre de la fille elle-même. »

(2) Pomponius, L. 7 *De pact. dotal.* (23. 4) : Ulpien, L. 29 pr. *Sol. matr.*

ne serait valablement faite à son père qu'autant qu'elle
y consentirait (1). En effet, comme le dit très-bien
Julien, *in causam dotis particeps et quasi socia obligationis
patris filia est* (2) ; et c'est précisément à la même idée
qu'Ulpien se réfère quand il dit : *Dos ipsius filiæ proprium patrimonium est.* Cela étant, il est facile de comprendre que le droit de la femme ne peut pas être altéré
parce que pendant le mariage le mari se serait engagé
à restituer la dot au père seul, ou bien à un tiers
amené par le père : cette novation par changement de
créancier ne sera efficace qu'autant que la femme *filiafamilias* y aura consenti (3). Même en supposant
qu'elle ait donné ce consentement, la femme n'est pas
dépouillée sans ressource : si elle est encore mineure
de vingt-cinq ans, si de plus elle prouve que l'opération
lui est préjudiciable, elle pourra être restituée *in integrum*
contre l'effet de cette novation à laquelle elle a consenti (4). — De ce fragment d'Ulpien nous sommes évidemment autorisés à conclure qu'en général la femme
peut, même durant le mariage, déléguer à un tiers le
mari débiteur de la dot, de sorte qu'arrivant l'époque
où la dot doit être restituée, la restitution se fera, non
à la femme, mais au délégataire (5).

(1) *Ulp. Fragm.*, Tit. VI, § 6.
(2) L. 34 § 6 *De solut.* (46, 3).
(3) En ce sens, Voy. encore Paul, L. 28 *De jure dot.*
(4) Nous pouvons remarquer en passant que Justinien paraît défendre que l'*in integrum restitutio* puisse jamais être demandée
par un descendant contre son ascendant : L. 2, C., *Qui et adv. quos
in int. rest.* (II, 42).
(5) Chez nous, au contraire, la jurisprudence admet que la femme,
même avec l'autorisation de son mari ou de la justice, ne peut pas
transférer à un tiers sa créance dotale. V. M. Tessier, *Questions sur
la dot.* nº 113.

La femme peut-elle valablement renoncer aux sûretés qui lui garantissent la restitution de sa dot? A cet égard, plusieurs distinctions doivent être faites :

D'abord en ce qui concerne le *privilegium inter personales actiones* qui dans l'ancien droit était attaché à l'action *de dote* (1), la femme ne peut pas y renoncer durant le mariage. En effet ce privilége lui est accordé par la loi dans un intérêt public : Paul y fait allusion lorsqu'il dit « *Reipublicae interest mulieres dotes salvas habere, propter quas nubere possint* » (2); or, suivant la décision du même jurisconsulte, « *privata conventio juri publico nihil derogat* » (3). Il faut donc appliquer au pacte par lequel la femme renoncerait à son privilége ce que dit encore Paul à propos des conventions qui interviennent entre époux, soit avant, soit pendant le mariage, et *que ad jus pertinent, veluti quando dos petatur, quemadmodùm reddatur : In quibus non semper voluntas contrahentium servatur* (4). Mais, une fois que le mariage est dissous, que l'action *rei uxoriae* a pris naissance en la personne de la femme, rien ne s'oppose à ce que celle-ci, faisant novation avec le mari ou avec un tiers, ne perde par là le bénéfice qui était attaché à sa créance primitive : Paul admet en termes absolus, sans distinguer si ce sont des meubles ou des immeubles qui se trouvent *in dote*, la possibilité de

(1) Sur ce privilège, voy. notamment Hermogénien, L. 74 *De jure dot.*

(2) L. 2 *De jure dot.* Comp. la L. 18 *De reb. auctor. jud. possid.* (12, 5), tirée également du livre 60 du commentaire de Paul sur l'Édit.

(3) *Sentences*, Liv. I, Tit. I, § 6.

(4) L. 12 § 1 *De pact. dotal.* (23, 4).

cette novation extinctive du privilége (1). C'est à peu
près comme si la femme, ayant reçu les valeurs dotales.
en faisait l'objet d'un nouveau contrat avec le mari ou avec
un tiers. Il n'y a donc rien d'extraordinaire dans cette
doctrine suivant laquelle il importe de rechercher si la
femme abdique son privilége avant ou après la dissolution du mariage. Voici une autre décision que l'on peut
citer comme analogue: si je conviens avec Titius de ne
point le poursuivre en raison du délit qu'il commettra
contre moi, la convention est nulle, tandis que, le délit
étant une fois commis et l'action née à mon profit, je
suis parfaitement libre de renoncer à l'exercice de cette
action (2). Ou bien encore, pour prendre notre exemple
dans la matière même de la dot, si pendant le mariage
la femme convient avec le mari qu'elle ne demandera
pas la restitution de la dot dès l'instant où la loi lui
permet de la demander, la convention est nulle; tandis qu'elle pourrait valoir si elle était intervenue après
le divorce (3).

Indépendamment du privilége qui garantit de plein
droit la créance dotale, la femme peut avoir des sûretés
conventionnelles. Ainsi le mari, pour garantir la restitution de la dot, a pu engager ou hypothéquer à la femme
ses propres biens ou même les choses dotales (4).
De même, dans l'ancien droit, le mari pouvait
satisdare, fournir à la femme des cautions (5); mais
des Constitutions impériales qui datent de la fin du IVe

(1) L. 29 *De novat.* (46, 2).
(2) Paul, L. 27 § 4 *De pactis* (2, 14).
(3) Julien, L. 18 *De pact. dotal.*
(4) L. 1, C., *De servo pign. dato man.* V. ci-dessus, p. 17 et 18.
(5) Voy. notamment Gaius, Comment. III, § 125.

siècle vinrent (telle est, du moins, l'interprétation la
plus probable) défendre que des fidéjusseurs ou d'autres répondants pussent être fournis à la femme par le
mari pour sûreté de la restitution de la dot : cette
défense, qui paraît s'appliquer seulement au cas où la
femme demanderait la sûreté pendant le mariage, ressort déjà de la rubrique d'un Titre du Code (1). — En
supposant un fidéjusseur ou un gage valablement fourni
par le mari, la femme peut-elle dépouiller de cette
sûreté sa créance dotale? L'affirmative ne me paraît
pas pouvoir faire doute : le droit commun étant
l'absence de cette sûreté, la femme qui l'a obtenue par
suite d'une convention spéciale, ne viole évidemment
aucun principe d'ordre public en y renonçant. Ajoutez
que, quand elle fait remise à un fidéjusseur ou au tiers
détenteur d'un bien hypothéqué, ce n'est point là une
intercessio dans le sens du sénatusconsulte Velléien (2);
et que, quand elle fait remise de l'hypothèque à son
mari propriétaire du bien affecté à la restitution de la

---

(1) *Ne fidejussores vel mandatores dotium dentur* (v. 20). Le
Code Théodosien contient une Constitution dans le même sens, sous
cette rubrique *De fidej. dotium* (III, 13). Au Digeste, dans la L. 7 pr.
De except. (44, 1), nous lisons cette phrase : *Exceptiones quæ personæ cujusque cohærent non trans'unt ad alios :..... sic mariti
jidejussor, post solutum matrimonium datus, in solidum dotis
nomine condemnatur;* les mots *post solutum matrimonium datus*
ont vraisemblablement été ajoutés par Tribonien. Du reste, lorsque
le mariage est dissous et que la dot n'est pas encore exigible, la
femme pourrait même, suivant les cas, par application d'une règle
générale en matière d'actions de bonne foi, contraindre le mari à *satisdare* : L. 24 § 2 *Soluto matr.*; comp. L. 41 *De judic.* (5, 1).
— Sur cette question des *fidejussores dotium*, Voy. Cujas, *Para-
titla in lib.* v *Cod. Just.*, et *Recit. solemn. in eumd. lib.* v.

(2) Ulpien. L. 8 pr. *Ad Sen. Vellei.* (16, 1).

dot, cela ne peut être annulé ni comme *intercessio* ni
comme donation entre époux (1). Nous avons, au surplus, des textes positifs qui proclament la possibilité
pour la femme de renoncer même pendant le mariage
au droit de gage ou d'hypothèque qui lui a été consenti *dotis nomine:*

Ainsi Ulpien, L. 7 § 6 *De don. int. vir. et ux.*, suppose qu'une femme achète de son mari *prædia quæ ob
dotem pignori acceperat.* Si ce contrat de vente cache
une donation, il est nul, et l'hypothèque de la femme
subsiste. Mais si la vente n'a pas eu lieu *donationis
causâ*, s'il s'agit d'un acte *bonâ fide gestum*, il produit
tout son effet, la femme devient propriétaire et par
conséquent perd son hypothèque : cela implique manifestement qu'il n'est point défendu à la femme de se
dépouiller des sûretés particulières que le mari peut
lui avoir fournies pour garantir la restitution de la
dot.

Voici maintenant une Constitution d'Anastase, qui
est encore plus catégorique : « *Jubemus licere mulieri-*
« *bus, et pro uno contractu vel certis contractibus, seu*
« *pro unâ, vel certis personis seu rebus, juri hypotheca-*
« *rum sibi competenti per consensum proprium renun-*
« *ciare, quodque itâ gestum sit, hâc auctoritate nostrâ*
« *firmum illibatumque custodiri; itâ tamen ut, si gene-*
« *raliter tali renunciatione pro uno, ut dictum est, con-*
« *tractu seu certis contractibus, vel ad unam vel certas*
« *res seu personas consensum proprium accommodantes*
« *usæ sunt vel fuerint, eadem renunciatio ad illos con-*

_____

(1) Papinien, L. 18 *Quæ in fraud. cred.* (42.8); L. 11, C., *Ad
Sen. Vellei.* (IV, 29).

« *tractus et illas res seu personas quibus consensum pro-*
« *prium accommodaverunt vel accommodaverint coarcte-*
« *tur, nec aliis quibusdam contractibus, quibus minimè*
« *mulieres consenserunt vel consenserint, prætendentibus*
« *eam opponendi licentia præbeatur; his scilicet omnibus*
« *quæ in præsenti per hanc consultissimam legem statui-*
« *mus ad præteritos nihilominus contractus, pro negotiis*
« *et controversiis necdum transactionibus vel definitivis*
« *sententiis seu alio legitimo modo sopitis, locum habi-*
« *turis »* (1). Des doutes s'étaient probablement élevés
dans la pratique sur la possibilité pour la femme, au
cas où le mari vend ou hypothèque à un tiers un bien
déjà hypothéqué à la femme, de renoncer à cette garantie dans l'intérêt du tiers en donnant son consentement à l'acte du mari : on pouvait croire, en effet, qu'il

_____

(1) L. 21, C., *Ad Scn. Vellei.* (IV, 29) : « Nous voulons que les
« femmes puissent, au sujet d'un ou de plusieurs contrats déterminés,
« relativement à une ou plusieurs personnes, à une ou à plusieurs
« choses, renoncer, si elles le désirent, à leur droit d'hypothèque ; que
« ce qu'elles auront fait de la sorte soit maintenu en vertu de notre
« autorité. Toutefois il est entendu que, si elles ont ainsi renoncé ou
« renoncent en termes généraux, au sujet d'un ou de plusieurs con-
« trats déterminés, en ce qui concerne une ou plusieurs choses, une
« ou plusieurs personnes, cette renonciation doit être restreinte
« aux contrats, aux personnes et aux choses dont il s'agit, et ne
« peut aucunement être invoquée par rapport à d'autres con-
« trats auxquels les femmes n'ont pas ou n'auront pas consenti.
« Les dispositions de la présente loi s'appliqueront aux contrats
« déjà passés, en supposant des difficultés non encore tranchées par
« transaction, jugement définitif ou autre mode légitime. »—D'après
le *Corpus academicum*, cette Constitution est de l'an 508 ; d'après
d'autres, elle serait seulement de l'an 517. —A la suite de la Constitution d'Anastase, nous trouvons une *Authentique*, tirée de la
Novelle 61. Nous aurons occasion d'en parler plus loin, en même
temps que de la L. 22, C., *Ad Scn. Vellei.*

y avait là de la part de la femme une *intercessio* défendue par le sénatusconsulte Velléien. L'empereur Anastase lève ces doutes et reconnaît que la femme peut
ainsi renoncer à son hypothèque sur la chose qui est
l'objet du contrat du mari et au profit du tiers avec qui
ce contrat intervient. On donnerait certainement à cette
Constitution un sens qu'elle n'a pas si on en concluait,
par voie d'argument *a contrario*, que la femme ne peut
renoncer aux sûretés réelles qu'elle a reçues du mari
que dans la forme indiquée par Anastase, c'est-à-dire
en figurant au contrat que le mari passe avec un tiers :
l'intention de l'empereur n'est en aucune façon de
supprimer la possibilité pour la femme de consentir directement au mari la remise de l'hypothèque : il ne s'occupe pas du cas prévu par les empereurs Philippe, dans
la L. 11 *cod. Tit.*, mais seulement d'un cas où le sénatusconsulte Velléien pouvait paraître applicable (1).

En résumé, jusqu'à Justinien, la femme, qui n'a point
encore une hypothèque légale pour sûreté du recouvrement de sa dot, peut, quand elle a obtenu une hypothèque conventionnelle, y renoncer directement au profit du mari, ou bien au profit d'un tiers qui traite avec
le mari. — Justinien ayant attaché à l'action *de dote* une
hypothèque légale, la femme a-t-elle pu renoncer à
celle-ci comme elle pouvait auparavant renoncer à son
hypothèque conventionnelle? Nous avons, sur ce point,
une décision des plus importantes de Justinien lui-
même. Après avoir déclaré que désormais la règle de la

_____

(1) Ce cas, où la femme donne son consentement à l'acte du mari,
présente, en effet, quelque analogie avec celui que prévoit Gordien
dans la L. 7 *cod. Tit.*—Aj. Alexandre, L. 5 *ibid.*

loi Julia s'appliquera *non tantùm in italicis fundis, sed etiam in provincialibus*, l'empereur ajoute : « *Cùm autem « hypothecam ei etiam ex hác lege donavimus, sufficiens « habet remedium mulier, etsi maritus fundum alienare « voluerit. Sed ne et consensu mulieris hypothecæ ejus « minuantur, necessarium est et in hác parte mulieribus « subvenire, hoc tantummodo addito ut fundum dotalem « non solùm hypothecæ titulo dare nec consentiente mu- « liere maritus possit, sed nec alienare, ne fragilitate na- « turæ suæ in repentinam deducatur inopiam. Licet enim « Anastasiana lex de consentientibus mulieribus vel suo « juri renunciantibus loquatur, tamen eam intelligi opor- « tet in rebus mariti vel dotis quidem æstimatis in quibus « dominium et periculum mariti est. In fundo autem non « æstimato, qui et dotalis propriè nuncupatur, maneat « jus intactum, ex lege quidem Juliá imperfectum, ex « nostrá autem auctoritate plenum, atque in omnibus ter- « ris effusum, non tantùm Italicis, et solá hypothecá « conclusum* » (1). Pour bien comprendre ce texte, il

---

(1) L. un. § 15, C., *De rei uxoriæ act.* (v, 13) : « Comme, dans « cette Loi même, nous avons donné à la femme une hypothèque, elle « a une ressource suffisante, encore que le mari veuille aliéner son « fonds. Toutefois, pour que cette hypothèque ne puisse même pas « être amoindrie par le consentement de la femme, il est nécessaire, « sur ce point, de venir à son secours, en ajoutant simplement que « non-seulement le mari ne peut pas hypothéquer le fonds dotal, « même du consentement de la femme, mais qu'il ne peut pas da- « vantage l'aliéner, de peur que la femme ne se trouve ruinée par « suite de sa faiblesse. Une Constitution d'Anastase parle des femmes « qui donnent leur consentement ou renoncent à leur droit ; il faut « l'entendre des biens du mari, ou des biens apportés en dot avec « estimation, lesquels appartiennent au mari et sont à ses risques. « Mais sur le fonds non estimé, qu'on appelle proprement *fonds do-* « *tal*, le droit de la femme doit rester intact, droit imparfait d'après

faut savoir que Justinien, par une Constitution de l'an
529 (1), avait accordé à la femme une *hypothèque privilégiée* sur toutes les choses apportées en dot; qu'un
an après, par la Constitution même dont je viens de rapporter une partie (2), il lui avait reconnu une hypothèque générale sur les biens du mari. Cela posé, voici
quel me paraît être l'enchaînement des idées dans le
texte qui nous occupe :

« Au premier abord, la restitution de la dot semble
être suffisamment garantie, lors même que le mari
aliénerait le fonds dotal : car la femme, ayant hypothèque sur tous les biens du mari, parviendra sans
doute à obtenir satisfaction complète. Cependant, en y
regardant de plus près, on voit que la femme est encore exposée à perdre sa dot. En effet, pour que le mari
puisse aliéner le fonds dotal, il lui faut le consentement
de la femme ; or, la femme qui consent à l'aliénation
renonce, par cela même, à opposer au tiers acquéreur
son hypothèque privilégiée, et alors, si le mari n'a pas
d'autres biens, ou si ses autres biens sont grevés d'hypothèques antérieures à celle de la femme, la restitution de la dot se trouvera gravement compromise.
Il importe donc que la femme ne puisse pas perdre son
hypothèque privilégiée sur le fonds dotal : elle ne pourra
pas y renoncer directement au profit du mari ; elle ne

« la loi Julia, droit complet d'après notre décision, applicable à tous
« immeubles et non pas seulement aux immeubles italiques, et ne se
« bornant pas à empêcher l'hypothèque. » — Cette Constitution est
de l'an 530.

(1) L. 30, C., *De jure dot.* (v, 12). J'en donnerai un peu plus loin
l'explication détaillée.

(2) *Hâc* L. un. § 1.

pourra pas davantage y renoncer au profit d'un tiers
en consentant à l'aliénation du fonds dotal par le mari.
L'aliénation du fonds dotal est ainsi défendue au mari
d'une manière aussi absolue que l'hypothèque : c'est la
conséquence naturelle de la concession à la femme
d'une hypothèque privilégiée sur les choses apportées
en dot, et de l'idée que cette hypothèque, du moins en
tant qu'il s'agit des immeubles dotaux, est d'intérêt
public. La Constitution d'Anastase, qui reconnaît aux
femmes la faculté de renoncer à leurs hypothèques est-
elle donc complétement abrogée? Non, elle continuera
de recevoir son application, en tant que la femme renonce à l'hypothèque simple qu'elle a sur les biens
propres du mari, ou même à l'hypothèque privilégiée
qu'elle a sur les immeubles apportés en dot avec estimation. C'est seulement le droit de la femme sur le
fundus propriè dotalis qui, même malgré sa volonté ou
plutôt en dépit de sa faiblesse, doit nécessairement
rester intact. »

Justinien ne s'exprime pas en termes formels sur le
point de savoir si la femme peut renoncer à son hypothèque privilégiée, en tant que cette hypothèque porte
sur les meubles dotaux. Pour prétendre qu'elle ne le
peut pas, on fera remarquer la généralité du motif
que donne Justinien à l'appui de sa décision, *ne et consensu mulieris hypothecæ ejus minuantur;* on invoquera
la règle, plusieurs fois mentionnée dans les textes, suivant laquelle *causa dotis pacto deterior fieri non potest* (1);
enfin on dira qu'il y a lieu d'appliquer par analogie

---

(1) V. M. de Savigny, *System des heutigen römischen Rechts,*
t. IV, § 149, note *h* (p. 57 de la traduction française).

à l'hypothèque privilégiée de Justinien ce que nous avons admis pour le *privilegium* de l'ancien droit. Mais ces arguments ne conservent aucune force pour celui qui lit attentivement le texte même qui donne lieu à la question. En effet, d'abord Justinien dit que le droit de la femme doit rester intact, sur quoi? *in fundo non œstimato :* s'il est un cas où il soit permis d'employer l'argument *a contrario*, c'est bien celui qui nous occupe. De plus, il est évident que Justinien s'est exprimé en termes trop généraux quand il a dit *ne et consensu mulieris hypothecæ ejus minuantur,* et qu'il ne s'est point préoccupé ici de la règle *causa dotis pacto deterior fieri non potest,* puisqu'il consacre expressément la Constitution d'Anastase en tant qu'elle permet à la femme de renoncer à son hypothèque sur les biens personnels du mari. Enfin, si, dans le cas d'immeubles apportés en dot avec estimation, cas où la dot consiste *in pecuniâ,* il est permis à la femme de renoncer à son hypothèque privilégiée sur ces immeubles (et Justinien le lui permet positivement), il est impossible de comprendre pourquoi la renonciation ne serait pas également permise quand des objets mobiliers ont été apportés en dot avec ou sans estimation.

On voit donc que, s'il importe de distinguer entre la dot mobilière et la dot immobilière au point de vue du pouvoir d'aliénation du mari, la même distinction doit être faite dans le droit de Justinien au point de vue de la possibilité pour la femme de renoncer à son hypothèque privilégiée sur les choses apportées en dot (1).

_____

(1) Chez nous, la femme mariée sous le régime dotal étant propriétaire des biens dotaux, son hypothèque légale frappe seulement les im-

3° LA LOI JULIA NE S'APPLIQUE PAS AUX IMMEUBLES APPORTÉS EN DOT AVEC ESTIMATION.

Lorsqu'une chose mobilière ou immobilière est apportée en dot au mari avec estimation, de droit commun et en l'absence de toute clause particulière, cette estimation vaut vente, c'est-à-dire que le mari est considéré comme ayant acheté la chose pour le montant de l'estimation (1). Alors, ce n'est point la chose même qui est véritablement dotale; c'est la somme à laquelle on l'a estimée. En conséquence, lors même que la chose

meubles propres du mari. La jurisprudence reconnaît (contrairement au système de la L. un. § 15) que la femme ne peut renoncer à ce droit d'hypothèque, en tant qu'il lui garantit la restitution de sa dot même mobilière : décider autrement, ce serait admettre que la dot peut être aliénée d'une manière indirecte (V. M. Tessier, *Questions sur la dot*, n° 111). Et la loi du 23 mars 1855 peut être considérée comme se référant à cette idée, lorsqu'elle dit, au commencement de son art. 9 : « Dans les cas où les femmes peuvent céder leur hypo-
« thèque légale ou y renoncer, cette cession ou renonciation doit être
« faite par acte authentique..... »

(1) Ulpien, dans la L. 10 § 4 *De jure dot.*, suppose que des objets ont été apportés en dot avec estimation *antè matrimonium* : « L'estimation, dit-il, est *quasi sub conditione* ; elle est censée faite sous la condition *si matrimonium fuerit secutum*. Le mariage ayant une fois eu lieu, *vera fit venditio*. » Dans le § 5 *in fine* de la même L. 10, il dit en termes formels : *æstimatio venditio est*. — De même, Africain, dans la L. 9 § 3 *Qui potiores* (20, 4), dit, en parlant d'un mari qui avait reçu en dot un *prædium æstimatum* : *Emptoris loco est*. — Même décision quand un fermier reçoit avec le fonds *instrumentum æstimatum* : L. 3 *Locati* (19, 2). — Remarquez seulement que, quand il s'agit de choses apportées en dot, une estimation qui tendrait à avantager l'un des époux aux dépens de l'autre devrait être rectifiée : L. 6 § 2 *De jure dot.*

viendrait à périr en tout ou en partie sans la faute du
mari, il resterait néanmoins tenu de l'action *de dote :* car
il n'y a que les dettes de corps certains qui puissent s'é-
teindre *rei interitu,* et ici la dette du mari a pour objet
une somme d'argent, le montant de l'estimation (1).
Toujours par application du même principe *æstimatio
venditio est,* si le mari n'est pas devenu immédiatement
propriétaire des choses qui lui ont été livrées avec estimation, soit parce qu'elles étaient *mancipi,* soit parce
que le *tradens* n'en était pas propriétaire, l'usucapion qui
peut avoir lieu au profit du mari, ce n'est point l'usucapion *pro dote,* c'est l'usucapion *pro emptore* (2) ; et si
le mari est évincé de ces objets, il peut agir en garantie, comme un acheteur, par l'action *ex empto* ou par
l'action *ex stipulatu duplæ* (3).

(1) Nous avons déjà vu (ci-dessus, p. 35) cette idée exprimée par
Justinien, dans la L. un. § 15 *De rei uxoriæ act.* : « *In rebus
dotis æstimatis,* dit l'empereur, *dominium et periculum mariti est.* » Voy. aussi Ulpien, L. 10 pr. *De jure dot.;* Hermogénien,
L. 54 *Sol. matr.;* Dioclétien et Maximien, L. 10, C., *De jure dot.*
Si les choses ont été apportées avec estimation et ont péri par cas
fortuit avant le mariage, on décide, conformément à la règle suivie
en matière de vente conditionnelle, que la perte totale est pour la
femme (V. L. 10 § 5 *De jure dot.*) ; la perte partielle serait pour
le mari.

(2) V. Paul, *Fragm. Vatic.,* § 111. Il résulte de ce texte que
pour les choses apportées sans estimation, il peut y avoir, au profit
du futur mari, usucapion *pro suo,* tandis que pour les choses apportées avec estimation aucune usucapion n'est possible *ante nuptias
pendente venditione.* Remarquez surtout avec quelle précision Paul
distingue les choses *quæ dotales sunt* et celles *quæ æstimatæ
dantur.*

(3) V. Scævola, L. 52 § 1 *De act. empti* (19, 1); Ulpien, L. 46
De jure dot.; Paul, *Fragm. Vatic.,* § 105; Sévère et Antonin, L. 1,
C., *De jure dot.* (v, 12). — Le mari qui a reçu avec estimation un

Mais la conséquence la plus importante du principe
que l'estimation vaut vente, et qu'ainsi le montant de
l'estimation, non la chose estimée, se trouve *in dote* (1),
c'est que le pouvoir du mari sur le *prædium æstimatum*
n'est aucunement limité par application de la loi Julia
et que le mari peut disposer de cet immeuble absolument comme de ceux qu'il a recueillis pour des causes
étrangères à son mariage. Cette conséquence va de soi :
car la loi Julia parle du *prædium dotale*, et sa disposition, exorbitante du droit commun, ne doit évidemment pas être étendue à d'autres objets. Voici, du reste,
en ce sens une Constitution formelle de l'empereur
Alexandre : « *Interest,* dit l'empereur, s'adressant à
une femme appelée Stratonice, *usumfructum solum ma-*
« *ritus tuus in dotem acceperit, an proprietas quidem*
« *doti data sit, verùm pactum intercessit, ut moriente eo*
« *tibi ejusdem æstimatio* (2) *redderetur. Nam usufruc-*
« *tuarius quidem proprietatem pignorare non potuit; qui*
« *autem proprietatem æstimatam in dotem accepit, non*

immeuble ou autre objet de prix peut exiger la *cautio duplæ*, tandis qu'il ne le pourrait pas *æstimatione non factâ* : c'est du moins
ainsi que j'entends la L. 52 *De jure dot.*, et cette interprétation est
parfaitement conforme aux principes généraux. Comp. Ulpien, L. 37
pr. et § 1 *De evict.* (21, 2).

(1) Dans la L. un. § 15 *De rei uxoriæ act.*, Justinien, après
avoir parlé des biens personnels du mari et des choses apportées en
dot avec estimation, ajoute très-bien : « *In fundo autem non æsti-*
mato, qui et dotalis propriè nuncupatur..... »

(2) J'adopte ici la leçon proposée par Cujas : au lieu de *ejusdem*
æstimatio, les éditions anciennes portent *eadem possessio*. La fin
du texte suppose évidemment que c'est l'estimation qui doit être
rendue. Voy. Cujas, *Ad Africanum tract.* 8, sur la L. 9 *De fundo*
dot.; *In lib.* xi *Resp. Papiniani*, sur la L. 11 § 2 *De pign.*
et hyp.

« *ideò minùs obligare eam potuit, quoniam soluto ma-*
« *trimonio restituenda tibi æstimatio ejus fuit* » (1). Stratonice, devenue veuve, demande à l'empereur si un bien
qu'elle recouvre à la mort de son mari a pu être par lui
engagé ou hypothéqué. L'empereur répond : « Cela dépend de la manière dont les choses se sont passées lors
de la constitution de dot. Est-ce seulement l'usufruit
du bien qui a été apporté en dot au mari : alors il est
évident que la propriété n'a pas pu être affectée par lui
à ses créanciers. Est-ce au contraire la chose corporelle, la propriété, qui a été apportée en dot, mais avec
estimation : alors, comme c'est le montant de l'estimation qui s'est trouvé *in dote*, qui devait vous être rendu
à la dissolution du mariage, le mari a parfaitement pu
grever d'hypothèques le bien lui-même. »

Nous remarquerons d'abord que, dans l'espèce, sans
aucun doute il s'agissait d'un immeuble, bien que le
rescrit ne le dise pas explicitement. En effet, du moment que c'est la chose même, et non pas simplement
l'usufruit, qui a été apportée en dot, le mari, devenu
propriétaire, aurait pu librement en disposer, si elle
eût été mobilière, en l'absence même d'une estimation.
Or, si l'empereur admet que la chose a pu être hypothéquée par le mari, c'est uniquement *quoniam soluto
matrimonio restituenda æstimatio ejus fuit*. Le texte

_____

(1) L. 6, C., *De usufr.* (III, 33) : « Il importe de savoir si votre
« mari n'a reçu en dot que l'usufruit, ou si au contraire il a reçu la
« propriété, mais avec convention qu'à sa mort l'estimation vous
« serait rendue. En effet, un usufruitier ne peut pas grever la
« chose d'un droit de gage ; mais celui qui a reçu en dot la propriété
« avec estimation, a très-bien pu la grever, puisqu'arrivant la
« dissolution du mariage, c'est l'estimation qui devait vous être
« rendue. »

suppose donc bien que c'est d'un immeuble qu'il s'agissait, et il constate aussi clairement que possible le droit pour le mari d'hypothéquer l'immeuble qui lui a été apporté avec estimation.

Du reste, une difficulté se présente. Si l'*obligatio dotalis* a pour objet, non l'immeuble apporté au mari, mais l'estimation donnée à cet immeuble, comment comprendre que Stratonice s'inquiète de savoir si son mari a pu ou non l'hypothéquer? L'immeuble n'étant point ce qui doit être restitué à la femme, la validité de l'hypothèque ne doit-elle pas être pour la femme chose parfaitement indifférente? Oui, sans doute, la femme serait désintéressée dans cette question d'hypothèque si, le mari étant mort solvable, elle trouvait dans sa succession somme suffisante pour parfaire le montant de l'estimation qui lui est due. Mais supposons que le mari n'ait laissé d'autres biens que l'immeuble à lui apporté avec estimation : alors il est facile de voir que, suivant qu'on aura reconnu la nullité ou la validité de l'hypothèque, la femme obtiendra ou n'obtiendra pas la restitution de sa dot. Une autre Constitution du même empereur Alexandre (1), que j'aurai bientôt à expliquer, nous autorise à sous-entendre, dans l'espèce de notre L. 6, une circonstance de ce genre.

Ce principe, que la chose apportée en dot avec estimation n'est pas dotale, se trouve encore parfaitement appliqué dans le recueil intitulé : *Petri exceptiones*. Après avoir dit que le mari peut librement disposer de la dot mobilière (v. ci-dessus, p. 23), l'auteur ajoute : « *Si vero immobilis sit, et si æstimata data fuit viro,*

(1) L. 5, C., *De jure dot.* (v, 12).

« *similiter eam alienare potest, sive consentiente uxore*
« *sive non, æstimatione tamen reddendâ uxori. Idem et*
« *de mobili æstimatâ judicandum esse probatur a ma-*
« *jori.* » (Liv. 1, ch. 34).

— J'ai toujours supposé jusqu'ici qu'il y a eu estimation pure et simple de la chose apportée en dot. C'est l'estimation ainsi faite sans réserve qui vaut vente. Mais il
serait possible que, tout en estimant la chose, on ajou-
tât une convention spéciale portant que la chose même
devra être restituée à la femme : la chose alors, malgré
l'estimation, reste dotale, inaliénable par conséquent
s'il s'agit d'un immeuble. Quel effet peut avoir une estimation ainsi faite? Les interprètes disent qu'elle intervient *taxationis causâ* (1), voulant exprimer par là que le
mari, en cas de perte totale à lui imputable, devra toujours rendre le montant de cette estimation, et, en cas
de perte partielle, une fraction corrélative à la portion
de la chose dotale qu'il ne peut pas rendre en nature. De
plus, l'estimation dont il s'agit a encore cet effet que le
mari, qui de droit commun n'est tenu relativement aux
choses dotales que de la *culpa in concreto*, des fautes
qu'il ne commet pas habituellement par rapport à ses
propres choses (2), devient responsable de la *culpa levis
in abstracto*, c'est-à-dire qu'on le considère comme prenant l'engagement d'apporter à la garde ou à l'administration des choses ainsi estimées les soins d'un bon

---

(1) *Intertrimenti causâ*, dit Vinnius, dans son commentaire des
Institutes (pr. *Quib. alien. lic.*).

(2) Voy. Paul, L. 47 pr. *De jure dot.* Comp. Gaius, L. 18 pr. *in
fine Commod.* (13, 6).

père de famille : c'est du moins ce qu'il est permis
de conclure par analogie d'une décision formelle que
nous trouvons donnée en ce sens pour le cas de société (1).

Sur le cas où l'estimation est ainsi faite *taxationis
causâ*, voici plusieurs textes importants, que je dois
signaler :

Papinien, L. 69 § 7 *De jure dot.* : « *Cùm res in dotem*
« *œstimatas soluto matrimonio reddi placuit, summa de-*
« *claratur, non venditio contrahitur. Ideoque, rebus*
« *evictis, si mulier bonâ fide eas dederit, nulla est actio*
« *viro ; alioquin, de dolo tenetur* » (2). On ne s'est pas
borné à estimer les choses apportées en dot, il a été
convenu que ces choses mêmes devront être restituées
lors de la dissolution du mariage. Dès lors l'estimation
ne vaut point vente ; elle vaut seulement fixation de la
somme dont le mari sera tenu si par sa faute il ne peut
effectuer la restitution en nature. Donc ce sont les
choses mêmes apportées au mari qui sont *in dote*. Une
première conséquence qui en résulte, c'est que, si elles
sont immobilières, elles seront inaliénables entre les
mains du mari. Une deuxième conséquence, qui est
seule indiquée dans notre texte, c'est que, si le mari
en est évincé, il ne pourra pas recourir en garantie par
l'action *ex empto*, mais sa position sera exactement ce

(1) Voy. Ulpien, L. 52 § 3 *Pro socio* (17, 2).
(2) « Lorsqu'on est convenu que les objets apportés en dot avec
« estimation seraient restitués à la dissolution du mariage, c'est une
« valeur qui est déclarée, non une vente qui est contractée. En consé-
« quence, le mari en étant évincé, si la femme les a apportés de bonne
« foi, il n'a point d'action ; sinon, la femme est tenue en raison de son
« dol. »

qu'elle serait s'il n'y avait eu aucune estimation.
Qu'est-ce à dire? Que, si les choses lui ont été remises
en exécution d'une *dictio* ou d'une *promissio*, le mari
évincé pourra intenter une *condictio* comme s'il n'y
avait eu aucune exécution de l'engagement pris envers
lui; que si les choses lui ont été remises sans qu'il y
eût à cet égard obligation antérieurement contractée
envers lui, le mari évincé aura ou au contraire n'aura
pas de recours, suivant que le constituant aura su ou
aura ignoré le danger de l'éviction. Par quelle action
s'exerce ce recours du mari contre le constituant de
mauvaise foi? En général, par l'action *de dolo ;* mais si
c'est la femme qui a ainsi constitué en dot des choses
qu'elle savait susceptibles d'éviction, le mari, ne devant pas intenter contre elle une action infamante (1),
emploiera une action *in factum* (2).

Javolenus, L. 32 pr. *De pactis dotal.* (23,4) : « *Uxor*
« *viro fundum æstimatum centum in dotem dederat ;*
« *deindè cum viro pactum conventum fecerat ut, divortio*
« *facto, eodem pretio uxori vir fundum restitueret ;*
« *posteà, volente uxore, vir eum fundum ducentis vendi-*
« *derat, et divortium erat factum. Labeo putat viro po-*
« *testatem fieri debere utrum velit, ducenta vel fundum,*
« *reddere, neque ei pactum conventum remitti oportere.*
« *Idcirco puto hoc Labeonem respondisse, quoniam vo-*
« *luntate mulieris fundus veniit ; alioquin, omnimodo*

----

(1) Voy. Gaius, L. 2 *De act. rer. amot.* (25, 2).

(2) Tout cela est parfaitement exposé dans la Constitution des empereurs Sévère et Antonin qui forme la L. 1, C., *De jure dot.*, et
que j'ai déjà citée (ci-dessus, p. 40). Remarquez que, quand les
empereurs disent *Si quidem res æstimata fuerit,* ils supposent une
estimation pure et simple, c'est-à-dire valant vente.

« *fundus erat restituendus* » (1). Une femme apporte un fonds en dot à son mari, et le fonds est estimé 100. Si l'on s'en tenait à cela, le fonds devrait être considéré comme vendu au mari, la somme de 100 serait seule *in dote*, et le mari pourrait à son gré aliéner ou hypothéquer le fonds ainsi estimé. Mais, immédiatement ou quelquetemps après cet apport avec estimation, il a été convenu entre les époux qu'en cas de divorce le mari devrait restituer le fonds lui-même, la valeur de ce fonds demeurant, du reste, fixée à 100 (2). Que contient précisément ce pacte? Tout simplement la conversion d'une estimation pure et simple, valant vente, en une estimation *taxationis causâ*, de sorte que désormais ce n'est plus la somme, c'est l'immeuble qui est *in dote* (du moins sous la condition que le mariage sera dissous par le divorce). Est-il donc certain dès à présent qu'arrivant le divorce ce que le mari devra restituer, ce sera nécessairement le fonds

---

(1) « Une femme avait apporté en dot à son mari un fonds estimé « 100 ; puis elle était convenue avec son mari qu'en cas de divorce, « le mari rendrait à la femme le fonds lui-même, l'estimation res- « tant fixée à 100 ; enfin le mari, du consentement de la femme, avait « vendu le fonds 200, et le divorce avait eu lieu. Labéon pense qu'on « doit laisser au mari la faculté de rendre, à son choix, les 200 ou le « fonds, et qu'il ne faut point lui faire remise du pacte. Si Labéon a « répondu ainsi, c'est, suivant moi, parce que la femme avait consenti « à la vente du fonds : sans cette circonstance, le fonds, et le fonds « seul eût dû être restitué. »

(2) Comp. la L. 29 pr. *De pact. dot.*, dans laquelle le jurisconsulte Scævola suppose que le mari, ayant reçu en dot des fonds estimés, *manente matrimonio pactus est ut prædia inœstimata essent.* Ici, comme dans l'espèce de notre L. 32, les fonds devenant dotaux par l'effet du pacte, désormais la perte totale ou partielle (pourvu qu'elle ne soit pas imputable au mari) sera pour la femme.

s'il existe encore, ou la somme de 100 s'il a péri
par la faute du mari? Non : Labéon était consulté sur
un cas où telle ne sera point l'obligation du mari. Le
fonds, nous venons de le dire, est devenu dotal par l'effet du pacte : s'ensuit-il que le mari ait absolument
perdu le pouvoir de l'aliéner? Évidemment, tout ce
qu'il a perdu, c'est le pouvoir de l'aliéner *invitâ uxore*.
Si donc l'aliénation a été faite par le mari du consentement de la femme, cette aliénation est valable ; et alors
qu'est-ce que le mari devra restituer au cas de divorce?
On pourrait être tenté de croire que c'est le montant de
l'estimation faite primitivement, la somme de 100.
C'est la décision à laquelle on arriverait si l'on inter-
prétait le consentement donné par la femme à l'aliénation comme impliquant de la part de la femme remise
ou abandon du pacte qui avait transformé l'estimation
valant vente en une estimation *taxationis causâ*. Mais
cette interprétation est repoussée par Labéon (... *neque
ei pactum conventum remitti oportere*). Et en effet le consentement donné par la femme à l'aliénation s'explique
tout naturellement par le désir des époux de se conformer à la disposition de la loi Julia qui défend au mari
d'aliéner le *prædium dotale invitâ uxore*. Dans l'espèce,
le fonds est devenu dotal par l'effet du pacte, et la femme
n'a nullement l'intention de revenir sur ce pacte : elle
part de l'idée que le fonds est dotal, quand elle consent
à l'aliénation qu'en fait le mari. La conséquence de
cette interprétation raisonnable est fort importante : le
mari, comme dans tous les cas où la chose dotale est
vendue avec le consentement de la femme, est désormais tenu d'une obligation alternative : l'*obligatio dotalis* aura pour objet le fonds ou le prix qui en a été re-

tiré (1). Javolenus a soin de faire remarquer que cette décision de Labéon tient essentiellement à la circonstance que la femme avait consenti à la vente : en l'absence de ce consentement, la vente eût été considérée comme non avenue, et le mari fût resté purement débiteur du fonds dotal. — C'est par inadvertance que ce fragment a été inséré dans les Pandectes : car, dès l'année 530, Justinien avait refusé tout effet au consentement de la femme en cas d'aliénation du fonds dotal (2).

Alexandre, L. 5, C., *De jure dot.* (v, 12) : « *Quoties* « *res æstimatæ in dotem dantur, maritus, dominium* « *consecutus, summæ, velut pretii, debitor efficitur. Si* « *itaque non convenit ut soluto matrimonio restitueren-* « *tur, et jure æstimatæ sunt, retinebit eas si pecuniam* « *tibi offerat* »(3). Ce rescrit est important à plusieurs points de vue. D'abord il distingue très-nettement l'estimation qui vaut vente et celle qui est seulement faite *taxationis causâ*. Le droit commun, c'est que l'estimation vaut vente : pour qu'il en soit autrement, il faut qu'à l'estimation on ait ajouté un pacte spécial portant que ce sont les objets mêmes apportés en dot qui devront être restitués. De plus, le rescrit constate que,

---

(1) Peut-être serait-il plus exact de dire que le prix seul est *in obligatione* et que le fonds est simplement *in facultate solutionis.* Comp. Pomponius, L. 32 *De jure dot.*

(2) V. ci-dessus, p. 35 et suiv.

(3) « Toutes les fois que des choses sont apportées en dot avec « estimation, le mari, devenu propriétaire, est débiteur du montant « de l'estimation comme d'un prix. Si donc il n'a pas été convenu « qu'à la dissolution du mariage les choses mêmes seraient resti- « tuées, et s'il y a eu estimation régulière, le mari, en vous offrant « la somme, retiendra les objets. »

même au cas d'estimation pure et simple, le mari, à la dissolution du mariage, ne peut retenir les objets estimés qu'autant qu'il offre le montant de l'estimation : en effet, la femme non payée de la somme à laquelle elle a droit pourrait faire vendre les objets dont il s'agit, comme tous autres biens appartenant au mari. Ceci nous a déjà servi à expliquer une autre Constitution du même empereur Alexandre, la L. 6, C., *De usufr.* (1).

Dioclétien et Maximien, L. 21, C., *De jure dot.* : « *Si* « *inter virum et uxorem pactum sit interpositum, ut, si* « *matrimonium intrà quinquennii fortè tempora quoquo* « *modo esset dissolutum, species æstimatæ doti datæ,* « *pretiis quibus æstimatæ sunt, redderentur, manifestum* « *est, non pretia specierum dari, sed ipsas species de-* « *bere restitui, cùm in placitis specierum reddendarum* « *idcirco pretiorum nomen videatur annexum ne, si spe-* « *cies aliqua deminuta fuisset aut perdita, alio pretio* « *quàm quo taxata fuerat reposceretur* » (2). Ce texte détermine de la manière la plus précise l'effet du pacte qui, après que les choses apportées en dot ont été estimées, vient dire que ces choses seront rendues *pretiis quibus æstimatæ sunt.* Dans l'espèce, le pacte était subordonné à cette condition, *si matrimonium intrà quin-*

---

(1) Voy. ci-dessus, p. 41 et suiv.

(2) « Il a été convenu entre le mari et la femme que, si le mariage « venait à se dissoudre, pour une cause quelconque, dans le délai de « cinq ans, les objets apportés en dot avec estimation seraient rendus suivant le prix d'estimation : il est manifeste que ce n'est pas « le prix des objets qui doit être donné, mais que ce sont les objets « eux-mêmes qui doivent être restitués. En effet, en convenant que « les objets seront rendus, si l'on ajoute l'estimation, c'est afin que , « quelqu'un des objets venant à être dégradé ou perdu, il n'y ait pas « lieu de réclamer une valeur autre que le prix de l'estimation. »

quennium esset dissolutum, si le mariage dure moins de cinq ans. Supposons d'abord que la condition vienne à défaillir, que la durée du mariage se prolonge au-delà du terme fixé : alors le pacte est réputé non avenu, l'estimation se trouve avoir été faite purement et simplement, c'est le montant de l'estimation qui est dotal et non les objets estimés. Si au contraire le mariage se dissout avant l'expiration du délai, alors le pacte produira son effet : l'objet de l'*obligatio dotalis*, c'est la chose même qui a été estimée; seulement, si le mari l'à dégradée ou fait périr, l'indemnité dont il est tenu n'est point précisément du dommage que sa faute occasionne à la femme, elle se détermine d'après le chiffre de l'estimation faite dès le principe.

Sévère et Antonin, L. 1, C., *Sol. matrim.* (v, 18) : « *Dubium non est, post æstimationem dotis pactione vel* « *stipulatione interpositâ, ut, si ipsæ res dissoluto matri-* « *monio exstarent, uxori reddantur, et ancillas cum partu* « *ex stipulatu judicio restitui oportere* » (1). Dans les textes précédemment cités, l'obligation pour le mari de rendre les choses mêmes apportées en dot résultait d'un simple pacte ajouté à l'estimation. Ici les empereurs Sévère et Antonin supposent que cette obligation peut également résulter d'une stipulation : la stipulation, tout aussi bien que le pacte, montre que l'estimation a été faite *taxationis causâ*. Du reste, il est évident que l'action par laquelle la femme réclamera la resti-

____

(1) « Sans aucun doute, si la dot ayant été estimée, il est inter-
« venu un pacte ou une stipulation portant que les choses encore
« existantes à la dissolution du mariage seraient rendues à la femme,
« le mari est tenu par l'action *ex stipulatu* de restituer les esclaves
« avec leur part. »

tution des objets ne sera pas la même dans les deux cas : s'il y a eu stipulation, elle pourra employer l'action *ex stipulatu*, tandis que, s'il y a eu simple pacte, elle n'aura que l'action *rei uxoriæ*. Je suis convaincu que les empereurs, dans le texte original de leur rescrit, mentionnaient effectivement les deux actions : *ancillas cum partu*, disaient-ils, *rei uxoriæ vel ex stipulatu judicio restitui oportere*. Les commissaires de Justinien, pour mettre ce texte d'accord avec le principe nouveau établi dans la L. un. *De rei uxoriæ actione in ex stipulatu actionem transfusá*, auront supprimé la mention de l'action *rei uxoriæ*. — Cette L. 1 *Sol. matrim.* donne à la distinction entre l'estimation qui vaut vente et celle qui a lieu *taxationis causá* un intérêt pratique que nous n'avons pas encore signalé. Quand il y a estimation valant vente, le mari gagne définitivement, non-seulement les fruits proprement dits, mais en général tout ce qu'il peut retirer de la chose; au contraire, l'estimation étant faite *taxationis causá*, le mari gagnera seulement, comme au cas où il n'y aurait eu aucune estimation, les produits qui sont de véritables fruits. La Constitution ne s'occupe que du part des esclaves apportées en dot; il faudrait en dire autant des arbres qui ne sont point considérés comme fruits, etc. (1).

Nous connaissons les effets différents attachés à l'estimation pure et simple et à l'estimation faite *taxationis causá*. L'estimation peut encore avoir un caractère mixte : en d'autres termes, la volonté des parties peut être qu'elle ait tel ou tel effet selon l'événement.

---

1) Ajoutez, quant au part, la L. un. § 9. C., *De rei ux. act.*

Voici un fragment, emprunté au jurisconsulte Scævola, qui se réfère à un cas de ce genre : « *Æstimatis rebus* « *in dotem datis, pactum intercessit, ut, ex quácumque* « *causâ dos reddi deberet, ipsæ res restituerentur, habitâ* « *ratione augmenti et deminutionis viri boni arbitratu ;* « *quæ vero non exstarent, ab initio æstimatio earum.* « *Quæsitum est, cùm res quædam, quas maritus vendi-* « *derit, exstarent, an secundùm pactum et hæ ad mu-* « *lierem pertinerent? Respondi res quæ exstant, si neque* « *volente neque ratum habente muliere væniissent, perindè* « *reddendas atque si nulla æstimatio intervenisset* » (1). Ici le pacte qui intervient après l'estimation porte que les *res exstantes*, les choses encore existantes au moment où la dot devra être restituée, seront rendues en nature ; que, pour les *res non exstantes* le mari rendra l'estimation qui leur a été donnée dans le principe. Donc, relativement à celles qui existent encore, il se trouve que l'estimation n'a pas valu vente ; relativement à celles qui ont péri même par cas fortuit, le mari est considéré comme les ayant achetées et par conséquent il doit le montant de l'estimation originaire. En somme, toutes sont aux risques du mari : alors il est équitable

---

(1) L. 50 *Sol. matr.* : « Des choses apportées en dot ayant été « estimées, est intervenu un pacte aux termes duquel, pour quelque « cause que la dot doive être rendue, les choses mêmes seront resti- « tuées, en tenant compte équitablement de l'augmentation et de la « diminution ; quant aux choses non existantes, c'est leur estima- « tion faite dans le principe qui sera restituée. Comme certaines cho- « ses que le mari a vendues existent encore, on demande si celles-là « même peuvent, d'après le pacte, être réclamées par la femme. J'ai « répondu : Les choses qui existent, vendues sans le consentement « de la femme et sans qu'elle ait ratifié, doivent être restituées comme « s'il n'y avait eu aucune estimation. »

qu'il garde non-seulement les fruits, mais tous les produits qu'elles ont pu lui fournir, comme il les garderait s'il y avait eu purement et simplement estimation valant vente. Cette dernière décision est donnée par Labéon pour le cas où des esclaves avaient ainsi été apportées en dot (1).

En résumé, l'estimation donnée aux choses qu'on apporte en dot au mari est toujours susceptible d'avoir un effet juridique important. Nous voyons au contraire que, dans certaines autres matières, l'estimation donnée à des biens reste dépourvue de toute conséquence légale particulière (2).

Nous pouvons maintenant aborder l'explication détaillée des fragments que les compilateurs du Digeste ont réunis dans le Titre *De fundo dotali.*

---

(1) L. 18 *De jure dot.*, et L. 66 § 3 *Sol. matr.* J'entends ces textes comme mon savant maître M. Pellat (*Textes sur la dot,* 2ᵉ édition, p. 123 et 124).

(2) Voy. Papinien, L. 77 § 30 *De leg.* 2ᵒ.

Chez nous, l'estimation pure et simple des choses apportées en dot ne vaut vente que relativement aux choses mobilières : C. Nap., art. 1551-1552 et 1565. Comp., en matière de cheptel, les art. 1805 et 1822; en matière de société, l'art. 1851; en matière de prêt, l'art. 1883.

DIGESTORUM SIVE PANDECTARUM

DE FUNDO DOTALI.

L. 1. — PAULUS, LIB. XXXVI *ad Edictum.*

Pr.

Interdùm lex Julia de fundo dotali cessat, si ob id quod maritus damni infecti non cavebat missus sit vicinus in possessionem dotalis prædii, deindè jussus sit possidere. Hic enim dominus vicinus fit, quia hæc alienatio non est voluntaria.

La loi Julia concernant le fonds dotal cesse quelquefois d'être applicable. Ainsi, le mari ne donnant pas la *cautio damni infecti*, le voisin a été envoyé en possession du fonds dotal, puis a reçu l'ordre de posséder. Le voisin alors acquiert la propriété, parce qu'il n'y a pas là une aliénation volontaire.

Ce texte demande des développements assez étendus. Dans une première partie, je présenterai quelques renseignements généraux sur la *lex Julia* que mentionne le jurisconsulte; dans une seconde partie, je rechercherai comment il faut entendre les textes en assez grand nombre qui paraissent reconnaître à la femme un droit de propriété sur les biens dotaux, et s'il est

permis de rattacher ces textes à la disposition de la loi
Julia qui défend au mari d'aliéner seul le *prædium dotale*; enfin, dans une troisième partie, je traiterai des
cas où il y a *alienatio necessaria* du fonds dotal.

1. *Notions générales sur la loi Julia.* — On sait qu'Auguste fit voter dans les comices par tribus un certain
nombre de lois qui portent toutes le nom commun de
lex Julia. Quelle est celle de ces Lois qui s'occupait de
l'aliénation du fonds dotal et dont la disposition a
donné lieu aux différentes décisions de jurisconsultes
dont nous entreprenons l'étude? C'est très-certainement
la loi Julia *de adulteriis*. En effet, nous avons d'abord à
cet égard le témoignage formel du même jurisconsulte
Paul à qui est empruntée notre L. 1 pr. : « *Lege Juliâ de
« adulteriis*, dit Paul (1), *cavetur ne dotale prædium
« maritus invitâ uxore alienet.* » De plus, on voit, par
l'*inscriptio* de plusieurs des fragments compris dans
notre Titre *De fundo dotali*, que ces fragments, relatifs
au fonds dotal, ont été extraits des commentaires que
différents jurisconsultes avaient composés sur la loi
Julia *de adulteriis* : ainsi les LL. 2, 6 et 13 ont été prises
dans le livre v du commentaire d'Ulpien, la L. 12 dans
le livre i du commentaire de Papinien, et la L. 14 dans
le livre iii du commentaire de Paul. — Brisson, qui
fut président au Parlement de Paris dans la seconde
moitié du xvie siècle, a essayé, à l'aide de certaines
mentions que fournissent les historiens, à l'aide surtout des Titres du Digeste et du Code *Ad legem Juliam*

(1) *Sentences de Paul*, lib. ii, Tit. xxi B, § 2.

de adulteriis (1), de restituer le texte original de cette
loi Julia. Cette restitution comprend vingt-neuf cha-
pitres, savoir : vingt-huit consacrés à l'adultère, et un
seul, le dernier, s'occupant du fonds dotal. Brisson, du
reste, termine ainsi son travail : *Hæc habui quæ de lege
Juliâ de adulteriis dicerem, cujus multo plura fuisse
capita non ignoro.*

Cette loi Julia *de adulteriis*, je l'ai déjà remarqué, est
du règne d'Auguste (2). Elle se rattache à un système
général de législation qui tend à réprimer la dissolution
des mœurs et (par une conséquence très-naturelle) à
favoriser l'accroissement de la population. La même
tendance se retrouve dans une autre loi Julia : je veux
parler de la loi Julia *de maritandis ordinibus*, que les
jurisconsultes romains, et les modernes après eux, réu-
nissent souvent à la loi Papia Poppæa, en les désignant
cumulativement sous le nom de *lex Julia et Papia,
leges caducariæ* ou même simplement *leges*. La loi Julia
de adulteriis et la loi Julia *de maritandis ordinibus* sont
certainement deux lois distinctes : la première est de
l'an 737 de la fondation de Rome ; quant à la deuxième,
les uns en placent la date à l'an 736 et les autres seulement à l'an 757 (3). La tendance identique des deux lois

_____

(1) Dig., 48, 5; Cod., IX, 9.

(2) *Hæc lex lata est a divo Augusto,* dit Ulpien, au commencement de son commentaire *de adulteriis.* Voy. L. 1 *Ad leg. Jul. de
adult.* (48, 5).

(3) Suivant Hoffmann, qui avant Brisson avait déjà fait un travail
intéressant sur la loi Julia *de adulteriis*, cette loi aurait été portée
à l'occasion de la loi *de maritandis ordinibus*, pour en faciliter
l'adoption. En effet, l'objection qu'on adressait à celle-ci (Dion Cassius, liv. LIV), c'est que *jàm vix ullæ inveniri possent pudicæ*

explique l'erreur de certains interprètes (1) qui attribuent à la loi Julia *de maritandis ordinibus* la disposition relative à l'inaliénabilité du fonds dotal.

Maintenant on se demande comment il se fait qu'une
seule et même loi traite de deux matières si dissembla-
bles, l'adultère de la femme et l'inaliénabilité du fonds
dotal! Comment le législateur, posant des règles destinées à prévenir ou à réprimer l'adultère, a-t-il été
conduit à défendre au mari d'aliéner le fonds dotal? On
dit communément, depuis Hugo : « L'inaliénabilité du
fonds dotal est une garantie qu'en cas d'adultère de la
femme l'*accusatio adulterii* sera effectivement exercée
par le mari. En effet, supposons que le fonds dotal a pu
être et a été réellement aliéné : bien souvent le mari (en
admettant même qu'il n'a pas donné le fonds) n'aura pas
conservé le prix provenant de l'aliénation, et alors la
femme pourra impunément être adultère : car le mari,
pour intenter l'accusation dont il s'agit, doit d'abord di-
vorcer (2), et le divorce amènerait pour lui la nécessité de restituer une dot qu'il a dissipée. Au
contraire, le mari, ayant dû garder par devers lui le
fonds dotal, c'est-à-dire probablement la partie la plus
mportante de la dot, ne sera pas arrêté, quand il s'a-
gira d'exercer l'*accusatio adulterii*, par la considération
d'embarras pécuniaires qui pourraient en résulter pour
lui » (3). — A l'appui de cette idée, on peut invoquer

---

uxores. Auguste alors, pour écarter l'objection, proposa une loi
contenant des peines rigoureuses contre l'adultère.

(1) Notamment Jacques Godefroi et Gravina.

(2) Papinien, L. 11 § 10 *Ad leg. Jul. de adult.*

(3) Voy. Glück, *Ausführliche Erläuterung der Pandekten,* t. xix,
§ 1091, note 47 ; Bachofen, *Ausgewählte Lehren des römischen*

par analogie une Constitution des empereurs Théodose, Arcadius et Honorius, qui est ainsi conçue : « *Adulterii* « *accusatione propositâ, præscriptiones civiles, quibus* « *aut dos repeti fingitur aut ex ratione aliquâ debitum* « *flagitatur, quæ occurrere atque perstrepere examini con-* « *sueverunt, jussimus sequestrari, nec earum obice ali-* « *quid negotio tarditatis afferri ; sed accusatione fundatâ,* « *hoc est cùm constiterit quo jure, id est mariti—ne an* « *extranei, quove tempore actio fuerit intromissa, discu-* « *tiatur crimen, facti qualitas publicetur, cùm et jurgia* « *quæ magnitudine superant præponantur, et civilis ac-* « *tio criminali jure postponatur, idem tamen, cùm com-* « *petere cœperit, habitura momenti, dummodo non obsit* « *examini* » (1). Ainsi, la femme accusée d'adultère doit suspendre l'exercice de toute action civile ou de droit privé; l'intérêt public veut que l'accusation d'a-dultère ne puisse être entravée par les réclamations les

---

Civilrechts, 3ᵉ dissertation (*das Veräusserungsverbot des* fundus dotalis), p. 89.

(1) L. 7, C. Th., *Ad leg. Jul. de adult.* (IX, 7); L. 33, C. J., *eod. Tit.* (IX, 9) : « L'accusation d'adultère étant intentée, nous « voulons qu'on écarte les fins de non recevoir tirées du droit civil, « par lesquelles on suppose qu'une dot est répétée ou bien on récla-« me une créance quelconque, fins de nou-recevoir qui viennent « souvent faire obstacle à la poursuite : nous entendons qu'elles ne « puissent apporter aucun retard à l'examen de l'affaire. L'accusa-« tion étant fondée, ce qui a lieu quand on sait à quel titre (en qua-« lité de mari ou en qualité d'étranger) et dans quel délai l'ac-« tion a été introduite, il faut que la poursuite soit discutée, que « le caractère du fait soit dévoilé : les causes les plus importantes « doivent passer les premières; l'action civile ne vient qu'après l'ac-« tion criminelle , sauf à être pesée avec le même soin à l'époque ou « on pourra l'intenter, toujours à la condition qu'elle ne fasse pas « obstacle à la poursuite. »

mieux fondées que la femme pourrait avoir à élever
contre le mari : ces réclamations ayant un caractère
purement privé, la loi en exige pour le moment le sa-
crifice. Voilà donc un cas où les principes de l'*accusatio
adulterii* réagissent sur des règles de droit civil et en
empêchent provisoirement l'application (1). Ne faut-il
pas dire de même que la loi Julia, après avoir régle-
menté cette *accusatio adulterii*, est arrivée naturellement à restreindre entre les mains du mari un droit de
propriété dont le libre exercice aurait pu avoir pour
conséquence d'entraver la répression de l'adultère de la
femme?

Quant à moi, je ne puis en définitive admettre comme
exacte l'idée de Hugo, malgré l'approbation générale
qu'elle paraît avoir rencontrée parmi les interprètes.
Je me bornerai pour le moment à présenter sur ce point
une considération bien simple. Si l'inaliénabilité du
fonds dotal se rattachait réellement à l'intérêt d'ordre
public qui vient d'être indiqué, peut-on croire que le
législateur ne l'eût proclamée que pour le cas où la
femme ne consent pas à l'aliénation? Est-il possible
d'imaginer que, si le législateur, en défendant au mari
d'aliéner le fonds dotal, n'avait eu d'autre but que de
garantir et d'assurer l'exercice de l'*accusatio adulterii*,
il eût subordonné cette défense à la volonté de la
femme? Evidemment rien de plus contradictoire que
ces deux propositions : 1° La loi déclare le fonds dotal
inaliénable, parce que cette inaliénabilité est une ga-

___

(1) Il faut bien remarquer que notre Constitution déroge au droit
commun et doit être limitée au cas spécial qu'elle prévoit. Voy. L. 3,
C., *De ordine judic.* III, 8).

rantie que l'adultère de la femme ne restera pas impuni ; 2° il dépend précisément de la volonté de la femme que cette garantie existe ou n'existe pas.

Il faut donc expliquer autrement ce fait que la même loi qui organise la répression de l'adultère de la femme enlève au mari le pouvoir d'aliéner à son gré le fonds dotal. Je l'explique tout simplement en disant que le but de cette loi, comme de plusieurs autres de la même époque, est d'encourager le mariage. D'une part, l'homme contractera plus volontiers une union dont la femme ne sera plus maîtresse de se faire un jeu ; d'autre part, la femme, qui peut-être ne trouverait pas de mari si elle n'apportait pas une dot, ne sera point détournée du mariage par la nécessité de confier au mari tout ou partie de ses biens, lorsqu'elle aura la certitude que du moins les immeubles ainsi confiés ne pourront pas être transmis à des tiers si elle-même n'y consent. Voilà comment je rattache à une seule et même idée, — pousser au mariage les hommes et les femmes, — les deux ordres de dispositions que contient la loi Julia *de adulteriis*.

Pour prétendre que l'inaliénabilité du fonds dotal est d'ordre public, sinon précisément dans le sens qui vient d'être indiqué et réfuté, du moins comme moyen de faciliter pour la femme un second ou subséquent mariage, on a quelquefois invoqué cette phrase bien connue de Paul : « *Interest reipublicæ mulieres dotes salvas* « *habere, propter quas nubere possint* » (1). Mais il suffit de remarquer que Paul parle de la dot en général, et non pas seulement de la dot immobilière, pour reconnaître que très-probablement il ne se référait pas à

(1) L. 2 *De jure dot.*

la disposition de la loi Julia. Et si l'on rapproche le
fragment de Pomponius qui forme la L. 1 *Sol. matr.*,
on restera convaincu que les deux jurisconsultes cher-
chaient seulement à motiver le *privilegium inter personales actiones* accordé à la femme qui répète sa dot (1),
et qu'ils n'avaient point dans la pensée l'inaliénabilité
du fonds dotal.

II. *La loi Julia a-t-elle donné à la femme un droit
de propriété sur les immeubles dotaux?* — J'ai déjà cherché à établir (*supra*, p. 3 et suiv.) que le mari est véritablement propriétaire des choses dotales. Mais la loi Julia *de adulteriis*, en défendant au mari d'aliéner le
fonds dotal sans le consentement de la femme, n'a-t-
elle pas eu pour conséquence d'établir au profit de la
femme une sorte de domaine sur ce même fonds dotal?
C'est là une idée qui *a priori* devrait certainement être
repoussée. L'immeuble ayant été mancipé ou cédé *in
jure* au mari par le propriétaire, ou bien le mari en
ayant accompli l'usucapion, il serait contraire à tous les
principes que la propriété du mari ne fût pas exclusive
d'une propriété appartenant à une autre personne sur
la même chose. Le pupille aussi est incapable d'aliéner
seul l'objet qui lui appartient : qui donc oserait en conclure qu'il n'est pas seul propriétaire ? — Veut-on quelque chose de plus positif? Nous verrons dans la L. 7 de
notre Titre *De fundo dotali* qu'une servitude ne peut
pas subsister au profit du fonds dotal à la charge d'un
fonds appartenant au mari : *confunditur servitus, fundus ad maritum pervenit amissâ servitute.* Or il faudrait

(1) V. ci-dessus, p. 29.

certainement décider le contraire, reconnaître le maintien de la servitude, si la femme conservait ou obtenait une fraction quelconque dans la propriété du fonds dotal (1). J'ajoute que les empereurs Dioclétien et Maximien, dans la L. 23, C., *De jure dot.*, supposant une femme qui a vendu le fonds dotal, disent qu'il n'y a point à distinguer suivant que *sponte nec-ne contractum ratum* (2) *habuerit*, attendu que le *dominium rei* a été *quæsitum marito :* certes les empereurs ne s'exprimeraient pas de cette manière si le mari n'était pas seul et unique propriétaire du fonds dotal. — Reste à voir comment il faut entendre les textes qui semblent présenter la femme comme ayant, elle aussi, un droit de propriété. Parcourons successivement ces différents textes :

1° Macer, L. 15 § 3 *Qui satisdare cogantur* (2, 8) : « *Si fundus in dotem datus sit, tàm uxor quàm maritus,* « *propter possessionem ejus fundi, possessores intelli-* « *guntur* » (3). Ce texte a été emprunté par les commissaires de Justinien à un traité *de appellationibus.* Le jurisconsulte Macer, à propos de l'appel, s'occupait des garanties que l'un des plaideurs peut être dans le cas de fournir à l'autre. Au nombre de ces garanties figure notamment la *cautio judicio sisti,* dont il est

(1) Il y aurait lieu d'appliquer la règle bien connue, *Servitus per partes retinetur.* Voy. Paul, L. 8 § 1 *De servit.* (8, 1), et L. 30 § 1 *De serv. præd. urb.* (8, 2).

(2) Cujas supprime le mot *ratum.* Voy. *Observ.*, liv. XVII, ch. 6; *Recit. solemnes ad Cod.* lib. v, Tit. 12.

(3) « Si un fonds a été donné en dot, et la femme et le mari sont « considérés, en raison de la possession de ce fonds, comme étant des « *possessores.* »

parlé dans plusieurs des Titres qui précèdent le Titre
Qui satisd. cog. (1). D'après Gaius (2), celui qui est *in
jus vocatus* doit, sous peine d'encourir une action *in
factum,* ou suivre l'adversaire devant le magistrat ou
fournir un *vindex.* Plus tard le *vindex* fut remplacé par
une *satisdatio,* c'est-à-dire que le *vocatus in jus* qui ne
veut pas suivre immédiatement l'adversaire devant le
magistrat doit promettre qu'il se présentera tel jour et
fortifier cette promesse par l'adjonction d'un fidéjusseur. Ainsi, en principe, la *cautio judicio sisti,* comme
la plupart des autres cautions prétoriennes (3), ne consiste pas en une *nuda repromissio ;* il faut l'engagement
accessoire d'un fidéjusseur. Seulement, comme nous
l'apprend Macer, au pr. de notre L. 15, on dispense de
la nécessité de donner un fidéjusseur les *possessores
rerum immobilium :* pour ces *possessores,* il suffira
qu'eux-mêmes s'engagent : la possession d'un immeuble
est une garantie au moins aussi bonne que l'engagement
accessoire d'un fidéjusseur (4). Mais que devons-nous
entendre précisément par cette *possessio?* Le mot paraît
avoir été choisi comme plus large que *dominium.* La
dispense de fournir fidéjusseur existe donc d'abord
pour tout propriétaire d'un fonds italique; elle existe
également pour le *possessor fundi provincialis,* bien

---

(1) Voy. L. 1 et L. 3 *Si quis in jus voc. non ierit* (2,5), et le Titre
suivant, *In jus voc. ut eant, aut satis vel cautum dent.* Voy. aussi
le Tit. 11, *Si quis caution. in jud. sist. causâ factis non obtem-
perav.*

(2) Comment. IV, § 46 *in fine.*

(3) Voy. Ulpien, L. 1 §§ 5-8 *De stipul. prætor.* (46, 5).

(4) Même idée chez nous dans les art. 16 C. Nap. et 167 C. de
proc.

qu'il n'y ait pas ici *dominium ex jure Quiritium*. Relativement au fonds dotal, qui devra en être considéré
comme *possessor* dans le sens que nous expliquons?
C'est d'abord sans difficulté le mari ; mais c'est pareillement la femme. Ainsi, là où il y a un fonds dotal, que
l'*in jus vocatio* s'adresse au mari ou qu'elle s'adresse à
la femme, celle-ci comme celui-là, ne voulant pas aller
de suite *in jus*, n'a point besoin de *satisdare*, il lui
suffit de s'engager à se représenter tel jour. Faut-il en
conclure que la propriété du fonds dotal n'appartient
pas seulement au mari, qu'elle appartient aussi à la
femme? Au premier abord, la conséquence paraît d'autant plus légitime que le jurisconsulte ajoute immédiatement (§ 4) qu'il n'y a point dispense de la *satisdatio* pour celui *qui fundi petitionem personalem habeat*,
qui n'a qu'un droit de créance par rapport à l'immeuble.
Pourtant je n'hésite pas à rejeter cette conséquence. En
effet, il se peut qu'une personne qui certainement n'est
pas propriétaire soit cependant considérée comme *possessor* et dispensée en cette qualité de l'obligation de
satisdare : tel est le cas de celui *qui vectigalem, id est
emphyteuticum, agrum possidet* (1). La femme n'est pas
plus propriétaire (ou co-propriétaire) du *fundus dotalis*
que le *conductor* n'est propriétaire de l'*ager vectigalis ;*
mais la femme comme le *conductor* est réputée (*intelligitur*) *possessor*. Et cela est bien raisonnable : car, dans
la matière de la *cautio judicio sisti*, il s'agit uniquement

(1) *Hâc* L. 15 § 1. Comp. Paul, L. 1 § 1 *Si ager vectig.* (6, 3) :
« *Qui in perpetuum fundum fruendum conduxerunt a munici-
« pibus,* QUAMVIS NON EFFICIANTUR DOMINI, *tamen......*» Aj. Ulpien,
L. 15 §§ 26 et 27 *De damno inf.* (39, 2), et L. 71 §§ 5 et 6 *De
leg.* 1°.

5

de garantir au demandeur que le *reus* ne disparaitra
point, qu'on le retrouvera au jour fixé pour que la formule puisse être délivrée contre lui. Or, sous ce rapport, la femme ne présente-t-elle pas autant de garantie
que si effectivement elle avait un droit de propriété sur
le fonds dotal? Quelle utilité en retirerait-elle s'il lui
appartenait? Il pourvoirait, par ses revenus, à l'entretien d'elle-même, de son mari et de ses enfants; mais,
s'il est devenu la propriété du mari, c'est à la charge
pour celui-ci de l'employer précisément à cet usage.
La femme, qui n'a pas pour le moment la propriété du
fonds dotal, se trouve donc avoir, dès à présent, dans la
réalité des choses, un avantage analogue à celui que
procure un droit de propriété : ce qu'elle a vaut même
mieux, au point de vue de la stabilité, que l'avantage
attaché à la qualité d'usufruitier. Les jurisconsultes ont
donc eu grandement raison de décider que, tout au
moins dans la matière dont il s'agit, elle doit être assi-
milée à un *possessor fundi*.

2° Paul, L. 21 § 4 *Ad municipalem* (50,1) : « *Idem*
« *respondit constante matrimonio dotem in bonis ma-*
« *riti esse ; sed, si ad munera municipalia a certo modo*
« *substantiæ vocentur, dotem non debere computari* » (1).
Les *municipes* ont à supporter certaines charges, *munera
municipalia*, dont on peut prendre une idée en parcou-
rant au Digeste le Titre *De muneribus et honoribus* (50,4).
Parmi ces charges, il y en a qui pèsent seulement sur
ceux dont la fortune dépasse un certain chiffre; même

_____

(1) « Le même jurisconsulte a répondu que durant le mariage la
« dot est dans le patrimoine du mari; que cependant, lorsqu'on est
« appelé aux charges municipales d'après un certain chiffre de for-
« tune, la dot ne doit pas être comptée. »

celles qui atteignent en général tous les *municipes* peuvent être proportionnées à la fortune de chacun (1). Dans les deux cas, il faut évaluer le patrimoine : on se demande si dans l'évaluation à faire des biens d'un homme marié doit être comprise la dot qu'il a reçue. Paul, tout en reconnaissant que la dot est *in bonis mariti,* résout cependant la question par la négative. Est-ce à dire que les biens dotaux, en réalité, appartiennent à la femme plutôt qu'au mari ? Je ne le crois point. D'abord je remarque que Paul, dans notre texte, parle de la dot en général et non pas seulement des fonds dotaux : c'est la dot tout entière, qu'elle se compose de meubles ou de fonds provinciaux ou de fonds italiques, c'est la dot tout entière qui, bien que faisant partie du patrimoine du mari, cependant doit être mise de côté quand il s'agit de voir si et jusqu'à quel point le mari, en raison du chiffre de sa fortune, est soumis à telle ou telle charge municipale. Il est dès lors évident que la décision de Paul est tout à fait indépendante de la loi Julia, puisque cette loi ne restreint la propriété du mari qu'en ce qui concerne les immeubles et même, suivant l'opinion qui paraît avoir prévalu, les immeubles situés en Italie. On ne comprendrait pas d'ailleurs que les restrictions apportées à la faculté d'un propriétaire d'aliéner certains de ses biens eussent pour conséquence de faire considérer la valeur de ces biens comme ne devant pas entrer en ligne de compte quand il s'agit de déterminer l'importance du patrimoine : les pupilles, les mineurs de vingt-cinq ans, peuvent aussi avoir des biens frappés d'inaliénabilité, et même d'une inaliénabilité

(1) Voy. Antonin, L. 1, C., *De muner. patrim.* (x, 41).

plus absolue que celle qui affecte le *prædium dotale* du temps de Paul; or ces biens seront très-certainement comptés quand il s'agira de voir si et jusqu'à quel point le propriétaire peut avoir à subir les *munera* (1). Il ne faut donc pas expliquer le texte de Paul par cette idée que, le mari ne pouvant pas aliéner le fonds dotal *invitâ muliere*, c'est réellement la femme qui en est propriétaire. Le texte s'explique par cette double considération que les revenus des biens dotaux ne sont pas à la disposition du mari, le mari étant tenu d'en faire un certain emploi, et que d'un moment à l'autre il peut y avoir lieu à restitution de ces biens au profit de la femme. Je suis disposé à croire qu'on aurait décidé que dans le compte des biens d'une personne ne doivent pas entrer ceux qui sont grevés d'hypothèques pour des sommes égales à leur valeur (2), et dans notre L. 21 § 4 je vois une décision analogue. — Du reste, la preuve que le mari, même dans ses rapports avec la *Respublica*, est bien propriétaire des choses dotales, c'est que pour les sommes dont il serait redevable *civilium munerum vel municipalium onerum obtentu* la ville pourrait parfaitement s'attaquer à ces choses dotales (3).

3° Ulpien, L. 7 § 12 *Sol. matr.* : « *Si fundum viro* « *uxor in dotem dederit, isque indè arbores deciderit, si hæ* « *fructus intelliguntur, pro portione anni debent restitui.* « *Puto autem, si arbores cæduæ fuerunt vel cremiales, dici* « *oportere in fructum cedere ; si minus, quasi deteriorem* « *fundum fecerit, maritus tenebitur. Sed et si vi tempes-*

_____

(1) Voy. Dioclétien et Maximien, L. 7, C., *De muner. patrim.* (x, 41).

(2) Voy. en ce sens Gaius, L. 139 § 1 *De reg. jur.*

(3) Argument de L. 3, C., *Ne uxor pro marito* (IV, 12).

« *talis ceciderint, dici oportet pretium earum restituen-*
« *dum mulieri, nec in fructum cedere, non magis quàm si*
« *thesaurus fuerit inventus : in fructum enim non computa-*
« *bitur, sed pars ejus dimidia restituetur, quasi in alieno*
« *inventi* » (1). Le jurisconsulte s'occupe de différentes
valeurs que le mari a pu en fait retirer du fonds dotal :
il s'agit de savoir s'il les gardera ou s'il les rendra avec
le fonds. D'abord, toutes les fois que ces valeurs doivent
être considérées comme des fruits du fonds, le mari les
gagne, soit intégralement, soit pour partie, suivant
qu'elles sont perçues dans le courant d'une année ma-
trimoniale qui s'accomplit tout entière, ou bien dans le
courant de l'année qui voit arriver la dissolution du
mariage (2). Cela s'appliquerait, nous dit Ulpien, aux
coupes des bois taillis, et au menu bois que l'on obtient
en émondant certains arbres (3). Quant aux arbres qui

_____

(1) « Une femme a donné un fonds en dot à son mari, et le mari
« a coupé du bois sur ce fonds : si cela peut être considéré comme
« fruit, il n'y a lieu à restitution qu'au prorata du temps. Or je pense
« que, quand il s'agit de taillis ou d'émondes, il faut voir là un fruit.
« Dans le cas contraire, le mari sera tenu comme ayant dégradé le
« fonds. Quand c'est par la violence du vent que des arbres ont été
« abattus, il faut encore dire que le prix doit en être restitué à la
« femme, et qu'on ne peut y voir un fruit, pas plus que si le mari
« trouvait un trésor : ce trésor ne serait pas compté comme fruit,
« mais la moitié devrait en être restituée, comme si le mari l'avait
« trouvé sur un fonds appartenant à autrui. »

(2) C'est ce qu'Ulpien exprime d'une manière un peu elliptique, par
ces mots : *Pro portione anni debent restitui.* Aj. *Sent. de Paul,*
lib. II, Tit. XXII, § 1. — La dernière année, celle dans laquelle a lieu
la dissolution du mariage, est censée commencer à l'anniversaire du
jour où le fonds est devenu dotal. V. Ulpien, L. 5 *Sol. matr.*

3) *Cremiales* ou *gremiales arbores* : les deux orthographes paraissent avoir été usitées. Les Basiliques traduisent comme s'il y avoit
quod in gremio gestatur.

ne seraient ni *cœduœ* ni *cremiales*, le mari qui les abat
ou même qui les ébranche dégrade véritablement le
fonds : il aura donc à en rendre compte dans l'action *rei
uxoriœ*. Que décider quant aux arbres arrachés par le vent ?
Sans doute ici le mari n'est pas en faute ; mais, d'un
autre côté, il ne peut pas garder ces objets comme
fruits, ce ne sont pas là des produits que le fonds soit
destiné à fournir périodiquement : donc le mari, lors
de la restitution de la dot, devra compte de la valeur
qu'il a ainsi acquise. Ulpien compare ce dernier cas à
celui où le mari aurait trouvé un trésor dans le fonds
dotal. Sans difficulté le mari acquiert et gagne définitivement comme inventeur une moitié de ce trésor :
l'eût-il trouvé dans le fonds d'un tiers, et non dans le
fonds dotal, il aurait également droit à cette moitié (1).
Mais l'autre moitié, est-ce au mari, est-ce à la femme,
qu'il convient de l'attribuer ? *Pars ejus dimidia restituetur, quasi in alieno inventi :* ces mots ne signifient en
aucune façon que le mari qui trouve un trésor dans le
fonds dotal, le trouvant dans le fonds d'autrui, doit immédiatement en remettre la moitié au propriétaire,
c'est-à-dire à la femme. Le jurisconsulte dit qu'en définitive le mari sera traité comme s'il avait trouvé le
trésor dans un fonds appartenant à autrui, et cette ma-

---

(1) Peut-être y a-t-il cependant une différence. Celui qui trouve un
trésor sur le fonds d'autrui ne peut très-certainement en réclamer la
moitié qu'autant qu'il l'a trouvé par le pur effet du hasard : v. Inst.,
§ 39 *De divis. rer.* ; Léon, L. un., C., *De thesauris* (x, 15). Au
contraire, il n'y a aucune faute à imputer au mari qui fait des recher-
ches sur le fonds dotal : il doit donc pouvoir garder, en qualité d'inventeur, la moitié du trésor qu'il a ainsi trouvé par suite de ces re-
cherches.

nière de parler (*quasi*) prouve déjà que c'est précisément au mari que le fonds appartient. L'idée d'Ulpien
est que, d'une part, le mari étant propriétaire du fonds
dotal, le trésor qu'il trouve dans ce fonds lui appartient en totalité; mais que, d'autre part, le trésor n'é-
tant pas un fruit, le mari devra rendre, en même temps
que le fonds dotal (1), la partie du trésor à laquelle il
n'avait pas droit comme inventeur. Il y a donc là purement et simplement une application du principe que
les choses acquises par le mari à l'occasion d'une chose
dotale et qui n'en sont pas des fruits deviennent elles-
mêmes dotales (2); et notre texte n'a véritablement aucun rapport à la disposition de la loi Julia.

4° Gaius. L. 81 § 1 *Ad leg. Falcid.* (35, 2) : « *Dos
« relegata, extrà rationem legis Falcidiæ est, scilicet
« quia suam rem mulier recipere videtur* » (3). Un mari
a reçu une dot de sa femme elle-même ou du moins
nomine ejus; dans son testament il lègue à sa femme
la dot dont il s'agit : Gaius décide que la loi Falcidie
ne s'applique pas à ce legs, c'est-à-dire qu'on en pren-
dra la valeur intégrale pour la déduire tout d'abord de
la masse héréditaire. En effet, ajoute le jurisconsulte,
la femme paraît recouvrer sa propre chose, ce qui lui
appartient déjà. Ce motif donné par Gaius pourrait faire
croire, à première vue, que la femme, même en met-

(1) Bien entendu, sans préjudice de la règle suivant laquelle, du
temps d'Ulpien, les quantités sont restituées *annuâ, bimâ, trimâ
die.*

(2) Voy., ci-dessous, mon commentaire sur la L. 3 pr. *De fundo
dot.*

(3) « Le legs de la dot par le mari est en dehors du compte de la
« loi Falcidie : en effet la femme paraît recouvrer sa propre chose. »

tant de côté le legs contenu dans le testament du mari,
est déjà propriétaire des choses dotales. Mais il suffit
d'un instant de réflexion pour voir que le texte prouve
précisément le contraire : car le legs qu'il suppose est
certainement valable, et les principes voudraient qu'il fût
nul si la chose léguée appartenait déjà au légataire (1).
La femme avait une créance, une action personnelle
pour recouvrer les choses dotales ; et c'est là tout simplement ce que Gaius a voulu exprimer par ces mots :
Suam rem mulier recipere videtur. En d'autres termes,
il s'agit ici d'un débiteur qui lègue à son créancier la
chose due (2). Pour qu'un pareil legs soit valable, il
faut que celui à qui il s'adresse trouve un avantage à
invoquer la qualité de légataire plutôt que la qualité de
créancier. Or, dans le cas qui nous occupe, quel avantage le legs peut-il conférer à la femme déjà investie
de l'action *rei uxoriæ* ? Si la dot consiste en quantités, la
restitution poursuivie par l'action *rei uxoriæ* contre
l'héritier du mari pourrait s'effectuer en trois termes
d'un an chacun, *annuâ, bimâ, trimâ die;* poursuivie
ex testamento, elle devra s'effectuer immédiatement
pour le tout. Mais ce n'est point là ce que Gaius a eu
en vue dans notre L. 81 § 1. En effet, il exclut complétement l'application de la loi Falcidie; or, lorsqu'un
débiteur lègue purement à son créancier ce qu'il lui doit
à terme, le legs étant valable *propter repræsentationis
commodum*, la loi Falcidie *in eo commodo locum habebit* (3). Je crois que notre texte suppose, au contraire,

---

(1) V. Inst. de Just., § 10 *De leg.*
(2) Inst. de Just., § 14 et § 15 *initio De leg.*
(3) Paul, L. 1 § 10 *Ad leg. Falcid.* Aj. Ulpien, L. 1 § 12 *De
dote præleg.* (33, 4).

une dot qui consiste en corps certains, meubles ou immeubles. En cas pareil, du temps de Gaius, la femme
par l'action *rei uxoriæ* pouvait exiger la restitution immédiatement après la mort du mari : ce n'est donc
pas au point de vue de la *repræsentatio* que le legs
peut lui être avantageux ; l'avantage ici peut tenir à la
nature du droit qui résulte du legs. Ainsi, le mari
ayant fait le legs *per vindicationem*, la femme pourra
réclamer les choses dotales, non plus en qualité de
simple créancière, mais bien en qualité de propriétaire.
Il y a là pour la femme un avantage véritable (1);
pourtant cet avantage n'est point réductible, et la loi
Falcidie ne s'y applique en aucune façon (2). — En résumé, cette L. 81 § 1 est donc plutôt contraire que favorable à l'idée d'un droit de propriété que la femme
aurait sur les immeubles dotaux.

5° Tryphoninus, L. 75 *De jure dot.* : « *Quamvis in*
« *bonis mariti dos sit, mulieris tamen est; et merito*
« *placuit, et* (3) *si in dotem fundum inæstimatum dedit,*
« *cujus nomine duplæ stipulatione cautum habuit, isque*
« *marito evictus sit, statim eam ex stipulatione agere*
« *posse. Porro cujus interest non esse evictum quod in*
« *dote fuit, quodque ipsa evictionem pati creditur ob id*
« *quod eum in dotem habere desiit; hujus, etiam cons-*
« *tante matrimonio, quamvis apud maritum domi-*

---

(1) Par exemple, aucun droit réel n'aura pu prendre naissance du
chef de l'héritier du mari sur les choses dotales.

(2) Ulpien, L. 28 § 1 *De leg.* 1°.

(3) C'est de ma propre autorité que je mets ici le mot *et*, au lieu
du mot *ut* que je trouve dans toutes les éditions. Il n'est pas possible
que Tryphoninus ait écrit : *Placuit ut... statim eam ex stipulatione agere posse.* Au fond, le sens est bien plus satisfaisant avec *et*.

« *nium sit, emolumenti potestatem esse creditur, cujus*
« *etiam matrimonii onera maritus sustinet* » (1). Dans
ce texte, le jurisconsulte proclame deux fois que le
mari est le propriétaire des choses dotales (*quamvis in
bonis mariti dos sit, quamvis apud maritum dominium
sit*); en même temps il affirme que la dot appartient
aussi à la femme (*mulieris tamen est*). Il s'agit de bien
déterminer le sens de cette dernière proposition. Po-
sons d'abord l'espèce. Une femme avait acheté un immeuble, et, suivant l'usage, elle s'était fait promettre
par son vendeur le double du prix pour le cas d'éviction; puis elle avait apporté cet immeuble en dot à son
mari. Avant tout on peut se demander pourquoi le
jurisconsulte suppose un immeuble plutôt qu'un meuble : cela se réfère-t-il dans sa pensée à la disposition
de la loi Julia? En aucune façon; et la preuve, c'est que
le principe posé en tête de la L. 75 s'applique à la dot en
général, sans distinguer si elle est mobilière ou immobilière : *quamvis in bonis mariti dos sit, mulieris tamen
est.* Si ensuite, quand il s'agit de montrer par un exemple la valeur pratique du principe, Tryphoninus suppose un *fundus in dotem datus*, c'est tout simplement
parce que la *cautio duplæ* ne pouvait être exigée que

_____

(1) « Quoique la dot soit dans le patrimoine du mari, elle est ce-
« pendant à la femme. Aussi a-t-on décidé avec raison que, lors même
« qu'elle a donné en dot un fonds non estimé, si au sujet de ce fonds
« elle avait fait la stipulation du double, et que le mari en soit évin-
« cé, elle peut immédiatement agir *ex stipulatu*. Comme il importe
« à la femme qu'il n'y ait pas éviction des choses dotales, comme
« elle-même est censée subir l'éviction, le fonds cessant de compter
« dans sa dot, alors, même pendant le mariage, quoique la propriété
« appartienne au mari, la femme peut invoquer la stipulation pour
« que le mari continue à supporter les charges du mariage. »

quand la chose vendue avait une certaine importance,
ainsi notamment quand elle était immobilière. — Re-
venons à notre espèce. Le fonds acheté par la femme
ayant été par elle constitué en dot, un tiers intente
contre le mari au sujet de ce fonds la revendication ou
l'action hypothécaire : ce tiers obtient gain de cause;
le mari est évincé. Question de savoir si la femme peut
dès à présent, *constante matrimonio*, agir *ex stipulatu
duplæ* contre son vendeur. L'affirmative ne souffrirait
aucun doute si le fonds avait été apporté en dot avec estimation, cas auquel la femme serait considérée comme
l'ayant vendu au mari : alors la femme, pouvant immédiatement être actionnée en garantie par son mari,
pourrait immédiatement agir *ex stipulatu duplæ* contre
son propre vendeur. Tryphoninus ne s'occupe pas spécialement de ce cas, pour lequel les principes généraux
suffisent (1). Lors même, dit-il, que le fonds avait été
apporté en dot sans estimation (*etsi in dotem fundum
inæstimatum dedit*), la femme peut immédiatement actionner son vendeur. Mais sur ce deuxième cas il
faut faire une sous-distinction. La femme qui donne
en dot à son mari le fonds qu'elle avait acheté le lui
donne-t-elle à titre de paiement, pour éteindre une
dette antérieurement contractée envers lui par *promissio*
ou par *dictio :* ici encore sans aucune difficulté, comme
l'éviction subie par le mari réfléchit contre la femme,
qui va se trouver tenue envers lui, elle pourra immédiatement agir *ex stipulatu duplæ* contre son vendeur (2).

---

(1) Marcellus, L. 61 *De evict.* (21, 2); comp. Ulpien, L. 16 *De jure
dot.*

(2) Argument *a fortiori* de L. 23 *De evict.* Comp. L. 1 . C., *De
jure dot.* (V ci-dessus p. 46).

Reste le cas où le fonds, apporté en dot sans estimation, n'a point été donné à titre de paiement d'une obligation antérieure. Comme dans cette dernière hypothèse l'éviction subie par le mari ne fait pas naître à son profit une action contre la femme, on pourrait croire que celle-ci n'aura le droit d'agir *ex stipulatu duplæ* qu'à l'époque où, la dot devant être restituée, la femme souffrira de ce que l'immeuble évincé ne figure point dans la restitution qui lui est faite. Tel est le point dont s'occupe spécialement Tryphoninus dans notre L. 75. Il décide que, même dans ce cas, le mari étant évincé du fonds, la femme peut dès à présent recourir contre son vendeur, attendu qu'elle-même paraît subir l'éviction, *quòd ipsa evictionem pati creditur*. Mais comment la femme peut-elle être considérée comme évincée là où le mari n'a aucun recours à exercer contre elle? c'est qu'il y avait intérêt pour elle à ce que le fonds restât comme dotal entre les mains du mari pendant le mariage. En effet, avec ce fonds le mari pouvait faire face à toutes les charges du mariage : désormais il sera nécessaire que les époux vivent moins largement, ou que la femme sacrifie à l'entretien de la maison les revenus de ses paraphernaux. Il est donc évident que dès à présent la femme ressent un dommage de l'éviction du fonds constitué en dot, bien que le mari soit propriétaire de toutes les choses dotales : il n'en faut pas davantage pour justifier l'exercice immédiat par la femme de l'action *ex stipulatu duplæ*. C'est à ce pouvoir d'agir dès à présent en vertu de la *stipulatio duplæ* que je rapporte les expressions, peut-être un peu obscures, de Tryphoninus : *Hujus, etiam constante matrimonio, quamvis apud maritum domi-*

nium sit, emolumenti potestatem esse creditur (1).

La même décision est donnée par Pomponius, dans la L. 22 § 1 *De evict.* Le jurisconsulte suppose que le vendeur avait fourni à la femme des fidéjusseurs pour le cas d'éviction : le mari étant effectivement évincé (sans doute par un créancier hypothécaire), « *potest mulier statim agere adversùs fidejussores, emptionis nomine, quasi minorem dotem habere cœpisset, vel etiam nullam, si tantum maritus obtulisset quanti fundus esset* » (2).

Un autre jurisconsulte, Paul, examine la même question, en supposant que le fonds dont le mari est évincé avait été acheté et constitué en dot, non plus par la femme elle-même, mais par son père (3) : l'éviction subie par le mari permet-elle au beau-père *a quo dos profecta est* d'agir immédiatement en garantie contre son vendeur? La raison de douter, c'est que, si l'on peut dire que la dot appartient à la femme, on ne peut pas dire de même qu'elle appartienne à son père : *non enim, sicut mulieris dos est, ità patris esse dici potest.* La différence entre la femme et le père de la femme apparait

_____

(1) M. Pellat (*Textes sur la dot*, 2ᵉ édition, p. 378 et suiv.) les rapporte, au contraire, à l'avantage qu'il y a pour la femme à avoir une dot. « Durant le mariage, dit-il, la propriété des choses dotales « est au mari, mais l'émolument en est aussi à la femme. » Tryphoninus a exprimé cette idée au commencement du texte; je ne crois pas qu'il y revienne à la fin.

(2) « La femme peut immédiatement agir contre les fidéjusseurs de « son vendeur, attendu qu'elle a désormais une dot amoindrie, ou « même qu'elle n'a plus de dot si le mari, pour garder le fonds, a payé « une somme égale à sa valeur. » Le jurisconsulte paraît supposer que la dot se composait uniquement de ce fonds.

(3) L. 71 *De evict.*

clairement en matière de *collatio*. Une fille émancipée
se marie; une dot est constituée, soit par elle-même,
soit par son père, soit par un étranger : bien que le
mariage subsiste et que la dot soit encore *apud maritum* lors de la mort de son père, la femme qui arrive
à la succession par la *bonorum possessio* CONTRA TABULAS
OU UNDÈ LIBERI n'en doit pas moins rapporter à ses frè-
res et sœurs le montant de cette dot (1). Au contraire,
un homme qui a été émancipé par son père constitue
une dot à son gendre : s'il vient à la succession de son
père comme *bonorum possessor*, à une époque où la dot
est encore *apud generum*, il n'en devra point le rapport.
Pourquoi ? Africain et Ulpien le disent en termes identiques : c'est que la dot n'est pas *in bonis ejus* (2). Faut-
il en conclure qu'au cas où le mari est évincé de la
chose que son beau-père lui avait remise en dot, celui-
ci ne peut pas pour le moment agir en garantie contre
son vendeur ? Non. D'abord, si le beau-père a la femme
sous sa puissance, il souffre évidemment de l'éviction
en effet, à défaut du fonds dotal qui devait permettre
au mari de supporter les charges du mariage, lui-même
peut être dans la nécessité de pourvoir à l'entretien de
sa fille; c'est en ce sens que j'entends les expressions
de Paul : *interest patris filiam dotatam habere* (3). De

---

(1) Gordien, L. 5, C., *De collationibus* (VI, 20).

(2) L. 4 *De collat. bon.* (37, 6), et L. 1 § 9 *De dotis collat.*
(37, 7).

(3) Sans doute le père est tenu de fournir des aliments même à sa
fille émancipée quand elle est dans le besoin : voy. Ulpien, L. 5 § 1
De agnosc. et al. lib. (25, 3). Mais cette obligation se comprend
surtout quand il s'agit d'une fille en puissance, puisqu'elle ne peut
rien acquérir qui lui reste propre.

plus, toujours en supposant la femme *in patriâ potestate*, il y a certitude que, si le père est encore vivant
lors de la dissolution du mariage, de quelque manière
que cette dissolution arrive, il aura droit à l'action *rei
uxoriæ*, c'est-à-dire au recouvrement de la dot (1). En
conséquence, dans ce premier cas, où le beau-père *a
quo dos profecta est* a la femme sous sa puissance, Paul
n'hésite pas beaucoup à lui permettre d'agir en garantie contre son vendeur dès que le mari a été évincé. En
supposant au contraire que la femme avait été émancipée par son père, les mêmes raisons ne se présentent
plus pour permettre à celui-ci de recourir dès à présent par l'action *ex empto* ou *ex stipulatu duplæ* : ainsi,
notamment, la dot, en cas pareil, ne doit être recouvrée par lui qu'autant que de son vivant sa fille mour-
rait *in matrimonio*. Et néanmoins notre texte arrive à
lui permettre ici encore d'exercer immédiatement son
recours : *quod magis paterna affectio inducit*. Ainsi l'af-
fection du père pour la fille constitue chez le père un
intérêt à ce que la dot subsiste, intérêt suffisant pour
qu'on puisse dire que l'éviction subie par le mari réfléchit contre son beau-père (2).

Nous trouvons encore d'autres textes où il est dit que
la dot appartient à la femme. Ainsi dans la L. 43 § 1

(1) Si le mariage se dissout par le prédécès de la femme, le père
agit seul *de dote restituendâ*; si le mariage se dissout par le divorce ou par le prédécès du mari, c'est encore le père qui agit, mais
adjunctâ filiæ personâ.

(2) Je ne suis pas bien convaincu que cette petite phrase *quod magis paterna affectio inducit* appartienne réellement au jurisconsulte
Paul.

Comp., sur cette L. 71 *De evict.*, Cujas, *In lib. 16 Quæst. Pauli.*
et M. Pellat, *Textes sur la dot*, 2e édit., p. 384 et suiv.

De admin. et peric. tut. (26, 7), Paul suppose qu'un homme, étant curateur de sa nièce, a promis de donner *quadringenta dotis nomine marito ejus :* le patrimoine de la jeune fille se trouvant inférieur à la somme promise, le promettant restera-t-il néanmoins tenu? S'il est tenu envers le mari, tout au moins on doit admettre que, la promesse ayant été faite, *non donandi animo, sed negotii gerendi causâ*, il a un recours contre la femme ; et celle-ci peut être poursuivie même durant le mariage, QUIA HABET DOTEM, *sicut in collatione bonorum dicitur.* — De même, dans la L. 3 § 5 *De minor.* (v. ci-dessus, p. 27), Ulpien décide que la femme mineure de vingt-cinq ans, qui, dotée par le père qui l'avait sous sa puissance, a consenti après coup à ce que son père ou un tiers amené par lui stipulât du mari la restitution de la dot, peut se faire restituer *in integrum* contre le consentement ainsi donné, et il motive cette décision en ces termes : *quoniam dos ipsius filiæ proprium patrimonium est* (1).

Dans la L. 75 *De jure dot.* et dans les autres textes que nous en avons rapprochés, quand on dit que la dot appartient à la femme, qu'elle forme le patrimoine de la femme, évidemment on ne veut pas exprimer l'idée que le mari pour le moment n'est pas le seul et véritable propriétaire des biens dotaux; on veut simplement dire que dès à présent, en vertu des rapports particuliers que crée le mariage, l'existence de la dot constitue pour la femme un avantage très-réel, sans distinguer même si elle est *sui juris* ou *filiafamiliàs.* En

_____

(1) Ulpien emploie encore la même expression dans la L. 16 *De relig.* (11, 7).

conséquence de cet avantage que lui procure la dot,
de l'intérêt qu'il y a pour elle à être dotée, certaines
actions pourront lui être données, et réciproquement des actions pourraient être données contre elle
(ainsi l'action *negotiorum gestorum contraria*), même
constante matrimonio. Voilà tout ce qui résulte des textes cités. Et, encore une fois, ils ne prouvent nullement
que la défense faite au mari d'aliéner le fonds dotal
ait amené les jurisconsultes romains à reconnaître
à la femme un véritable droit de propriété sur ce
fonds.

Je citerai encore, comme étant dans le même ordre
d'idées, ce que dit Papinien, au commencement et à la
fin de la L. 71 § 3 *De condit. et demonstr.* : « TITIO
« GENERO MEO HERES MEUS, DOTIS SEIÆ FILIÆ MEÆ NOMINE,
« CENTUM DATO. *Legati quidem emolumentum ad Seiam,*
« *quæ dotem habere incipit, pertinebit; sed quia non tan-*
« *tùm mulieri, sed Titio quoque, cui pecuniam legavit,*
« *consultum videtur, propè est ut ipse legatarius intel-*
« *ligatur et legatum petere debeat. Si post divortium ge-*
« *nero pecuniam heres solverit, æquè liberabitur, quo-*
« *niam in dotem solutio convertitur. Constante autem*
« *matrimonio, etiam prohibente muliere, Titio rectè sol-*
« *vetur: hoc enim et mulieris interest, ut incipiat esse*
« *dotata. Nàm etsi quis ipsam quoque petitionem habere*
« *responderit, eaque pecuniam petat neque dotis fieri*
« *velit, non dubiè doli summovebitur exceptione... Quodsi*
« *maritus vitio suo causâ ceciderit, neque solvendo sit,*
« *numquid adversùs heredem mulieri, quæ nihil deliquit,*
« *succurri debeat ob eam pecuniam quæ doti fuerat desti-*
« *nata ? Sed quoniam ambo legati petitionem habuerunt,*
« *salvam habebit, non solutâ pecuniâ viro, mulier ac-*

« *tionem* » (1). Je n'examinerai point ce texte dans
tous ses détails; je m'arrêterai seulement un instant
sur la confirmation que j'y trouve des idées que je viens
d'exposer. Un testateur a chargé son héritier de payer
une somme à son gendre pour servir de dot à sa fille :
en supposant que le mariage existe (je ne prends que
ce cas dans le texte de Papinien), à qui appartient le
droit d'intenter l'action *ex testamento*? A s'en tenir aux
termes du legs, c'est au mari et au mari seul : car c'est
à lui que l'héritier est chargé de donner la somme.
Mais ce même legs constitue évidemment un avantage
pour la femme, puisque le testateur a indiqué que la
somme lui servirait de dot : la femme, même durant
le mariage, a intérêt à être dotée : en conséquence,
l'action *ex testamento* n'appartient pas seulement au
mari, elle appartient aussi à la femme, mais bien en-

(1) « *Que mon héritier donne* 100 *à mon gendre pour servir*
« *de dot à ma fille Seia.* Il est bien vrai que le bénéfice de ce
« egs est pour Seia, qui se trouve avoir une dot. Toutefois, comme
« le testateur paraît avoir songé non-seulement à la femme, mais en-
« core à Titius, à qui il a légué la somme, il semble qu'on doit con-
« sidérer le mari lui-même comme légataire et lui permettre de ré-
« clamer le legs. Si l'héritier ne lui paie la somme qu'après le di-
« vorce, il sera également libéré, parce que la somme ainsi payée
« devient dotale. Mais durant le mariage le paiement serait valable-
« ment fait à Titius, même malgré l'opposition de la femme : en ef-
« fet, elle-même y a intérêt, en ce sens qu'elle va se trouver dotée.
« Même en admettant qu'elle aussi peut agir, si elle réclamait la
« somme sans intention de la rendre dotale, elle serait certainement
« repoussée par l'exception de dol... Que si le mari par sa faute a suc-
« combé, et s'il est insolvable, ne faut-il pas donner une ressource
« contre l'héritier à la femme qui n'a rien à se reprocher, au sujet
« de cette somme destinée à lui servir de dot? Comme tous deux
« avaient le droit de réclamer le legs , l'action de la femme reste in-
« tacte faute de paiement obtenu par le mari. »

tendu de telle sorte que l'héritier n'ait pas à payer deux
fois la somme. Il y a ici quelque chose d'analogue à ce
qui arrive quand un testateur lègue, *mei gratiâ*, à mon
créancier ce que je lui dois : l'action *ex testamento* peut
être exercée, soit par mon créancier, soit par moi-
même : tous deux, nous sommes considérés comme
légataires (1). Dans l'espèce prévue par Papinien, le
mari peut agir *etiam prohibente muliere :* en effet la
femme n'a aucun intérêt légitime à empêcher le mari
d'obtenir une somme qui, touchée par lui, doit immédiatement devenir dotale. Quant à la femme, elle ne
peut agir efficacement qu'à charge de garantir que la
somme qu'elle réclame recevra sa destination, c'est-à-
dire sera remise au mari *dotis nomine :* faute par elle
de donner cette garantie, son action *ex testamento* pourrait être paralysée par une exception de dol. Il n'y a
pas, du reste, corréalité proprement dite entre le
mari et la femme : en conséquence, comme le dit le
texte, si le mari avait perdu son action *ex testamento,*
par exemple pour cause de plus-pétition, l'héritier resterait tenu envers la femme ; et, de même, si la femme,
ayant touché la somme léguée, l'avait dissipée au lieu
de la remettre à son mari, l'héritier resterait tenu envers le mari (2).

6° Nous possédons un Edit du préfet d'Egypte,
Tiberius Julius Alexander, rendu sous le règne de
l'empereur Galba, l'an 68 de l'ère chrétienne (3), qui

_____

(1) V. Ulpien, L. 3 § 5 *De liber. leg.* (34, 3).

(2) Aj. Julien, L. 48 § 1 *De jure dot.*, et le commentaire de
M. Pellat sur ce texte. Voy. aussi mon traité *Des obligations solidaires*, p. 155 et suiv.

(3) Cet Édit, gravé sur le premier pylône du temple d'el-Khargeh,

s'occupe notamment du privilége accordé au fisc sur les biens des comptables. Relativement à la dot que peut avoir reçue et que doit rendre un comptable du fisc, l'Edit contient la disposition suivante : Τὰς μὲν γὰρ προῖκας, ἀλλοτρίας οὔσας καὶ οὐ τῶν εἰληφότων ἀνδρῶν, καὶ ὁ θεὸς Σεβαστὸς ἐκέλευσεν καὶ οἱ ἔπαρχοι ἐκ τοῦ φίσκου ταῖς γυναιξὶν ἀποδίδοσθαι, ὧν βεβαίαν δεῖ τὴν πρωτοπραξίαν φυλάσσειν (1). On suppose que le fisc a pris possession des biens d'un comptable constitué reliquataire : le fisc pourra-t-il se payer sur la totalité du patrimoine, de manière à rendre impossible pour la femme le recouvrement de sa dot? La négative est certaine, et le texte porte que l'empereur Auguste et des gouverneurs avaient statué en faveur de la femme. Mais à quel titre la femme peut-elle ainsi retirer sa dot des mains du fisc? Le texte sur ce point laisse subsister quelque incertitude : deux interprétations principales ont été proposées et peuvent être admises. On peut dire d'abord que le préfet d'Egypte, supposant des biens dotaux qui existent encore *in naturâ*, admet que la femme peut les prélever comme siens, les faire sortir par voie de distraction de la masse avec laquelle le fisc va chercher à se payer : en ce sens, on invoque les mots ἀλλοτρίας οὔσας καὶ οὐ τῶν εἰληφότων ἀνδρῶν..., ἐκ τοῦ φίσκου ταῖς γυναιξὶν ἀποδίδοσθαι, qui semblent bien indiquer que la femme, étant restée propriétaire

---

dans la grande Oasis, fut découverte, le 8 juillet 1818, par le savant voyageur français Fréd. Cailliaud. Voy. *Journal des Savants*, année 1822, p. 669.

(1) « Comme les dots appartiennent à autrui, et non aux maris reliquataires, le divin Auguste et les gouverneurs ont ordonné que le fisc les rende aux femmes, dont le privilege doit être maintenu intact.

des choses dotales, peut se les faire rendre par le fisc *immissus in bona mariti* (1). Mais, en réalité, cette première interprétation est loin d'être concordante avec le texte. Tiberius Julius Alexander ne dit pas que la femme peut se faire rendre par le fisc les différents objets qu'elle avait apportés en dot au mari, quand ils existent encore *in naturâ rerum;* il dit en termes généraux qu'elle peut se faire rendre sa dot, ce qui comprend notamment les sommes touchées par le mari, les dommages-intérêts qu'il peut devoir pour dégradation des biens dotaux, etc. On fait donc dire au texte ce que véritablement il ne dit pas, quand on suppose que tout ce qu'il permet à la femme, c'est de réclamer du fisc les objets apportés en dot qui se retrouvent *in specie.* Ajoutez que le mot πρωτοπραξία indique un privilége, une créance privilégiée (2), bien plutôt qu'un

---

(1) C'est ainsi que le texte est entendu par M. Bachofen. Toutefois je n'aperçois pas bien nettement à quelle pensée s'arrête en définitive ce savant auteur. En effet, dans son *Traité de l'hypothèque* (*das römische Pfandrecht*, Bâle, 1847, t. 1er, p. 243 et suiv.), il dit que c'est au moyen d'une action personnelle que la femme recouvre ainsi contre le fisc ses biens dotaux (*denn auch hier handelt es sich um dem Vorzug einer persönlichen Klage, und dieser ist vor dem* privilegium exigendi *nur durch den Grad ausgezeichnet*); et dans ses *ausgewählte Lehren des römischen Civilrechts* (Bonn, 1848, 3e dissertation, *das Veräusserungsverbot des* fundus dotalis, p. 110-113), il semble bien reconnaître à la femme un droit de revendication.

(2) Nous en avons la preuve positive dans les lettres de Pline le Jeune. En effet, Pline consulte l'empereur Trajan sur le point de savoir quel droit il convient d'accorder aux villes de la Bithynie et du Pont *in exigendis pecuniis quæ illis debeantur : Ego inveni,* dit-il, *a plerisque Proconsulibus concessam eis protopraxian, eamque pro lege valuisse; existimo tamen tuâ providentiâ constituendum aliquid et sanciendum per quod utilitatibus earum in*

droit de propriété ou de revendication. Quant aux
expressions ἀλλοτρίας οὔσας..., je crois qu'elles signifient
simplement que la valeur de la dot doit toujours compter dans le patrimoine de la femme, et non pas que les objets dotaux, considérés *ut singuli*, n'appartiennent point
au mari : c'est dans un sens analogue qu'on emploie
le mot *æs alienum* pour exprimer les dettes dont un
homme peut être tenu. L'empereur Auguste et les gouverneurs dont parle le texte n'avaient fait autre chose
que déterminer le rang de préférence entre le privilége
du fisc et celui de la femme : en cas de concours entre
ces deux priviléges, c'est celui de la femme qu'on fera
passer le premier : la femme commencera par recouvrer sa dot, et le fisc ne viendra que sur le restant du
patrimoine du mari (1). Il paraît, du reste, que plus
tard, la fiscalité impériale ayant fait des progrès, cet
ordre fut interverti (2). — En tout cas, notre texte
ne se rattache certainement pas à l'inaliénabilité du
fonds dotal : il n'y fait aucune allusion, et il est très-

perpetuum consulatur. Et l'empereur répond qu'il faut s'en tenir
à ce qui existe *ex lege cujusque* : *nàm, sive habent privilegium,
quo cæteris creditoribus anteponuntur, custodiendum est; sive
non habent, in injuriam privatorum id dari a me non opor-
tebit* (Liv. x, lettres 109 et 110). Sur ce *privilége* des villes, comp.
Paul, L. 38 § 1 *De reb. auct. jud. poss.* (42, 5).

(1) Voy. en ce sens Rudorff, *Rheinisches Musæum für Philo-
logie*, 2e année, p. 171-174.

(2) Voy. Paul, *Sentences*, V, XII, § 10 ; Marcien, L. 34 *De reb.
auctorit. jud. possid.* (42, 5). Mais il résulte d'un rescrit de l'empereur Decius, de l'an 250 (L. 9, C., *De jure dot.*), que le *privilegium dotis* resta préférable au *privilegium reipublicæ*. Le mot
postea, qui, du reste, manque dans Haloander, n'indique qu'une circonstance accidentelle du cas réglé dans le rescrit. Voy. M. de Vangerow, *Lehrbuch der Pandekten*, t. III, § 594, p. 252.

probable que la loi Julia ne s'appliquait pas en Egypte.

Ainsi, dans le droit des jurisconsultes, le mari est
seul propriétaire de tous les biens dotaux : s'il ne peut
pas seul aliéner le fonds dotal, cela n'implique en aucune façon que la femme ait sur le fonds dotal un véritable droit de propriété. Parmi les textes qui viennent d'être expliqués, les uns consacrent positivement
cette doctrine ; les autres, sainement interprétés, ne la
contredisent point. Il nous reste à voir si Justinien n'a
point ici apporté quelque innovation. Voici ce que nous
lisons dans la première moitié d'une Constitution de
l'an 529, qui forme la L. 30, C., *De jure dot.* (v, 12) :

« *In rebus dotalibus, sive mobilibus, sive immobilibus, seu*
« *se moventibus, si tamen exstant, sive æstimatæ sive inæs-*
« *timatæ sint, mulierem in his vindicandis omnem habere*
« *post dissolutum matrimonium prærogativam jubemus, et*
« *neminem creditorum mariti qui anteriores sunt, posse*
« *sibi potiorem causam in iis per hypothecam vindicare,*
« *cùm eædem res et ab initio uxoris fuerint et naturaliter*
« *in ejus permanserint dominio. Non enim, quod legum*
« *subtilitate transitus earum in patrimonium mariti vi-*
« *deatur fieri, ideo rei veritas deleta vel confusa est. Vo-*
« *lumus itaque eam in rem actionem in hujusmodi re-*
« *bus quasi propriis habere, et hypothecariam omnibus*
« *anteriorem possidere, ut, sive ex naturali jure ejusdem*
« *mulieris res esse intelligantur, sive secundùm legum*
« *subtilitatem ad mariti substantiam pervenisse videan-*
« *tur, per utramque viam, sive in rem, sive hypotheca-*
« *riam, ei plenissimè consulatur* » (1).

_____

(1) « Relativement aux choses dotales, mobilières ou immobilières

Je trouve dans ce texte deux innovations distinctes, que je formule ainsi : 1° la femme a, comme garantie du recouvrement de sa dot, une hypothèque privilégiée sur toutes les choses apportées en dot au mari ; 2° la femme, au lieu d'intenter l'action hypothécaire, peut, si elle le préfère, procéder par voie de revendication des choses dotales (j'ajoute : *quand elles n'ont pas été valablement aliénées par le mari*).

Étudions successivement ces deux propositions :

1° *La femme a une hypothèque privilégiée sur les objets apportés en dot.* — La concession de cette hypothèque privilégiée est certainement l'objet principal de la Constitution qui nous occupe : comme nous le verrons, la concession de la revendication n'arrive en quelque sorte que d'une manière subsidiaire. Nous savons que dans l'ancien droit la femme avait privilège *inter personales actiones* sur tous les biens du mari, c'est-à-dire qu'elle passait toujours avant les créanciers purement

« même se mouvant d'elles-mêmes, pourvu qu'elles existent encore,
« soit estimées, soit non estimées, nous ordonnons que la femme qui
« les réclame ait sur elles après la dissolution du mariage toute pré-
« férence, et qu'aucun des créanciers du mari qui sont antérieurs ne
« puisse prétendre sur ces objets comme hypothécaires un droit pré-
« férable, attendu que, dans le principe, ils appartenaient à la femme
« et que naturellement ils ont continué de lui appartenir. En effet,
« si par la subtilité des lois ils paraissent avoir passé dans le patri-
« moine du mari, la réalité n'a pas été pour cela obscurcie ou altérée.
« Aussi voulons-nous que la femme puisse revendiquer ces choses
« comme siennes, et exercer une action hypothécaire préférable à
« toute autre, de telle sorte que, soit qu'en vertu du droit naturel
« les objets soient censés appartenir à la femme, soit que suivant
« la subtilité des lois on les considère comme passés dans le patrimoine
« du mari, il soit pleinement pourvu à l'intérêt de la femme par l'un
« et l'autre moyen, soit par la revendication, soit par l'action hypo-
« thécaire. »

chirographaires (1), peut-être même avant certains créanciers privilégiés (2). Justinien trouve cette garantie insuffisante, et décide que, sinon sur tous les biens du mari, du moins sur tous ceux qui lui sont apportés *dotis nomine*, la femme passera même avant les créanciers hypothécaires (3).

Du moment qu'une chose est acquise par le mari *dotis causâ*, elle est soumise à l'hypothèque privilégiée de la femme : il n'est point nécessaire que cette chose devienne DOTALE dans le sens propre du mot. Ainsi, lors même qu'une chose est apportée en dot avec estimation, de telle sorte que ce qui est dotal, c'est le montant de l'estimation et non la chose elle-même, cette chose n'en est pas moins grevée au profit de la femme de l'hypothèque privilégiée : Justinien dit positivement, en tête de sa Constitution, qu'il n'y a point à distinguer suivant que les objets ont été ou non estimés (4).

1) Cet ancien état de choses est rappelé dans la L. 12, C., *Qui potiores in pign.* (VIII, 18).

(2) V. ci-dessus, p. 86.

(3) Il est évident que, si la chose était déjà grevée d'hypothèque au moment où elle est apportée en dot, cette hypothèque passerait avant celle de la femme. Ce sont seulement les créanciers hypothécaires du mari, comme le dit le texte (j'ajoute : *ou des ayant cause du mari*), qui seront primés par la femme. Du reste, peu importerait que le créancier du mari eût reçu, *avant l'apport en dot*, hypothèque sur les biens à venir de son débiteur : ce créancier serait certainement primé par la femme. Il n'est donc pas exact de dire que la femme a une hypothèque qui prend rang au jour où les objets ont été apportés en dot : en réalité, la condition de la femme vaut mieux que ne l'indique cette formule.

(4) L'hypothèque privilégiée frappe également la chose achetée par le mari *ex pecuniâ dotali*. Cela résulte clairement des expressions employées par Justinien dans la célèbre Constitution de 531 (L. 12

Il n'y a pas non plus à distinguer, d'après le texte
même de la Constitution, s'il s'agit de meubles ou
d'immeubles, de meubles morts ou de meubles vifs
(animaux et esclaves). Quelle que soit la chose remise
en dot au mari, pourvu qu'elle existe encore au moment où la femme peut agir, cette chose se trouvera
grevée de l'hypothèque privilégiée. Supposons qu'un
troupeau ait été apporté en dot : le mari, comme l'usufruitier, doit le tenir au complet, employer d'abord le
croît à combler les vides qui peuvent survenir (1) :
ne restât-il plus dans ce troupeau, lors de la dissolution du mariage, aucune des bêtes qui le composaient
lorsqu'il a été donné au mari, l'hypothèque privilégiée
frappera le troupeau tel qu'il se comporte actuellement (2). Si au contraire ce sont tels et tels animaux déterminés qui ont été apportés en dot, il est clair qu'il
ne peut être question pour la femme d'une hypothèque
privilégiée qu'autant que les animaux existent encore
in specie : l'animal ayant péri par la faute du mari, ou
même ayant péri par un cas fortuit après avoir été estimé, la femme a bien une créance dotale au sujet de
cet animal, mais elle ne saurait avoir une hypothèque
privilégiée.

C'est à ce dernier cas que me paraissent faire allusion les mots de notre texte *si tamen exstant.* Je crois
que la pensée de Justinien est simplement celle-ci :
« La femme a une hypothèque privilégiée sur tous les

---

§ 1, C., *Qui potiores*), dans laquelle il étend l'hypothèque privilégiée de la femme à tous les biens du mari. Voy. en ce sens M. Pellat, *Textes sur la dot,* 2e édit., p. 246 et 247.

(1) V. Ulpien, L. 10 § 3 *De jure dot.*

(2) V., en ce sens, Marcien, L 13 pr. *De pign. et hyp.*

objets apportés en dot, même sur les animaux et sur
les esclaves, qui sont pourtant destinés à périr plus
vite que la plupart des objets inanimés ; mais bien entendu cette hypothèque privilégiée suppose un objet
encore existant au moment où elle peut être exercée. »
Il est tout à fait impossible d'entendre les mots *si tamen exstant* en ce sens que l'hypothèque privilégiée n'a
lieu qu'autant que les choses apportées en dot n'ont
pas été aliénées par le mari, mais sont restées dans son
patrimoine (1) : on ne voit pas pourquoi Justinien aurait traité la femme moins bien que les simples créanciers hypothécaires, en lui refusant d'une manière absolue le droit de suite contre les tiers acquéreurs.

Ainsi, en principe, le mari ayant aliéné soit un meuble dotal, soit une chose mobilière ou immobilière apportée en dot avec estimation, l'objet ne passe dans le
patrimoine de l'acquéreur que *salvo jure mulieris ;* et
bien évidemment cette hypothèque privilégiée de la
femme ne peut non plus recevoir aucune atteinte de
droits réels qui prendraient naissance du chef de l'acquéreur. Mais, comme nous l'avons déjà dit (2), rien
ne s'oppose à ce que la femme renonce en faveur d'un
tiers à l'hypothèque établie pour sa sûreté : si donc la
femme concourt à la vente faite par le mari, elle se rend
par là même non recevable à inquiéter le tiers ache-

(1) Scævola, dans la L. 50 *Sol. matr.*, prend évidemment le mot
exstare comme indiquant le fait que les objets existent encore *in
naturâ rerum*, bien que sortis du patrimoine du mari. V. ci-dessus, p. 53.—Il n'y a rien de contraire dans cette phrase des empereurs Léon et Anthemius (L. 6 § 3, C., *De sec. nupt.*) : *Exstantes
autem prædictas res, si non fuerint alienatæ vel consumptæ vel
suppositæ, licebit liberis vindicare.*

(2) V. ci-dessus, p. 37 et suiv.

teur ou ses ayant cause. On voit que, comme chez
nous, ceux qui traitaient avec un mari pouvaient avoir
grand intérêt à exiger le concours de la femme.

Le mari a pu recevoir en dot un *nomen*, un droit de
créance sur un tiers. Y a-t-il là une chose susceptible
d'être grevée de l'hypothèque privilégiée de la femme?
L'affirmative ne me parait pas douteuse, car ce *nomen* est
bien une *res dotalis* ; et nous n'avons qu'à suivre ici les
principes généraux sur le *pignus nominis*. Ainsi, le *nomen* existant encore lorsqu'il y a lieu à restitution de la
dot, la femme pourra le vendre, ou, si l'échéance est
arrivée, exiger du débiteur le paiement (1). En bonne
logique, il faut dire que le mari ne peut pas, sans le
consentement de la femme, faire *acceptilatio* au débiteur : car la loi doit empêcher, autant que possible, que
la femme ne soit dépouillée de son hypothèque privilégiée par un acte purement volontaire du mari (2). Mais
il est impossible de défendre au débiteur de se libérer
en payant pendant le mariage. Si ce qu'il paie est un
corps certain, sans difficulté l'hypothèque privilégiée
de la femme passera sur cet objet ; si au contraire il
s'agit d'une quantité, d'une somme d'argent, la femme,
à la différence d'un gagiste ordinaire, ne pourra pas se
payer dès à présent (3), attendu qu'en principe la femme

---

(1) Alexandre, L. 4, C., *Quœ res pign.* (VIII, 17).

(2) On peut invoquer en ce sens, par analogie, le rescrit des empereurs Sévère et Antonin (L. 1, C., *De servo pign. dato manum.*),
rapporté ci-dessus, p. 17. On arrive alors à reconnaître que la L. 49 *De
jure dot.* a été tacitement abrogée par la Constitution de Justinien
qui nous occupe.

(3) V. Paul, L. 18 pr. *De pigner. act.* (13, 7) ; Marcien, L. 13
§ 2 *in fine De pign. et hyp.*

ne peut pas recouvrer sa dot en tout ou en partie *constante matrimonio*.

Du texte de la Constitution de Justinien il résulte clairement que les immeubles dotaux sont grevés, au profit de la femme, de l'hypothèque privilégiée. Cependant, l'immeuble dotal ne pouvant pas être hypothéqué par le mari (1), on se demande tout d'abord quel intérêt il y avait pour la femme à obtenir sur cet immeuble une hypothèque privilégiée : il semble qu'ici son ancien *privilegium inter personales actiones* suffisait amplement à lui assurer la préférence sur tous les créanciers du mari (en exceptant toujours le fisc). L'objection serait fondée s'il n'y avait en général d'autres créanciers hypothécaires que ceux qui tiennent leur droit d'une concession formelle émanée du propriétaire : alors en effet la femme réclamant la restitution de sa dot n'aurait à craindre l'existence d'aucune hypothèque établie du chef du mari sur l'immeuble dotal. Mais, à côté des hypothèques conventionnelles, il y a des hypothèques légales : le mari, soit avant, soit après l'apport de l'immeuble dotal, a pu devenir débiteur d'une personne à qui la loi donne hypothèque sur tous les biens présents et à venir de ses obligés. Cette hypothèque aura frappé même l'immeuble dotal : car l'immeuble dotal, de même que par la loi Julia il est mis à l'abri des aliénations *consenties par le mari* et non des aliénations nécessaires, n'est également protégé que contre les hypothèques qui dérivent de la volonté du mari et non contre celles qui ont leur origine dans la loi même. Ainsi,

(1) Voy. la L. 4 *De fundo dot.*, et mon commentaire sur ce fragment.

par exemple un homme est chargé de la tutelle d'un
pupille ou de la curatelle d'un pubère mineur de vingt-
cinq ans : aux termes d'une Constitution de l'empereur
Constantin (1), tous ses biens présents et à venir sont
grevés d'une hypothèque pour assurer la reddition de
ses comptes, et même l'immeuble dotal qui fait partie
de son patrimoine est atteint par cette hypothèque dont
le principe ne réside point dans la volonté du mari. La
femme, tant qu'elle n'a eu qu'un *privilegium inter personales actiones*, a été primée sur tous les biens du
mari, sans en excepter l'immeuble dotal, par le pupille
ou par le mineur; mais, en vertu de la Constitution de
Justinien qui nous occupe, elle ne pourra plus souffrir
de l'existence de cette hypothèque légale sur les choses
apportées en dot. Peut-être même faudrait-il aller jusqu'à dire que l'hypothèque consentie par un débiteur,
d'une manière indéterminée, sur tous ses biens présents et à venir, atteint le fonds dotal que le débiteur
acquiert depuis cette convention; mais, en dehors de
ce cas, sur lequel on peut discuter, il nous suffit de
supposer une hypothèque légale pour comprendre
l'intérêt de la femme à étendre son hypothèque privilégiée même sur le fonds dotal.

Cette hypothèque privilégiée qui appartient à la
femme sur le fonds dotal pourrait-elle être invoquée
contre un tiers acquéreur? La question ne se présente
réellement que dans des cas exceptionnels. En effet, à
la date de notre L. 30 (en 529), le fonds dotal pouvait
bien être aliéné par le mari, mais seulement avec le

_____

(1) L. 20, C., *De admin. tut.* (v, 37). Comp. L. un. § 1 *De rei
ux. act.*

consentement de la femme : alors la femme qui con-
sentait à l'aliénation renonçait par là même à la faculté
d'inquiéter le tiers acquéreur au moyen de son action
hypothécaire. C'est précisément cette circonstance qui,
comme nous l'avons vu (1), détermina Justinien, en 530,
à défendre d'une manière absolue l'aliénation du fonds
dotal : la pensée de l'empereur est qu'il ne faut pas que
la femme puisse abdiquer les garanties que la loi elle-
même lui confère, en tant qu'il s'agit du recouvrement
de sa dot immobilière. Mais dans les cas exceptionnels
(que nous allons étudier bientôt) où, après comme
avant la Constitution de 530, le fonds dotal peut passer
du patrimoine du mari dans celui d'un tiers sans la
participation de la femme, il n'y a aucune raison pour
refuser à celle-ci l'exercice de son hypothèque contre
le nouveau propriétaire ou contre ses ayant cause.

Dans la Constitution qui nous occupe, Justinien ne
s'est pas borné à reconnaitre au profit de la femme
l'existence d'une hypothèque privilégiée; il a voulu expliquer le motif de cette faveur, et, suivant une habitude qui lui est assez familière, il a cherché à l'expliquer par la nature même des choses et par les principes
de la matière. « En réalité, dit-il, la femme est restée
propriétaire des objets qu'elle a apportés en dot à son
mari : il serait donc bizarre qu'elle eût à souffrir de
l'existence d'hypothèques établies sur ces objets du chef
du mari. » Mais il est impossible de s'arrêter à cette
proposition, que la femme est restée propriétaire des
biens dotaux : c'est là une de ces idées vagues qui ré-
sultent d'un examen superficiel des choses et d'un sen-

____

(1) V. ci-dessus, p. 36.

timent peu raisonné de l'équité. Pour les jurisconsultes
romains, nous l'avons vu, la condition des biens dotaux
est parfaitement nette, parfaitement déterminée, soit
relativement au mari, soit relativement à la femme.
Le mari seul est propriétaire; mais en même temps
il est débiteur envers la femme, et, pour mieux
garantir à celle-ci l'exécution de sa créance en tant
qu'elle a pour objet un immeuble, la loi limite dans une
certaine mesure le droit de propriété du mari. Justinien, au contraire, pour justifier la faveur qu'il accorde
à la femme de primer sur les choses apportées en dot
tous les créanciers du mari, ne trouve rien de mieux
que d'imaginer une propriété naturelle qui aurait appartenu à la femme à côté de la propriété civile du mari :
Et immédiatement il attache à cette propriété naturelle
un effet pratique, en permettant à la femme de recouvrer sa dot par voie de revendication. C'est là une
deuxième innovation de notre L. 30. Examinons-la en
détail, comme nous venons de le faire pour la première,
qui paraît en avoir été l'occasion.

   2° *La femme peut se faire restituer sa dot par voie de
revendication.* — Les premières phrases de notre L. 30
sont uniquement relatives à la concession de l'hypothèque privilégiée; c'est seulement à partir de ces mots
Volumus itaque... que Justinien indique la faculté pour
la femme d'employer, non-seulement une action hypothécaire, mais encore, si elle le préfère, une action en
revendication (1). Cette circonstance que dans le texte

_____

(1) Les mots *mulierem in his vindicandis omnem habere prærogativam jubemus* se réfèrent évidemment à l'action hypothécaire.
Le mot *prærogativam* l'indique déjà; et aucun doute ne peut
subsister à cet égard quand on lit le développement qui suit : *et*

la concession de l'action en revendication n'apparait qu'en seconde ligne va nous servir à en déterminer la portée. Nous savons que l'hypothèque privilégiée s'applique à toutes les choses que le mari a reçues en dot, sans distinguer si elles sont meubles ou immeubles, si elles ont été estimées ou si elles ne l'ont pas été. La revendication de la femme pourra-t-elle également s'exercer relativement à toutes ces choses ? Cela, pour moi, est tout à fait inadmissible. Ainsi, d'abord quant aux meubles, j'admets bien que, si à la dissolution du mariage ils se retrouvent en nature dans le patrimoine du mari, la femme aura le droit de les revendiquer. En quoi cette revendication lui sera-t-elle plus avantageuse que l'exercice de son hypothèque privilégiée (1) ? En ce que la femme, se présentant comme propriétaire des meubles, pourra les recouvrer *in specie*, tandis que l'action hypothécaire n'aboutit pas sûrement pour le demandeur à la reprise de la chose même qui était hypothéquée. Mais, si les meubles dotaux ont été aliénés par le mari, même sans le consentement de la femme, comme l'aliénation est parfaitement valable, ainsi qu'il résulte encore de la Constitution de 530 (L. un. § 15, C., *De rei ux. act.*), il m'est impossible de comprendre que le tiers acquéreur, après avoir traité avec un homme qui avait pouvoir d'aliéner (2), soit sous le coup d'une

---

neminem creditorum mariti posse sibi potiorem causam in iis per hypothecam vindicare.

(1) Il est bien entendu que la femme qui revendique, tout comme la femme qui exerce l'hypothèque privilégiée, ne peut jamais avoir à souffrir de la présence d'un créancier du mari.

(2) Voy., en ce sens, MM. Aubry et Rau, *Cours de droit civil français*, t. IV, p. 502 de la 3e édition.

7

revendication. Ce tiers, si la femme n'a pas concouru
à l'aliénation, pourra bien être tenu envers elle de
l'action hypothécaire, mais non de l'action en revendication : il aura donc toujours le droit de garder l'objet mobilier en en payant la valeur.

De même en ce qui concerne le fonds dotal, la revendication de la femme ne peut se concevoir qu'autant qu'à
la dissolution du mariage ce fonds se retrouve encore
dans les biens du mari; on ne la comprendrait pas dirigée contre un tiers qui est devenu légitime propriétaire.
Donc, jusqu'à la Constitution de 530, si le fonds dotal
a été aliéné par le mari *consentiente muliere*, le tiers
acquéreur n'a pas plus à craindre la revendication que
l'action hypothécaire. Après comme avant cette Constitution, s'il y a eu aliénation *ex causâ necessariâ*, le
tiers acquéreur, exposé à l'action hypothécaire, n'aura
du moins rien à craindre de l'action en revendication.

Relativement aux choses, mobilières ou immobilières,
apportées en dot avec estimation, et considérées comme
vendues au mari, on peut hésiter davantage. D'abord
le mari a pu aliéner ces objets, même sans le consentement de la femme : la L. un. § 15 *De rei ux. act.* suppose encore qu'il en est ainsi. Si cette aliénation a effectivement eu lieu, le tiers acquéreur est devenu légitime propriétaire et par conséquent n'a point à craindre
une revendication. Mais que décider si lors de la dissolution du mariage les choses dont il s'agit se retrouvent en nature dans le patrimoine du mari? On
peut soutenir qu'ici, comme en ce qui concerne les
choses dotales proprement dites, la propriété acquise
au mari est rescindée au profit de la femme, qu'ainsi la
femme peut les revendiquer et les recouvrer *in specie*.

Sans doute Justinien aurait pu statuer en ce sens ; mais, en l'absence d'une décision tout à fait précise, je ne puis reconnaître à la femme un droit qui serait en contradiction avec les principes et avec la position qu'elle s'est faite elle-même. En effet, quand il s'agit de choses véritablement dotales, ce sont ces choses-là qui, même aux yeux des jurisconsultes, sont l'objet du droit de créance de la femme : il n'y a donc rien de bien étonnant à ce que Justinien lui donne, non-seulement l'avantage d'être payée par préférence à tous autres créanciers du mari sur le prix de ces choses, mais même le moyen de les recouvrer en nature. Lors, au contraire, qu'il y a eu estimation valant vente, le droit de la femme a pour objet une somme d'argent, le montant de l'estimation ; cela est si vrai que, la chose ainsi estimée vînt-elle à périr, le droit de la femme subsisterait parfaitement (c'est seulement l'hypothèque privilégiée qui ne pourrait plus s'exercer) ; or, ne serait-il pas bizarre qu'une personne à qui on offre ce qui est l'objet de son droit pût exiger autre chose? La femme, dans la doctrine que je combats, serait beaucoup mieux traitée que le vendeur qui a eu soin de faire insérer dans le contrat la *lex commissoria :* car ici le vendeur ne peut se faire rendre la chose (1) qu'autant que le prix convenu n'a pas été payé à l'échéance, tandis que la femme pourrait à son gré reprendre en nature la chose estimée, lors même qu'on serait prêt à lui donner ce qui

---

(1) Suivant une opinion qui paraît avoir prévalu dans le droit de Justinien, dès que la condition résolutoire de la vente est arrivée, le vendeur peut agir par voie de revendication : Voy. L. 4, C., *De pact. int. empt. et vendit.* (IV, 54), et comp. la L. 2, C., *De donat. quæ sub modo* (VIII, 55) avec le § 283 des *Fragments du Vatican.*

lui est dû, c'est-à-dire le montant de l'estimation (1).

En résumé, Justinien, dans cette L. 30 *De jure dot.*, avait surtout en vue de créer au profit de la femme une hypothèque privilégiée. Or cette hypothèque peut exister sur toute chose apportée en dot, lors même qu'elle aurait été estimée, lors même qu'elle aurait été valablement aliénée par le mari. Dans certains cas, la femme, au lieu de se présenter comme ayant sur la chose une hypothèque privilégiée, pourra se présenter comme en étant propriétaire. Mais cette option n'est pas toujours possible. Les expressions très-larges employées au commencement du texte ne conviennent qu'autant qu'il s'agit de répondre à cette question, qui est de beaucoup la plus importante dans la pensée du législateur : *Quelles choses seront grevées de l'hypothèque privilégiée?* — Il est bien évident, du reste, que la double faveur accordée à la femme par Justinien ne se rattache point à l'idée que le fonds dotal est inaliénable. En effet, nous l'avons vu, le droit d'exercer une revendication, tout comme l'hypothèque privilégiée, peut très-bien s'appliquer là où il ne s'agit en aucune façon de choses frappées d'inaliénabilité.

Justinien, en permettant à la femme de revendiquer les choses dotales (dans les cas qui viennent d'être déterminés), a-t-il véritablement innové? Ne s'est-il pas borné, au contraire, à consacrer, à généraliser peut-être, une décision déjà rendue et appliquée longtemps avant lui? Certainement, en droit civil, le mari est

(1) Ce que je dis de la chose apportée en dot avec estimation, on peut le dire aussi, et par les mêmes motifs, de la chose achetée par le mari *ex pecuniâ dotali*. Cependant je suis disposé à croire que dans ce dernier cas on admettait une subrogation réelle.

devenu propriétaire des choses dotales, et il en restera propriétaire tant qu'on n'aura pas employé un des modes qui ont la puissance de transférer la propriété : donc la femme, en l'absence d'un mode de ce genre, ne peut pas revendiquer ; tout ce qu'elle peut faire, c'est intenter une action personnelle contre le mari. Voilà pour l'ancien droit civil. Mais ne pouvons-nous pas admettre que le droit prétorien ou la jurisprudence aurait permis à la femme, suivant les cas, d'exercer une revendication utile ? C'est une opinion que j'ai quelquefois entendu mettre en avant et dont l'examen mérite de nous arrêter un instant.

J'admets que, quand le mari a vendu et livré le fonds dotal contrairement à la prohibition de la loi, il peut efficacement le revendiquer ; et que, s'il n'a pas encore exercé cette revendication quand arrive la dissolution du mariage, la femme, qui a le droit de se la faire céder, peut même en l'absence d'une cession effective l'exercer comme action utile. C'est un point que j'aurai l'occasion de développer plus loin (1). Mais en dehors de ce cas particulier, je ne pense pas que le Préteur ou la jurisprudence ait jamais accordé à la femme une revendication utile au sujet des choses dotales. En effet, d'abord il suffit de lire attentivement le texte de notre L. 30 pour se convaincre que Justinien innove, non-seulement quand il donne à la femme une hypothèque privilégiée sur les choses apportées en dot, mais aussi quand il lui permet de procéder par voie de revendication. « En droit, dit-il, la propriété a bien été transférée au mari ; mais c'est là une subtilité, et la réalité des choses n'a

(1) Voy., ci-dessous, le commentaire de la L. 17 *De fundo dot.*

pas pu en être altérée. En conséquence, nous voulons que la femme ait la revendication sur les choses dotales, *quasi propriis*, comme si elles lui appartenaient... » (1). Si quelque magistrat ou quelque jurisconsulte avait effectivement admis une action en revendication au profit de la femme, bien certainement Justinien aurait invoqué cette autorité plutôt que ce qu'il appelle *rei veritas* par opposition aux règles du droit. J'ajoute que, dans l'ancien droit, le revendiquant n'étant point en général certain de recouvrer sa chose en nature (2), on n'aperçoit guère quel avantage aurait eu la femme à employer la revendication, de préférence à l'action *rei uxoriæ*, qui, nous le savons, est privilégiée *inter personales actiones*. A moins qu'on ne dise que cette revendication lui aurait permis de méconnaître les droits réels établis du chef du mari, ce qui me paraît absolument inadmissible.

Les personnes dont je repousse l'opinion conviennent

(1) C'est ici le lieu de faire remarquer une assez étrange contradiction dans laquelle Justinien tombe quand il veut justifier le double avantage qu'il accorde à la femme. Pour expliquer que la femme ne doit être primée par aucun créancier du mari, il commence par dire que *naturaliter* la femme est restée propriétaire; puis, de ce qu'elle est restée propriétaire, il conclut qu'elle peut revendiquer. Mais, peu satisfait sans doute lui-même de cette manière de présenter les choses, il en indique immédiatement une seconde, qui est la négation de la première : « Que l'on considère la femme comme restée propriétaire, alors elle pourra revendiquer; que l'on considère au contraire, *secundùm legum subtilitatem*, le mari comme ayant acquis la propriété, alors la femme aura une action hypothécaire... » Ainsi l'hypothèque privilégiée apparaît d'abord comme supposant que la femme est restée propriétaire et ensuite comme supposant qu'elle a cessé de l'être.

(2) C'est un point sur lequel je reviendrai bientôt, dans la troisième partie de ce commentaire sur la L. 1 pr. *De fundo dot.*

que nous ne possédons aucun texte qui prouve directement qu'avant Justinien la femme aurait pu procéder
par voie de revendication des choses dotales. Mais elles
prétendent tirer un argument *a fortiori* d'un fragment
de Paul qui forme la L. 55 *De donat. int. vir. et ux.*
Ce texte suppose qu'une femme avait donné une somme
d'argent à son mari, et que celui-ci avec la somme
avait acheté des objets qui existent encore (*res exstant*) :
le mari étant insolvable, la femme qui veut révoquer
la donation peut-elle réclamer les objets par voie de
condictio? Oui, répond le jurisconsulte : le mari est
plus riche *ex donatione*, par conséquent *ex re mulieris :*
la femme peut donc *condicere pecuniam, quatenùs res
valet, non ultrà id tamen quod donatum est.* Mais ce
n'est pas tout : *Nihil prohibet*, dit, en terminant, cette
L. 55, *etiam in rem utilém mulieri in ipsas res actionem
accommodare* « Rien ne s'oppose même à ce qu'on ac-
« corde à la femme une revendication utile relativement
« aux choses qui ont été achetées par le mari. » Ainsi,
voilà un cas où, dans la rigueur des principes, la femme
a seulement une créance, une action personnelle contre
le mari (1); et pourtant il lui sera permis d'intenter
une revendication utile! S'il en est ainsi quand il s'agit
pour la femme de revenir sur une donation qu'elle a
faite à son mari, à combien plus forte raison cela doit-
il être quand il y va pour elle du recouvrement de sa
dot!

Quant à moi, je n'ai jamais été touché de ce prétendu argument *a fortiori*. D'abord je conserve quelque doute sur le point de savoir si cette phrase finale

(1) Voy. L. 5 § 18 et L. 6 *De donat. int. vir. et ux.*

de la L. 55 appartient bien réellement au jurisconsulte
Paul : soit en elle-même, soit comparée à ce qui précède, elle me paraît trahir la main de Tribonien, lequel, nous le savons d'ailleurs, était porté à considérer
comme *subtilitas legum* la distinction entre le cas où
une chose peut être réclamée par voie d'action personnelle et celui où elle peut être réclamée par voie d'action réelle. Admettons cependant que le texte de la
L. 55 soit tout entier du jurisconsulte : en résultera-t-
il que Paul devait logiquement accorder à la femme une
revendication utile des choses dotales? Pas le moins du
monde. D'abord, dans l'espèce de la L. 55, le mari étant
insolvable et la *condictio* n'étant point privilégiée *inter
personales actiones*, la femme sera évidemment en perte
si elle est réduite à la *condictio*, si elle ne peut pas au
moyen d'une revendication utile soustraire aux poursuites des créanciers du mari les objets dont il s'agit;
au contraire, comme je l'ai déjà dit, il est difficile de
comprendre quel avantage aurait pu avoir, du temps de
Paul, la femme qui veut recouvrer sa dot à employer
une revendication utile plutôt que l'action *rei uxoriæ*.
D'ailleurs, dans l'espèce de la L. 55, si les écus donnés
par la femme étaient encore reconnaissables entre les
mains du mari, la femme, en étant restée propriétaire,
pourrait très-bien les revendiquer : le mari les ayant
employés à se procurer un certain objet, il n'est point
extraordinaire que cet objet soit considéré comme leur
étant subrogé (1), et qu'ainsi la revendication puisse

(1) On trouve au Digeste (comme aussi dans notre droit) plusieurs
exemples de subrogation réelle. Voyez notamment les LL. 54 *De jure
dot*. et 22 § 13 *Sol. matr*., sur lesquelles nous reviendrons.

l'atteindre comme elle aurait atteint les écus dont il a
pris la place. En ce qui concerne les choses dotales au
contraire, elles ont simplement été transférées au mari :
elles n'ont point pris la place d'une chose susceptible
d'être revendiquée par la femme (1).

III. ALIENATIO NECESSARIA *du fonds dotal.*—La loi Julia
défend au mari d'aliéner le fonds dotal sans le consentement de la femme. Ainsi, la volonté du mari de transmettre ce fonds à un tiers, volonté révélée par une vente
ou par une donation et réalisée par une *mancipatio,* par
une *in jure cessio,* etc., cette volonté du mari restera inef-
ficace si la volonté de la femme ne vient pas s'y joindre.
La loi, qui paralyse ainsi la volonté du mari, présuppose évidemment que, d'après le droit commun, cette
volonté est indispensable pour amener l'aliénation :
en d'autres termes, elle ne s'occupe point de cas où une
aliénation peut se produire indépendamment de la volonté du propriétaire. Par conséquent, dans des cas de
ce genre, la circonstance que l'immeuble est dotal ne
sera point un obstacle à l'aliénation. Tout ce que la loi
défend, c'est que le mari puisse par sa seule volonté,
comme le peut ordinairement le propriétaire, abdiquer
au profit d'un étranger son droit sur le fonds dotal;
mais le mari pourra très-bien se trouver dépouillé *ex
causâ necessariâ.* Telle est l'idée que Paul exprime, à
la fin de notre L. 1 pr., lorsque, après avoir dit que le
voisin à qui le mari refuse de donner la *cautio damni*

(1) Mon savant maître M. Pellat tient aussi pour constant que, du
temps des jurisconsultes classiques, la femme n'a, pour répéter sa
dot, qu'une action personnelle munie d'un privilége (*Textes sur la
dot,* 2ᵉ édit., p. 247).

infecti deviendra propriétaire, il ajoute, comme motif de cette décision : *quia hæc alienatio non est voluntaria.*

Nous avons à rechercher les principales applications de cette règle, que le fonds dotal reste aliénable quand l'aliénation doit s'opérer autrement que *ex voluntate mariti.* Notre texte même nous en fournit une première application, empruntée à la matière du *damnum infectum.*

C'est un principe général chez les Romains, que, ma chose venant à causer préjudice à autrui, je ne puis pas être tenu sur mes autres biens de réparer le dommage (1). Ainsi, que ma maison vienne à s'écrouler, et que dans sa chute elle entraîne la maison du voisin ou qu'elle dégrade autrement sa propriété : en principe, il n'a point d'indemnité à me demander, lors même que c'est par suite de ma négligence à faire les réparations nécessaires que l'accident a eu lieu. Mais l'ancien droit et l'Edit du Préteur avaient donné au voisin le moyen de se précautionner contre des dangers de ce genre. Les dispositions de l'ancien droit ne nous sont pas bien connues (2); occupons-nous seulement de l'état de choses établi par le Préteur (3): c'est à cet état de choses que Paul se réfère dans notre texte.

Toute personne qui est menacée d'un dommage à raison de la mauvaise disposition d'un immeuble voisin (*vitio ædium, loci, operis, arborum*) peut conduire le propriétaire de cet immeuble devant le magistrat, comme

---

(1) Voy. notamment Ulpien, L. 7 § 1 *De damno inf.* (39, 2).

(2) Voy. Gaius, Comment. IV, § 31 ; Paul, L. 5 *Ne quid in loco publ.* (43, 8).

(3) Ulpien nous a transmis le texte de l'Edit : L. 7 pr. *De damno inf.*

s'il s'agissait d'obtenir contre lui la délivrance d'une formule d'action (1). A la demande de cette personne, le magistrat invitera le propriétaire à prendre l'engagement (au moyen d'une promesse sur stipulation) de réparer le dommage au cas où l'accident prévu se réaliserait. Si l'engagement est pris, le sinistre venant ensuite à se produire, il y aura ouverture à une action *ex stipulatu*. Que si le propriétaire amené *in jus* refuse de donner cette *cautio damni infecti*, le magistrat, pour triompher de sa mauvaise volonté, envoie le réclamant en possession de la chose qui donne lieu au différend ; et l'exécution de ce premier décret serait sanctionnée au besoin par une *actio in factum*. Enfin, si la *contumacia* du propriétaire se prolonge, le Préteur, par un deuxième décret, *jubebit vicinum possidere*, c'est-à-dire qu'il transférera, autant qu'il le peut, le droit du *contumax* au réclamant.

Arrivons au cas particulier où l'immeuble qui peut amener une détérioration de ma chose se trouve être un fonds dotal. Paul suppose que j'ai demandé au mari la *cautio damni infecti* et qu'il a refusé de me la fournir. J'obtiens alors du Préteur un premier décret par lequel je suis *missus in possessionem dotalis prædii*. L'effet de ce premier décret n'est point de faire perdre au mari la propriété ni même la possession : je puis seulement venir dans la maison ou sur le fonds de terre. C'est un moyen de contrainte indirect, pour amener l'adversaire récalcitrant à obtempérer à l'invitation du magistrat ; et le décret serait, en quelque sorte, considéré comme

---

(1) Ulpien, L. 37 pr. *De obl. et act.* (44, 7), et L. 1 § 2 *De stip. præt.* (46, 5).

non avenu si le mari se décidait à me donner la *cautio
damni infecti* et à me rembourser les dépenses que j'ai
pu faire dans l'intervalle (1). Mais si la mauvaise volonté du mari n'a pu être domptée par ce moyen, le
Préteur, après une *causæ cognitio*, rendra un deuxième
décret pour me donner la possession, pour me mettre
in causâ usucapiendi. En vertu de ce deuxième décret, je
ne deviens pas immédiatement *dominus ex jure Quiritium*, comme on pourrait être tenté de le croire à la
simple lecture de notre L. 1 pr. (2); mais désor-
mais j'ai le fonds *in bonis*. En effet, le cas d'*in jure cessio*
est à peu près le seul où le Préteur ait pouvoir de
conférer la propriété civile. Ici, le deuxième décret, le
jussus possidendi, constitue pour moi une *justa causa ;*
et, la chose étant *mancipi*, nous avons le même résultat qui se produit en général lorsque le propriétaire
lui-même livre, *ex venditione* ou *ex donatione*, une chose
de cette espèce (3). Le cas qui nous occupe offre une
analogie très-grande avec celui où, l'esclave d'autrui
ayant commis un délit à mon préjudice et n'étant
point défendu, le magistrat m'ordonne de l'emmener (4).
J'ai sur le fonds dotal, en vertu du deuxième décret, mieux qu'une simple possession de bonne foi : car
je n'ai pas à craindre que le propriétaire m'évince. En

---

(1) L. 15 §§ 31, 32 et 34 *De damno inf.*

(2) D'autres textes se servent également de ces expressions *Vicinus
dominus fit ex secundo decreto* ou d'expressions équivalentes : Voy.
Julien, L. 5 *Comm. divid.* (10, 3), et Ulpien, L. 15 § 17 *De damno
inf.*

(3) Gaius, Comment. II, § 41 ; Ulpien, *Fragments*, Tit. I, § 16.
Aj. Paul, L. 11 *De adq. vel am. poss.* (41, 2).

(4) Voy. Africain, L. 28, et Paul, L. 26 *in fine De noxal. act.*
(9, 4).

principe, vainement le mari m'offrirait-il aujourd'hui
la *cautio damni infecti* : je puis me refuser à rendre l'immeuble (1) ; et cela n'a rien que d'équitable, si l'on
observe que le deuxième décret a été rendu *cognitâ
causâ* et qu'il a dû être précédé d'une dénonciation
spéciale adressée au propriétaire (2). Ainsi, au fond,
je suis propriétaire ; et pourtant l'usucapion m'est
nécessaire pour acquérir le *jus Quiritium* (3).

En résumé, voilà un cas dans lequel un étranger arrive à avoir le fonds dotal *in bonis*, puis, quand l'usucapion se sera accomplie, à obtenir même sur ce fonds le
dominium ex jure Quiritium. On n'applique donc pas
ici le principe (que nous développerons en expliquant
la L. 16 *De fundo dotali*), suivant lequel une personne
même possédant *ex justâ causâ* et de bonne foi ne peut
pas commencer l'usucapion d'un fonds dotal. — Ce qui
vient d'être dit à propos du fonds dotal s'applique également à une classe de fonds dont la condition est analogue, je veux parler des fonds ruraux ou suburbains
appartenant à des mineurs de vingt-cinq ans. D'après

(1) Ulpien, L. 15 § 33 *De damno inf.*
(2) Ulpien, L. 4 §§ 5 et 6 *De damno inf.*
(3) Par là se concilient très-naturellement les textes qui présentent le
voisin comme devenant *dominus ex secundo decreto*, et ceux qui supposent qu'il a encore besoin de *capere dominium per longum tempus*. Ces derniers, dans lesquels l'expression *longum tempus* est évidemment de Tribonien, ne peuvent plus s'appliquer dans la législation
justinienne qu'au cas où la *cautio damni infecti* a été demandée à
un *non dominus*. Évidemment la L. 15 § 16 *De damno inf.*, où le
jurisconsulte dit que le voisin ne commence pas à usucaper *priùs-
quàm secundo decreto a Prætore dominus constituatur*, ne peut
avoir été insérée dans le Digeste que par l'effet d'une inadvertance des
compilateurs.

un sénatusconsulte rendu sur la proposition de Septime
Sévère et que l'on désigne habituellement sous le nom
d'*oratio Severi*, les immeubles dont il s'agit ne peuvent
être aliénés sans un décret du Préteur, et ce décret ne
doit intervenir que quand il y a nécessité de payer des
dettes du mineur, *ità demùm si urgeat œs alienum* (1).
Mais si nous supposons qu'un voisin est menacé par le
fonds d'un mineur, ce voisin, faute d'avoir reçu la
cautio damni infecti, pourra très-bien obtenir l'envoi
en possession, puis la possession *ad usucapionem*, et
enfin le *dominium ex jure Quiritium* (2). Nous aurons
encore plus d'une fois occasion de rapprocher les règles concernant le fonds dotal et les règles concernant
les biens ruraux et suburbains des mineurs de vingt-
cinq ans.

Cette première application de la règle que la loi Julia
défend seulement l'aliénation volontaire du fonds dotal,
montre bien quel sens il faut attacher à ces mots *alienatio voluntaria, alienatio necessaria*. L'aliénation n'est
point considérée comme volontaire, par cela seul qu'elle
se rattache d'une manière quelconque à un acte de
la volonté du mari ; ou, en d'autres termes, il n'y a
d'aliénation volontaire que là où le mari a précisément la volonté de faire passer à un tiers la propriété
du fonds dotal. En effet, le refus du mari de donner
la *cautio damni infecti*, c'est-à-dire de prendre un engagement envers le voisin pour le cas où se réaliserait

---

(1) Ulpien, L. 5 § 14 *De reb. eor. qui sub tut.* (27, 9).

(2) L. 3 § 1 *De reb. eor.* Seulement le Préteur ne se hâtera pas de
rendre le deuxième décret ; et, ce décret une fois rendu, il pourrait
encore y avoir lieu à *in integrum restitutio* au profit du mineur.
Voy. L. 15 § 22 *De damno inf.*

le dommage que redoute celui-ci, ce refus est bien certainement un acte volontaire du mari; il pourra cependant amener l'aliénation du fonds dotal, et le jurisconsulte nous dit qu'il n'y a point là une aliénation volontaire : c'est que la volonté du mari n'était pas directement d'aliéner, c'était avant tout de ne point contracter un certain engagement (1).

La décision de Paul dans notre L. 1 pr. est une nouvelle preuve que le fonds dotal appartient pleinement et exclusivement au mari. En effet, le jurisconsulte suppose que la *cautio damni infecti* n'a été demandée qu'au mari et n'a été refusée que par lui (*maritus damni infecti non cavebat*) ; on ne voit pas que la femme ait aucunement été mise en cause. Pourtant le voisin va devenir propriétaire dans toute la force du terme, il aura sur le fonds le domaine le plus complet, et non pas un domaine soumis à une restriction quelconque au profit de la femme. Or, si la femme avait eu véritablement un droit réel sur le fonds dotal, le voisin, en ne s'adressant qu'au mari, en n'obtenant les deux décrets que contre le mari, n'aurait certainement pas amené l'extinction de ce droit réel, ou, en d'autres termes, n'aurait pas acquis une propriété complète (2).

— Nous trouvons une seconde application de la règle concernant l'*alienatio necessaria* dans un rescrit de

(1) Comp. M. de Savigny, *System*, t. IV, append. IX, n° 3.

(2) C'est ainsi que, la maison *ruinosa* étant *vectigalis*, si le voisin ne s'est adressé qu'à l'emphytéote, le droit de propriété des *municipes* ne sera nullement compromis par le deuxième décret. Ulpien pose parfaitement la règle quand il dit : *Decernendum ut vicinus eodem jure esset quo foret is qui non caverat.* Voy. L. 15 §§ 26 et 27 *De damno inf.* Ajoutez, quant au créancier gagiste et quant à l'usufruitier, le § 25 de la même Loi.

l'empereur Gordien (an 241 de J.-C.) qui forme la
L. 2, C., *De fundo dot.* (v, 23), et dont voici le texte :
« *Mariti, qui fundum communem cum alio in dotem inœs-*
« *timatum acceperunt, ad communi dividundo judicium*
« *provocare non possunt, licet ipsi possent provocari* » (1).
Pour bien comprendre ce rescrit, il importe avant tout
de savoir comment les Romains considéraient le partage. La doctrine qui avait prévalu chez eux, c'est que
le partage contient une véritable aliénation. Ainsi
Titius et Mævius sont co-propriétaires par indivis du
fonds Cornélien ; le fonds est partagé entre eux, de
telle sorte que Titius reçoit dans son lot la moitié du
terrain située au nord, tandis que Mævius reçoit la moitié située au sud. Qu'est-ce à dire ? Que Titius a aliéné
la moitié qui lui appartenait dans toutes les molécules qui composent la partie méridionale, et que
Mævius a aliéné de son côté la moitié qu'il avait dans
toutes les molécules qui composent la partie septen-
trionale (2). Il y a donc là un véritable échange : *do ut*
des. Aussi celui des co-propriétaires qui a transféré
une partie de ce qui lui appartient pour acquérir une
partie de ce qui appartient à l'autre, aura-t-il l'action
præscriptis verbis pour se faire indemniser s'il est
trompé dans son attente (3).

---

(1) « Le mari qui a reçu en dot sans estimation une part indivise
« dans un fonds ne peut pas demander le partage, bien que lui-
« même puisse être actionné par le co-propriétaire. »

(2) Nous voyons, dans la loi 31 *De usu et usufr.* (33, 2), qu'il y
avait eu d'abord quelque difficulté sur ce point. Trebatius donnait au
partage un effet déclaratif et non un effet attributif ; cette manière
de voir était déjà repoussée comme fausse par Labéon.

(3) Papinien, L. 66 § 3 *De evict.* (21, 2), a évidemment en vue

Puisque les Romains voient dans le partage une aliénation, il est clair que celui des deux co-propriétaires
qui demande le partage, en exerçant l'action *communi
dividundo*, manifeste la volonté d'aliéner tout ou partie
de ce qui lui appartient dans la chose commune : ce
qu'il perd ainsi est véritablement aliéné par l'effet
direct de sa volonté : c'est bien pour lui une *alienatio
voluntaria*. Au contraire, celui contre qui le partage
est demandé ne peut pas, en général, s'y refuser : donc,
si par suite de cette demande, à laquelle il est tenu
d'obtempérer, tout ou partie de son droit indivis lui
est enlevé, c'est une *alienatio necessaria* qu'il aura subie.

Par là s'explique très-facilement la distinction indiquée par l'empereur Gordien. La femme ou un tiers,
étant co-propriétaire avec Titius pour moitié indivise
du fonds Cornélien, apporte en dot au mari sans estimation ce qui lui appartient (1). S'il y avait eu estimation, la moitié indivise apportée au mari ne serait
point dotale, point soumise à la loi Julia : le mari pourrait librement exercer l'action en partage comme y défendre. Mais nous supposons qu'il n'y a pas eu estimation : par conséquent la moitié indivise du fonds Cornélien que reçoit le mari devient dotale et inaliénable.
Donc désormais elle n'est pas susceptible d'être transférée *ex voluntate mariti*, et elle pourrait l'être de cette
manière s'il était permis au mari sans le consentement

_____

cette action *præscriptis verbis*. Voy. surtout Dioclétien et Maximien, L. 7, C., *Communia utr. jud.* (III, 38).

(1) Les empereurs Dioclétien et Maximien (L. 16, C., *De jure
dot.*) disent positivement que la femme, appelée *ab intestat* avec son
frère à la succession du père commun, peut, *ante divisionem*, *portionem fundi communis in dotem dare*.

8

de la femme de provoquer le partage contre Titius ; mais elle reste parfaitement susceptible d'être transférée *ex necessitate*, et notamment elle pourra l'être par l'effet d'une demande en partage que Titius intenterait contre le mari seul.

Cette même distinction, si nettement formulée par l'empereur Gordien, se trouve dans plusieurs textes du Digeste. Ainsi le jurisconsulte Mæcianus y fait évidemment allusion dans la L. 18 § 2 *De castr. pec.* (49, 17), ainsi conçue : « *Itaque negabimus patrem, filio salvo,* « *communi dividundo agentem, proprietatem alienatu-* « *rum, exemplo dotalis prædii. Sed nec, si socius ultro* « *cum eo agat, quicquam agetur : veluti si cum eo ageret* « *cui bonis interdictum est* » (1). Le fils de famille qui a un pécule *castrens* est seul propriétaire des objets compris dans ce pécule (2). Faut-il en conclure que tout acte d'aliénation émané du père est certainement nul ? Non : en raison de la règle d'après laquelle le pécule retournera au père *jure pristino* si le fils meurt intestat (3), Mæcianus, dans la L. 18 § 1, fait la distinction suivante : S'agit-il d'un acte de nature à emporter une aliénation actuelle, il est radicalement nul ; s'agit-il au contraire d'un acte dont l'effet ne doit se produire

---

(1) « Nous dirons donc que le père qui, du vivant du fils, intente l'action *communi dividundo*, ne peut pas aliéner la propriété, pas plus que le mari relativement à l'immeuble dotal. Mais, même en supposant le partage demandé par le co-propriétaire, l'aliénation serait nulle : c'est comme si le partage était demandé contre un homme interdit. »

(2) En ce sens, Voy. notamment Ulpien, L. 3 § 4 *De donat. int. vir. et ux.*, et Alexandre, L. 3, C., *De castr. pec.* (XII, 37.)

(3) Ulpien, L. 2 ; Papinien, LL. 14 pr. et 17 pr. *De castr. pec.*

qu'à une époque ultérieure, il pourra valoir si à
cette époque le pécule a été recueilli par le père.
D'après cela, quand le pécule *castrens* comprend un
droit de co-propriété indivise, ce droit peut-il être aliéné, du vivant du fils, par le père figurant comme demandeur ou comme défendeur dans l'action *communi
dividundo ?* D'abord il est évident que le père n'a pas
qualité pour demander le partage : en effet, demander
le partage, c'est provoquer une *adjudicatio,* c'est-à-dire
une aliénation qui produit son effet immédiatement.
Sous ce rapport, le père peut être comparé au mari :
de même que le mari ne peut pas actionner en partage
le co-propriétaire du fonds dont une partie indivise est
devenue dotale, de même le père ne peut pas actionner
en partage le co-propriétaire de la chose dont une partie
indivise est entrée dans le pécule *castrens.* Mais nous
savons que le mari a qualité pour défendre à l'action
en partage intentée par le co-propriétaire : le père peut-
il encore lui être comparé sous ce rapport ? Non : bien
que l'*adjudicatio* ne constitue pas une aliénation volontaire de la part du défendeur à l'action en partage,
cependant le père ne remplirait pas valablement ce rôle
de défendeur. En effet, l'aliénation, lors même qu'elle
est nécessaire, ne peut jamais procéder que *ex personâ
domini ;* or, si le mari est propriétaire du fonds dotal,
le père n'est point propriétaire des choses comprises
dans le pécule *castrens,* ou tout au moins il n'a point
l'exercice actuel de la propriété. On peut donc le com-
parer, sinon à un *non dominus,* du moins à un homme
à qui le Préteur aurait interdit l'administration de ses
biens. Cette interdiction prononcée par le Préteur emporte pour celui à qui elle s'applique, exactement

comme l'absence même du droit de propriété, impossibilité de procéder à aucune aliénation (1).

Voici maintenant un fragment de Tryphoninus, où nous trouvons des détails intéressants sur les conséquences de l'action en partage dirigée contre le mari :
« *Si fundus communis in dotem datus erit, et socius*
« *egerit cum marito communi dividundo, adjudicatusque*
« *fundus socio fuerit, in dote erit quantitas quâ socius*
« *marito damnatus fuerit, aut, si omissâ licitatione*
« *extraneo addictus is fundus fuerit, pretii portio quæ*
« *distracta est, sed ità ut non vice corporis habeatur,*
« *nec, divortio secuto, præsenti die quod in numero est*
« *restituatur, sed statuto tempore solvi debeat....* » (2).
Le jurisconsulte suppose qu'une moitié indivise dans un immeuble étant dotale, c'est le tiers co-propriétaire qui a demandé le partage : le mari avait qualité pour défendre seul à cette action, et la femme n'a point été mise en cause. L'instance peut très-valablement aboutir, non-seulement à un partage en nature, c'est-à-dire, comme je l'ai déjà montré, à un véritable échange entre le mari et le tiers co-propriétaire, mais aussi à une adjudication du fonds entier prononcée au profit d'une personne autre que le mari. Dans ce der-

_____

(1) Ulpien, L. 10 pr. *De curat. furioso* (27, 10).

(2) L. 78 § 4 *De jure dot.* : « Si une part indivise dans un fonds
« a été donnée en dot, si le co-propriétaire a intenté contre le mari
« l'action *communi dividundo* et que le fonds ait été adjugé à ce
« co-propriétaire, la dot comprendra la somme à laquelle il aura été
« condamné envers le mari, ou bien, si, les deux co-propriétaires
« ayant renoncé à enchérir, le fonds a été adjugé à un étranger, la
« moitié du prix d'adjudication ; mais la somme ne sera point traitée
« comme un corps certain, et, arrivant le divorce, elle ne devra pas
« être rendue immédiatement, mais dans le délai fixé.... »

nier cas, nous aurons *in dote*, au lieu de la valeur
immobilière qui avait été apportée au mari, une simple
somme d'argent. Cette somme sera toujours la repré-
sentation de la part indivise dans l'immeuble constituée
en dot à l'origine. Si l'adjudication est prononcée au
profit du copropriétaire, il n'est condamné à payer que
la valeur de la part indivise qui ne lui appartenait pas :
tout ce qu'il paie devient dotal. Si, les étrangers ayant
été admis à enchérir, c'est précisément au profit d'un
étranger que l'adjudication est prononcée, l'adjudi-
cataire sera condamné à payer toute la valeur de l'immeuble, moitié au mari, moitié à l'autre co-propriétaire :
la moitié payée au mari sera dotale. — Il y a ici une sorte
de subrogation réelle d'une somme d'argent à un immeuble. Mais la subrogation n'est pas complète. En
effet, si, survenant le divorce, le mari avait encore la
moitié indivise qui lui a été apportée en dot, il devrait
immédiatement en opérer la restitution ; ici, au contraire, où la dot consiste maintenant en une quantité,
en une somme d'argent, *statuto tempore solvi debet*,
c'est-à-dire que le mari peut la restituer en trois termes
d'un an chacun, *annuâ, bimâ, trimâ die* (au bout d'un
an dans le droit de Justinien). Cette décision de Tryphoninus tient-elle uniquement à la circonstance que,
dans le cas qu'il prévoit, le corps certain reçu en dot
par le mari a été valablement aliéné ? Non : la validité
de l'aliénation ne suffit point pour expliquer que le
mari, au lieu d'avoir à faire la restitution immédiatement après le divorce, jouira d'un délai de trois ans.
Pour que la condition du mari puisse être ainsi amé-
liorée, il faut non-seulement que l'aliénation soit valable, mais encore que cette aliénation ait eu lieu sans

aucune faute imputable au mari. Supposons que le
mari a reçu en dot la moitié indivise d'un certain
meuble, d'un diamant par exemple : le mari peut sans
doute intenter l'action *communi dividundo;* mais, si le
meuble est adjugé tout entier à un autre, le mari devra
restituer immédiatement après le divorce la somme
représentative de ce qu'il avait reçu en dot : en effet,
son obligation a toujours pour objet un corps certain,
et si par son fait il s'est mis hors d'état de le fournir,
évidemment sa condition ne doit pas s'en trouver amé-
liorée (1).

J'ai déjà signalé l'analogie qui existe entre le régime
des fonds dotaux et celui des fonds ruraux ou suburbains appartenant à des mineurs de vingt-cinq ans (2).
Ici, en matière de partage, l'analogie est frappante.
L'*oratio Severi* contenait, en effet, cette disposition :
« *Si communis res erit et socius ad divisionem provocet…,*
« *nihil novandum censeo* » (3). Et un rescrit des empereurs Dioclétien et Maximien, conçu dans le même
ordre d'idées, porte ce qui suit : « *Inter omnes minores*
« *nec commune prœdium sine decreto Prœsidis sententia*
« *senatusconsulti distrahi patitur : nàm ad divisionis*
« *causam provocante tantummodo majore socio, ejus alie-*
« *nationem et sine decreto fieri jampridem obtinuit* » (4).

---

(1) Dans la suite de ce § 4, Tryphoninus prévoit le cas où, sur
l'action *communi dividundo* exercée contre le mari, c'est au mari
qu'a été adjugé le fonds tout entier. Je m'occuperai de ce cas en commentant la L. 3 pr. *De fundo dot.*

(2) V., ci-dessus, p. 109 et 110.

(3) L. 1 § 2 *in fine De reb. eor.* (27, 9). : « S'il s'agit d'une chose
« indivise et que le co-propriétaire majeur demande le partage…, je ne
« pense pas qu'il y ait lieu de changer l'ancien droit. »

(4) L. 17, C., *De prœd. et al. reb. min.* (v, 71) : « Lors même

En droit français, c'est une question aujourd'hui
encore controversée que de savoir si, quand la dot comprend une part indivise dans un bien déterminé, ou
dans une succession, le mari peut seul et sans le concours de la femme procéder à un partage définitif (1).

— Je passe à un troisième cas d'aliénation nécessaire.

Le fonds dotal se trouvant possédé par un tiers, le

« qu'il s'agit d'un fonds indivis entre tous co-propriétaires mineurs, le
« sénatusconsulte ne permet pas qu'il y ait aliénation sans un décret
« du Président. C'est seulement quand un co-propriétaire majeur de-
« mande le partage que l'aliénation peut avoir lieu sans un décret,
« suivant la doctrine qui a prévalu depuis longtemps. »

(1) La question se pose sur les art. 818 et 1549 du Code Napoléon.
La Cour de cassation et la plupart des interprètes font prévaloir la
disposition du premier de ces articles et décident en conséquence que
le concours de la femme est nécessaire. Cette opinion est défendue
notamment par M. Demolombe (*Traité des successions*, t. III,
nos 582-584). Je me bornerai à faire remarquer que la décision du droit
romain ne paraît pas pouvoir être ici d'un grand secours, attendu que
les motifs qui la justifiaient ne sauraient plus être donnés aujour-
d'hui. En effet : 1o chez les Romains, le partage constitue une véritable aliénation ; chez nous, il est déclaratif (C. Nap., art. 883).
2o Chez les Romains, si le mari ne peut pas provoquer seul le partage, cela tient à l'inaliénabilité de l'immeuble dotal; chez nous, il n'y
a point à distinguer s'il s'agit de meubles ou d'immeubles, d'immeubles inaliénables ou d'immeubles déclarés aliénables : ni l'art. 818 ni
l'art. 1549 ne font de distinction de ce genre. 3o Chez les Romains, le
fonds dotal, qui ne peut pas être aliéné par le mari seul, peut très-
bien (jusqu'à Justinien) être aliéné par le mari avec le concours de la
femme ; chez nous, le fonds dotal non déclaré aliénable ne peut être
aliéné ni par un seul des époux ni par tous deux conjointement.
4o Enfin chez les Romains, le mari, qui ne peut pas intenter seul
l'action en partage, peut toujours y défendre ; chez nous, au contraire, il résulte du texte formel de l'art. 818 que, là où le mari n'a
pas qualité pour intenter seul l'action, il ne peut pas davantage y
défendre sans le concours de la femme.

mari a certainement le droit de le revendiquer. C'est en même temps pour lui une obligation, de l'inexécution de laquelle il pourrait être responsable. En effet, si la possession du tiers a les qualités requises *ad usucapionem* et si elle a commencé avant que l'immeuble ne fût dotal, l'usucapion pourra s'accomplir, et alors le mari, à la dissolution du mariage, se trouverait par sa négligence dans l'impossibilité d'effectuer la restitution dont il est tenu (1). Ajoutez qu'il y a toujours à craindre, même abstraction faite du cas où l'usucapion est possible, que le tiers possesseur ne dégrade l'immeuble. Enfin, toutes les fois que ce tiers possède *ex justâ causâ* et de bonne foi, il gagne les fruits (2), et dès lors on comprend l'intérêt du mari à exercer promptement la revendication.

Il s'agit maintenant de voir à quoi peut aboutir cette revendication, en supposant que le mari établisse clairement par devant le juge sa qualité de propriétaire. Pas de difficulté si le défendeur, sur l'ordre du juge, restitue l'immeuble au mari ; le fait se trouve d'accord avec le droit, la chose est au pouvoir du propriétaire. Mais qu'arrivera-t-il si le défendeur, résistant à l'ordre du juge, s'obstine à garder la chose? Je dis qu'ici encore nous allons trouver un cas d'aliénation nécessaire du fonds dotal (3).

---

(1) Voy. L. 16 *De fundo dot.*, et mon commentaire sur ce texte.

(2) Voy Paul, L. 48 pr. *De adq. rer. dom.* (41, 1).

(3) Il serait possible que l'usucapion, ayant commencé *antequàm dotale prædium constitutum sit*, se fût achevée *inter moras litis :* alors le juge ordonnerait au défendeur, non pas seulement de restituer la possession, mais bien de retransférer la propriété. Je laisse de côté pour le moment ce cas particulier.

Plusieurs interprètes d'une grande autorité, notamment Cujas (1), Keller (2), Zimmern (3), M. Pellat (4),
pensent que, déjà du temps de Paul et d'Ulpien, cette
résistance du défendeur pouvait être domptée, et que la
force publique était mise à la disposition du revendiquant qui tenait à recouvrer la possession effective de
sa chose. « Si le défendeur refuse de restituer, dit
« M. Pellat, le juge peut lui faire enlever la chose, et
« faire remettre le demandeur en possession, de force,
« par les appariteurs ou huissiers, *manu militari, manu*
« *ministrorum.* » On invoque en ce sens un texte unique,
la L. 68 *De rei vindic.* (6,1), dans laquelle Ulpien
s'exprime ainsi : « *Qui restituere jussus judici non paret,*
« *contendens non posse restituere, si quidem habeat rem,*
« *manu militari, officio judicis, ab eo possessio transfer-*
« *tur, et fructuum duntaxat omnisque causæ nomine*
« *condemnatio fit* » (5).

À la vérité, d'autres interprètes, et notamment M. de
Savigny (6), regardent cette L. 68 comme ayant été

(1) *In Tit.* DE REI VIND., *ad* L. 68.

(2) *Uber Litiscontestation und Urtheil*, p. 215.

(3) *Geschichte des röm. Privatrechts*, t. III, p. 198.

(4) *Exposé des principes généraux du droit romain sur la
propriété*, n° 31, et Comment. de la L. 68 *De rei vind.*

(5) « Lorsque le défendeur à qui le juge ordonne de restituer n'o-
« béit pas à cet ordre, prétendant que la restitution lui est impossible
« s'il a réellement la chose, la possession lui en sera enlevée par la
« force, en vertu de l'office du juge, et il n'y aura condamnation
« qu'en raison des fruits et autres accessoires... » — Il semble résulter de l'*inscriptio* de ce texte (*Ulpianus, lib.* 51 *ad Edictum*)
qu'il a été emprunté à une partie du commentaire d'Ulpien sur l'Edit
où il était question des fidéicommis.

(6) *System*, t. V, § 221, note *d* (p. 133 de la traduction en français).

altérée par Tribonien et comme n'indiquant réellement
point ce qui avait lieu du temps d'Ulpien. « Il y a là,
« dit le grand romaniste de Berlin, une interpolation
« évidente : car les autres textes du Digeste impliquent
« l'impossibilité de cette contrainte directe. Voy. L. 4
« § 3 *Fin. regund.* (10,1) et L. 73 *De fidej.* (46,1). Le
« § 31 *De action.*, aux Institutes, n'admet pas davan-
« tage une exécution sur la chose, et ce texte paraît
« emprunté sans aucun changement à un ancien juris-
« consulte. Enfin, dans la supposition d'une exécution
« réelle, on ne conçoit pas qu'il y ait jamais eu lieu au
« serment *ob contumaciam* dont parle la L. 2 § 1 *De in*
« *lit. jur.* (12, 3). »

Mais à ces objections voici ce que l'on répond :

« Il est vraisemblable que, dans les premiers temps
de la procédure formulaire, cette *translatio possessionis
manu militari officio judicis* n'était pas admise (en ce
sens voy. notamment Gaius, Comment. ıv, § 163, et
Pomponius, L. 9 § 1 *De furt.*); mais on avait fini par
l'admettre. En effet, rien dans notre L. 68 ne trahit une
origine byzantine. L'expression *manus militaris* se retrouve dans un autre fragment d'Ulpien, la L. 3 pr. *Ne vis
fiat ei qui in poss. missus er.* (43,4). Cette *manus militaris* désigne les agents qui, ordinairement empruntés
à l'armée, procuraient l'exécution des ordres du magistrat; comme une Constitution de Théodose le Jeune
(L. 1, C., *De off. milit. jud.*) avait défendu de requérir,
dans les affaires privées, la force militaire proprement
dite, il est probable que, si Tribonien eût remanié le
texte d'Ulpien, il aurait évité d'employer l'expression
manu militari. — Ce qui prouve mieux encore que notre
texte n'a pas été interpolé, c'est qu'il distingue très-

nettement l'ordre de restituer la chose, et la condamnation *fructuum duntaxat omnisque causæ nomine.* Or,
dans le droit de Justinien, la condamnation ne porte
pas seulement sur la valeur des fruits et autres accessoires, elle doit porter sur la chose même (V. Inst.,
§ 32 *De action.; L.* 17, C., *De fideic. libert.).* Il est à croire
que, si notre texte était de Tribonien, il ne contiendrait
pas cette distinction, mais que, confondant le *jussus judicis* avec la condamnation, il présenterait le juge
comme condamnant le défendeur à restituer la chose.
— Quant à la faculté pour le demandeur de faire condamner l'adversaire à la somme qu'il fixe lui-même sous
la foi du serment, on peut très-bien concevoir qu'elle
existe à côté de la faculté de requérir l'emploi de la
force publique pour obtenir la restitution effective. En
effet, le défendeur, par sa *contumacia,* se rend indigne
de ménagements : on peut sans injustice le mettre à la
discrétion du demandeur. Celui-ci est donc admis à
exercer une option : s'il ne veut à aucun prix abandonner sa chose, il se la fera restituer *manu militari;* si au
contraire il n'y tient pas beaucoup, il aura là une belle
occasion de s'enrichir. Mais, encore une fois, quel que
soit le parti qu'il prenne, le défendeur *contumax* n'est
évidemment pas fondé à s'en plaindre. »

Quant à moi, j'admets qu'effectivement le texte de
la L. 68 appartient au jurisconsulte Ulpien. Reste à
voir si ce texte dit en réalité ce qu'on lui fait dire, s'il
dit que toutes les fois que le revendiquant a prouvé
sa propriété, le défendeur qui refuse d'obéir à l'ordre
du juge peut y être contraint par la force, si telle est la
volonté du demandeur reconnu propriétaire. La L. 68
est bien loin de poser une règle aussi générale. Elle se

place dans un cas tout particulier, ainsi que l'expriment
ces mots, trop peu remarqués, *contendens non posse restituere*. Il s'agit d'un défendeur qui, à l'ordre de restituer que lui adresse le juge, répond par un mensonge.
« Je ne suis pas en mesure de restituer la chose, dit-il :
car je ne la possède pas ! » *Si quidem habeat rem*, s'il
est reconnu qu'il a la chose, et qu'ainsi il a voulu tromper le juge, la restitution *manu militari* pourra être or-
donnée. Mais c'est pour ce cas unique qu'elle est autorisée par notre texte. Et l'on comprend bien qu'il en
soit ainsi. Le principe est qu'il dépend de la volonté du
défendeur d'obtempérer à l'*arbitrium judicis* ou de s'exposer à être condamné *in quantum actor juraverit*. Si le
défendeur dit clairement qu'il ne veut pas restituer, le
demandeur ne peut que le faire condamner. Mais si,
usant de fourberie, le défendeur allègue qu'il n'est pas
en son pouvoir de restituer, par là même il déclare im-
plicitement qu'il restituerait s'il le pouvait, qu'il n'a
point la volonté de désobéir au juge : alors, la chose
étant trouvée en sa possession, le demandeur qui s'en
empare est censé la recevoir de lui. Tenons-nous-en aux
paroles du défendeur : à l'en croire, si la restitution
n'est point faite, ce n'est point qu'il y ait mauvaise volonté de sa part, c'est qu'il y a impossibilité. Or, il se
trouve que l'impossibilité n'existe pas : comment écou-
terait-on ce défendeur s'il venait dire maintenant qu'il
ne veut pas restituer? — D'ailleurs le mensonge du
défendeur se conçoit surtout quand il s'agit d'objets
mobiliers. Un meuble est revendiqué contre Titius; le
revendiquant ayant prouvé sa qualité de propriétaire,
Titius, pour échapper à la nécessité de restituer l'objet
ou de subir condamnation, n'a d'autre parti à prendre

que celui de cacher la chose et d'affirmer qu'il ne dépend pas de lui de la restituer. Alors, sur la demande du revendiquant, des agents seront chargés de vérifier l'exactitude de cette allégation, de faire une perquisition chez Titius; et, s'ils parviennent à découvrir la chose, tout naturellement ils la remettront au demandeur.

Je crois donc que, du temps des jurisconsultes, c'est seulement au cas d'allégation mensongère du défendeur que le revendiquant pouvait, avec l'aide de la force publique, obtenir la restitution effective de sa chose : la règle générale est que, lors même qu'il n'a pas cessé d'être propriétaire (1), il devra se contenter d'une condamnation pécuniaire si l'adversaire refuse d'obéir à l'ordre du juge. Nous voyons que, la plupart du temps, même les ordres émanés des magistrats ne peuvent pas être exécutés de force contre celui à qui ils s'adressent : il y a seulement lieu, quand ils sont méconnus, à une instance judiciaire qui aboutira à une condamnation (2).

---

(1) Si le défendeur est propriétaire, par exemple s'il a usucapé la chose *inter moras litis*, M. Pellat reconnaît lui-même, avec grande raison, qu'il ne peut y avoir lieu à l'exécution forcée du *jussus judicis*. En effet, le juge ici ordonne de retransférer la propriété au demandeur ; or comment imaginer que la *manus militaris* soit un *modus transferendi dominii?*

(2) Ainsi, le Préteur rend un interdit . « *Nec tamen*, dit Gaius (comment. IV, § 141), *cùm quid jusserit fieri aut fieri prohibuerit, statim peractum est negotium; sed ad judicem recuperatoresve itur...* » Et il paraît bien qu'il en était encore ainsi du temps de Paul et d'Ulpien : Voy. notamment Paul, L. 5 *De interd.* (53, 1). Seulement la *manus militaris* pouvait être employée pour procurer l'exécution effective des *missiones in possessionem*. En effet, Ulpien nous dit, dans un texte que j'ai déjà cité (L. 3 pr. *Ne vis fiat*), que, si une personne envoyée en possession *fideicommissi servandi*

A plus forte raison, l'emploi de la *manus militaris* ne pouvait-il pas en général être requis pour procurer l'exécution de l'ordre émané d'un simple *judex.*

Je dois cependant examiner une objection assez grave, qui pourrait être adressée à la doctrine que je présente. « En cas de *contumacia* du défendeur, dit M. Pellat (1), dès l'instant qu'il a été condamné à la somme fixée par le serment du demandeur, la propriété de la chose lui a été transférée (Paul, L. 46 *De rei vindic.*); au contraire, quand il est condamné, également à la somme fixée par le serment du demandeur, pour s'être mis par son dol dans l'impossibilité de restituer la chose, il ne peut pas exiger que l'adversaire lui cède les actions *quas ejus rei nomine habeat* (Paul, L. 69 *De rei vind.*). Cette différence ne s'explique qu'en admettant que, dans le premier cas, le demandeur pouvait exiger la restitution effective *manu militari :* car alors seulement on peut dire que, s'il ne l'a pas exigée et a préféré faire condamner le défendeur à la somme fixée par serment, il est présumé avoir consenti à lui abandonner la chose à ce prix... » — A cela voici ma ré-

---

causâ, non admittatur, le magistrat pourvoira *extra ordinem* à l'exécution de son décret : *nonnunquàm etiam per manum militarem.* Mais ce qui montre bien que cet emploi de la force répugnait aux idées des Romains, c'est la L. 1 § 2 *Si ventris nomine* (25, 5), dans laquelle le même Ulpien, après avoir dit que le Préteur annonce dans son Edit *ut qui per dolum venit in possessionem cogatur decedere*, commente ainsi cette phrase : « *Coget autem eum decedere, non prætoriâ potestate vel manu ministrorum, sed melius et civilius faciet si eum per Interdictum ad jus ordinarium remiserit.* »

(1) Commentaire de la L. 46 et Commentaire de la L. 68 *De rei vindic.*

ponse : D'abord la circonstance que la propriété passe
au défendeur condamné (ou qu'il a le droit de se faire
céder les actions) n'implique pas nécessairement que le
demandeur pouvait choisir entre recouvrer la chose et
obtenir condamnation, et qu'en optant pour ce dernier
parti il a consenti à perdre tous ses droits relativement
à la chose : la preuve, c'est que, quand le défendeur a
cessé de posséder par simple faute, le demandeur n'a
point d'option à exercer, il doit bon gré mal gré se contenter d'une condamnation, dont le montant est fixé
par le juge, et cependant l'action est transférée au défendeur (Paul, L. 47, et Papinien, L. 63 *De rei vindic.*).
Litis æstimatio similis est emptioni, dit, en termes généraux, le jurisconsulte Ulpien (1). Sans doute cette règle
reçoit exception au cas où par dol le défendeur s'est
présenté comme possédant ce qu'il ne possédait pas (*se
liti obtulit*), et au cas où par dol il a cessé de posséder (2) ;
mais, d'un autre côté, on ne peut sans arbitraire en restreindre l'application au cas où il y a de sa part *contumacia.* Ainsi, en principe, le défendeur à la revendication qui paye au demandeur la *litis æstimatio* qu'a fixée
soit le juge, soit le demandeur lui-même, sera considéré
comme ayant acheté la chose. Seulement, à la différence
d'un véritable acheteur, il ne pourra pas exiger du revendiquant une *cautio de evictione* (3), ce que j'explique
tout naturellement en disant que le revendiquant n'a

(1) L. 3 *Pro empt.* (41, 4). Ajoutez, dans le même sens, Gaius,
L. 1 *Pro empt.*; Ulpien lui-même, L. 7 § 1 *De public. in rem act.*
(6, 2), et L. 21 § 2 *De evict.* (21, 2).
  (2) Paul, L. 7 et L. 69 *De rei vind.*
  (3) Paul, L. 35 § 2 *De rei vind.*

pas volontairement vendu sa chose (1). On voit, d'après
cela, qu'il ne faut pas attacher trop d'importance aux
expressions de la L. 46, qui, supposant que le défendeur refuse de restituer et par suite encourt condamnation à la somme fixée par l'adversaire, justifie ainsi
le transport immédiat de la propriété à son profit :
« *Transegisse enim cum eo et decidisse videor eo pretio
quod ipse constituit* » (2). — Comment donc expliquer
la différence signalée plus haut entre le cas de *contumacia* et le cas de *dolus* ? Je l'explique tout simplement
en faisant remarquer que probablement la *contumacia*
est moins à craindre, qu'elle se présentera bien rarement.
En effet, on ne conçoit guère qu'un homme raisonnable
s'obstine à résister à l'ordre du juge, là où évidemment
il n'échappera pas à la peine que la loi attache à cette
résistance, là où il va sûrement être mis à la discrétion
de l'adversaire. Le dol est bien plus à craindre : celui
qui le commet se berce toujours de l'espoir qu'il ne
sera pas découvert et qu'il restera impuni. La répression,

_____

(1) Dans la doctrine de M. Pellat, il faudrait évidemment faire une
distinction. Il faudrait dire : « Sans doute lorsque la restitution est
devenue impossible par la faute du défendeur, il n'y a pas vente volontaire de la part du revendiquant : donc il ne doit pas *cavere de evictione*. Mais, en cas de *contumacia* du défendeur, si le revendiquant
n'use pas de la faculté qu'il a de recouvrer sa chose *manu militari*,
c'est qu'il consent à la vendre : donc il doit *cavere de evictione*. »
Or la L. 35 § 2 ne fait nullement cette distinction. Et, chose bien
extraordinaire ! M. Pellat, qui paraît ne rapporter ce texte qu'au cas
de *contumacia* du défendeur, dit précisément pour l'expliquer que
la vente n'est pas volontaire de la part du demandeur.

(2) Ce n'est même pas le revendiquant qui est présenté par Paul
comme consentant une transaction, comme abdiquant son droit pour
la somme qu'il fixe lui-même. En effet, c'est le possesseur que le jurisconsulte fait parler.

précisément parce qu'elle est moins sûre, doit, par une sorte de compensation, être plus sévère pour le dol que pour la *contumacia* (1).

Au surplus, voici un texte d'Ulpien, qui, à ma connaissance, n'a jamais été cité dans la discussion à laquelle donne lieu la L. 68 *De rei vind.*, et en présence duquel cette discussion même n'est guère possible. Ce texte nous ramène naturellement à la matière du fonds dotal, dont on a pu croire que nous nous étions écartés dans l'exposition qui précède. « *Item quæri potest*, dit, le jurisconsulte, *si fundus a tutore petitus sit pupillaris a nec restituatur, an litis æstimatio oblata alienationem « pariat. Et magis est ut pariat : hæc enim alienatio non « sponte tutorum fit* » (2). Il est bien évident d'après cela que, même dans la doctrine d'Ulpien, l'emploi de la *manus militaris* n'est pas admis en général au profit du revendiquant qui tient à recouvrer sa chose en nature. En effet, voilà un fonds rural ou suburbain qui appartient à un pupille et qui est possédé par un tiers : le tuteur revendique et démontre que le fonds appartient bien réellement à son pupille : sur l'ordre du juge, le

---

(1) La somme à laquelle l'auteur du dol est condamné est la peine de sa manœuvre frauduleuse. Cependant la revendication dirigée contre lui n'est pas une action purement pénale, *pénale bilatérale ;* elle reste *rei persecutoria* au point de vue du demandeur. Ainsi s'explique très-bien la décision donnée par Papinien, L. 95 § 9 *De solut.* (46, 3).

(2) L. 3 § 2 *De reb. eor.* : « On peut poser la question suivante : « Si un fonds du pupille est revendiqué par le tuteur et qu'il ne soit « point restitué, la *litis æstimatio* offerte par le défendeur emporte- « t-elle aliénation ? Il vaut mieux dire qu'elle emporte aliénation : « en effet, ce n'est point là une aliénation qui ait lieu par la volonté des « tuteurs. »

tiers possesseur peut restituer ; mais s'il ne veut pas
restituer, s'il préfère être condamné à la somme fixée
par le tuteur, le fonds se trouvera valablement aliéné.
Pourquoi l'aliénation est-elle valable nonobstant l'*oratio Severi*? Parce qu'elle n'est point volontaire de la part
du tuteur : c'est le jurisconsulte lui-même qui donne ce
motif. Je le demande, cette décision d'Ulpien serait-elle
intelligible si la règle générale était qu'en face de la
contumacia du défendeur, le demandeur a le choix ou
de se faire rendre la possession *manu militari* ou d'obtenir condamnation à la somme qu'il fixe lui-même
sous la foi du serment? Peut-on concevoir que la faculté
de mettre en mouvement la force publique appartienne
en général à tout revendiquant, et qu'elle disparaisse
quand il s'agit de conserver à un pupille son immeuble?

J'ai déjà remarqué, à propos des deux premiers cas
d'aliénation nécessaire *(damnum infectum* et action en
partage), que les mêmes règles sont applicables au fonds
dotal et au fonds rural ou suburbain appartenant à un
mineur de vingt-cinq ans (1). Il va sans difficulté que
nous trouvons ici analogie sous un troisième rapport,
et que la décision de la L. 3 § 2 *De reb. cor.* doit être
étendue au cas où il s'agirait d'un fonds dotal. Si donc
le mari revendique le fonds dotal contre un tiers possesseur, et que celui-ci, plutôt que de restituer sur
l'ordre du juge, se laisse condamner à la *litis æstimatio*, il y aura aliénation à son profit, puisque cette
aliénation n'est point volontaire de la part du mari.

(1) *Ut in lege Juliâ*, dit Cujas (*Observat.* lib. VII, cap. 24), *itâ
et in oratione Severi*, ALIENATIONIS *verbum accipitur eodem
modo pro voluntariâ, non pro necessariâ.*

— Nous savons qu'il importe de distinguer l'aliénation volontaire et l'aliénation nécessaire, soit en ce qui concerne la prohibition de la loi Julia, soit en ce qui concerne la prohibition de l'*oratio Severi*. Je puis indiquer encore une autre matière où cette distinction se présente avec un intérêt pratique du même genre, et je l'indiquerai d'autant plus volontiers que l'aliénation nécessaire y est définie avec une netteté parfaite. En principe, celui qui a une part indivise dans un objet déterminé ou dans une succession peut aliéner à son gré cette part indivise (1) ; à condition, toutefois, que l'action en partage ne soit pas déjà intentée : *hoc videlicet custodiendo*, dit l'empereur Antonin Caracalla (2), *ut post litis contestationem nemo nec partem suam, cæteris ejusdem rei dominis non consentientibus, alienare possit*. Mais cette aliénation, qui depuis la *litis contestatio* ne peut plus se faire si ce n'est du consentement des co-propriétaires, c'est uniquement l'aliénation volontaire, ce n'est point l'aliénation *quæ vetustiorem causam et originem juris habet necessariam* (3).

Cette distinction entre l'aliénation volontaire et l'aliénation nécessaire se justifie par la nature même des choses. Aussi est-elle parfaitement applicable chez nous relativement à l'immeuble dotal (4).

---

(1) Il faut excepter seulement le cas où ce co-propriétaire, se voyant près d'être poursuivi par l'action en partage, aliène sa part *mutandi judicii causâ*. Voy. Marcien, L. 12 *De alien. jud. mut. causâ* (4, 7), et Julien, L. 24 § 1 *Comm. divid.* (10, 3).

(2) L. 1 *in fine*, C., *Comm. divid.* (iii, 37).

(3) Papinien, L. 13 *Famil. ercisc.* (10, 2).

(4) Je laisse de côté les cas prévus dans l'art. 1558 du Code Napoléon, dont l'interprétation donne lieu à des difficultés. Mais il n'est pas douteux qu'un fonds dotal puisse être l'objet d'une expropriation

pour cause d'utilité publique (Loi du 3 mai 1841, art. 13 et 25) : c'est bien là une aliénation *ex causâ necessariâ*. De même sans aucun doute la circonstance qu'un fonds est dotal ne prive pas le voisin de la faculté d'acquérir la mitoyenneté du mur conformément à l'article 661 du Code Napoléon : il y a là véritablement une aliénation partielle du fonds dotal ; mais cette aliénation n'a point pour cause la volonté des époux, *originem juris habet necessariam*.

L. 1 § 1.

Sed et per universitatem transit prædium, secundùm quod possibile est, ad alterum, veluti ad heredem mariti, cum suo tamen jure, ut alienari non possit.

Le fonds dotal est également transmis *per universitatem*, suivant ce qui est possible, à une tierce personne, par exemple à l'héritier du mari, mais avec sa condition de ne pouvoir pas être aliéné.

L. 2. — ULPIANUS, LIB. v *de Adulteriis.*

Si maritus fuerit in servitutem redactus, an dominus alienare hunc fundum non possit? Quod puto esse verius.

Si le mari est réduit en servitude, faut-il dire que son maître ne pourra pas aliéner le fonds dotal? Je crois que c'est ce qu'il y a de plus vrai.

§ 1. Quarè, etsi ad fiscum pervenerit, nihilominùs venditio fundi impeditur, quamvis fiscus semper idoneus successor sit et solvendo.

§ 1. Et, lors même que le fonds passe entre les mains du fisc, la vente reste néanmoins interdite, bien que le fisc soit toujours un successeur convenable et solvable.

Je réunis ces trois textes dans une explication commune, attendu qu'ils se réfèrent tous à cette idée générale : de même que la prohibition de la loi Julia ne concerne point l'*alienatio necessaria*, de même elle ne concerne point la transmission qui s'effectue *per universitatem*. Il est défendu au mari d'aliéner le fonds dotal déterminément ; mais, quand tous les biens du

mari sont transmis en bloc à une autre personne, rien
ne s'oppose à ce que le fonds dotal passe avec eux dans
le patrimoine de cette personne(1). Il est même nécessaire qu'il en soit ainsi, toutes les fois que le mari devient incapable d'être propriétaire : alors, à moins de
dire que le fonds dotal serait *res nullius* ou que la propriété en reviendrait *ipso jure* à la femme, deux expé-
dients qui ont l'un comme l'autre répugné aux Romains,
il a bien fallu admettre que le fonds dotal serait transmis au successeur du mari avec tous ses autres biens.
Nous verrons même qu'il n'y a pas à distinguer suivant
que cette transmission *per universitatem* procède d'un
acte volontaire du mari ou bien au contraire d'une force
majeure : dans les deux cas, le fonds dotal suit, en
quelque sorte, chez le nouveau maître, les biens qui
composaient le patrimoine du mari.

Que veut dire Paul lorsque, après avoir posé le principe, *per universitatem transit prædium*, il ajoute cette
petite phrase, *secundùm quod possibile est?* D'après
Cujas (2), cela indique que le successeur du mari devient
propriétaire du fonds dotal, mais sous l'obligation de
le restituer à la femme. D'après M. Bachofen (3), la
pensée du jurisconsulte serait celle-ci : « La transmission *per universitatem* n'est point une aliénation : donc
le fonds dotal peut être transmis de cette manière,

_____

(1) C'est ainsi qu'à une époque où le créancier ne pouvait pas directement céder son droit à un tiers, il était parfaitement admis
qu'en général le successeur *in universum jus* recueillait les droits
de créance comme les autres biens de son auteur.

(2) *In lib.* XXXVI *Pauli ad Edictum*, ad LL. 1 et 3 *De fundo
dot.*

(3) *Ausgewählte Lehren*, p. 94.

même sous l'empire de la loi Julia » (1). Je crois plutôt
que Paul a simplement voulu dire : « Le fonds dotal
est transmis *per universitatem* lorsqu'une transmission
de ce genre est possible, c'est-à-dire admise par la
loi. »

Le même principe que Paul formule en tête de notre
L. 1 § 1, texte emprunté à son commentaire sur l'Édit,
il le pose également dans un autre de ses ouvrages, *lib.* 2
Manualium, auquel a été empruntée la L. 62 *De adquir.
rer. dom.,* ainsi conçue : « *Quædam, quæ non possunt
« sola alienari, per universitatem transeunt : ut fundus
« dotalis, ad heredem ; et res cujus aliquis commercium
« non habet: nàm, etsi legari ei non possit, tamen, heres
« institutus, dominus ejus efficitur* » (2). Le mari ne peut
pas aliéner le fonds dotal : ici l'acquisition est empêchée parce que celui qui joue le rôle d'aliénateur n'a
pas le pouvoir d'aliéner. En sens inverse, il y a des
personnes à qui la loi retire la faculté d'acquérir certaines choses (3) : ici l'aliénation est empêchée parce

(1) SECUNDUM QUOD POSSIBILE EST, d. h. *weil es jetzt noch
möglich ist.*

(2) « Certaines choses, qui ne peuvent pas être aliénées seules, sont
« transmises *per universitatem*. Ainsi le fonds dotal passe à l'hé-
« ritier. De même quand il s'agit d'une chose dont une personne n'a
« pas le *commercium :* bien que la chose ne puisse pas lui être lé-
« guée, cependant cette personne, instituée héritière, en acquerra la
« propriété »

(3) Ainsi, le citoyen romain *qui officii causâ in provinciâ agit,
vel militat,* ne peut pas, en général, acquérir des biens *in eâdem
provinciâ :* Voy. Modestin, L. 62 pr. *De contrah. empt.* (18, 1),
et Marcien, L. 9 *De re milit.* (49, 16). De même celui qui, ayant
maltraité ses esclaves, a été forcé de les vendre *ex Constitutione
divi Pii,* ne peut pas en devenir de nouveau propriétaire: Voy. Inst.,
§ 2 *De iis qui sui vel al. jur. sunt.*

que celle des parties qui joue le rôle d'acquéreur ne peut pas devenir propriétaire. Paul met les deux cas sur la même ligne : dans les deux cas, ce qui est interdit, c'est une translation à titre singulier, ce n'est point une translation *per universitatem*. Ainsi un legs est fait par celui qui ne peut aliéner ou à celui qui ne peut acquérir la chose léguée : la propriété ne sera point transférée au légataire. Au contraire, la chose que Titius ne peut aliéner ou dont Mævius n'a pas le *commercium* se trouve comprise dans la succession de Titius, à laquelle Mævius est appelé *ex testamento* ou *ex lege* : cette chose sera acquise à Mævius, comme les autres choses héréditaires.

Maintenant examinons successivement les différents cas où le fonds dotal va ainsi être transmis *per universitatem :*

1° Le cas le plus important de transmission à titre universel est certainement l'*hereditas*. Aussi Paul, après avoir posé la règle *Per universitatem transit prædium ad alterum*, ajoute-t-il immédiatement, comme exemple, *veluti ad heredem mariti*. Et il n'y a point à distinguer s'il s'agit d'un héritier testamentaire ou d'un héritier légitime. Le mari peut parfaitement faire que Titius lui succède dans la propriété du fonds dotal : il n'a qu'à l'instituer héritier. — Paul ne parle que d'un héritier ; mais il n'a pas eu l'idée d'opposer l'héritier à celui qui recueille la succession du mari en qualité de *bonorum possessor* ou de fidéicommissaire. Sans aucun doute le fonds dotal appartiendra au *bonorum possessor*, au fidéicommissaire, de la même manière que les autres biens laissés par le défunt, c'est-à-dire que ce successeur prétorien l'aura d'abord *in bonis* (le *nudum jus Quiritium* étant sur la tête de l'héri-tier), puis par l'effet de l'usucapion pourra en acquérir la propriété civile (1). Voilà donc encore un cas où l'u-sucapion va commencer malgré la dotalité de l'immeu-ble (2). La femme n'en souffrira point : elle n'a aucun intérêt à ce que la propriété du fonds qui lui est dû soit scindée entre deux personnes plutôt que d'appartenir *pleno jure* à une seule.

2° Ulpien suppose (L. 2 pr.) que le mari devient esclave, qu'il encourt la *maxima capitis deminutio*. Sa pensée, du reste, ne se porte ni sur le cas où il devient *servus pœnæ* ni sur le cas où il est fait prisonnier par l'ennemi. En effet, dans ces deux cas, il n'y a pas un maître qui succède *in universum jus;* or, Ulpien exprime que le mari tombe sous la puissance d'un *dominus*. Sans doute il avait en vue le cas d'un affranchi qui se rend coupable d'ingratitude envers son patron ou bien encore le cas d'un majeur de 20 ans qui se laisse vendre comme esclave pour partager le prix (3). Celui qui ac-quiert ainsi la puissance dominicale acquiert en même temps, comme un héritier, tous les biens du *capite mi-nutus* et par conséquent le fonds dotal qui était au nombre de ces biens. Remarquons, du reste, que le ma-riage est dissous par la *maxima capitis deminutio* du mari comme par sa mort (4).

3° Ulpien suppose (L. 2 § 1) que le fisc a recueilli

(1) Voy. Gaius, Comment. iii, § 80 ; L. 63 pr. *Ad Scn. Trebell.* (36, 1). Aj. Comment. ii, § 253 *in fine;* Comment. iv, § 34.
(2) Voy. ci-dessus, p. 109.
(3) Inst., § 1 *De cap. deminut.* (1, 16).
(4) Paul, L. 1 *De divort.* (24, 1).

le fonds dotal avec les autres biens du mari. Les biens
d'un particulier passent ainsi au fisc soit à la suite d'une
condamnation pénale, soit en vertu de dispositions ca-
ducaires. D'abord, à la suite d'une condamnation pénale : *Damnatione bona publicantur*, dit le jurisconsulte
Callistrate (1), *cùm aut vita adimitur aut civitas, aut servilis conditio irrogatur*. Ainsi, toutes les fois que la condamnation entraîne *maxima* ou *media capitis deminutio*, il y a lieu à confiscation ; cette confiscation, du
reste, peut n'être que partielle, ne s'appliquer qu'à une
quote part des biens. En second lieu, les biens laissés
par un défunt passent au fisc (auparavant à l'*ærarium*)
lorsqu'il se trouve un héritier incapable ou indigne (2).
On comprend que dans ce deuxième cas le fisc soit
tenu, comme l'héritier dont il prend la place, des obligations du défunt, qu'il soit tenu notamment de restituer la dot que le défunt avait reçue ; mais, même dans
le premier cas, quand le fisc succède à un condamné,
il est *loco heredis*, il est tenu du paiement des dettes :
« *Si, marito publico judicio damnato*, dit Julien, *pars
« aliqua bonorum ejus publicetur, fiscus creditoribus
« ejus satisfacere necesse habet, inter quos uxor quoque
« est* » (3).

---

(1) L. 1 pr. *De bon. damnat.* (48, 20).

(2) Fragments d'Ulpien, Tit. XVII, § 2 ; Dig., *De his quæ ut in-
dign. aufer.* (34, 9), *passim*.

(3) L. 31 pr. *Sol. matr.* : « Si, le mari ayant été condamné sur un
« *judicium publicum*, une quote part de ses biens est confisquée, le
« fisc est tenu envers ses créanciers, au nombre desquels se trouve la
« femme. » Aj. L. 9 pr., C., *De bon. proscript.* (IX, 49). Il paraît
que, même pendant les guerres civiles, quand les biens du mari étaient
confisqués, la femme pouvait réclamer sa dot : Voy. Dion Cassius,
liv. XLIII, ch. 50 ; XLVII, 14 ; XLVIII, 8. — Je rattache à ce principe

A ces trois cas de transmission *per universitatem* j'en ajouterai deux autres.

4° Quand un citoyen romain se donne en adrogation, tous ses biens sont acquis par l'adrogeant (1) : si donc l'adrogé est un mari qui a reçu en dot un fonds, ce fonds passera comme le reste dans le patrimoine de l'adrogeant. Au surplus, il va de soi que, le mari n'ayant plus de biens, c'est désormais à l'adrogeant à supporter les *onera matrimonii :* nous appliquerons ici sans difficulté ce que dit Paul, *Onera ejus qui in adoptionem datus est, ad patrem adoptivum transferuntur* (2). En supposant que le mari était fils de famille et qu'il est l'objet d'une adoption proprement dite, il faut dire, par application du même principe, que la propriété des choses dotales passe du père naturel au père adoptif; c'est ainsi que le mari, exhérédé par le père qui le te-

la L. 66 pr. *Sol. matr.*, où nous voyons que les choses apportées en dot à Caius Gracchus ayant péri dans la sédition où lui-même trouva la mort, Publius Mucius décida que Licinia, sa veuve, avait droit d'en obtenir la valeur, *quia Gracchi culpâ ea seditio facta esset.* Or, les biens de Caius Gracchus ayant été confisqués, c'est le fisc qui était déclaré responsable envers la veuve. Seulement, Plutarque nous apprend (*Tiberius et Caius Gracchus*, n° 49) que plus tard la dot même de Licinia fut confisquée. M. Troplong (*Contrat de mariage*, t. IV, n° 3585) proclame cette L. 66 pr. *un des textes les plus intéressants du Digeste ;* j'ai le regret de dire qu'il ne paraît pas en avoir compris l'espèce. — De même qu'en cas de confiscation des biens du mari les droits de la femme restent intacts, de même en cas de confiscation des biens de la femme, le mari sera, vis-à-vis du fisc, dans la position où il serait vis-à-vis de l'héritier de la femme : Voy. LL. 3 et 4 *De bon. damnat.* Aj., sur ce cas où la confiscation est prononcée contre la femme, la L. 24 § 7 *Sol. matr.*

(1) Gaius, Comment. III, § 83 ; Inst., § 1 *De adquis. per adrogat.* (III, 10).

(2) L. 45 *De adopt.* (1, 7). Comp. L. 56 § 1 *De jure dot.*

nait sous sa puissance, peut néanmoins prendre dans
la succession les choses apportées en dot *uxoris suœ
nomine* (1).

5° Lorsque plusieurs personnes contractent ensemble
une société universelle, *societas totorum bonorum*, à
l'instant même les objets appartenant à chacune de ces
personnes deviennent indivis entre toutes : *quœ coeun-
tium sunt, continuo communicantur* (2). Ainsi l'immeuble même dont l'une de ces personnes était devenue propriétaire *dotis causâ* va cesser de lui appartenir exclusivement pour appartenir désormais en commun
à tous les associés. Paul paraît faire allusion à cet effet
de la société universelle, lorsqu'il dit : « *Si unus ex so-
« ciis maritus sit, et distrahatur societas manente matri-
« monio, dotem maritus prœcipere debet, quia apud eum
« esse debet qui onera sustinet. Quod si jàm dissoluto ma-
« trimonio societas distrahatur, eâdem die recipienda est
« dos quâ et solvi debet* » (3). Et de même Gaius, dont
le texte a été rapproché du précédent : « *Quod si eo tem-
« pore quo dividitur societas, in eâ causâ dos sit ut cer-
« tum sit eam vel partem ejus reddi non oportere, divi-
« dere eam inter socios judex debet* » (4). L'espèce de ces

(1) Paul, L. 46 *Famil. ercisc.* (10, 2) ; Ulpien, L. 1 § 9 *De dote
prœleg.* (33, 4).

(2) L. 1 § 1 et L. 2 *Pro socio* (17, 2).

(3) L. 65 § 16 *Pro socio* : « Si l'un des associés est un homme
« marié, et que la société soit dissoute durant le mariage, le mari
« doit prélever la dot, parce que la dot doit être chez celui qui sup-
« porte les charges du mariage. Que si la société est dissoute après
« que le mariage a déjà cessé, le mari recevra la dot au même terme
« où il doit la restituer. »

(4) L. 66 *Pro socio :* « Que si, au moment où la société est parta-

textes peut être construite de la manière suivante (1) :
Primus, Secundus et Tertius contractent ensemble une
société universelle; Primus est un homme marié, qui
a reçu une dot : à l'instant même où la société se forme,
les choses dotales (meubles ou immeubles), comme
toutes les autres choses corporelles appartenant à chacun des associés, deviennent communes entre eux tous,
de sorte que Primus n'est plus propriétaire que pour
un tiers indivis de ce qu'il a reçu en dot. Maintenant,
plusieurs cas peuvent se présenter. D'abord il est possible que la société vienne à se dissoudre *durante adhùc
matrimonio :* comme désormais les charges du mariage
incomberont exclusivement à Primus, les choses dotales
qui de son chef sont tombées dans l'actif social seront
par lui prélevées, sans que Secundus et Tertius puissent
y prétendre aucune part. C'est exactement comme lorsque le mari fils de famille est appelé pour un tiers à la
succession paternelle : il commence par prélever les
choses dotales que le défunt avait acquises *per eum* (2).
Il est possible, en second lieu, que le mariage soit
déjà dissous quand arrive la fin de la société : alors
la femme a pu déjà réclamer à la société les valeurs
dotales consistant en corps certains; quant aux quan-

« gée, il est certain que la dot ou une partie de la dot ne devra pas être
« restituée, le juge doit la partager entre les associés. »

(1) C'est aussi la manière de voir de Cujas : *In lib.* xxxii *Pauli
ad Edictum, ad* L. 65 § *ult.* Pro socio. Aj. Pothier *Pand. Just.,
ad Tit.* Pro socio, n° 15.

(2) Julien, L. 51 pr. *Famil. ercisc.*; Ulpien, L. 20 § 2 *eod.* —
Lors même qu'ensuite le mari gagnerait la dot (le mariage venant à
se dissoudre par la mort de sa femme), il n'en devrait aucun compte
à ses anciens associés : arg. de la L. 2, C., *Fam. ercisc.* (iii, 36).

tités, si le droit de la femme n'est pas encore échu, provisoirement dans le partage qui intervient entre les associés on ne tiendra pas compte de la dotalité, c'est-à-dire que l'*interusurium* qui ordinairement profite au mari seul profitera ici aux trois associés; mais Secundus et Tertius donneront caution au mari de lui fournir à chaque échéance (*annuâ, bimâ, trimâ die*) chacun le tiers de ce que sa femme sera en droit de lui réclamer. Tel paraît être le sens de cette petite phrase de Paul : *eâdem die recipienda est dos quâ et solvi debet* (1). Enfin il serait possible qu'au moment où, la société étant dissoute, il s'agit de la partager, on reconnût que le mari n'aura pas à faire de restitution de la dot (par exemple, parce que la femme est prédécédée) : alors l'actif social se trouve définitivement augmenté de ces biens dotaux qui y sont tombés du chef de Primus, et le juge de l'action *communi dividundo* doit purement et simplement les comprendre dans la masse à partager. Remarquez bien que, pour faire ainsi profiter Secundus et Tertius de ce que le mari n'aura pas à restituer la dot, Gaius exige qu'au moment où l'on procède au partage de la société il soit déjà certain que le mari gagnera tout ou partie de la dot : les opérations du partage, une fois faites, ne seront pas rectifiées en conséquence d'événements postérieurs (2).

Voilà donc cinq cas distincts dans lesquels le fonds

---

(1) Cette manière de procéder n'est, au surplus, que l'application du droit commun : Voy. Paul lui-même, L. 28 *Pro socio*.

(2) Voy. ci-dessus, p. 141, note 2.

dotal, comme les autres biens du mari, cesse de lui
appartenir (ou tout au moins de lui appartenir d'une
manière exclusive). Dans les trois premiers cas, en
général le mariage est dissous (1), et alors il ne peut
pas être question de faire supporter au *successor in uni-*
versum jus les *onera matrimonii;* au contraire quand le
mari s'est donné en adrogation ou quand il a contracté
une société universelle, les biens dotaux ne sont acquis à l'adrogeant ou aux associés q'uà la charge de les
employer toujours à l'entretien du ménage. Dans tous
les cas, aussi bien quand le mariage est dissous que
quand il subsiste, la condition du fonds dotal sera, entre les mains du nouveau propriétaire, ce qu'elle était
entre les mains du mari. Cela est dit, en termes formels,
d'abord pour l'héritier (L. 1 § 1 h. T.), puis pour celui
qui acquiert sur le mari la puissance dominicale
(L. 2 pr.), enfin pour le fisc (L. 2 § 1). Et Papinien se
réfère à la même idée lorsqu'il dit, dans la L. 12 pr. de
notre Titre : « *Etiam dirempto matrimonio, dotale prœ-*
dium esse intelligitur » (2). A plus forte raison l'inaliénabilité doit-elle subsister quand la *successio in universum*
jus mariti se produit sans qu'il y ait dissolution du mariage. Du reste, la manière dont Ulpien s'exprime dans
la L. 2 indique bien qu'il y avait eu quelque doute pour
le cas où un particulier acquiert la puissance dominicale
sur le mari, et pour le cas où les biens du mari sont re-

---

(1) Je dis *en général*, parce qu'en supposant le mari condamné à
la déportation il peut y avoir confiscation de ses biens et maintien de
son mariage. Voy. Ulpien, L. 13 § 1 *Sol. matr.*.; Alexandre, L. 1,
C., *De repudiis* (v, 17).

(2) « Même après la dissolution du mariage, le fonds est considéré
« comme dotal. »

cueillis par le fisc. Spécialement dans ce dernier cas on pouvait dire qu'en raison de la solvabilité du fisc la femme n'a réellement pas besoin de la garantie qui résulte de l'inaliénabilité ; *nihilominus venditio fundi impeditur*, dit Ulpien. En effet, son premier mariage étant dissous, la femme pourra se remarier; et alors il lui sera fort avantageux d'avoir reçu du fisc, non pas une somme d'argent, mais son immeuble même, qui se trouve en quelque sorte réservé pour être remis en dot au second mari. — Nous pouvons remarquer dès à présent qu'il résulte de la phrase d'Ulpien qui vient d'être rapportée que ce n'est pas seulement l'aliénation, que c'est le contrat de vente qui est défendu : *venditio fundi impeditur*. Cette idée, que par application de la loi Julia la vente même du fonds dotal est réputée non avenue, cette idée importante sera développée plus loin (1).

J'ai déjà combattu (2) l'opinion d'après laquelle l'inaliénabilité du fonds dotal aurait été imaginée comme un moyen d'assurer l'exercice par le mari de l'accusation d'adultère. Ce qui vient d'être dit montre encore combien cette opinion est peu fondée. En effet, quand le mari est mort, assurément ce n'est pas l'exercice contre la femme de l'accusation d'adultère qui donnera ouverture à l'obligation de restituer la dot ; et cependant le fonds dotal est inaliénable entre les mains de l'héritier du mari comme il l'était entre les mains du mari lui-même. Nous en disons autant du cas où le mari est devenu esclave : le mariage étant dissous par cela même,

---

(1) Voy. le commentaire de la L. 17 *De fundo dot.*
(2) Voy. *suprà*, p. 60.

il y a lieu à restitution de la dot, et cette obligation de restituer est tout à fait indépendante de la question de savoir si l'accusation d'adultère sera ou non intentée contre la femme; pourtant ici encore le fonds dotal est inaliénable dans les mains de celui qui a succédé au mari. Enfin lorsque la transmission *per universitatem* s'opère *constante matrimonio*, par exemple lorsque le mari s'est donné en adrogation, c'est toujours au mari qu'il appartient de répudier la femme (1) et de l'accuser d'adultère *jure mariti* (2); or on ne peut guère concevoir qu'il soit arrêté dans l'exercice de ce droit par l'impossibilité où il se trouverait de restituer la dot, attendu que ce n'est pas à lui qu'incombe la nécessité de faire cette restitution; et cependant ici encore le fonds dotal est inaliénable. Il faut donc reconnaître que l'inaliénabilité du fonds dotal, comme le *privilegium* attaché à l'action *rei uxoriæ*, a simplement pour objet de garantir à la femme que sa dot ne sera point perdue; tout nous montre que cette inaliénabilité n'est point destinée à garantir l'exercice par le mari de l'accusation d'adultère.

Je n'ai encore rien dit d'un mode de transmission *per universitatem* qui a une très-grande importance dans le droit des jurisconsultes : je veux parler de la *venditio bonorum* (3). Que deviennent les biens dotaux, que devient particulièrement le fonds dotal, lorsque les

---

(1) Ulpien, L. 32 § 19 *De don. int. vir. et ux.*
(2) Papinien, LL. 6 § 2 et 37 *Ad legem Jul. de adult.* (48, 5).
(3) Gaius, Comment. III, §§ 77 et suiv.; Inst. de Justinien, pr. *De success. sublatis* (III, 12).

10

créanciers du mari, après avoir obtenu l'envoi en possession, ont fait adjuger l'ensemble de son patrimoine
au plus offrant enchérisseur? Comme les biens dotaux
appartiennent au mari, ils seront compris et dans l'envoi en possession et dans la vente (1) : la femme,
avant Justinien, n'a certainement pas le droit d'en demander la distraction (2). Mais évidemment il ne serait
pas raisonnable que la femme fût condamnée à voir sa
dot servir ainsi à payer les créanciers du mari, tandis
qu'elle-même, obligée d'attendre la dissolution du mariage pour exercer ses droits, trouverait très-probablement à cette époque le mari sans aucune fortune : on
avait donc admis qu'en cas de déconfiture du mari, bien
qu'en réalité le mariage subsiste, cependant il sera
supposé dissous pour permettre dès à présent à la femme
de réclamer la restitution de sa dot (3). De plus, la
femme, ayant un privilége, primera en général sur les
biens du mari les créanciers purement chirographaires.

Je dis que la femme, au cas de déconfiture du mari, ne
peut pas revendiquer les choses dotales, mais qu'elle a
une action personnelle privilégiée. Je trouve dans la
L. 22 § 13 *Sol. matr.* une application de cette idée : « *Si*
« *mulier in conditione mariti erraverit*, dit Ulpien, *puta-*
« *veritque esse liberum cùm servus esset, concedi oportet*

---

(1) Argument d'analogie de ce que dit Ulpien, L. 3 § 1 *De reb.*
eor. (27, 9).

(2) V. ci-dessus, p. 100 et suiv.

(3) C'est ce que nous avons déjà vu en expliquant la L. 21 *De ma-*
num. (ci-dessus, p. 14). Voy. aussi L. 30 *in fine*, C., *De jure dot.*
(ci-dessous, commentaire de la L. 16 *De fundo dot.*). Nous avons
chez nous quelque chose d'analogue dans la faculté accordée à la
femme de demander la séparation de biens.

« *quasi privilegium in bonis viri mulieri, videlicet ut, si*
« *sint et alii creditores, hæc præferatur circà actionem*
« *de peculio; et si fortè domino aliquid debeat servus, non*
« *præferatur mulier, nisi in his tantùm rebus quæ vel in*
« *dotem datæ sunt vel ex dote comparatæ, quasi et hæ*
« *dotales sint.* » (1). Une femme a épousé Titius, qu'elle
croyait libre et qui était esclave; elle a remis des valeurs *dotis nomine* à son prétendu mari : tout cela a été
acquis au maître. Lorsque la femme reconnaît son erreur, et par conséquent la nullité de son mariage,
peut-elle se faire rendre le montant de ce qu'elle a
voulu se constituer en dot? Oui, elle aura contre le
maître une action *de peculio :* le pécule de l'esclave répond, comme le patrimoine d'un homme *sui juris* répond
en général des engagements qu'il peut contracter (2).
Et de même que, parmi les créanciers qui ont pour gage
le patrimoine d'un homme libre, les uns peuvent être
privilégiés et les autres purement chirographaires, de
même cette distinction peut exister entre ceux qui
n'ont d'autre gage que le pécule d'un esclave. Quand
il y a mariage valable, la femme a une action *rei uxo-*
riæ qui est privilégiée *inter personales actiones;* là où il

_____

(1) « Si une femme s'est trompée sur la condition du mari qu'elle
« prenait, si elle l'a cru libre lorsqu'il était esclave, il faut accorder
« à cette femme un quasi-privilége sur les biens du mari, de telle
« sorte que, s'il y a d'autres créanciers, elle leur soit préférée dans
« l'action *de peculio;* et, si par hasard l'esclave doit quelque chose
« à son maître, la femme ne sera pas préférée à celui-ci, sauf sur les
« choses qui ont été apportées en dot et sur celles qui ont été acquises
« *ex dote,* ces dernières étant traitées comme dotales. »

(2) Le pécule ne répond pas des obligations *ex delicto* ou *quasi*
ex delicto; on peut dire que le mari est obligé *quasi ex contractu*
à restituer la dot.

y a, comme dans notre espèce, un mariage putatif, la femme, au lieu de l'action *rei uxoriœ*, a une *condictio ob rem dati re non secutâ* ou *sine causâ* (1), à laquelle par faveur on attache un *quasi privilegium* (2). Evidemment ce privilége n'est utile à la femme qu'autant que le pécule est affecté à d'autres créanciers. Examinons successivement le cas où l'esclave est débiteur envers des tiers et celui où il est débiteur envers son maître.

1° Lorsque des tiers peuvent, comme la femme, agir *de peculio*, la femme, créancière du montant de ce qu'elle a apporté en dot, les primera, à l'aide de son privilége, sur toutes les valeurs comprises dans le pécule (3). Au cas où il se rencontrerait d'autres créanciers privilégiés, il paraît qu'en général même ces créanciers privilégiés seraient primés par la femme (4).

2° Si l'esclave est débiteur de son maître, le maître peut déduire sur le pécule le montant de sa créance, et primer ainsi les créanciers privilégiés eux-mêmes : par conséquent, il primera la femme dans le cas qui nous occupe (5). Toutefois il serait évidemment inique d'ad-

---

(1) Antonin Caracalla, L. 1, C., *De condict. ob caus. dat.* (IV, 6).

(2) Comp. Ulpien, L. 17 § 1 *De reb. auctorit. jud. possid.* (42, 5).

(3) Elle ne jouirait pas de cet avantage à l'encontre de créanciers qui auraient obtenu condamnation avant elle. En conséquence, le Préteur, qui connaît l'existence d'un créancier privilégié, retarde l'action des autres ou leur fait donner caution de restituer s'il y a lieu : Voy. Paul, L. 52 § 1 *De peculio* (15, 1).

(4) Voy. ci-dessus, p. 86. J'aurai occasion de revenir sur ce point.

(5) « *Nullum privilegium*, dit Paul (L. 52 pr. *De peculio*), *præponi patri vel domino potest, cùm ex personâ filii vel servi de peculio conveniuntur.* » Comp. Ulpien, L. 9 § 2 *cod. Tit.*

mettre cette priorité du maître relativement aux choses
que la femme s'était constituées en dot et qui se retrouvent encore existantes : sur les objets dont la provenance est ainsi certaine, la femme doit raisonnablement passer la première. Il y aurait dol de la part du
maître à dire : « Voilà des objets qui ont été aliénés par la
femme, bien qu'elle se soit réservé le droit de les reprendre ; je vais profiter de ce qu'ils sont entrés dans le pécule
pour me payer de ce que me doit l'esclave : je n'ai pas à
m'inquiéter du point de savoir s'il restera ou non de
quoi payer la femme. » Toujours par le même motif
(certitude de la provenance des objets), la femme passerait également avant le maître sur les choses *ex dote
comparatæ*, achetées avec les valeurs que la femme avait
apportées en dot : il y a là une sorte de subrogation
réelle : ces choses, au point de vue qui nous occupe,
prennent le même caractère que les valeurs en échange
desquelles on les a acquises (1). Je vais plus loin, et je
crois que même les choses que la femme avait apportées en dot avec estimation, par conséquent de manière
à les vendre et à n'être créancière que du prix, devront,
si elles se retrouvent en nature dans le pécule, servir à
désintéresser la femme plutôt que le maître : la raison
d'équité est toujours la même.

Quand on dit que la femme est ainsi préférée au
maître sur certaines choses comprises dans le pécule,
quelle est l'action que l'on suppose exercée par la femme ? Toute personne qui lira sans prévention notre
L. 22 § 13 reconnaîtra que le jurisconsulte Ulpien a

_____

(1) C'est une application du petit fragment de Gaius qui forme la
L. 54 *De jure dot.*

uniquement en vue l'action *de peculio*, c'est-à-dire une action personnelle. Voici, en effet, quel est l'enchaîne-ment de ses idées : « Lorsque la femme et d'autres créanciers de l'esclave agissent *de peculio* contre le maître, la femme jouit du même privilége que si elle avait l'action *rei uxoriœ*. Mais quand la femme, agissant ainsi *de peculio*, se trouve en concours avec le maître de son prétendu mari et non plus avec des créanciers étrangers, l'ordre de préférence est interverti, la femme sera primée par le maître (conformément à la règle générale en matière d'action *de peculio*), si ce n'est sur les *res in dotem datœ vel ex dote comparatœ*. » L'exception devant s'appliquer au cas compris dans la règle, et la règle que le maître prime la femme étant relative à l'action *de peculio*, il est impossible sans faire violence au texte d'admettre que, dans la pensée d'Ulpien, la femme pour primer le maître sur les cho-ses apportées en dot doit employer une autre action que l'action *de peculio* (1).

Cependant plusieurs interprètes, et notamment Pothier (2), enseignent que, si la femme prime le maître sur les choses apportées en dot, c'est qu'on lui accorde relativement à ces choses une revendication utile, *cùm aliundè dotem suam servare non potest*. Mais cette opinion, contraire aux principes admis avant

---

(1) On peut encore invoquer en ce sens une Constitution d'Antonin Caracalla, L. 3, C., *Sol. matr.* (v, 18), qui, prévoyant précisément la même espèce que notre L. 22 § 13, compare le cas où la femme a remis une dot à l'esclave et celui où elle est devenue créancière à un autre titre : dans le premier cas comme dans le deuxième, elle n'a droit qu'à l'action personnelle *de peculio*.

(2) *Pand. Justin.*, Tit., *Soluto matrimonio*, n° 86.

Justinien (1) sur la condition de la dot en général, contraire au texte de notre L. 22 § 13, paraît encore contredite par plusieurs décisions que je dois rapporter ici au moins d'une manière sommaire. Ainsi, dans la L. 53 *Sol. matr.*, Tryphoninus, supposant qu'une dot a été remise à un fils de famille, décide que le fils lui-même est tenu *dotis actione*, le père *de peculio ;* puis il ajoute : « *Nec interest in peculio rem vel pecuniam dotalem habeat nec-ne,* » ce qui indique bien que l'action employée par la femme est toujours l'action personnelle *de peculio*, lors même que les choses apportées en dot existent encore dans le pécule. De même Paul, dans la L. 52 pr. *De peculio*, supposant d'abord qu'un fils de famille a reçu une dot ou a géré une tutelle, commence par reconnaître à la femme et au pupille une action privilégiée ; puis, spécialement quant au pupille dont un esclave qui passait pour libre avait géré la tutelle, il ajoute que, si des *nummi pupillares* ont été déposés *in arcâ*, ou prêtés par le prétendu tuteur (e non consommés de bonne foi par les emprunteurs), ils pourront être revendiqués par le pupille. Aucune revendication semblable n'est accordée à la femme, parce que, si le tuteur ne devient pas propriétaire des choses du pupille, au contraire le mari (ou celui qui le tient sous sa puissance) devient parfaitement propriétaire des choses apportées en dot (2).

_____

(1) Voy. ci-dessus, p. 100 et suiv.

(2) Je conviens que cette L. 52 pr. *De pecul.* fournirait un argument bien plus fort si Paul y recherchait *ex professo* quelles actions peuvent être employées lorsqu'un homme *alieni juris* a reçu une dot comme mari ou géré les affaires d'un pupille comme tuteur.

Pour moi, je crois qu'il faut rattacher au principe posé par Ulpien dans la L. 36 *De peculio* cette idée que la femme primera le maître sur les choses qui proviennent sûrement de la constitution dotale. Ulpien nous dit dans cette L. 36 qu'en supposant une dot donnée à un fils de famille, la question avait été agitée de savoir si le père peut être poursuivi *duntaxat de peculio;* que, quant à lui, il est d'avis que dans la formule ordinaire de l'action *de peculio* on ajoute ces mots : *Et si quid dolo malo patris capta fraudataque est mulier,* ce qui aura pour conséquence de faire condamner le père à la valeur des choses dotales qu'il aurait entre les mains et ne voudrait pas restituer. Je crois que la décision donnée à la fin de notre L. 22 § 13 doit s'expliquer de la même manière. D'abord, comme je l'ai déjà dit, il paraît bien y avoir dol de la part du maître qui prétend se payer sur les choses dotales aux dépens de la femme qui les a en quelque sorte aliénées en échange de la créance née à son profit. Mais voici la difficulté : Ulpien, dans la L. 36 *De peculio,* n'admet la doctrine dont il s'agit, doctrine qui se réalise par l'addition de quelques mots à la formule, que dans les actions *bonæ fidei,* par exemple dans l'action *rei uxoriæ;* or, dans l'espèce de la L. 22 § 13, est-ce d'une action de bonne foi, est-ce de l'action *rei uxoriæ* que la femme peut faire usage? Non : là où il n'y a point de mariage il n'y a point à proprement parler de dot, partant point d'action *rei uxoriæ :* il ne peut y avoir qu'une *condictio.* Donc il semble qu'une condition essentielle nous fasse

Le jurisconsulte était consulté spécialement sur un cas où un esclave, passant pour libre, avait géré *pro tutore.*

ici défaut pour appliquer la décision de la L. 36. — Je
ne me dissimule point la gravité de l'objection. Mais
je crois qu'elle n'aura pas arrêté le jurisconsulte romain.
Évidemment il veut que la femme ne soit point victime
de son erreur, qu'elle soit traitée aussi bien que s'il y
avait mariage et dot véritable. Ainsi il lui accorde le
privilége, qui cependant n'a été établi que pour assurer
la restitution d'une dot véritable ; très-probablement
il admettait aussi l'inaliénabilité du fonds apporté en
dot (1), bien que la loi Julia supposât un mariage valable. Il a donc dû logiquement arriver à dire que,
même sous le rapport qui nous occupe, la femme doit
être aussi bien traitée que si elle avait l'action *rei uxoriæ*, que si elle avait épousé un fils de famille. — D'ailleurs nous pouvons encore invoquer ici par analogie ce
que dit Paul dans la L. 52 pr. *De peculio :* un esclave,
passant pour libre, étant en possession de la liberté,
avait géré *pro tutore* les biens d'un pupille ; on demande
au jurisconsulte si l'action *de peculio* peut avoir lieu
en dehors du cas où celui qui s'oblige est connu pour
être *alieni juris*. « *Quia de peculio actio deficit*, répond
Paul, *utilis actio in dominum quasi tutelæ erit : ut quod
ille pro patrimonio habuit, peculium esse intelligatur.* »
Il faudrait dire de même dans notre espèce : « Si la
condictio de peculio fait défaut, si elle est insuffisante
pour sauvegarder pleinement les intérêts de la femme,
nous lui donnerons contre le maître une *actio utilis,
quasi rei uxoriæ.* »

De même que, quand c'est un pécule qui répond
de la restitution de la dot, la femme arrive comme

_____

(1) Arg. de L. 4 *De fundo dot.*

créancière, mais avec un privilége qui lui permettra
de primer au moins certains créanciers, de même
quand le mari *sui juris* a un patrimoine que ses créanciers font vendre pour être payés sur le prix, la femme
viendra comme créancière, mais toujours avec le droit
de primer les créanciers non privilégiés ou moins privilégiés qu'elle. Ici elle n'a pas à craindre, comme tout
à l'heure, d'être primée sur la masse des biens par le
maître ou par le père de son mari. Mais ne peut-il pas
y avoir certains créanciers dont le privilége l'emporte-
rait sur le sien? D'abord, si les biens du mari sont
vendus après sa mort, la créance des frais funéraires
passe certainement avant toutes les autres, même avant
celle de la femme : « *Quidquid in funus erogatur*, dit
Paul, *inter æs alienum primo loco deducitur* » (1). Puis,
comme nous l'avons déjà remarqué (2), on était arrivé
à faire aussi primer la femme par le fisc, pour ses
créances contractuelles et notamment pour ses créances
contre ses administrateurs comptables (3). Du reste,
comme les agents du fisc avaient l'habitude d'exiger
une hypothèque de tous ceux avec qui ils traitaient,
cette clause devint de style, et, vers l'époque de Sep-

(1) *Sent. rec.*, liv. I, Tit. xxi, § 15. Aj. Mæcianus, L. 45 *De
relig.* [11, 7). — Plusieurs interprètes admettent même que la créance
des frais funéraires n'est pas simplement privilégiée *inter personales actiones*, mais qu'elle passe avant les créances hypothécaires ;
on invoque en ce sens Ulpien, L. 14 § 1 *De relig.* Je crois que c'est
une erreur. Comp. M. de Vangerow, t. III, § 594, p. 249.

(2) V. ci-dessus, p. 86.

(3) Au contraire, quand il s'agit pour le fisc de recouvrer le montant d'une peine, *privilegium contrà creditores non exercetur* :
ce sont les expressions de Papinien, L. 37 *De jure fisci* (49, 14). Aj.
Alexandre, L. un., C., *Pœnis fiscal. credit. præferri* (x, 7).

time Sévère et d'Antonin Caracalla, il était admis que
le fisc a une hypothèque tacite sur les biens de tous ses
débiteurs : *fiscus semper habet jus pignoris*, dit le jurisconsulte Hermogénien (1). Cette hypothèque du fisc
s'étend sur les choses dotales, comme sur les autres
biens du mari ; seulement la femme peut invoquer une
sorte de bénéfice de discussion. Cela est dit, en termes
formels, dans une Constitution des empereurs Carus,
Carinus et Numerianus, de l'an 283, dans laquelle il
s'agit d'un mari qui était *primipilus :* on appelle ainsi
un fonctionnaire chargé de faire rentrer les prestations
en nature de denrées destinées à la subsistance des
troupes et de les verser dans les magasins établis à cet
effet sur les frontières (2). « *Satis notum est,* disent les
empereurs, *et ratione constitutum, bona earum in dotem*
« *data quæ nuptæ sunt his qui primipili sarcinam sub-*

---

(1) L. 46 § 3 *De jure fisci* (49, 14). Aj. Antonin, L. 2, C., *In
quib. caus. pign.* (VIII, 15); LL. 2 et 3, C., *De privil. fisci* (VII,
73). — Je ne puis pas m'arrêter à l'opinion de Glück (t. XIX, p. 66
et suiv.), d'après laquelle le fisc a bien hypothèque pour ses créances
contractuelles, mais non pour les comptes dont ses administrateurs
peuvent être tenus envers lui. — Cette hypothèque du fisc est-elle
privilégiée, de manière à primer les hypothèques antérieures? On
serait tenté de le croire, d'après la décision de Papinien rapportée dans
la L. 28 *De jure fisci;* mais ce texte, à mon sens, doit être entendu autrement. Voy. Cujas (*In Tit. Dig.* DE JURE FISCI) et l'excellente *Thèse pour le Doctorat* de M. Villemain (*Du conflit des
créanciers gagistes ou hypoth.*, p. 30 et suiv.). — Dès l'instant
que le fisc a un droit d'hypothèque, il ne figure plus dans la procédure qui aboutit à la *venditio bonorum :* il entre en possession et
procède à la vente des biens qui lui sont affectés, sans avoir à s'inquiéter de cette procédure.

(2) Voy. le Titre *De erogatione militaris annonæ* (C. Th., VII,
4 ; C. Just., XII, 38); et les LL. 6 et 17, C. Th., *De cohortal.*
VIII, 4).

« eunt obnoxia necessitati ejus teneri; verùm certo ordine,
« ut scilicet tunc demùm ad hoc periculum mulieris pa-
« trimonium respiciat, si, universis viri ac nominatorum
« facultatibus exhaustis, nihil residuum inveniatur » (1).
Cette Constitution n'est point quelque chose de spécial
au cas du *primipilus :* elle n'est que l'application faite
à un cas particulier d'une règle générale. Puisque les
biens dotaux appartiennent au mari, il est conforme
aux principes (*ratione constitutum*) qu'une hypothèque
qui frappe tous les biens du mari s'étende aux biens
dotaux (2).—Je ne vois non plus rien de spécial au cas du
mari *primipilus* dans une Constitution des empereurs
Dioclétien et Maximien qui forme la L. 3, C., *De primi-
pilo* (XII, 63) et qui est ainsi conçue : « *Utilitas publica*
« *præferenda est privatorum contractibus : et ideo, si*
« *constiterit fisco satisfactum esse ob causam primipili,*
« *poteris obligatam tibi possessionem dotis titulo petere,*

---

(1) L. 4, C., *In quib. caus. pign.* : « C'est une règle suffisam-
« ment connue, et fondée sur les principes, que les biens dotaux de
« la femme mariée à un *primipilus* sont affectés au paiement de
« ses comptes. Seulement, on observe un certain ordre, en ce sens
« que le patrimoine de la femme n'est soumis à ce danger qu'autant
« que, tous les biens du mari et de ceux qui l'ont fait nommer se
« trouvant épuisés, il n'y a plus d'autre ressource. »

(2) Mais il est évident que les biens paraphernaux ne sauraient
être atteints par cette hypothèque. « *Bona mariti tui*, dit l'empereur Antonin Caracalla, dans un rescrit adressé à une femme (L. 1,
C., *De privil. fisci*), *si ob reliqua administrationis primipi-
lariæ a fisco occupata sunt, res quas tuas esse liquido proba-
veris, ab aliis separatæ tibi restituantur.* » Ainsi la femme
est fondée à demander la distraction de ses paraphernaux, mal à propos confondus avec les biens du mari. C'est tout à fait à tort que
quelques interprètes supposent que les choses qui doivent être ainsi
restituées à la femme sont des choses dotales. Aj. Dioclétien et Maximien, L. 2, C., *Ne uxor pro marito* (IV, 12),

« *ut satis doti fieri possit* » (1). Quelques interprètes induisent de ce texte que l'hypothèque du fisc sur les biens du *primipilus* était une hypothèque privilégiée : « En effet, disent-ils, il faut supposer que le mari, quand il a hypothéqué un de ses immeubles *dotis titulo*, n'avait pas encore ses biens grevés de l'hypothèque du fisc : autrement on ne comprendrait pas que les empereurs invoquent l'*utilitas publica* et non l'antériorité de date. C'est donc qu'ici le fisc, *posterior tempore*, est pourtant *potior jure*. » Mais le texte ne me paraît point assez précis pour nous autoriser à admettre dans ce cas unique l'existence au profit du fisc d'une hypothèque privilégiée. Je suis tenté de croire que dans l'espèce le fisc était *prior tempore* et que la femme sollicitait comme faveur qu'il lui fût permis de se payer de sa dot sur le bien grevé à son profit d'une hypothèque spéciale. A quoi les empereurs répondent : « Le fisc ne peut pas ainsi, dans votre intérêt, pour vous assurer le paiement de ce qui vous est dû, renoncer à son droit : *Utilitas publica præferenda est privatorum contractibus.* »

A propos de la *venditio bonorum* encourue par le mari, nous avons parlé du privilége du fisc ; et nous avons vu que, ce privilége ne paraissant pas suffisant, le fisc avait obtenu une hypothèque générale. Sur la *venditio bonorum* il reste à faire une observation importante. Dans ce mode de transmission *per universitatem*, comme dans les cinq qui ont été énumérés

---

(1) « L'intérêt public doit passer avant l'intérêt des particuliers. « En conséquence, ce n'est qu'autant qu'il serait établi que votre « mari est libéré de ses obligations de *primipilus* que vous pou- « vez réclamer le bien à vous hypothéqué pour sûreté de votre dot, « afin d'obtenir paiement de celle-ci. »

d'abord, le fonds dotal passe au successeur du mari en même temps que les autres biens de celui-ci. Mais il faut noter une différence capitale. Dans les cinq premiers cas, le fonds dotal est transmis *cum suo jure*, avec son caractère d'inaliénabilité : le successeur du mari n'aura pas plus de droit que n'en avait le mari lui-même. Peut-il encore en être ainsi quand la transmission s'opère au profit de l'*emptor bonorum* ? Non : cela est tout à fait impossible. Ici la femme a dû recevoir le montant de sa dot, ou tout au moins un dividende dont il faut bien qu'elle se contente. Par conséquent elle n'a rien à demander désormais au *bonorum emptor* : dès lors doit disparaître l'inaliénabilité, puisqu'elle n'est qu'un moyen d'assurer à la femme le paiement de l'*obligatio dotalis* (1) et que cette *obligatio* n'existe plus. Ainsi, par la force même des choses, la transmission *per universitatem* qui s'opère au cas de la *venditio bonorum* a cela de particulier que, la femme ayant touché ce à quoi elle peut prétendre, le caractère d'inaliénabilité se trouve purgé entre les mains du *bonorum emptor*.

Voilà comment les choses se passaient dans l'ancien droit. Sous Justinien, au contraire, la femme peut revendiquer, à l'encontre des créanciers du mari, les objets apportés en dot. Les détails déjà donnés au sujet de la L. 30, C., *De jure dot.*, me dispensent de revenir actuellement sur ce point (2).

— Nous savons que les dettes du mari peuvent (du

(1) Paul, L. 3 § 1 *De fundo dot.*
(2) Voy. ci-dessus, p. 87 et suiv.

moins dans l'ancien droit) avoir des effets très-importants relativement aux biens dotaux. A ce sujet, on se demande naturellement si la condition des mêmes biens peut aussi être modifiée par suite des dettes de la femme. Voici deux cas que nous devons d'abord écarter, et qui ne présentent pas grande difficulté :

1° L'immeuble que la femme se constitue en dot est hypothéqué à l'un de ses créanciers (1). Evidemment le créancier hypothécaire ne doit pas plus souffrir d'une aliénation faite *dotis constituendæ causâ* que de toute autre espèce d'aliénation. Il conserve donc le droit d'exercer l'action quasi servienne et de vendre l'immeuble, pour le cas où il ne serait pas payé à l'échéance (2).

2° Le bien apporté par la femme n'était pas hypothéqué; mais la femme l'a constitué en dot *in fraudem creditorum*. Ainsi la femme, par cette constitution, s'est rendue insolvable ou a augmenté son insolvabilité; de plus, elle a eu conscience du tort qu'elle causait à ses créanciers ; enfin le mari, qui véritablement reçoit la dot à titre onéreux (3), a été *conscius fraudis :* moyennant la réunion de toutes ces circonstances, les créanciers de la femme pourront exercer l'action

_____

(1) Cas supposé notamment dans la L. 19 *Qui pot. in pign.*

(2) De même, quand l'immeuble rural ou suburbain, qui aujourd'hui appartient à un mineur de 25 ans, a été valablement hypothéqué, le créancier non payé peut parfaitement le vendre sans avoir besoin d'obtenir un décret du magistrat. Cela est dit en termes formels dans l'*oratio Severi* (L. 1 § 2 *De reb. eor.*). Aj. Dioclétien et Maximien, L. 2, C., *Si adv. vendit. pign.* (II, 29).

(3) « *In maritum qui ignoraverit, non dandam actionem... : cùm is indotatam uxorem ducturus non fuerit.* »Venuleius, L. 25 § 1 *in fine, Quæ in fraud. credit.* (42, 8).

Paulienne et obtenir du mari la chose ou sa valeur.

Lorsque le mari est ainsi poursuivi par l'action hypothécaire ou par l'action Paulienne, il peut abandonner l'immeuble : c'est une sorte d'aliénation *ex causá necessariá*, et le caractère de dotalité s'évanouit immédiatement (1). Le mari peut aussi, pour garder cet immeuble,

(1) « *Si restituerit eam (dotem), desinit dotem habere, nec quicquam (mulieri) restituturum Labeo ait* » : *eâd.* L. 25 § 1. Dans tout ce texte, Venuleius suppose que le mari a reçu la dot *a socero fraudatore;* au point de vue qui nous occupe, peu importe qu'il l'ait reçue de son beau-père ou de sa femme. Ulpien, L. 14 *in fine, eod. Tit.*, suppose également une dot constituée par le père de la femme : « *Ergo, et si fraudator pro filiâ suâ dotem dedisset scienti fraudari creditores, filia tenetur ut cedat actione de dote adversùs maritum.* » Cette phrase, qui ne paraît pas avoir attiré l'attention des interprètes, présente à mes yeux une véritable difficulté. Est-ce le mari qui était de mauvaise foi en recevant la dot? Le datif *scienti* pourrait le faire croire. Mais alors pourquoi l'action Paulienne n'est-elle pas dirigée contre le mari ? pourquoi est-ce la femme que l'on présente comme tenue, tenue de céder son action *de dote?* Veut-on dire simplement que, le mari devant rendre les biens dotaux aux créanciers, la femme se trouve dès-lors dépouillée de son action *de dote?* Certes l'ensemble du texte et l'expression *tenetur ut cedat actione* ne se prêtent guère à cette interprétation. Faut-il lire *nescienti* au lieu de *scienti?* Quant à moi, je serais assez tenté de croire que *scienti* est là pour *sciente.* Ulpien suppose la femme de mauvaise foi et le mari de bonne foi, cas également prévu par Venuleius dans la L. 25 § 1 (*quod si is ignoraverit, filia autem scierit, tenebitur filia*) : alors l'action Paulienne ne peut pas être dirigée contre le mari pour qu'il ait à rendre les choses dotales, elle peut être dirigée contre la femme pour qu'elle ait à céder aux créanciers (ou au *bonorum emptor*) son action *rei uxoriæ.* Ainsi entendu (j'avoue que je présente cette interprétation avec quelque scrupule), le texte montrerait que, du moins dans l'opinion d'Ulpien, la femme, comme le mari, n'est passible de l'action Paulienne qu'autant qu'elle a su *fraudari creditores.* Lors même que la fille est de mauvaise foi, il me paraît bien difficile que les créanciers puissent agir contre elle pour lui reprendre l'avantage qu'elle a déjà pu retirer *durante ma-*

payer une somme d'argent : c'est alors comme s'il avait fait une dépense nécessaire, et nous reviendrons bientôt sur ce cas.

Je suppose maintenant que, la femme s'étant constitué une dot, il n'y a lieu contre le mari, en raison des dettes de la femme, ni à l'action hypothécaire ni à l'action Paulienne. Que la femme ait des dettes qu'elle ne paye pas, soit des dettes antérieures à la constitution dotale, soit des dettes contractées depuis cette constitution, cela ne peut altérer en aucune façon le droit du mari sur les biens dotaux. Seulement, si les créanciers de la femme procèdent *constante matrimonio* à la *venditio bonorum*, le droit éventuel de la femme à l'action *rei uxoriæ* passera au *bonorum emptor*, comme le reste du patrimoine de la femme ; et si cette *venditio bonorum* n'a lieu qu'après que le mariage est dissous et la dot restituée à la femme, ce sont les biens ainsi restitués qui passeront au *bonorum emptor*(1). La loi Julia n'a aucune application possible au cas qui nous occupe, et ce qui vient d'être dit est vrai des immeubles dotaux absolument comme des meubles (2). J'ajoute que

trimonio de la constitution de dot : cet avantage en général ne sera guère appréciable.

(1) Chez nous, au contraire, comme la défense d'aliéner le fonds dotal s'adresse à la femme, la jurisprudence admet que les créanciers envers qui elle s'est obligée pendant le mariage ne peuvent pas, même après qu'il est dissous, saisir les biens qui étaient frappés d'inaliénabilité lors de la naissance de leurs droits. Voy. MM. Aubry et Rau, *Cours de droit civil français d'après Zachariæ* (3e édit., t. IV, p. 509 et suiv.).

(2) Déjà dans notre ancienne jurisprudence on considérait mal à propos la loi Julia comme devant avoir cette conséquence d'empêcher que les obligations contractées par la femme ne pussent être exé-

très-certainement, même après que le système de la *venditio bonorum*, c'est-à-dire de la vente en bloc de tout le patrimoine du débiteur, fut tombé en désuétude, les créanciers envers qui la femme s'était obligée avant ou pendant le mariage pouvaient, une fois effectuée la

cutées sur les biens dotaux. Henrys (liv. IV, quest. 141) rapporte deux arrêts du Parlement de Paris, des 13 mai 1657 et 13 juillet 1658, qui décidèrent, en invoquant la prohibition de la loi Julia, que la femme lyonnaise, même après le décès du mari, n'est pas tenue sur sa dot des engagements par elle contractés durant le mariage. Ces arrêts donnèrent lieu à une Déclaration du roi, du 21 avril 1664, dans laquelle on lit notamment ce qui suit : « Notre ville de Lyon et les « provinces de Lyonnais, Forez, Beaujolais et Mâconnais, quoique « gouvernées par le droit romain, se sont pourtant établi par une « longue suite d'années un usage différent de la loi Julia *du fonds* « *dotal,* suivant lequel elles ont reçu pour valables les obligations « passées par les femmes conjointement avec leurs maris, sans aucune « distinction des biens dotaux ou paraphernaux, mobiliers ou im- « mobiliers... » Et le roi déclare qu'on devra désormais tenir pour loi cet ancien usage que de récents arrêts avaient méconnu. La Cour de Lyon s'est encore trouvée dans le cas, en 1846, de faire application de cette Déclaration de 1664 (Dev.-Car., 47, 2, 322). — A cette fausse idée qu'on se faisait autrefois de la disposition de la loi Julia, je suis heureux de pouvoir opposer le témoignage de MM. Aubry et Rau : « Il n'existait en droit romain, disent les savants professeurs, « aucune disposition qui frappât spécialement d'inefficacité quant aux « biens dotaux les engagements contractés par la femme durant le ma- « riage » (*Cours de droit civil français d'après Zachariæ*, 3ᵉ édit., t. IV, § 537 *bis*, p. 501). — Un auteur provençal, du XVIIᵉ siècle, Duperrier (t. 1, quest. 3), disait également : « La femme, quoique « mariée, peut s'obliger par toute sorte de contrats, pourvu que ce ne « soit pour autrui, n'y ayant point de loi qui restreigne ses obliga- « tions aux biens paraphernaux, ni qui en excepte les dotaux... L'obli- « gation contractée par la femme doit avoir son plein et entier effet « après la dissolution du mariage, quand elle est maîtresse absolue « des biens qu'elle a obligés. » Mais Roussilhe, après avoir rapporté ce passage (*Traité de la dot*, édit. de 1856, p. 282), ajoute : » Cette « opinion n'est point suivie dans le pays de droit écrit. »

restitution des choses dotales, en opérer la saisie et la
vente (*distractio*) pour se payer de leurs créances (1).

J'ai dit qu'en principe l'existence de dettes à la charge
de la femme et les poursuites dirigées contre elle par
ses créanciers ne peuvent aucunement affecter les droits
du mari sur les biens dotaux. Seulement, quand la
femme est ainsi pressée par ses créanciers, nous nous
trouvons dans l'un des cas exceptionnels où le mari peut
très-bien, sans s'exposer au danger d'avoir à payer deux
fois, restituer la dot, en tout ou en partie, avant la dissolution du mariage. La femme alors pourra vendre les
objets meubles ou immeubles dont elle aura obtenu la
restitution anticipée, et employer le prix à désintéresser ses créanciers. Il paraît même que cette restitution anticipée serait valable, quoique la femme avec
ses paraphernaux pût payer ses dettes, s'il y avait un
certain avantage à se défaire plutôt du bien dotal, par
exemple *quod minùs fructuosus sit* (2). Je me bornerai
à cette indication sommaire, parce que le point dont il
s'agit ne se rattache pas d'une manière directe à mon
sujet, qui est la *condition du fonds dotal.*

En ce qui concerne les dettes de la femme, il reste
deux observations à présenter :

D'abord, en supposant qu'une femme qui a des dettes

---

(1) Bien entendu, je suppose toujours que la femme est valablement
obligée; je suppose, par conséquent, qu'elle n'a point contrevenu au
sénatusconsulte Velléien. — Il ne me paraît pas douteux que dans
les arrêts et dans la Déclaration cités à la note précédente on a con-
fondu la loi Julia et le sénatusconsulte Velléien.

(2) Voy. Scævola, L. 85 *De jure dot.*, et Paul, L. 20 *Sol. matr.*
On peut lire, comme un modèle d'exposition, le travail de M. Pellat
sur la restitution anticipée de la dot (*Textes sur la dot,* 2ᵉ édit.,
p. 342 et suiv.). Ajoutez son commentaire sur la L. 85 *De jure dot.*

se constitue en dot tous ses biens, le mari, prenant tout
l'actif, sera-t-il tenu du passif, pourra-t-il être poursuivi par les créanciers? Je mets de côté le cas où il
y aurait lieu à l'action Paulienne. Il est possible que le
mari ne sache aucunement qu'il existe des dettes à la
charge de sa femme qui lui apporte ainsi en dot tous
ses biens; même on peut concevoir que la femme ne
connaisse pas les dettes dont elle est tenue. Alors le
mari doit-il être traité comme un héritier, qui ne gagne
l'actif qu'à charge de supporter le passif? Les jurisconsultes romains n'admettaient pas facilement que la
masse des dettes d'une personne pût passer à une autre.
Ainsi, quand un testateur a légué à Titius la moitié ou
les trois quarts de sa succession, Titius, qui prend la
moitié ou les trois quarts de l'actif, n'est point tenu dans
la même proportion envers les créanciers du défunt :
l'héritier seul est obligé envers eux; et, c'est là précisément ce qui motivait entre ce légataire et l'héritier
les stipulations *partis et pro parte* (1). De même, l'héritier qui vend son droit successif reste obligé envers les
créanciers du défunt, et ceux-ci ne sont point fondés à
poursuivre l'acheteur(2). Il est donc conforme aux
principes de refuser aux créanciers de la femme, lors
même qu'elle s'est constitué en dot tous ses biens, le
droit de s'adresser au mari pour obtenir paiement (3).
Seulement, ce qui est certain, c'est que la femme qui a
promis en dot tous ses biens *dotis causâ* avait le droit

(1) Voy. Gaius, Comment. II, § 254 *in fine.*
(2) Antonin Caracalla, L. 2, C., *De hercâ. vel act. vend.* (IV, 39).
(3) Chez nous, au contraire, les créanciers dont les titres ont date
certaine avant le contrat de mariage peuvent, au cas de constitution
universelle, saisir la pleine propriété des biens dotaux.

de garder de quoi payer ses dettes ; que si par erreur elle a tout transféré au mari, elle est fondée à exercer une *condictio indebiti*. Voici un texte de Paul, dans lequel ces décisions sont clairement indiquées : « *Mulier bona* « *sua omnia in dotem dedit. Quœro an maritus quasi heres* « *oneribus respondere cogatur. Paulus respondit eum qui-* « *dem qui tota ex repromissione dotis bona mulieris reti-* « *nuit, a creditoribus conveniri ejus non posse, sed non* « *plus esse in promissione bonorum quàm quod superest* « *deducto œre alieno* » (1). La femme n'aurait-elle donc aucune ressource là où la *condictio indebiti* lui fait défaut, là où elle a transféré tous ses biens au mari sans avoir commencé par prendre un engagement à cet égard ? Certes ce sera le cas ou jamais pour le mari de faire restitution anticipée d'une partie de ce qu'il a reçu, *ut mulier œs alienum solvat.* Mais enfin s'il s'y refuse, peut-il y être contraint ? Le Préteur viendrait sans doute au secours de la femme, en lui donnant, sinon l'action *de dolo*, qui doit être évitée entre époux, du moins une action *in factum* (2).

Trouverons-nous quelque chose de particulier dans le cas où la femme est débitrice envers le mari lui-même ? Remarquons d'abord qu'elle a pu le devenir, non-seulement avant le mariage, mais même *constante matrimonio :* en principe, deux époux peuvent parfai-

---

(1) L. 72 pr. *De jure dot.* : « Une femme a donné en dot tous ses
» biens : je demande si le mari est tenu des dettes comme un héri-
« tier. Paul a répondu : Celui qui par suite d'une promesse de dot
« détient tous les biens de la femme ne peut pas être actionné par
« les créanciers de celle-ci ; mais la promesse ne comprenait que
« l'excédant des biens sur les dettes. »

(2) Voy. en ce sens M. Pellat, *Textes sur la dot*, p. 338 et suiv.

tement contracter l'un avec l'autre : le contrat est parfaitement obligatoire, pourvu qu'il ne déguise pas une
donation. Si la femme est ainsi débitrice du mari, le
mari peut la poursuivre et la faire condamner : il a les
droits d'un créancier ordinaire. Si la femme est encore
débitrice lorsqu'elle demande la restitution de sa dot,
j'admets sans difficulté que le mari pourra, conformément au rescrit de Marc-Aurèle (1), lui opposer la compensation, lors même que l'objet de sa propre obligation
serait un fonds dotal (2). — Le mari n'a-t-il pas pu
devenir créancier de la femme pour impenses par lui
faites relativement aux biens dotaux? A cet égard, il
faut distinguer différentes natures d'impenses. D'abord,
toutes les fois qu'il s'agit de dépenses d'entretien, dépenses qui sans doute sont indispensables pour la conservation de la chose, mais qui d'un autre côté sont
prises par le bon père de famille sur les fruits et non
sur le capital, le mari a dû les faire, et d'aucune manière
elles ne doivent être mises en définitive à la charge de
la femme : *tueri res dotales vir suo sumptu debet* (3).
De même pour les dépenses voluptuaires : le mari, les
eût-il faites du consentement de la femme, n'a point
obligé la femme en les faisant (4). Quant aux dépenses
utiles, on n'admettait pas dans l'ancien droit qu'elles

(1) Inst., § 30 *De action.*

(2) Chez nous, je crois bien que les tribunaux décideraient que la
femme qui demande la restitution d'une dot en argent ou en denrées
est en général à l'abri de toute compensation que voudrait opposer le
mari, en invoquant une créance née pendant le mariage.

(3) Neratius, L. 15 *De imp. in res dot. factis* (25 1). Aj. Paul,
L L. 12 et 13 *eod. Tit.*

(4) Ulpien, LL. 9 et 11 pr. *eod. Tit.*

pussent fonder au profit du mari une action contre la
femme : effectivement, le mari qui les fait sur une chose
dotale, c'est-à-dire sur une chose qui lui appartient, ne
peut pas être considéré comme les faisant en qualité
de mandataire ou de *negotiorum gestor*. Seulement, on lui
permettait en général, tout au moins quand il les avait
faites avec le consentement de la femme, de les déduire
sur le montant de la dot qu'il est tenu de restituer.
Justinien supprime cette *deductio*, et donne au mari une
action pour toutes les dépenses utiles qu'il a pu faire,
savoir : l'action *mandati contraria, si mulieris voluntas
intercedat,* et l'action *negotiorum gestorum contraria, si
non intercedat mulieris voluntas* (1). Du reste, il est bien
entendu que cette action ne pourra être exercée par le
mari qu'après la dissolution du mariage, et non pas tant
qu'il est propriétaire du bien auquel la dépense a été
appliquée. Il nous reste à parler des dépenses nécessaires, dépenses sans lesquelles la chose eût péri et qui
sont tellement importantes que les fruits de cette chose
n'auraient pas suffi pour y faire face. Nous devons nous
arrêter un instant sur ces dépenses, rechercher si elles
ne peuvent pas modifier la condition du fonds dotal.
Nous possédons d'ailleurs sur ce point deux textes intéressants, qu'il importe de bien comprendre :

Ulpien, L. 5 pr. et § 1 *De imp. in res dot. fact. :*
« *Quod dicitur*, NECESSARIAS IMPENSAS DOTEM MINUERE,
« *sic erit accipiendum, ut et Pomponius ait, non ut ipsæ*
« *res corporaliter deminuantur, utputa fundus vel quod-*
« *cumque aliud corpus. Etenim absurdum est deminu-*

_____

(1) Paul, L. 8 *De imp. in res dot. fact. :* Justinien, L, un. § 5,
C., *De rei ux. act.* (**v**, 13).

« *lionem corporis fieri propter pecuniam; cæterùm hæc res*
« *faciet desinere esse fundum dotalem vel partem ejus.*
» *Manebit igitur maritus in rerum detentatione, donec ei*
« *satisfiat: non enim ipso jure corporum, sed dotis fit*
« *deminutio. Ubi ergo admittimus deminutionem dotis*
« *ipso jure fieri? Ubi non sunt corpora, sed pecunia :*
« *nàm in pecuniâ ratio admittit deminutionem fieri.*
« *Proindè, si æstimata corpora in dotem data sint,*
« *ipso jure dos deminuetur per impensas necessarias.*
« *Hoc de his impensis dictum est quæ in dotem ipsam*
« *factæ sint; cæterùm si extrinsecùs, non imminuent dotem.*

« *Sed si impensis necessariis mulier satisfecerit, utrùm*
« *dos crescit, an vero dicimus ex integro videri dotem?*
« *Et ego, ubi pecunia est, non dubito dotem videri*
« *crevisse* » (1).

(1) « Cette règle, *les dépenses nécessaires diminuent la dot*, ne
« doit pas être entendue, comme le dit aussi Pomponius, en ce sens que
« la diminution porte sur les corps certains eux-mêmes, par exemple
« sur un fonds ou sur tout autre objet. En effet, il est absurde qu'une
« somme dépensée entraîne diminution d'un corps certain : il arrive-
« rait ainsi qu'un fonds cesserait d'être dotal en tout ou en partie.
« Nous disons donc que le mari retiendra les objets jusqu'au rembour-
« sement, car la diminution qui a lieu *ipso jure* porte, non sur les corps
« certains, mais sur la dot. Quand donc admettrons-nous qu'il y a
« diminution *ipso jure* de la dot? Lorsqu'il s'agira, non de corps
« certains, mais de sommes : car, pour une somme, la raison admet
« qu'une diminution s'opère. Par conséquent, si des objets ont été
« apportés en dot avec estimation, par l'effet des dépenses nécessaires,
« la dot sera diminuée de plein droit. Il s'agit de dépenses faites sur
« la dot elle-même : les dépenses faites en dehors ne diminuent point
« la dot.

« Si la femme rembourse les dépenses nécessaires, y a-t-il, par là
« même, un accroissement de la dot, ou faut-il dire que c'est la dot
« primitive qui paraît rétablie? Quant à moi, dès qu'il s'agit d'une
« somme, je n'hésite pas à dire qu'il faut voir là un accroissement de
« la dot. »

Si nous analysons soigneusement ce texte, de manière à bien dégager les idées qu'il contient, nous trouvons que ces idées peuvent être ramenées à quatre, savoir :

1° Lorsqu'une dot comprend exclusivement des corps certains, il n'y a pas lieu d'appliquer au pied de la lettre, en la rapportant aux *corpora dotalia*, la règle que les dépenses nécessaires diminuent la dot de plein droit. Ainsi le mari a reçu en dot un fonds; il fait sur ce fonds une dépense nécessaire, égale à la moitié ou même à la totalité de sa valeur. Pomponius et Ulpien s'accordent à dire que le fonds ne perdra point pour moitié ou pour le tout son caractère de dotalité (1). L'application de la règle, en cas pareil, se borne à ceci : Le mari ne pourra être forcé de rendre le fonds, il aura le droit de le retenir *quasi pignus*, tant que la dépense qu'il a faite ne lui aura pas été remboursée (2).

2° Si dans la dot il y a une somme, si par exemple le

---

(1) Ulpien exprime encore la même idée, lorsqu'il dit, L. 1 § 4 *De dote præleg.* (33, 4): « *Quod diximus*, IPSO JURE DOTEM IMPENSIS MINUI, *non ad singula corpora, sed ad universitatem, erit referendum.* » — C'est ainsi, comme le remarque Cujas (*Observ.* liv. XXIII, ch. 12; *in Tit.* DE DOTE PRÆLEG. *ad* L. 5), que, lorsqu'un esclave qui a un pécule devient débiteur de son maître, les objets compris dans le pécule ne cessent point *ex aliquâ parte* d'être *peculiaria* : Voy. Pomponius, L. 4 § 5 *De pecul.* (15, 1). Ulpien ne dit point le contraire, dans la L. 6 pr. *De pec. leg.* (33, 8); il veut seulement dire que le légataire du pécule, exerçant la revendication de chaque objet, devra tenir compte de l'*æs alienum dominicum* en proportion de la valeur de l'objet. Comp. Labéon, L. 22 pr. *De pec. leg.*

(2) *Quid* si le mari avait négligé d'exercer ce droit de rétention et avait restitué la dot tout entière? Marcellus et Ulpien sont d'avis qu'il faudrait lui donner une *condictio : hâc* L. 5   2.

mari a reçu deux fonds, l'un estimé et l'autre non estimé, la dépense nécessaire faite par le mari diminue la dot *ipso jure*, c'est-à-dire qu'à la dissolution du mariage il devra rendre, avec le fonds non estimé, le montant de l'estimation diminué du montant de la dépense.

3° Les dépenses qui produisent l'effet dont il s'agit, ce sont uniquement celles qui ont été faites *in dotem ipsam*, qui ont eu directement pour objet la conservation de la chose dotale. Quant aux dépenses faites *extrinsecùs*, comme serait une dépense que le mari a faite pour sauver sa propre chose et dont la chose dotale se trouve avoir profité, cela ne peut pas entraîner diminution du montant de la dot pécuniaire.

4° Le mari a fait une dépense nécessaire *in rem dotalem ;* la femme en rembourse le montant : quel va être précisément l'effet de ce remboursement? Ulpien indique deux réponses possibles à cette question. Supposons que la dot primitivement constituée valût 100 et que le mari ait fait une dépense nécessaire égale à 25 : la dot s'est ainsi trouvée réduite à 75. Au moment où les 25 sont remboursés au mari, on peut dire que la dot primitive reste réduite à 75, et qu'à côté de cette dot primitive il y en aura désormais une nouvelle de 25 ; on peut dire aussi que, par l'effet du remboursement, la réduction qu'avait subie la dot primitive est effacée, et qu'ainsi c'est cette même dot qui est revenue à son chiffre originaire de 100 (1). Il est évident, du reste, que, dans la doctrine de Pomponius et d'Ulpien,

_____

(1) Nous verrons que Pothier paraît donner un tout autre sens aux expressions *Utrùm crescet dos, an ex integro data videbitur?* employées par Paul dans la L. 56 § 3 *De jure dot.*

la question ne peut se présenter qu'autant que *pecunia in dote sit :* car, si la dot de 100 se composait exclusivement de corps certains, la dépense de 25 faite par le mari n'amènerait pas une réduction, puisque les corps certains resteraient dotaux en totalité. Ulpien suppose donc que la dot comprend une somme, et il dit que sans aucun doute le remboursement de la dépense opère constitution d'une dot nouvelle et non pas rétablissement de l'ancienne à son chiffre originaire. Mais quel peut être l'intérêt ? Vraisemblablement l'idée du jurisconsulte est que nous aurons deux dots bien distinctes et qui ne seront pas nécessairement traitées l'une comme l'autre. Ainsi, par exemple, une fille émancipée a reçu de son ascendant paternel une dot de 100 ; le mari fait une dépense de 25, et la femme la lui rembourse ; puis elle meurt *in matrimonio*, son ascendant vivant encore : nous dirons qu'il y a deux dots, l'une de 75, qui comme profectice devra être rendue à l'ascendant, et l'autre de 25, qui sera gagnée par le mari. Assurément ce résultat n'est susceptible d'aucune difficulté (1), et alors je m'explique très-bien les expressions du jurisconsulte : *Non dubito dotem videri crevisse.*

Voyons maintenant si nous trouverons quelque chose de plus ou quelque chose de différent dans le deuxième texte dont j'ai annoncé l'explication :

Paul, L. 56 § 3 *De jure dot.* : « *Quod dicitur*, NECES- « SARIAS IMPENSAS IPSO JURE DOTEM MINUERE, *non eo pertinet* « *ut, si fortè fundus in dote sit, desinat aliquâ ex parte*

---

(1) Au besoin, on pourrait tirer un argument *a fortiori* de ce que dit le même Ulpien, L. 5 § 5 *De jure dot.*

« *dotalis esse, sed, nisi impensa reddatur, aut pars fun-*
« *di aut totus retineatur. Sed si tantum in fundum do-*
« *talem impensum sit per partes quanti fundus est, de-*
« *sinere eum dotalem esse Scævola noster dicebat, nisi*
« *mulier sponte marito intrà annum impensas obtulerit.*
« *Si pecunia et fundus in dote sint, et necessariæ impensæ*
« *in fundum factæ, Nerva ait dotem pecuniariam minui.*
« *Quid ergo si mulier impensas marito solverit? utrùm*
« *crescet dos, an ex integro data videbitur? Cujus rei*
« *manifestior iniquitas in fundo est, secundùm Scævolæ*
« *nostri sententiam. Nàm si desinit dotalis esse, poterit*
« *alienari; rursùs quemadmodùm poterit fieri dotalis*
« *datâ pecuniâ? An jàm pecunia in dotem esse videbitur?*
« *Sed magis est ut ager in causam dotis revertatur et in-*
« *terim alienatio fundi inhibeatur* » (1).

(1) « Cette règle, *les dépenses nécessaires diminuent de plein
« droit la dot,* ne signifie pas que, lorsqu'il s'agit par exemple d'un
« fonds dotal, ce fonds cessera d'être dotal pour une part quelconque,
« mais qu'à défaut de remboursement de la dépense une partie du
« fonds ou même le fonds entier pourra être retenu. Cependant, si le
« mari a successivement dépensé pour le fonds dotal autant qu'il
« vaut, Scævola, notre maître, disait qu'il cesse d'être dotal, à moins
« que dans le délai d'une année la femme n'offre au mari le rem-
« boursement. Si la dot comprend une somme et un fonds, et que
« des dépenses nécessaires aient été faites sur le fonds, Nerva dit que
« c'est la dot pécuniaire qui sera diminuée. Que va-t-il donc arriver
« si la femme rembourse au mari les dépenses? La dot va-t-elle se
« trouver augmentée, ou considérerons-nous comme rétablie la dot pri-
« mitive? C'est ici surtout qu'apparaît bien l'iniquité de la doctrine
« de Scævola quand il s'agit d'un fonds. En effet, si le fonds cesse
« d'être dotal, il pourra être aliéné; alors comment pourra-t-il après
« le remboursement redevenir dotal? Ou bien dira-t-on que c'est la
« somme remboursée qui est dotale? Ce qu'il y a de mieux à dire,
« c'est que le fonds redeviendra dotal et que provisoirement l'aliéna-
« tion en est interdite. »

Analysons ce texte avec soin, comme nous avons fait pour le précédent. Il est facile de reconnaître qu'ici le jurisconsulte est préoccupé d'une question unique : LES CORPS CERTAINS COMPRIS DANS LA DOT CESSENT-ILS D'ÊTRE DO-TAUX, EN TOUT OU EN PARTIE, PAR SUITE DES DÉPENSES NÉCES-SAIRES QU'A PU FAIRE LE MARI? Si quelque autre question est indiquée à côté de celle-là, ce n'est que d'une ma-nière très-subsidiaire et pour aider à la résoudre. Tout d'abord on voit clairement que Paul, comme Pomponius et comme Ulpien, est d'avis que la dépense nécessaire ne fait point perdre au *corpus dotale*, soit pour le tout, soit pour partie, son caractère de dotalité : le mari peut seulement exercer un droit de rétention tant que la dé-pense ne lui a pas été remboursée. Paul ajoute que Scævola était d'un avis contraire, du moins pour le cas où le mari avait dépensé, *per partes* (1), une somme égale à la valeur du fonds : Scævola, dans ce cas, re-gardait le fonds comme cessant d'être dotal (2). Sans

---

(1) Si pour conserver le fonds il fallait de suite et d'un seul coup dépenser autant qu'il vaut, le mari ferait aussi bien de le laisser pé-rir : la perte survenant dans ces circonstances ne lui serait pas im-putable à faute. En sens inverse, on pourrait lui reprocher de l'avoir sauvé à un prix si élevé : peut-être eût-il été d'un bon père de famille de le sacrifier, peut-être la femme sera-t-elle fondée à ne point vouloir tenir compte d'une pareille dépense. C'est donc pour être dans un cas où certainement le mari a fait une dépense dont la femme lui doit compte que Scævola suppose que *per partes* on a fini par atteindre la valeur du fonds. Ainsi le fonds vaut 100 : à quatre reprises diffé-rentes, pour le sauver il a fallu dépenser 25. Chacune de ces dé-penses de 25 est évidemment justifiée.

(2) Je ne crois pas qu'on puisse conclure de la L. 5 *De dote præ-leg.* que Marcien partageait l'opinion de Scævola. Marcien suppose qu'un mari a légué la dot à sa femme : l'héritier, tenu de l'action *ex testamento*, ne pourra pas, comme il le pourrait s'il n'était tenu que

doute Scævola faisait application de sa doctrine au cas
même où, une dépense nécessaire ayant été faite *in fundum dotalem*, la dot se trouve comprendre, en outre de
ce fonds, une somme d'argent. Au contraire Nerva,
apportant ici un tempérament, admettait que c'est d'a-
bord la dot pécuniaire qui doit être diminuée (1). Quelle
est la raison alléguée par Paul à l'encontre de cette doctrine? Il se borne à faire remarquer que, si la femme rembourse la dépense, quelle que soit la conséquence qu'on
attache à ce remboursement, on arrive à un résultat inadmissible. En effet, de deux choses l'une : ou l'on dira que
la dot est augmentée de la somme remboursée, que cette

---

de l'action *rei uxoriæ*, se refuser à rendre la dot tant qu'il n'est pas
remboursé de dépenses autres que celles *quæ ipso jure dotem minuunt*. En effet, ajoute Marcien, « *aliud est minorem esse factam
dotem, quod per necessarias impensas accidit, aliud pignoris
nomine retineri dotem ob ea quæ mulierem invicem præstare
æquum est.* » Ainsi, le mari ayant fait des dépenses qui diminuent
ipso jure la dot, le legs de la dot est diminué d'autant; d'autres
dépenses, au contraire, ne peuvent pas être opposées par l'héritier
poursuivi *ex testamento*. Maintenant, quelles sont les dépenses qui
diminuent *ipso jure* la dot? Ce sont les dépenses nécessaires. Mais
évidemment cette petite phrase *quod per necessarias impensas accidit* n'implique pas que, dans la pensée de Marcien, par l'effet de
pareilles dépenses, un *corpus dotale* puisse cesser de l'être. Ulpien
lui-même, dont nous connaissons l'opinion, s'exprime dans des termes
analogues à ceux de Marcien lorsqu'il dit, L. 2 pr. *eod Tit* : « *Quod
si necessariæ fuerunt impensæ, quæ ipso jure dotem minuunt...* »
Aj. L. 1 § 4 *eod. Tit.*, déjà citée plus haut, p. 169, note 1.

(1) Ainsi, Nerva décide, comme Ulpien, que la dépense faite sur le
fonds dotal diminue la dot pécuniaire ; mais, à défaut de dot pécuniaire, Nerva décide, comme Scævola, que le fonds lui-même pourra
cesser d'être dotal. Par là s'explique très facilement que Paul mentionne l'opinion de Nerva en exposant celle de Scævola : Nerva partage l'opinion de Scævola, sauf qu'il y apporte un tempérament *si pecunia in dote sit.*

somme forme une nouvelle dot qui vient s'ajouter à la
première (*crescit dos*), ou l'on dira que la dot est ramenée
à son état primitif, que le fonds recouvre le caractère de
dotalité qu'il avait perdu (*ex integro data videtur dos*) (1).
Si l'on prend le premier parti, la dot immobilière va
se trouver convertie en une dot pécuniaire, ce qui ne
paraît en aucune façon être conforme à l'intention des
époux. Si au contraire on prend le deuxième, le fonds,
ayant cessé d'être dotal, a pu être valablement aliéné
par le mari, et alors est-il possible d'admettre que, par
suite du remboursement de la dépense nécessaire, le
tiers détenteur sera dans le cas d'être évincé? Voilà des
difficultés que l'on évite en s'en tenant à l'idée que malgré
la dépense nécessaire le fonds reste dotal.

Paul, j'en suis convaincu, ne disait pas autre chose
dans le texte qui nous occupe. Mais ce texte a été retouché, très-maladroitement retouché par les commissaires de Justinien. Ceux-ci ont ajouté deux phrases.
D'abord, après l'indication faite par le jurisconsulte de
la doctrine de Scævola consistant à dire que le fonds peut
cesser d'être dotal, ils ont ajouté cette restriction :
nisi mulier sponte marito intrà annum impensas obtule-

_____

(1) Pothier (*Pand. Just.*, Tit. *De imp. in res dot. factis*, n° 6)
donne un autre sens à ces mots *Utrùm crescet dos, an ex integro
data videbitur?* Suivant lui, cela signifierait : Faut-il dire que le
fonds qui avait cessé d'être dotal pour partie le sera désormais pour
le tout, et que le fonds qui avait complètement perdu le caractère
de dotalité le recouvrera? Je me borne à faire remarquer que les mots
utrùm et *an* indiquent évidemment deux opinions opposées, entre
lesquelles il s'agit de choisir, tandis que, suivant Pothier, ils indique-
raient seulement deux applications d'une opinion unique. — Les scho-
lies des Basiliques ne laissent, du reste, aucun doute sur l'exactitude
du sens que j'ai admis (M. Pellat, *Textes sur la dot*, p. 268 et 269).

rit. Puis, tout à la fin, après que le jurisconsulte a posé la question *Utrùm crescet dos, an ex integro data videbitur?* et montré que chacune des deux solutions mène à un résultat inique, ils ont ajouté ceci : *Sed magis est ut ager in causam dotis revertatur et interim alienatio fundi inhibeatur.* L'interpolation se révèle par l'indication d'un délai fixe, délai d'un an, dans lequel la femme devra effectuer le remboursement (1), et par la rédaction de la dernière phrase, où l'on voit employés tout près l'un de l'autre, pour désigner le même objet, le mot *ager* et le mot *fundus*. Elle se révèle surtout par la tournure bizarre que présente aujourd'hui le texte, dont la dernière phrase suppose qu'on met de côté le principe posé très-nettement dans la première.

En définitive, que signifie cette L. 56 § 3 dans la législation de Justinien ? Voici l'interprétation qui me paraît la plus plausible : La dépense nécessaire faite sur le fonds dotal diminue d'abord d'autant le montant de la dot pécuniaire. A défaut de dot pécuniaire, le fonds reste dotal pour le tout, tant que sa valeur n'est pas atteinte par le chiffre de la dépense, et le mari a seulement le droit de rétention (2). Que si le mari a

----

(1) « *Temporum finitio*, dit Cujas (*Observ.*, liv. XXIII, ch. 12; *In Tit.* DE DOTE PRÆLEG., ad L. 5), *ad Leges pertinet aut Constitutiones, non ad jurisconsultos.* » — Voy. une interpolation du même genre dans la L. 6 *De divort.* (24, 2); comp. L. 12 § 4 *De captiv.* (49, 15).

(2) Justinien, dans la L. un. § 5, C., *De rei ux. act.*, supprime en général toutes les rétentions qui appartenaient autrefois au mari poursuivi en restitution de la dot. Mais je ne puis pas admettre que cela s'applique à la rétention *propter impensas necessarias*. En effet, les Institutes, promulguées quelques années après la Constitution dont il s'agit, contiennent cette disposition : « *Propter reten-*

dépensé, *per partes, tantum quanti fundus est,* alors la femme doit, dans le délai d'un an (à partir du moment où la valeur totale du fonds a été ainsi atteinte), rem - bourser le mari (1), faute de quoi le fonds cesse défi- nitivement d'être dotal : le mari le gardera, en quelque sorte, à titre de dation en paiement pour les dépenses que lui devait la femme (2). — Remarquons, du reste, que cela ne s'accorde guère avec la L. 5 pr. *De imp. in res dot. fact.,* qui porte, en termes absolus : *Non ipso jure corporum, sed dotis, fit deminutio. Ubi ergo ad- mittimus deminutionem dotis ipso jure fieri? Ubi non sunt corpora, sed pecunia.* Évidemment les commissaires de Justinien, qui ont retouché le texte de Paul, ont oublié de retoucher le texte d'Ulpien (3).

« *tionem quoque dotis repetitio minuitur : nam ob impensas in* « *res dotales factas marito retentio concessa est, quia ipso* « *jure necessariis sumptibus dos minuitur* » (§ 37 *in fine De action.*).

(1) Le mari n'aurait pas le droit d'exiger le remboursement : c'est ce qu'expriment les mots *nisi mulier sponte obtulerit.*

(2) C'est l'interprétation donnée par Glück (*Ausführliche Erläu- terung,* t. XXVII, p. 415 et suiv.). Du reste, cet auteur n'admet pas que le texte ait été retouché par les commissaires de Justinien. — Au contraire Cujas, qui a très-bien reconnu l'interpolation, dit que, si le remboursement est fait dans l'année, le fonds n'aura jamais cessé d'être dotal ; que si l'année s'écoule sans remboursement, le fonds cesse bien d'être dotal, mais reste inaliénable, parce que la femme peut toujours en venant effectuer le remboursement lui faire recou- vrer son caractère de dotalité. Cette interprétation est inadmissible en elle-même ; mais Cujas y a été conduit assez naturellement par la façon vicieuse dont les compilateurs ont remanié le texte, qu'ils pa- raissent bien n'avoir pas compris.

(3) D'après le système ingénieux de M. Bluhme (*Zeitschrift für geschichtliche Rechtswissenschaft,* t. IV, p. 258 et suiv.), le fragment d'Ulpien (L. 5 *De imp. in res dot. fact.*) appartient à la

série Sabinienne, tandis que le fragment de Paul (L. 56 *De jure dot.*) appartient à la *série Édictale.* Si donc à chaque série correspondait une sous-commission, ce ne sont pas les mêmes commissaires qui ont fourni les deux textes. On comprend alors que l'un ait été retouché avant d'entrer dans le Digeste, tandis que l'autre est resté intact.

L. 3. — PAULUS, lib. xxxvi *ad Edictum*.

Pr.

Fundus dotali servo legatus ad legem Juliam pertinet, quasi dotalis.	Le fonds légué à un esclave dotal tombe sous l'empire de la loi Julia, comme étant dotal.

Un mari, ayant reçu en dot un esclave, acquiert un immeuble par suite d'un legs fait à cet esclave : l'immeuble ainsi acquis est-il dotal, comme l'esclave par le ministère duquel il est entré dans le patrimoine du mari, ou bien, au contraire, est-il propre au mari, de manière à ne point être compris dans l'action *rei uxoriæ* qui pourra être exercée un jour et à ne point tomber sous l'application de la loi Julia? Paul s'arrête à la première de ces deux idées : le fonds légué à l'esclave dotal sera dotal comme l'esclave *per quem marito quæritur ;* à la différence de l'esclave, il sera inaliénable entre les mains du mari, aux termes de la loi Julia.

Cette décision de Paul s'applique sans difficulté au cas où l'acquisition de l'immeuble par le mari se réalise *constante matrimonio*. Mais il se peut qu'un esclave ait été transféré *dotis causâ* à un simple fiancé, en vue d'un mariage non encore contracté; il se peut aussi que, le mariage étant dissous, l'esclave que le

mari a reçu en dot n'ait pas encore été restitué à la
femme. Dans ces deux cas, considérerons-nous également
ment comme dotal l'immeuble acquis par l'esclave à
un homme qui n'est pas encore mari ou qui a déjà
cessé de l'être? Le premier cas est prévu par Julien,
dans la L. 47 *De jure dot.*, ainsi conçue : « *Si servo in*
« *dotem antè nuptias dato donatum aliquid vel legatum*
« *antè nuptias fuisset, ampliatur dos, sicut ex fructibus*
« *fundi qui antè nuptias traditus est* » (1).

Un mariage est projeté, non encore contracté, entre
Titius et Titia ; un esclave est mancipé ou cédé *in jure*
à Titius, *dotis nomine*, pour être dotal quand le mariage aura été contracté. Une chose ayant été léguée à
cet esclave, évidemment cette chose pourra être acquise à Titius avant le mariage, puisqu'il est déjà
propriétaire de l'esclave. Mais cette chose sera-t-elle
dotale? On peut en douter : ne serait-il pas bizarre
que la chose qui me parvient par un esclave non encore
dotal prît un caractère que lui-même n'avait pas lorsqu'il me l'a acquise? Cependant Julien décide que la
dot sera augmentée de cette chose; et, en effet, l'intention des parties serait bien certainement méconnue si
l'on admettait que, par cela seul que l'acquisition *per
servum* a eu lieu avant le mariage, Titius n'aura point
à restituer la chose ainsi acquise. Julien compare ici
ce qui arrive quand la chose apportée au futur mari a
produit des fruits avant le mariage : ces fruits ne sont

(1) « Si un esclave ayant été remis en dot avant le mariage, quel-
« que chose lui a été donné ou légué toujours avant le mariage, la
« dot est augmentée d'autant : c'est ainsi qu'elle s'augmente des
« fruits du fonds qui a été livré avant le mariage. »

pas employés à subvenir aux charges du mariage, puisqu'il n'y a pas encore de mariage; ils ne doivent pas
constituer pour le mari un pur bénéfice : ils seront
donc capitalisés pour que le montant de la dot soit
augmenté d'autant (1). — Julien, dans cette L. 47, ne
distingue pas si la chose ainsi léguée à l'esclave est
meuble ou immeuble : il décide, d'une manière générale, que la dot s'en trouve augmentée. Mais si nous
supposons que cette chose est un immeuble, faudra-
t-il dire que la loi Julia y sera applicable, même avant
le mariage? Je n'hésite pas à le dire, en présence de
la règle posée par Gaius dans la L. 4 de notre Titre. Du
moment qu'un immeuble se trouve dans le cas d'être
réclamé un jour par la femme agissant *de dote* (et tel
est bien le cas de celui qui nous occupe), il est dans
l'esprit de la loi Julia que le propriétaire actuel ne
puisse pas librement en disposer : c'est ce que dit Paul,
§ 1 de notre L. 3 *De fundo dot.*

Prenons maintenant le cas inverse, celui où l'acquisition se réalise *per servum dotalem* après la dissolution
du mariage. Ici encore nous possédons un texte de Julien, la L. 31 § 4 *Sol. matr.* : « *Si fundum dotalem re-*
« *cepisset mulier, non habitâ ratione fructuum pro por-*
« *tione anni quo nupta non fuisset, nihilominùs de dote*
« *agere potest, quia minorem dotem recepisset. Hoc*
« *enim ad dotis augmentum pertinet, quemadmodùm*
« *si partum ancillarum non recepisset, aut legata vel*
« *hereditates, quæ post divortium per servos dotales*
« *acquisitæ marito fuissent* » (2).

(1) Comp. Paul, L. 7 § 1 *De jure dot.*, L. 38 § 12 *De usuris*
(22, 1), L. 6 *Sol. matr.* et L. 28 *De pact. dotal.*

(2) « Si une femme a recouvré le fonds dotal sans qu'on lui ait tenu

Pour ce deuxième cas comme pour le premier, Julien établit une comparaison entre l'objet que le mari acquiert *per servum dotalem* et des fruits qu'il perçoit *ex fundo dotali* sans avoir à les consacrer aux charges du mariage. Supposons qu'un mariage a duré dix ans et trois mois : il avait été contracté le 1er juillet; dix ans se sont écoulés, puis il s'est dissous le 1er octobre. Le mari a reçu en dot, le jour même du mariage, un fonds, dont il a perçu onze fois la récolte annuelle quand il le restitue. Sans doute il n'a point à rendre les dix premières récoltes qu'il a perçues : elles lui ont servi à faire face aux charges du mariage pendant dix ans. Mais peut-il garder également la onzième? Non : dans la dernière année le mariage n'ayant duré que trois mois, le mari n'a droit qu'à un quart de cette dernière récolte (1). Donc, si le mari s'est borné à restituer le fonds, il n'a pas restitué tout ce à quoi il était tenu : la dot comprenait le fonds, plus les trois quarts de la dernière récolte : la femme, n'ayant reçu que le fonds, pourra exercer l'action *rei uxoriæ* pour le surplus de ce qui lui était dû. — De même si des esclaves dotales ont mis au monde des enfants, ces enfants, dans l'opinion qui a prévalu, n'étant point considérés comme des fruits (2), le mari qui en est devenu propriétaire devra toujours

« compte des fruits pour une partie de l'année où a cessé le mariage, « elle peut encore agir *de dote*, comme n'ayant pas recouvré toute sa « dot. En effet, ces fruits augmentent la dot : c'est comme si elle « n'avait pas recouvré le part des esclaves, ou bien des legs ou des « hérédités qui ont été acquis au mari depuis le divorce par des es- « claves dotaux. »

(1) *Sent. de Paul*, liv. II, Tit. XXII, § 1.
(2) Ulpien, L. 68 pr. *De usufr. et quemadm.* (7, 1).

les rendre avec la dot dont ils sont une dépendance (1),
sans distinguer même à quelle époque ils sont nés. —
De même enfin, quand une chose qui a été léguée à un
esclave dotal est acquise au mari, elle ne peut aucunement être considérée comme un fruit : il serait inique
d'en faire profiter définitivement le mari : elle doit être
entre ses mains de même condition que l'esclave par
lequel il l'a acquise. Sans doute, au cas où cette acquisition ne se réalise qu'après le divorce, comme le
suppose notre L. 31 § 4, on peut être surpris de voir la
dot s'augmenter ainsi à un moment où a cessé l'état de
choses en vue duquel la constitution de dot a eu lieu.
Cependant on s'explique très-bien la décision des jurisconsultes romains, en remarquant d'une part qu'en général les biens constitués en dot restent dotaux même
après la dissolution du mariage tant qu'ils n'ont pas été
restitués par le mari, et, d'autre part, qu'il importe à la
femme de pouvoir appliquer son action *rei uxoriæ*, de
n'être point réduite à une *condictio sine causâ*, relativement à l'objet ainsi acquis *post divortium per servum
dotalem*. Nous arrivons donc sans difficulté à reconnaître
que, si cet objet est un immeuble, on le traitera comme
s'il était réellement un *fundus dotalis*, le droit de propriété du mari sera restreint conformément à la loi Julia.

Paul, dans notre L. 3 pr. *De fundo dot.*, suppose un
legs fait à l'esclave dotal. Mais évidemment cette mention du legs n'a rien de limitatif : la décision serait
exactement la même si l'esclave avait reçu une donation
entre-vifs ou avait été institué héritier. Julien, du reste,
dans les deux textes que nous avons rapprochés, cite

(1) Ulpien, L. 10 § 2, et Papinien, L. 69 § 9 *De jure dot.*

formellement la donation et l'institution testamentaire
à côté du legs. Nous possédons même un troisième texte
de Julien, L. 45 pr. et § 1 *De adq. vel om. hered.* (29,2),
consacré spécialement au cas où le mari est devenu héritier *per servum dotalem* : « *Aditio hereditatis*, dit le
« jurisconsulte, *non est in operâ servili. Idcirco, si servus*
« *dotalis adierit, actione de dote eam hereditatem mu-*
« *lier recuperabit, quamvis ea quæ ex operis dotalium*
« *servorum adquiruntur, ad virum pertineant* » (1).
On considère comme fruits, relativement à un esclave,
les acquisitions qui proviennent de son travail, *ex
operis ejus.* Le mari gagnant en général les fruits des
biens dotaux, il s'ensuit que, lorsqu'un esclave a été
constitué en dot, les valeurs acquises en échange de son
travail sont acquises définitivement au mari. Mais si
cet esclave, institué héritier par un tiers, a fait addition sur l'ordre du mari, son maître actuel, dirons-
nous que cette addition est une *opera servilis*, que par
conséquent l'hérédité est un fruit qui doit rester au
mari? Non : il n'est pas possible de considérer l'esclave
qui fait addition comme se livrant à un travail. Les
biens compris dans l'hérédité viennent donc augmenter
la dot et seront compris dans l'action *rei uxoriæ* que
pourra exercer la femme (2).

La théorie qui vient d'être exposée me paraît d'une

---

(1) « Faire addition d'hérédité, ce n'est point un travail pour un
« esclave. Si donc un esclave dotal a fait addition, la femme par l'action
« *de dote* recouvrera l'hérédité, bien que les acquisitions qui proviennent
« des *operæ* des esclaves dotaux soient pour le mari. »

(2) Quand l'esclave dotal a été institué héritier par un tiers, c'est au
mari à lui donner l'ordre de faire addition ou au contraire de répudier.
Mais le mari peut craindre d'engager sa responsabilité envers la

simplicité parfaite. Toute chose que le mari acquiert à l'occasion des biens dotaux, et qui ne peut pas être considérée comme fruit destiné à faire face aux charges du mariage, est réputée dotale et sera comprise dans l'action *rei uxoriæ*. Le principe posé par Paul est appliqué par Julien au cas même où l'acquisition se réalise pour le mari *antè nuptias* ou *post divortium*. — Cependant je dois dire que ce qui me paraît si clair et si raisonnable a paru très-obscur aux interprètes et les a conduits aux explications les plus forcées. Sur la L. 47 *De jure dot.*, ils se sont demandé pourquoi le jurisconsulte suppose une acquisition réalisée *antè nuptias*, puisque le mari ne garderait pas davantage une acquisition du même genre réalisée *constante matrimonio*; et pareillement, sur la L. 31 § 4 *Sol. matr.*, pourquoi le jurisconsulte suppose un legs ou une hérédité acquis au mari *post divortium*, puisque la décision est la même quand le mari acquiert avant la dissolution du mariage. J'ai déjà répondu : c'est qu'on pouvait douter qu'une augmentation de la dot fût possible à un moment où il n'y a pas encore réellement de dot, à un moment où il n'y a plus mariage. Et les expressions employées par Julien montrent bien que c'est précisément ce doute qu'il veut faire disparaître : *ampliatur dos*, dit-il dans un texte; *ad dotis augmentum pertinet*, dit-il dans l'autre. — Au lieu de

---

femme pour le cas où l'ordre par lui donné se trouverait dommageable. Modestin, L. 58 *Sol. matr.*, indique un moyen simple *ut mariti sollicitudini consulatur*. Remarquez que, si la femme est d'avis d'accepter la succession dont le mari se défie, l'esclave sera transféré à la femme; puis, quand il aura fait adition sur l'ordre de celle-ci, retransféré au mari. Ici les biens de cette succession seront paraphernaux.

cette explication si naturelle, que trouvons-nous dans les principaux interprètes?

Pothier (1) prend précisément le contre-pied de ce que je viens de dire. Son explication revient à ceci : « Le mari, tenu de l'action *rei uxoriæ*, doit restituer la *causa rerum dotalium*, ce qui provient des choses dotales, surtout si l'acquisition a eu lieu soit *antè nuptias*, soit *post divortium*, mais également si elle a eu lieu *constante matrimonio*. » Evidemment l'application de l'action *rei uxoriæ* est plus douteuse quand il s'agit de choses acquises à un moment où il n'y a pas mariage. Au rebours de ce que dit Pothier, il faut donc dire : « La dot se trouve augmentée des acquisitions faites par le mari pendant le mariage, et même des acquisitions faites *antè nuptias* ou *post divortium*. »

Quant à Cujas, pour expliquer la L. 47 *De jure dot.*, il suppose (2) que l'esclave *cui antè nuptias donatum aliquid vel legatum fuit* avait été donné au futur mari avec estimation : alors, en effet, la propriété de l'esclave n'étant transférée qu'au moment du mariage (3), on peut dire que l'acquisition réalisée avant le mariage augmente la dot, tandis que celle qui n'a lieu que *post nuptias* profitera définitivement au mari. Cette supposition, que l'esclave avait été estimé, se trouve déjà dans les interprètes grecs. Elle ne peut point s'appuyer sur le texte de Julien, et il serait bien extraordinaire que le jurisconsulte eût omis précisément la circonstance en raison de laquelle sa décision n'est vraie que là où l'ac-

(1) *Pand. Just.*, Tit. *Sol. matr.*, nos 33 et 80.
(2) *In lib.* xviii *Digestorum Salvii Juliani.*
(3) V. ci-dessus, p. 39, note.

quisition a eu lieu *ante nuptias*. — Mais ce que dit
Cujas pour expliquer, dans la L. 31 § 4 *Sol. matr.*,
les mots *post divortium*, est encore bien plus inadmissible. Il commence par supposer que le testateur qui
a institué l'esclave ou qui lui a fait un legs agissait
contemplatione mariti, non mulieris (1). Évidemment,
c'est là une conjecture tout à fait arbitraire, et d'autant
moins plausible qu'il résulte bien de notre L. 3 pr.
De fundo dot., que, quand un legs est fait à l'esclave
dotal, le testateur est présumé l'avoir fait *contemplatione mulieris*, c'est-à-dire avec l'intention que la chose
léguée revienne à la femme (2). J'ai donc raison de dire
que Cujas se livre à une conjecture arbitraire lorsque,
en présence d'un texte qui parle simplement de legs ou
d'hérédités acquis au mari *per servos dotales*, il suppose
que le testateur voulait gratifier le mari et non la femme.
Enfin, admettons pour un instant cette conjecture, admettons qu'effectivement dans la pensée de Julien le testateur

(1) On a imprimé : *contemplatione mulieris, non mariti*. Mais,
comme le remarque M. Pellat, c'est évidemment un *lapsus*. En effet,
voici ce que veut dire Cujas : « Quand le mari acquiert par l'esclave
pendant le mariage, cela n'augmente la dot qu'autant que l'acquisition ne provient pas *ex operis servi* ou *ex re mariti* (et il y aurait
acquisition *ex re mariti* dans le cas d'une disposition faite *contemplatione mariti*); mais quand l'acquisition a lieu *post divortium*,
provînt-elle *ex operis servi* ou *ex re mariti*, dans tous les cas la dot
en sera augmentée. »

(2) La L. 65 *De jure dot.* est conçue dans le même système :
« Ce qui arrive à l'esclave dotal par legs ou par succession, dit Pomponius, devra, si le testateur n'a pas exprimé la volonté que cela
profitât au mari, être restitué à la femme après la dissolution du
mariage. » Tel est le sens que donnent à cette L. 65 le scholiaste
des Basiliques, Glück (*Ausführliche Erläuterung*, t. xxv, p. 150,
note 54), Pothier (*Pand. Just.*, Tit. *Sol. matr.*, n° 33), et Cujas lui-même (*Observ.*, liv. xxiii, chap. 38).

avait fait l'institution ou le legs *contemplatione mariti* :
faudra-t-il alors décider que le mari, qui garderait le
bénéfice de cette acquisition si elle s'était accomplie
durant le mariage, devra au contraire le restituer par
cela seul qu'elle ne s'accomplit qu'après le divorce?
Cette distinction proposée par Cujas me paraît tout à
fait fausse, et je suis convaincu que, la disposition étant faite *contemplatione mariti*, le bénéfice en
appartiendra définitivement au mari, lors même que
l'acquisition ne se serait opérée en sa personne qu'après
le divorce. En effet, d'abord l'esclave dotal ne cesse
aucunement d'appartenir au mari par cela seul que le
mariage est dissous : le même droit de propriété que
le mari avait la veille du divorce, il l'a encore le lende-
main. J'ajoute que l'obligation du mari de restituer la
dot, obligation éventuelle pendant le mariage (aucune
stipulation n'ayant été faite par la femme), ne devient
même pas certaine quant à son existence après le divorce : car si la femme venait à mourir sans avoir mis
le mari en demeure de restituer, il n'y aurait point lieu
à restitution (1). D'ailleurs comprendrait-on qu'une
action de bonne foi comme l'action *rei uxoriæ* permît à
la femme de réclamer l'hérédité ou l'objet du legs contrairement à la volonté du testateur? Je sais bien que le
vendeur d'un esclave doit compte à l'acheteur même
des institutions ou des legs faits *contemplatione vendi-
toris*, du moment que l'acquisition est postérieure à la
vente (2); mais c'est là une interprétation raisonnable de

(1) *Fragments d'Ulpien*, Tit. vi, § 7.
(2) Ulpien, L. 13 § 18 *De act. empti et vend.* (19, 1), L. 23 § 9
De ædil. Ed. (21, 1).

la volonté des parties, lesquelles ont fixé le prix eu
égard aux acquisitions de ce genre qui pouvaient être
espérées. Comme il n'y a rien de semblable dans notre
matière, c'est un argument *a contrario* qui doit être
tiré de cette décision (1). Ainsi, l'explication de Cujas
repose d'abord sur une supposition arbitraire et de
plus sur une distinction inadmissible.

Mon savant maître M. Pellat (2) a imaginé une nouvelle explication des deux textes de Julien qui nous occupent (L. 47 *De jure dot.* et L. 31 § 4 *Sol. matr.*). Il est
porté à croire que Julien n'accordait pas seulement au
mari les fruits des choses dotales, notamment ce qui
provient *ex operis servi dotalis*, mais qu'il lui accordait
même le bénéfice de toutes acquisitions faites à l'occasion de ces choses, notamment le part des esclaves dotales, les objets donnés ou légués au *servus dotalis*, les successions laissées à ce *servus*. Ainsi, dans cette doctrine, en
général le mari ne serait point tenu de restituer à la
femme ce qu'il acquiert *per servum dotalem, ex donatione vel legato vel institutione*. Il y aurait seulement
exception pour le cas d'une disposition faite *contemplatione mulieris*, et aussi pour le cas d'une acquisition
réalisée *antè nuptias* ou *post divortium*. — Je me borne
à faire remarquer que nous n'avons aucun texte qui

(1) Comme je l'ai déjà remarqué, quand un legs a été fait à un
esclave *contemplatione Titii*, on dit que l'esclave acquiert *ex re
Titii* (Julien, L. 45 § 4 *De adq. vel. om. hered.*). Or le possesseur
d'un esclave n'est pas tenu de restituer au revendiquant ce que
l'esclave a pu acquérir *ex re possessoris*, même depuis la *litis contestatio* (Gaius, L. 20 *De rei vind.*). N'y a-t-il pas lieu de tirer de
là un argument *a fortiori*?

(2) *Textes sur la dot*, 2e édit., p. 220 et suiv.

permette de croire que Julien professât ainsi une opinion particulière relativement aux acquisitions faites
par le mari à l'occasion des choses dotales. Il y a mieux:
Julien lui-même, dans la L. 45 § 1 *De adq. vel. om.
hered.*, applique la doctrine commune, en décidant que
le mari doit restituer à la femme l'hérédité dont l'esclave dotal a fait adition sur son ordre. Aussi M. Pellat
est-il obligé de dire que Julien avait changé d'opinion.
Quant à moi, je ne suis pas si hardi que de supposer
sans preuve, je crois même pouvoir ajouter *sans nécessité :* 1° qu'à une certaine époque Julien s'écartait de la
doctrine commune des jurisconsultes romains ; 2° qu'à
une autre époque il avait abandonné sa manière de voir
particulière pour se rallier à la doctrine commune.

— En résumé, la décision donnée par Paul dans notre L. 3 pr. *De fundo dot.* n'est qu'une application particulière d'un principe général, suivant lequel ce que le
mari acquiert à l'occasion de la chose apportée en dot
(sans estimation valant vente) est dotal et par conséquent restituable à la femme, sans qu'il y ait même à
voir si l'acquisition s'est accomplie ou non pendant le
mariage. Nous avions déjà rencontré plusieurs autres
applications de ce même principe. Ainsi nous savons
que, quand un trésor est trouvé sur le fonds dotal, la
moitié qui appartient au mari en sa qualité de propriétaire du fonds, devra être par lui restituée à la femme
avec la dot (1). De même nous savons que, quand un
esclave dotal est affranchi par le mari malgré la femme,
tout ce que le mari recueille *ex affectione liberti* vient s'a-

_____

(1) L. 7 § 12 *Sol. matr.* V. ci-dessus, p. 68 et suiv.

jouter à la dot et sera compris dans l'action *rei uxoriæ* (1).
Voici une nouvelle application du même principe : Un
fonds a été constitué en dot par la femme ; il n'y a pas
eu estimation, et par conséquent le mari, n'étant pas
un acheteur, n'aurait pas été en droit d'exiger la *cautio
duplæ* pour le cas d'éviction ; cependant cette *cautio* lui
a été fournie. L'éviction s'étant effectivement produite,
le mari, investi de l'action *ex stipulatu*, a reçu de sa
femme le double du prix. Quand le divorce aura eu lieu,
qu'est-ce que la femme pourra recouvrer par l'action *rei
uxoriæ*? Ce n'est pas seulement la valeur de l'immeuble :
« *Quodcumque propter eum consecutus fuerit a muliere*
« *maritus, quandoque restituet mulieri de dote agen-*
« *ti* » (2).

Si la règle générale est que la dot se trouve augmentée de toutes les acquisitions que le mari fait à l'occasion des choses dotales et qui ne constituent pas des
fruits, cependant nous avons vu que cette règle souffre
exception quand le mari acquiert par suite d'une libéralité adressée à l'esclave dotal *contemplatione ipsius
mariti :* la chose ou la succession ainsi acquise n'entre
point *in dotem*, elle reste propre au mari. De même,
quand le mari a affranchi un esclave dotal, sans que la
femme y ait consenti, mais aussi sans qu'elle s'y soit opposée, le mari gagnera définitivement tout ce qui pourra
lui provenir *ex affectione liberti* (3). Pour déterminer
d'une manière précise le domaine de l'exception, voici la

---

(1) L. 61 *Sol. matr*. V. ci-dessus, p. 18 et suiv.

(2) Marcien, L. 52 *De jure dot*. Comp. Ulpien, L. 16 *cod. Tit*.

(3) L. 64 § 5 *Sol. matr*. (V. ci-dessus, p. 21 et 22). Quand la
femme s'est opposée à l'affranchissement, on reste dans la règle générale, c'est la dot qui est augmentée (V. ci-dessus, p. 19).

formule que je propose : Toutes les fois que l'acquisition
faite par le mari au moyen des choses dotales provient
ex re suâ, il en garde définitivement le bénéfice (1).
C'est à cette formule que je rattache un texte, la L. 78 § 4
De jure dot., dont j'ai déjà expliqué le commencement
(ci-dessus, p. 116). Le jurisconsulte Tryphoninus suppose que, le mari ayant reçu en dot la moitié indivise
d'un fonds, le copropriétaire a intenté contre lui l'action *communi dividundo* : « ... *Quod si marito fundus*
« *fuerit adjudicatus*, dit-il, *pars utiquè data in dotem*
« *dotalis manebit; divortio autem facto, sequetur resti-*
« *tutionem (ejus) propter quam ad maritum pervenit,*
« *etiam altera portio, scilicet ut recipiat tantum, pretii*
« *nomine, a muliere quantum dedit ex condemnatione*
« *socio; nec audiri debebit alteruter eam æquitatem re-*
« *cusans, aut mulier in suscipiendâ parte alterâ quoque,*
« *aut vir in restituendâ. Sed an constante matrimonio*
« *non sola pars dotalis sit quæ data fuit in dotem, sed*
« *etiam altera portio, videamus. Julianus de parte tan-*
« *tùm dotali loquitur, et ego dixi in auditorio illam so-*
« *lam dotalem esse* » (2).

(1) Ainsi, l'usufruitier et le possesseur de bonne foi ne gagnent en
général que ce qui est *in fructu;* mais on assimile aux fruits ce qui
provient *ex re suâ.* Voy. Inst. de Just., § 4 *Per quas pers. nob.
adq.* (II, 9); spécialement, Ulpien, LL. 21 et 22 *De usufr. et quemadm.*, et Julien, L. 45 § 4 *De adq. vel om. hered.*

(2) « Si le fonds est adjugé au mari, évidemment la part apportée
« en dot restera dotale ; mais, arrivant le divorce, l'autre part sera
« restituée avec celle en raison de laquelle elle est arrivée au mari,
« bien entendu de telle sorte que le mari obtienne de la femme,
« comme prix de vente, le montant de ce qu'il a été condamné à
« payer au copropriétaire. On n'écouterait pas celui des époux qui
« voudrait aller contre cet expédient équitable, la femme qui ne
« voudrait pas recevoir l'autre part ou le mari qui ne voudrait pas

Ainsi le mari, qui avait reçu en dot la moitié indivise du fonds Cornélien, se trouve, en vertu d'une *adjudicatio* intervenue sur la poursuite du tiers copropriétaire, investi de la propriété entière de ce même fonds. En réalité, il acquiert, à l'occasion du fonds dotal, un autre fonds; et l'acquisition a lieu *ex re suâ*, puisqu'il est condamné à payer la valeur de ce qu'il acquiert. Donc, nous bornant à appliquer notre formule, voici ce que nous devons arriver à dire : « Bien que le mari soit désormais propriétaire unique de tout le fonds Cornélien, cependant il faut encore reconnaître dans ce fonds deux parties indivises, qui ne seront pas l'une et l'autre soumises au même régime. L'une, celle qui a été apportée en dot, restera dotale, et, par conséquent, la loi Julia continuera de s'y appliquer; l'autre, celle qui a été acquise du tiers copropriétaire, ayant été acquise par le mari *propter rem dotalem*, mais en même temps aux frais du mari, *ex re mariti*, ne devient point dotale, elle appartient en propre au mari. » Est-ce bien là, en effet, la doctrine des jurisconsultes romains? Oui : Julien ne mentionnait comme dotale que la part apportée en dot, et Tryphoninus avait soutenu que celle-là seule est dotale. Toutefois on avait reculé devant une conséquence que devait entraîner cette doctrine : à la conséquence logique on avait préféré substituer un tempérament équitable. En effet, la part que le mari tient seulement *ex adjudicatione* n'étant point do-

---

« la restituer. — Maintenant demandons-nous si pendant le mariage
« il faut considérer comme dotale non-seulement la part qui a été
« apportée en dot, mais encore l'autre part. Julien parle unique-
« ment de la première ; et moi aussi dans l'*auditorium* j'ai soutenu
« que celle-là seule est dotale. »

13*

tale, il s'ensuit que l'action *rei uxoriæ* ne s'y applique
point et que le mari ne devra restituer que la *pars in
dotem data*. Mais l'indivision va donc renaître après le
divorce! Si le mari se trouve encore propriétaire des
deux parts, s'il n'a pas usé du droit qu'il avait d'aliéner,
même sans le consentement de la femme, la *pars ex adjudicatione quæsita*, il a paru équitable d'admettre que
la femme serait fondée à réclamer tout l'immeuble, bien
entendu en remboursant au mari le montant de la
condamnation prononcée au profit du copropriétaire et
acquittée par le mari, et aussi que de son côté le mari
pourrait exiger que la femme retirât l'immeuble tout
entier. En un mot, c'est pour la femme un droit et un
devoir, quand elle réclame sa dot, d'acheter en quelque
sorte au mari pour le prix déboursé par lui la part de
l'immeuble qui n'était pas dotale. Bien que dans le texte
de Tryphoninus cette décision figure en première ligne,
cependant il est facile d'apercevoir qu'il y a là un tempérament d'équité (*nec audiri debebit alteruter* EAM
ÆQUITATEM *recusans*), une déviation du résultat auquel
en pure logique on devait arriver.

Le jurisconsulte suppose toujours, dans notre L. 78
§ 4, que l'action en partage a été intentée, non par le
mari, mais par le tiers copropriétaire. La décision devrait-
elle être différente si le partage avait été poursuivi
par le mari? D'abord si le mari a formé la demande en
partage avec le consentement de la femme, je ne vois
aucune bonne raison pour admettre une décision différente : ici encore il est équitable que la femme puisse
demander le fonds tout entier, et que, de son côté, le
mari ne puisse pas être obligé de garder une moitié indivise. Mais *quid* si le mari seul a demandé le partage?

Cette demande n'ayant point abouti à une aliénation de la dot immobilière, j'admets bien que le résultat n'en peut pas être critiqué : je ne vois pas qui serait fondé à se plaindre de ce que le fonds a été adjugé au mari. Seulement on peut se demander si la décision de Tryphoninus est encore ici applicablé dans toutes ses parties. Je suis porté à croire qu'on devra permettre à la femme de réclamer le fonds tout entier, si cela lui convient, mais que le mari ne pourra pas exiger qu'elle le reçoive si elle préfère s'en tenir à la *pars in dotem data*. En effet, il ne serait pas équitable que le mari pût, par l'effet de son acte purement volontaire, amener la femme à cette nécessité de prendre tout l'immeuble, ou au contraire de le perdre tout entier si elle est hors d'état de rembourser le prix de la part acquise au mari *ex adjudicatione* (1).

---

(1) On peut cependant soutenir que la décision de Tryphoninus est applicable même au cas où c'est le mari seul qui avait intenté l'action *communi dividundo*. En ce sens on invoquerait notamment un fragment de Paul, la L. 29 *Famil. ercisc.*, qui donne lieu à des difficultés assez graves. Cujas a commenté plusieurs fois ce fragment (*In lib.* xxiii *Pauli ad Edictum; In Tit.* FAMIL. ERCISC., *ad* L. 29). *Sanè negari non potest,* dit le grand romaniste français, *quin ea Lex sit mendis et inani fuco glossarum et interpretum respersa.* Depuis Cujas, les auteurs ont continué à discuter (Voy. notamment M. de Vangerow, *Lehrbuch der Pandekten*, t. i, § 365). Voici, aussi sommairement que possible, quelles me paraissent être les décisions de Paul : « Lorsqu'un créancier gagiste est mort laissant deux héritiers, la chose engagée doit être comprise dans l'action *familiæ erciscundæ;* et Primus, à qui elle est adjugée, sera condamné envers son cohéritier Secundus à lui payer la moitié de la valeur. Secundus n'est point tenu de garantir à Primus qu'il obtiendra remboursement du débiteur. En effet, Primus est dans la même position que celui qui, poursuivi par l'action servienne ou hypothécaire, a offert la *litis æstimatio;* or celui-là peut opposer une exception à

la revendication du propriétaire. Primus doit même être écouté lorsqu'il prétend que le débiteur est tenu de dégager la chose pour le tout,
tandis que le débiteur voudrait recouvrer la moitié de la chose en
payant à Primus la moitié qu'il avait dans la créance originaire. Les
choses ne doivent pas se passer ici comme quand un créancier, qui a
hypothèque sur la moitié d'une chose, achète l'autre moitié : car
l'*adjudication est nécessaire*, et l'achat est volontaire. On pourrait
seulement opposer au créancier l'acharnement qu'il aurait mis à sur-
enchérir. Il faudra donc tenir compte de ce qu'a fait Primus : ce qu'il
a fait, c'est comme si le débiteur l'eût fait *per procuratorem;* et le
créancier qui fait une dépense nécessaire a même de ce chef une action. » — En présence de ce texte, on pourrait dire que le copropriétaire à qui toute la chose est adjugée fait toujours une acquisition
nécessaire et non une acquisition volontaire, sauf le cas où *animosè
licitus est;* qu'il n'y a point à rechercher à cet égard par qui a été
provoquée la sortie d'indivision; que, par conséquent, dans le cas
d'une adjudication faite au profit du mari, la décision de Tryphoninus
doit être appliquée complétement lors même que c'est le mari seul qui
a intenté l'action *communi dividundo.* Je ne puis pourtant pas me
rendre à cet argument. D'abord il résulte clairement de la L. 2, C.,
De fundo dot. (Voy. ci-dessus, p. 112 et s.) que l'aliénation qui se
produit dans l'action en partage n'est une aliénation nécessaire que
pour celui qui a été défendeur à cette action. Or ce qui est vrai de
l'aliénation est également vrai de l'acquisition. Donc, si le mari qui
a reçu en dot la moitié indivise d'un fonds n'est pas arrêté, comme
il pourrait certainement l'être, quand il intente seul l'action *communi
dividundo,* l'adjudication prononcée à son profit ne peut constituer
pour lui qu'une acquisition volontaire. Je remarque, d'ailleurs, que Paul,
dans la L. 29 *Fam. ercisc.*, parle d'une action en partage d'hérédité,
tandis que Gordien, dans la L. 2, C., *De fundo dot.*, parle d'une
simple action *communi dividundo :* peut-être faut-il dire (je ne vois
guère d'autre moyen de concilier les deux textes) que, pour celui
qui intente l'action *familiæ eriscundæ*, l'acquisition ou l'aliénation
de parts indivises dans les objets déterminés peut toujours être considérée comme nécessaire, attendu qu'ici, à la différence de ce qui a
lieu dans l'action *communi dividundo*, l'acquisition ou l'aliénation
se produit sans que le demandeur y ait porté spécialement son attention, comme conséquence forcée du désir de partager la masse héréditaire. C'est ainsi que le mari qui se donne en adrogation transfère
très-bien le fonds dotal à l'adrogeant (ci-dessus, p. 139).

L. 3 § 1.

Toties autem non potest alienari fundus, quoties mulieri actio de dote competit aut omnimodo competitura est.

L'aliénation du fonds dotal est défendue toutes les fois qu'une action en recouvrement de la dot appartient ou doit sûrement appartenir à la femme.

Il est certain, et cela ressort notamment de notre texte, que la défense faite au mari d'aliéner le fonds dotal *invitâ uxore* n'a été portée que dans l'intérêt de la femme. D'où résulte que le droit d'attaquer l'aliénation ne peut naître qu'en la personne de la femme, sauf à être transmis par elle en même temps que le droit à la dot dont il est la garantie. J'ajoute que, pour qu'il y ait lieu d'attaquer l'aliénation, il faut supposer qu'elle s'est appliquée à un fonds encore dotal. Cela étant admis, voici les principales conséquences auxquelles nous arrivons.

Si un étranger, en constituant la dot, en a stipulé la restitution à son profit, la disposition de la loi Julia est tout à fait inapplicable (1) : le stipulant n'a que les droits d'un créancier ordinaire, par exemple le droit

(1) Voy. Glück, *Ausführliche Erläuterung*, t. XXV, p. 159, note 82; Bachofen, *Ausgewählte Lehren*, p. 92.

d'attaquer les actes du mari comme faits *in fraudem.*

Réciproquement, si la restitution de la dot a été stipulée par la femme, l'aliénation du fonds dotal par le mari ou par son successeur universel, du vivant de la femme, est certainement contraire à la loi Julia et susceptible d'être attaquée. De même en l'absence de toute stipulation de la femme, si, le mariage étant dissous par le divorce ou par la mort du mari, l'aliénation a lieu après que la femme, toujours vivante, a mis en demeure le mari ou son héritier.

Quand la femme a stipulé la dot, quand le mari ou son héritier est en demeure de la restituer, si la femme vient à mourir après l'aliénation, elle transmet à son héritier, avec le droit de se faire rendre la dot, le droit de tenir pour non avenue l'aliénation du fonds dotal. Mais si l'aliénation n'a lieu qu'après la mort de la femme, l'héritier, qui succède au droit de réclamer la dot en général, n'a pas le droit d'attaquer l'aliénation : ce dernier droit, n'ayant jamais appartenu à la femme, n'a pas été transmis par elle à son héritier, et d'un autre côté il ne peut pas naître en la personne de l'héritier. Du reste, c'est là un point sur lequel nous reviendrons en expliquant la L. 13 § 3 de notre Titre *De fundo dot.*

Que décider au cas prévu par Africain dans la L. 50 pr. *De jure dot.* ? Ce texte est ainsi conçu : « *Quæ fundum in dote habebat, divortio facto, cùm in matrimonium rediret, pacta est cum viro uti decem in dotem acciperet et fundum sibi restitueret, ac datis decem priusquàm fundus ei restitueretur, in matrimonio decessit. Illud ex bonâ fide est, et negotio contracto convenit, ut fundus, quasi sine causâ penes maritum esse cœ-*

« *perit, condicatur* » (1). J'admets sans difficulté que, si le fonds a été aliéné par le mari après que celui-ci avait touché les 10 qui désormais doivent être *in dote* au lieu et place du fonds, l'aliénation est bonne et le tiers acquéreur est à l'abri de toute réclamation de l'héritier de la femme. En effet, dès l'instant que le mari a touché les 10, le fonds a perdu son caractère de dotalité : car il ne peut être dans l'intention des parties que la dot comprenne à la fois le fonds et les 10, et le tiers qui traite relativement au fonds avec le mari seul ne contrevient point à la loi Julia. Ce cas diffère complétement de celui où, après la dissolution du mariage, la femme accorde un délai pour la restitution du fonds dotal : cette simple concession d'un délai ne peut avoir pour effet de supprimer le caractère de dotalité. — Mais, dans l'espèce d'Africain, que décider quant à l'aliénation que le mari aurait faite avant que le fonds ait cessé d'être dotal ? La femme, qui se trouve avoir renoncé à l'action *rei uxoriæ*, qui n'a et ne transmet à son héritier qu'une *condictio sine causâ* (2), ne doit-elle pas être considérée comme ayant renoncé au droit qu'elle avait après le divorce d'attaquer l'aliénation faite par le mari ? Je ne puis pas admettre cette interprétation : je crois que la pensée du jurisconsulte est que les choses

---

(1) « Une femme avait un fonds en dot ; ayant divorcé, elle a renoué son mariage, et elle est convenue avec son mari qu'il recevrait « 10 en dot et qu'il lui restituerait le fonds ; les 10 ayant été comptés, « mais le fonds n'étant pas encore restitué, elle est morte *in matrimonio*. Il est conforme à la bonne foi et à la nature de l'opération « que le fonds soit répété par *condictio*, comme se trouvant sans « cause entre les mains du mari. »

(2) Sans doute les Proculiens lui auraient également accordé une action *præscriptis verbis*.

doivent se passer autant que possible comme si la femme
eût poursuivi la restitution du fonds après le divorce,
comme si la première dot eût été déjà recouvrée par la
femme au moment où le mari recevait la deuxième : en
d'autres termes, la femme me paraît ici avoir renoncé
seulement au bénéfice du temps. Si elle a eu le droit
d'attaquer l'aliénation, si elle n'y a point renoncé, son
héritier l'a nécessairement trouvé dans sa succession.
On peut encore dire, en se plaçant à un autre point de
vue : « Quand la femme divorcée meurt après avoir mis
le mari en demeure, elle transmet à son héritier tous
les droits déjà nés en sa personne; ici la réconciliation
entre les époux explique très-bien pourquoi il n'y a pas eu
mise en demeure du mari; du reste, l'action *rei uxoriæ*
étant convertie en une autre, cette mise en demeure du
mari n'était plus nécessaire pour assurer la transmission à l'héritier de tous les droits de la femme. » Nous
admettons d'ailleurs que le droit à invoquer l'inaliénabilité peut exister, comme le *privilegium inter personales actiones,* dans des cas même où la femme n'a jamais
eu l'action *rei uxoriæ* (1).

Nous venons de voir certains cas dans lesquels on
aura pu être fixé dès le principe sur la question de validité ou de nullité de l'aliénation faite par le mari seul.
Mais en général le sort de cette aliénation sera *in pendenti :* elle pourra, suivant les cas, se trouver nulle ou
se trouver valable. Ainsi, la restitution de la dot n'ayant
été stipulée ni par un tiers ni par la femme, le mari
aliène seul le fonds dotal : que dire de cette aliénation?
Il faut attendre la dissolution du mariage : si le mariage

(1) Voy. la Loi suivante.

se dissout par la mort du mari ou par le divorce, la femme qui a l'action *rei uxoriæ* a aussi le droit d'attaquer l'aliénation ; si au contraire le mariage se dissout par la mort de la femme, le mari qui gagne la dot adventice ne peut certainement pas évincer le tiers acquéreur (1), et le père qui reprend la dot profectice ne paraît pas pouvoir invoquer une inaliénabilité qui n'a pas été établie en sa faveur.

(1) Voy. L. 17 h. T.

L. 4. — GAIUS, LIB. XI *ad Edictum provinciale*.

Lex Julia, quæ de dotali præ-dio prospexit, ne id marito liceat obligare aut alienare, plenius in-terpretanda est, ut etiam de sponso idem juris sit quod de ma-rito.

La loi Julia, qui s'est occupée du fonds dotal pour défendre au mari de l'hypothéquer ou de l'a-liéner, doit être interprétée plus largement, en ce sens que le fiancé soit soumis à la même rè-gle que le mari.

Ce texte nous donnera lieu d'examiner deux questions distinctes, savoir : 1° A quelles personnes s'applique la prohibition de la loi Julia ? 2° Quels sont précisément les actes compris dans cette prohibition ?

J. Le mari seul était privé par la loi Julia du droit de disposer à son gré, comme le peut en général un propriétaire, du *prædium dotale*. Et, du reste, ces deux expressions *maritus* et *prædium dotale* sont parfaite-ment corrélatives : si en général il n'y a dot que là où il y a mariage (1), il est bien certain qu'il ne peut y avoir un fonds dotal que là où il y a un mari. Mais les jurisconsultes ne se sont pas arrêtés à la lettre de cette disposition, et raisonnablement ils ont étendu la

(1) Ulpien, L. 3 *De jure dot.*

défense à des personnes auxquelles n'appartient pas le
nom de *maritus*. Ainsi un mariage a été arrêté, mais
n'est pas encore contracté entre Titius et Titia ; dès à
présent on est fixé sur les biens qui seront apportés en
dot : rien ne s'oppose à ce que dès à présent on en
transfère la propriété à Titius. Titius, devenu propriétaire de ces biens avant qu'il n'y ait mariage, avant
qu'ils ne soient véritablement dotaux, pourra-t-il en
disposer librement, comme tout propriétaire en général ? Evidemment il serait par trop bizarre que sur ces
biens destinés à servir de dot les pouvoirs de Titius
fussent plus étendus avant qu'après le mariage. Le jurisconsulte Gaius donne donc une interprétation raisonnable de la loi Julia lorsque, sans s'asservir à son
texte, il dit que la même règle qui est écrite pour le
mari doit être appliquée au fiancé.

Avant Gaius, Julien avait déjà donné la même décision. C'est, du moins, ce qu'attestent les empereurs
Léon et Anthemius, dans une Constitution de l'an
471 (1). On leur avait soumis la question suivante : De
même que les biens donnés par un mari à sa femme
filiafamiliàs ne sont point acquis en propriété au père(2),
de même faut-il dire que les biens donnés par un fiancé
à sa fiancée restent la propriété de celle-ci ? La question
s'élevait après la mort du père entre cette fiancée et son
frère, le frère prétendant que les biens dont s'agit
avaient été acquis au père et faisaient partie de sa succession. *Mulier, diversis juris lectionibus, idem intelligi*

_____

(1) L. 5, C., *De bonis quæ liberis in potest. patris constit. ex
matrim. vel alias acquir.* (VI, 61).
(2) Théodose et Valentinien, L. 1, C., *eod. Tit.*

*maritum et sponsum nitebatur probare ; germanus autem
mariti nomen illi soli qui nuptias contraxisset... imponere.* Voici la réponse des empereurs : « *Quamvis signi-
« ficatione nominis maritus vel uxor post cœptum matri-
« monium intelligatur, ex quo videlicet inducta est
« dubietas, attamen, quia consequens est ambiguas atque
« legum diversis interpretationibus litubantes causas
« benignè atque naturalis juris moderamine temperare,
« non piget nos, in præsenti quoque negotio, æquitati
« convenientem Juliani, tantæ existimationis viri atque
« disertissimi jurisperiti, opinionem sequi : qui quidem,
« de dotali prædio tractatu proposito, idem jus tàm de
« uxore quàm de sponsâ observari arbitratus est, licet lex
« Julia de uxore tantùm loquatur* » (1). Ainsi, d'après
la loi Julia, le consentement de la femme mariée, *uxor*,
est nécessaire pour la validité de l'aliénation du fonds
dotal ; Julien était d'avis que le consentement de la
fiancée est également nécessaire pour la validité de l'aliénation du fonds destiné à devenir dotal et déjà transféré au futur mari.

Le fonds transféré *dotis causâ* au futur mari est donc
inaliénable entre ses mains. A cet égard, deux cas distincts peuvent se présenter dans lesquels la femme

---

(1) « Bien qu'en prenant les mots dans leur véritable signification
« il n'y ait de *maritus* et d'*uxor* qu'après le mariage (ce qui a donné
« lieu à la difficulté), cependant, comme il est convenable de régler
« humainement et suivant le droit naturel les cas ambigus et obs-
« curcis par les interprétations diverses des lois, nous ne sommes
« point fâchés, dans l'affaire actuelle, de suivre l'opinion équitable
« de Julien, cet homme d'une si grande renommée, ce jurisconsulte
« si savant : Julien, traitant du fonds dotal, pensait qu'on doit ob-
« server pour la fiancée la même règle que pour la femme, quoique
« la loi Julia parle seulement de la femme. »

aura le droit d'invoquer la nullité de l'aliénation. Le
premier, qui sans doute se présentera le plus souvent,
est celui où le mariage, arrêté d'avance, sera effectivement contracté : le divorce survenant ensuite, la femme,
investie de l'action *rei uxoriæ*, pourra méconnaître aussi
bien l'aliénation faite avant le mariage que l'aliénation
faite depuis. Mais il est possible, en second lieu, que le
mariage manque, qu'il ne soit point contracté : alors les
biens apportés au fiancé n'auront jamais été dotaux ; la
femme pour se les faire restituer ne peut pas employer
l'action *rei uxoriæ*, mais seulement une *condictio ob rem
dati re non secutâ* ou *sine causâ*. Dans ce deuxième cas
encore (Julien ni Gaius ne le distinguent du premier),
l'aliénation consentie par le fiancé pourra être considérée comme non avenue. C'est ainsi que, dans cette
même hypothèse, la *condictio* serait privilégiée *inter
personales actiones,* comme s'il s'agissait pour la femme
de réclamer une véritable dot (1).

D'autres encore que le fiancé sont soumis, par suite
de l'interprétation raisonnable des jurisconsultes, à la
défense de la loi Julia. Nous avons déjà vu (2) que,
quand le fonds dotal est transmis, avec la masse des
biens du mari, à un héritier, au fisc, etc., le nouveau
propriétaire n'a pas plus de droit que le mari auquel
il succède : la défense de la loi Julia reste applicable.
De même lorsque, le mari étant fils de famille, c'est
son père qui devient *dominus dotis*, le droit de disposer
du fonds dotal sera restreint entre les mains d'un hom-

(1) Ulpien, L. 17 § 1 *De reb. auctorit. jud. possid.* (42, 5); Hermogénien, L. 74 *De jure dot.*
(2) Ci-dessus, p. 143 et suiv.

me qui n'est pas le mari. J'ai même admis (1) que, quand une femme s'est mariée à un esclave qu'elle croyait libre et lui a remis des biens à titre de dot, elle pourra méconnaître l'aliénation de l'immeuble qu'aurait consentie soit l'esclave, soit son maître. Et enfin dans tous les cas où, malgré la nullité du mariage, on accorderait à la femme le *privilegium* (2), il est raisonnable de lui accorder aussi le bénéfice de la loi Julia (3).

II. Quels sont précisément les actes compris dans la prohibition de la loi Julia? La loi défendait au mari d'*aliéner* le fonds dotal. Les empereurs Sévère et Antonin expliquent le sens de ce mot : « *Est autem alienatio,* disent-ils, *omnis actus per quem dominium transfertur* » (4). Ainsi, peu importe que l'acte relatif au fonds dotal soit à titre gratuit ou à titre onéreux, entre-vifs ou à cause de mort : du moment qu'il s'agit de faire passer la propriété à un tiers, le principe est qu'un pareil acte ne peut pas valablement émaner du mari seul.

L'aliénation du fonds dotal est permise au mari

---

(1) Ci-dessus, p. 153.

(2) Les deux cas cités dans la L. 17 § 1 *De reb. auctor. jud. possid.* et dans la L. 74 *De jure dot.* n'ont rien de limitatif. — Du reste, dans l'ancien droit, la nullité du mariage pour défaut d'âge compétent chez le mari ne se présentait sans doute jamais, par suite de l'habitude qu'on avait de faire prendre la toge virile aux jeunes gens dès qu'ils étaient pubères. Voy. M. de Savigny, *System*, t. III, §§ 109 et 110, et M. Giraud, *les Tables de Salpenza*, p. 133 et suiv.

(3) Voy. cependant, en sens contraire, M. Bachofen, *Ausgewählte Lehren*, p. 93 et 94.

(4) L. 1, C., *De fundo dot.*

lorsque la femme y consent. Ainsi le mari peut même donner le fonds dotal à un de ses amis, pourvu qu'il ait obtenu le consentement de la femme. — Faut-il que ce consentement intervienne dans une certaine forme, à un certain moment ? Non : rien de semblable n'est exigé. Le consentement de la femme peut se manifester d'une manière quelconque; il peut être exprès ou tacite : en un mot, il faut suivre ici les mêmes règles que quand il s'agit d'apprécier la validité d'un de ces contrats qui se forment *solo consensu*. Le consentement de la femme peut également être donné après coup, sous forme de ratification de l'aliénation faite par le mari seul. Scævola se réfère à cette idée lorsque, supposant qu'il a été convenu que des choses apportées en dot avec estimation seraient restituées en nature (*ipsæ restituerentur*), il dit : « *Res quæ exstant, si neque volente* « *neque ratum habente muliere vænissent, perindè red-* « *dendas atque si nulla æstimatio intervenisset* » (1). Il n'y a donc aucune ressemblance entre le consentement que donne la femme à l'acte d'aliénation du mari et l'*auctoritas* que le tuteur ajoute à l'acte de son pupille(2).

Lorsque l'aliénation du fonds dotal, faite par le mari avec le consentement de la femme, est une aliénation à titre onéreux, la ,chose ou la somme acquise en échange est subrogée réellement au fonds aliéné : elle

---

(1) L. 50 *Sol. matr.* : « Les choses qui existent encore, si elles « ont été vendues sans qu'il y ait eu consentement ni ratification « de la femme, doivent être restituées absolument comme si aucune « estimation n'avait été faite. » — J'ai déjà cité cette Loi, ci-dessus, p. 53.

(2) Voy. Gaius, L. 9 § 5 *De auctorit. et cons. tut.* (26, 8); Inst., § 2 *De auctorit. tut.* (1, 21).

est dotale (1). Nous en avons la preuve dans un fragment
de Pomponius, ainsi conçu : « *Si ex lapidicinis dotalis*
« *fundi lapidem, vel arbores quæ fructus non essent,*
« *sive superficium ædificii dotalis, voluntate muliceris*
« *vendiderit, nummi ex eà venditione recepti sunt*
« *dotis* » (2). Le droit de superficie sur l'édifice dotal
n'a pu être vendu par le mari qu'avec le consentement
de la femme (3) : c'est une sorte de propriété préto-
rienne que le mari seul n'aurait pas pu détacher au
profit d'un tiers. Au contraire, les blocs de pierre ou de
marbre retirés du fonds dotal, les arbres abattus sur le
fonds dotal, lors même qu'ils ne doivent pas être considérés comme des fruits (4), peuvent valablement, en
leur qualité de meubles, être vendus par le mari seul.
Mais la circonstance que la femme a consenti à la vente
présente cet intérêt, que désormais c'est le prix qui est
dotal, et que le mari pourra le restituer *annuâ, bimâ,*
trimâ die, tandis que la vente faite *invitâ muliere,* bien

(1) Voy. mon commentaire sur la L. 32 pr. *De pact. dotal.*
(ci-dessus, p. 46 et suiv.).

(2) L. 32 *De jure dot.* : « Si, du consentement de la femme, le
« mari a vendu des pierres tirées de carrières qui sont dans le fonds
« dotal, ou des arbres qu'on ne peut considérer comme fruits, ou un
« droit de superficie sur la maison dotale, l'argent provenant de cette
« vente est dotal. »

(3) Je crois bien que Pomponius parlait aussi de la vente du fonds
dotal lui-même ; cette mention aura été supprimée par les commissaires de Justinien comme n'étant pas en harmonie avec la L. un.
§ 15, C., *De re ux. act.* La constitution d'un droit de superficie
serait donc restée possible, même depuis cette Loi ! Peut-être n'y a-t-
il là qu'une inadvertance des commissaires, qui se seront imaginé mal
à propos que Justinien n'avait entendu assimiler à la constitution d'hypothèque, prohiber *etiam consentiente muliere,* que l'aliénation du
fonds dotal lui-même. Voy. cependant Cujas, *Observat.*, lib. xv, c. 21.

(4) Voy. ci-dessous, p. 400.

que valable, n'empêche pas que le mari reste débiteur
envers la femme de la chose vendue, et par conséquent
soumis à une restitution immédiate après la dissolution
du mariage(1).

D'après notre L. 4, ce n'est pas seulement de l'*alienatio*, c'est aussi de l'*obligatio prædii dotalis,* qu'Auguste s'était occupé : à en croire ce texte, la loi Julia
mettait sur la même ligne l'aliénation et l'affectation
par voie de gage ou d'hypothèque. Pourtant, d'une part
il est certain que la loi Julia ne défend au mari l'aliénation du fonds dotal qu'autant que la femme ne consent pas à cette aliénation; d'autre part, il est également hors de doute (d'après le témoignage de Justinien)
que le mari ne peut engager ou hypothéquer le fonds
dotal lors même que la femme y consentirait(2). Et, du
reste, la distinction ainsi établie entre l'*alienatio* et
l'*obligatio* se justifie très-bien par cette considération que
la femme ne consentira pas trop facilement à une aliénation dont il est impossible qu'elle ne comprenne pas le
sens, tandis qu'elle consentirait à l'hypothèque avec
d'autant plus de facilité qu'elle est plus disposée à se
faire illusion sur le résultat. Comment donc expliquer
que, dans notre L. 4, l'hypothèque et l'aliénation appa-
raissent comme défendues de la même manière au mari?
Si l'on tient pour constant que l'*obligatio prædii dotalis*
était effectivement défendue au mari par la loi Julia, il
faut dire que, notre L. 4 n'ayant point pour objet de
déterminer quels actes sont défendus au mari, mais

(1) Voy. L. 78 § 4 *De jure dot.* (ci-dessus, p. 116 et suiv.).
(2) L. un. § 15, C., *De rei ux. act.;* Inst., pr. *Quib. alien. lic.
vel non.*

seulement d'indiquer que la même prohibition qui est
adressée au mari doit être censée adressée au fiancé, il
n'est pas étonnant que dans ce texte ne se trouve point
signalé avec précision le caractère différent de la défense d'aliéner et de la défense d'hypothéquer. —
Quant à moi, je suis convaincu que la loi Julia défendait seulement au mari d'*aliéner* le fonds dotal sans le
consentement de la femme; que la défense de l'*hypothéquer* même avec le consentement de la femme a été
établie postérieurement. D'où résulte, en ce qui concerne notre L. 4, que Gaius avait écrit : *Ne id marito
liceat alienare invitâ muliere;* et que les commissaires de
Justinien, pour mettre ce texte d'accord avec la
L. un. § 15 *De rei ux. act.*, auront d'abord supprimé
les mots *invitâ muliere*, puis ajouté *aut obligare*. C'est ce
que je vais essayer de démontrer.

Je dis que la loi Julia parlait d'*alienatio* et non d'*obligatio*. En effet, nous avons deux textes, l'un emprunté
aux *Institutes* de Gaius (1) et l'autre emprunté aux *Sentences* de Paul (2), qui ne sont point suspects d'interpolation et qui tous deux présentent la loi Julia comme
ayant seulement défendu au mari d'aliéner le fonds
dotal *invitâ uxore*. C'est le premier de ces textes qui a
passé dans les Institutes de Justinien (pr. *Quib. al. lic.
vel non*). Les commissaires ne se sont pas bornés à le
faire suivre d'une indication de la règle nouvelle; ils
ont rapporté très-inexactement ce que Gaius disait des
prædia provincialia : en effet, tandis que le jurisconsulte
se borne à dire qu'il y a doute (*dubitatur*) sur le point

---

(1) Comment. ii, § 63 (voy. ci-dessus, p. 4 et 5).
(2) Liv. ii, tit. xxi B, § 2 (ci-dessus, p. 56).

de savoir si la règle que le mari ne peut pas aliéner le fonds dotal *invitâ muliere* s'applique même aux fonds provinciaux (1), les rédacteurs des Institutes affirment que la loi Julia *in soli tantummodo rebus locum habebat quæ Italicæ fuerant* (2). Ceci nous donne la mesure de la confiance que mérite cette autre affirmation : La loi Julia défendait au mari d'hypothéquer le fonds dotal *etiam volente muliere*. — Du reste, je concevrais à la rigueur que l'on écartât l'argument que je tire du texte de Gaius. Voici ce que l'on pourrait dire : « Pour Gaius, il s'agit uniquement de donner un exemple à l'appui de la règle qu'il vient de poser : *Accidit aliquando ut qui dominus sit, alienandæ rei potestatem non habeat.* Comme dans cette règle il est uniquement question d'aliénation et non d'hypothèque, Gaius n'aura pris dans la loi Julia que la disposition concernant l'aliénation; nous ne sommes point fondés à en conclure que la loi Julia ne contenait pas, à côté de la défense d'aliéner, une défense d'hypothéquer. » Mais évidemment aucune objection de ce genre ne saurait être faite en ce qui touche le texte de Paul. Paul s'occupait de la dot en général : si la loi Julia avait contenu une disposition touchant l'*obligatio prædii dotalis*, comment comprendre qu'il l'eût laissée de côté pour signaler seulement la disposition relative à l'aliénation?

A ce premier argument je puis en ajouter un autre.

(1) Nous reviendrons bientôt sur ce point.

(2) Brisson, prenant au sérieux cette affirmation, restitue ainsi le chapitre de la loi Julia relatif au fonds dotal : *Dotale prædium italicum maritus invitâ uxore ne alienato...* Il est bien évident, d'après les Institutes de Gaius, que le mot *italicum* ne se trouvait pas dans le texte de la loi.

Rem obligare, c'est affecter une chose à son créancier, de telle manière que faute de paiement à l'échéance le créancier ait le droit de la vendre pour se payer sur le prix : ainsi Justinien (Inst., pr. *Quib. al. lic. vel non*) prend comme exactement synonymes l'*hypotheca* et l'*obligatio fundi dotalis*. Or, du temps d'Auguste, non-seulement l'hypothèque n'était pas encore employée en Italie, mais même il est plus que probable qu'on n'avait pas encore admis le *pignus* proprement dit, c'est-à-dire un contrat par lequel le créancier obtient la possession d'un objet avec pouvoir de le vendre pour se payer de sa créance : le débiteur qui voulait fournir à son créancier une sûreté réelle devait lui transférer la propriété même de la chose par *mancipatio* ou par *in jure cessio*, sauf au créancier à prendre l'engagement par le contrat de fiducie de retransférer cette propriété une fois qu'il aurait été payé (1). La loi Julia devait donc se borner à défendre au mari l'aliénation du fonds dotal, puisque l'aliénation était précisément le seul moyen qui fût à la disposition des particuliers pour garantir par voie d'affectation réelle le paiement de leurs dettes.

M. Bachofen reconnaît que ni le *pignus* avec le droit de vendre ni l'hypothèque n'existaient à Rome du temps d'Auguste, et cependant il admet que la loi Julia, en même temps qu'elle défendait au mari l'aliénation du fonds

_____

(1) Cette aliénation *contractâ fiduciâ* était encore en usage du temps de Gaius et même du temps de Paul : Voy. Gaius, Comment. II, §§ 59 et 60, et 220 *in fine* ; Paul, *Sent. rec.*, liv. II, tit. XIII, §§ 1-7. Dans plusieurs fragments insérés au Digeste, il paraît certain que les commissaires de Justinien ont substitué au mot *fiducia* le mot *pignus* ou le mot *hypotheca* : voy. notamment L. 16 *De oblig. et act.* (44, 7).

dotal *invitâ uxore*, lui en défendait l'*obligatio etiam volen-*
te uxore (1). Que peut donc être cette *obligatio* qui n'est
ni le *pignus* ni l'*hypotheca*? C'est, suivant M. Bachofen,
l'affectation au profit de l'État des biens de ses débiteurs. Ainsi la loi Julia aurait défendu d'une manière
absolue que le mari pût, en devenant débiteur de l'État,
par exemple en se portant fermier de l'impôt, affecter
le fonds dotal au paiement des obligations ainsi contractées, et cette défense aurait ensuite été étendue à
tout droit de gage ou d'hypothèque que le mari aurait
voulu consentir à un créancier quelconque.

Il paraît bien que déjà sous la République, quand
un citoyen devenait débiteur de l'État, en qualité
d'*emptor* ou de *conductor*, le mot *obligatio* était l'expression technique qui servait à désigner l'affectation de ses biens à la sûreté de sa dette (2): Gaius
(Comment. II, § 64) suppose encore que *rem obligatam*
sibi populus vendiderit. Il paraît bien aussi qu'après l'é-
tablissement de l'Empire, le fisc fut investi des mêmes
droits qui jusqu'alors avaient appartenu au *populus*,
et que le mot *obligatio* continua d'être employé pour
désigner l'espèce de gage que le fisc avait sur les biens
de ses débiteurs, et qui finit par se transformer en une
véritable hypothèque (3). Mais je ne puis pas admettre

---

(1) *Ausgewählte Lehren*, p. 115.

(2) Voy. le travail remarquable de M. Bachofen sur la *prædiatura*
(*Das römische Pfandrecht*, n° IX).

(3) Paul, L. 68 § 1 *De fidej.*, compare aux *pignora a creditore*
distracta des *bona quæ fiscus ut obligata sibi occupaverat*;
aj. *Fragm. de jure fisci*, § 5. Gaius, L. 15 *De dote præleg.*, parle
également de *pignoratæ res vel in publicum obligatæ*; je crois bien
que ces derniers mots se réfèrent à des impôts non payés (voy. L. 7
pr. *De publicanis*).

que la loi Julia ait défendu que cette *obligatio* existât
du chef du mari relativement au fonds dotal. En effet,
dans la doctrine de M. Bachofen, il reste toujours à expliquer pourquoi Gaius (Comment. II, § 63) et surtout
Paul (Sent., liv. II, Tit. XXI B, § 2) présentent la loi
Julia comme ayant défendu seulement l'*alienatio*, mais
non l'*obligatio prædii dotalis*. Et d'ailleurs, l'*obligatio
bonorum* ayant lieu de plein droit, comme conséquence
forcée de ce que le propriétaire devient débiteur de
l'État en se portant *manceps* ou *prædiator* (1), on ne
comprend pas comment la loi Julia aurait pu dire :
« Défense est faite au mari d'aliéner le fonds dotal
invitâ uxore, et de l'affecter à l'État (*obligare*) *etiam
volente uxore*. » Comme l'aliénation dont parle la loi
n'est que l'aliénation consentie par le mari relativement
à tel immeuble déterminé, de même, si elle parlait
d'*obligatio*, ce ne pourrait être que d'une *obligatio
certi fundi* spécialement consentie par le mari. L'*obligatio* existant de plein droit au profit de l'État par
rapport à tous les biens du débiteur, la loi Julia aurait
dû simplement défendre au mari qui a reçu en dot un

(1) Le *quæstor ærarii* dressait un acte sur lequel il inscrivait
d'abord le nom du *manceps* (voy. Festus, liv. XI, v° *Manceps*), puis
le nom des *prædes* et des *prædia* qui répondaient pour lui ; ensuite
le *manceps* apposait sa signature, *subsignabat* (voy. Paul, L. 39
pr. *De verb. signif.*). De là l'expression *prædia subsignare*, que
nous trouvons dans la *Lex parieti faciendo Puteolana*, et dans la
Lex Thoria. « Cette *subsignatio prædiorum*, dit très-bien M. Bachofen (*Das römische Pfandrecht*, n₀ IX, § 5), n'est point ce qui
« fait naître l'*obligatio*. Celle-ci tient, pour les immeubles, comme
« pour tous les autres biens, à l'engagement de la personne ; la *sub-
« signatio* sert seulement à indiquer les biens qui, en raison de leur
« valeur, en raison de leur caractère de stabilité, peuvent offrir le
« plus de garantie. »

ou plusieurs immeubles de se porter ainsi débiteur envers l'État, même avec le consentement de la femme ; or telle n'est point la disposition que Justinien, et M. Bachofen après lui, prêtent à la loi Julia.

Où trouverons-nous donc l'origine de cette règle, mal à propos attribuée à la loi Julia, et confirmée par Justinien: *Le mari ne peut pas engager ou hypothéquer le fonds dotal, même avec le consentement de la femme?* Je crois que cette règle s'est établie sous l'influence du sénatusconsulte Velléien, qui défend aux femmes *d'intercéder* (c'est-à-dire de s'obliger ou d'obliger leurs biens) pour autrui. Supposons qu'une femme mariée consente à hypothéquer son bien paraphernal pour sûreté d'une dette que contracte son mari : sans aucun doute on verra là une *intercessio* et l'on tiendra pour nulle l'hypothèque ainsi consentie (1). Voici maintenant ce qui a dû arriver pour le fonds dotal. De même que, sous l'empire de la loi Julia, le mari ne peut aliéner le fonds dotal à ses créanciers *contractâ fiduciâ* qu'autant que la femme y consent, de même quand le *pignus* et *l'hypotheca* commencèrent à être usités, on dut y voir une *alienatio* dans le sens de la loi Julia, par conséquent ne permettre au mari de grever ainsi le fonds dotal que moyennant le consentement de la femme. Puis, en y regardant de plus près, on dut se dire : « Si la femme qui consent hypothèque sur son paraphernal au créancier de son mari fait une véritable *intercessio pro marito*, serait-il raisonnable de ne pas considérer ainsi l'acte de la femme qui n'hypothèque

(1) Voy. Julien, L. 39 § 1 et L. 40 *De rei vindic.;* Gordien, L. 7, C., *Ad sen. Vellei.*

pas elle-même (elle n'est pas propriétaire), mais qui
consent à ce que le mari hypothèque (au créancier du
mari) le fonds dotal? Dans un cas comme dans l'autre,
il y a *intercessio* : car, dans un cas comme dans l'autre,
la femme expose une partie de sa fortune pour venir au
secours du mari et de telle manière que très-probablement elle se fait illusion sur le danger. » Voilà quelle me
paraît être l'origine la plus probable de la défense absolue d'hypothéquer le fonds dotal. Le principe général posé dans le sénatusconsulte Velléien aurait, en
quelque sorte, réagi sur la possibilité d'hypothéquer le
fonds dotal, comme nous avons déjà vu que la concession faite à la femme par Justinien d'une hypothèque
privilégiée réagit plus tard sur la possibilité d'aliéner
ce même fonds dotal (1).

Si l'on admet avec moi que la défense d'hypothéquer
le fonds dotal se rattache au sénatusconsulte Velléien,
on arrive par voie de conséquence à plusieurs décisions fort importantes. Ainsi on devra décider que, si
cette hypothèque constituée par le mari avec le consentement de la femme est destinée à garantir une dette
de la femme, comme la femme fait sa propre affaire et
qu'ainsi il n'y a de sa part aucune *intercessio*, l'opération est parfaitement valable. Je crois que le cas n'est
pas de nature à se présenter bien souvent; mais la décision en elle-même me semble raisonnable. Il faudrait même aller plus loin, et reconnaître la validité
de l'hypothèque toutes les fois que celui à qui elle a
été consentie était de bonne foi, c'est-à-dire ne savait
pas qu'il y eût *intercessio* de la part de la femme, ou

(1) Voy. ci-dessus, p. 35 et suiv.

du moins toutes les fois qu'on peut reprocher à la
femme d'avoir cherché à le tromper. C'est, en effet,
une règle générale, consacrée par des rescrits des empereurs Antonin le Pieux et Sévère, que le sénatusconsulte
Velléien ne peut être invoqué par la femme qu'autant
que *non callidè sit versata : nam deceptis, non decipienti-
bus, opitulatur* (1). Et spécialement en ce qui concerne le gage ou l'hypothèque, l'empereur Alexandre,
dans un rescrit adressé à une femme, s'exprime ainsi :
« *Si sine voluntate tuâ res tuæ a marito tuo pignori
« datæ sunt, non tenentur. Quod si consensisti obliga-
« tioni sciente creditrice, auxilio senatusconsulti uti potes.
« Quod si patientiam præstitisti, ut quasi suas res ma-
« ritus obligaret, decipere voluisti mutuam pecuniam
« dantem, et ideo tibi non succurretur senatusconsulto :
« quo infirmitati, non calliditati mulierum consultum
« est* » (2). Assurément, dans l'espèce de ce rescrit, il s'a-
gissait de biens paraphernaux ; mais la même décision,
à mon sens, devrait être donnée relativement à des fonds
dotaux. — Il ne faut point objecter que l'aliénation du
fonds dotal n'est pas moins nulle, quoique l'acquéreur

---

(1) Ulpien, L. 2 § 3 *Ad sen. Vellei.* (16, 1). Aj. Paul, L. 110 § 4
De reg. jur., et L. 30 pr. *Ad sen. Vellei.*

(2) L. 5, C., *Ad sen. Vellei.* (IV, 29) : « Si des choses à vous ap-
« partenant ont été engagées sans votre volonté par votre mari, elles
« ne sont pas tenues. Si vous avez consenti à l'hypothèque, la créan-
« cière sachant la vérité, vous pouvez invoquer le sénatusconsulte.
« Si vous avez donné votre consentement à ce que votre mari hypo-
« théquât les objets comme siens, vous avez cherché à tromper la per-
« sonne qui prêtait l'argent : en conséquence, on ne viendra pas à
« votre secours au moyen du sénatusconsulte : car il a été fait pour
« protéger la faiblesse et non la ruse des femmes. » — Aj. Dioclétien et
Maximien, L. 11, C., *De distr. pign.* (VIII, 28).

fût de bonne foi (1). En effet, ce sont là deux situations parfaitement distinctes. Quand le mari vend seul le fonds dotal, il y a nullité aussi bien en cas de bonne foi qu'en cas de mauvaise foi de la part de l'acheteur : pourquoi? Par la raison bien simple que la femme est restée étrangère à cette vente et qu'elle a droit d'être protégée. Lors au contraire que, du consentement de la femme, le mari hypothèque le fonds dotal, si le tiers créancier est de bonne foi, c'est qu'il a été trompé par la femme, et la femme coupable de dol n'a pas droit à la protection de la loi.

Ici se présente une autre question, qui a souvent été agitée entre les interprètes, et qui malgré leurs efforts est restée très-obscure. Justinien, par une Constitution dont la date précise ne nous est pas connue (2), décide que, si une femme, après avoir fait un acte d'*intercessio*, l'a confirmé au bout de deux ans, elle ne pourra plus le faire annuler par application du sénatusconsulte Velléien : « *Sibi imputet si quod sæpius cogitare* « *poterat et evitare, non fecit, sed ultro firmavit : videtur* « *etenim ex hujusmodi temporis prolixitate non pro* « *alienâ obligatione se illigare, sed pro suâ causâ aliquid* « *agere, et tàm ex secundâ cautione sese obnoxiam fa-* « *cere, in quantum hoc fecit, quàm pignus aut inter-* « *cessorem utiliter dare* » (3). On se demande si cette

—————

(1) C'est ce que dit formellement Papinien, L. 42 *De usurp.* (41, 3). Voy. ci-dessous mon commentaire sur la L. 17 *De fundo dot.*

(2) L. 22, C., *Ad sen. Vellei.*

(3) « La femme doit s'imputer à elle-même d'avoir volontairement « confirmé l'acte auquel elle a eu le temps de réfléchir, auquel elle « pouvait échapper. Au bout de ce délai, elle est considérée, non « comme se chargeant de l'affaire d'autrui, mais comme agissant dans

décision est applicable au cas où la femme, ayant consenti à ce que le mari hypothéquât le fonds dotal, a renouvelé au bout de deux ans son consentement. L'affirmative ne peut guère faire de doute, du moment qu'on admet avec moi que la nullité de l'hypothèque constituée sur le fonds dotal *volente uxore* se rattache au sénatusconsulte Velléien. La femme a eu le droit d'invoquer le sénatusconsulte pour faire tomber cette hypothèque : si au bout de deux ans elle manifeste la volonté de ne point user de son droit, l'hypothèque se trouvera validée, aux termes de la Constitution de Justinien.

Nous avons la preuve que c'est bien ainsi que les choses étaient entendues à Constantinople : la Novelle 61, si on veut la prendre dans son sens le plus naturel, paraît positive à cet égard. Justinien, dans cette Novelle, s'occupe principalement de la donation *antè nuptias* ou *propter nuptias*. Il commence par défendre au mari d'hypothéquer ou d'aliéner les immeubles compris dans cette donation (chap. I, *princ.*). Lors même que le mari aurait hypothéqué ou aliéné l'immeuble avec le consentement de la femme, l'acte n'en serait pas moins nul ; « mais, ajoute Justinien (§ 1 *in fine*), *quemadmodum de intercessionibus scripsimus, biennio elapso aliam rursùs confessionem scribendam esse quæ consensum confirmet, et tùm ratum esse quod factum sit, ità hic quoque fiat* » (1). Pour que l'*intercessio* de la

« son propre intérêt, ainsi comme se liant par le deuxième acte, jusqu'à concurrence de la somme qui s'y trouve portée, et comme fournissant valablement un gage ou un *intercessor*. »

(1) Je donne ici, non pas la Vulgate, mais la traduction que je trouve dans l'excellente édition du *Corpus juris* de Kriegel et Osenbrüggen.

femme soit valable, il faut qu'il y ait certitude qu'elle n'en souffrira pas ; sinon, la confirmation au bout de deux ans est nécessaire (§ 2). Cette confirmation elle-même n'aura effet qu'autant qu'il reste au mari d'autres biens, suffisants pour désintéresser la femme (§ 3). Jusqu'ici la Novelle n'a parlé que des immeubles compris dans la *donatio propter nuptias ;* mais voici maintenant ce que nous lisons (§ 3 *in fine*) : « *Atque hœc multo magis in dote obtineant, si quœdam de dote alienaverit vel pignori obligaverit : satis enim hœc jàm elaborata et sancita sunt.* » Evidemment le sens naturel de cette phrase est celui-ci : « Ce qui vient d'être dit au sujet de l'immeuble compris dans la donation *propter nuptias* doit être observé, à plus forte raison, en ce qui concerne l'immeuble compris dans la dot. *A plus forte raison :* car la conservation de l'immeuble dotal a déjà été l'objet de la sollicitude du législateur » (1). En résumé, les trois propositions suivantes ressortent pour moi de la Novelle 61 :

1° Le consentement que la femme donne à la constitution par le mari d'une hypothèque sur le fonds dotal au profit d'un créancier du mari, ce consentement est une *intercessio,* et par conséquent la L. 22 *Ad sen. Vell.* y est applicable.

2° De même, le consentement que donne la femme à l'aliénation du fonds dotal par le mari, consentement qui depuis l'an 530 doit être considéré comme non

(1) Les dispositions de la Novelle, en tant qu'elle s'occupe de la donation *propter nuptias,* s'appliquent exclusivement aux immeubles compris dans cette donation. Il est raisonnable d'admettre que, passant à la matière de la dot, le législateur n'a également en vue que les immeubles.

avenu (1), ce consentement peut être assimilé à une
intercessio : la L. 22 *Ad sen. Vellei.* y sera donc également applicable.

3º Enfin, quand il s'agit de l'hypothèque ou de l'a-
liénation du fonds dotal (ou du fonds compris dans la
donatio propter nuptias), pour la validité de cet acte il
faut quelque chose de plus que pour la validité d'un
acte d'*intercessio* en général : il ne suffit pas que la
femme ait renouvelé son consentement au bout de deux
ans, il faut encore que le mari se trouve assez riche
pour pouvoir complétement désintéresser la femme,
de telle sorte qu'en définitive celle-ci ne souffre pas
de l'hypothèque ou de l'aliénation à laquelle elle a consenti (2).

Cette manière de voir est celle de Cujas (3). Il fait
remarquer, avec raison, que l'assimilation de l'immeuble dotal à l'immeuble compris dans la donation
propter nuptias est encore confirmée par le § 4 de la Novelle 61, où Justinien déclare que, si l'acte du mari
est nul par rapport à la femme, il est au contraire valable
par rapport au tiers avec qui il a contracté, en ce sens
que le tiers pourra poursuivre le mari sur tous ses biens,
sauf seulement le droit pour la femme, *quand il s'agit
de sa dot,* d'exercer une hypothèque privilégiée (4).
Ce § 4, suivant Cujas, signifie : *Æquiparari quidem dotem donationi propter nuptias, in superiori specie; sed non*

----

(1) L. un. § 15, C., *De rei ux. act.* Voy. ci-dessus, p. 35 et s.
(2) Comp. l'*Authentique,* qui figure dans le *Corpus juris* à la
suite de la L. 21, C., *Ad sen. Vellei.*
(3) *Novellarum expositio, ad nov.* 61.
(4) C'est l'hypothèque privilégiée qui résulte de la célèbre Loi *As-
siduis* (L. 12, C., *Qui pot. in pign.*).

in privilegio. — J'ajoute que l'intitulé même de la Novelle 61 indique l'intention d'établir l'assimilation dont
il s'agit. Voici la traduction littérale de la rubrique
grecque : *Ut res immobiles donationis antè nuptias neque pignori obligentur, neque a viro, ne consentiente
quidem muliere, ullo modo alienentur, nisi posteà uxori
satisfiat, — et ut eadem in dote quoque obtineant.*

Cependant beaucoup d'auteurs se refusent à entendre
ainsi le § 3 *in fine* de la Novelle 61. Voici notamment
la paraphrase qu'en donne Glück (1) : « Comme la *donatio propter nuptias*, si elle n'est pour la femme qu'un
simple bénéfice, doit cependant lui être conservée et
assurée autant que possible, même dans l'intérêt du
mari, parce que, restant dans ses biens, elle profite la
plupart du temps aux enfants communs, de même à
plus forte raison il doit en être ainsi pour la dot, qui
n'est pas un bénéfice, mais le patrimoine de la femme,
si le mari en a aliéné quelque chose; du reste, il y a été
pourvu dans des Constitutions antérieures. » Je ne
m'arrêterai pas à montrer combien il est invraisembla-
ble que Justinien, dans cette Novelle 61, ait eu l'idée
d'exprimer que, s'il prend aujourd'hui des mesures
dans l'intérêt de la femme pour assurer la conservation
de l'immeuble compris dans la donation *propter nuptias,*
d'autres mesures ont déjà été prises pour assurer la
conservation du fonds dotal. Cette interprétation pèche,
1° en ce qu'elle n'est point d'accord avec le texte; 2° en
ce qu'elle enlève à la disposition législative toute espèce
d'utilité pratique.

L'importance que j'attache après Cujas à la Novelle 61,

(1) *Ausführliche Erläuterung*, t. XXV, § 1252 A.

en ce qui concerne l'hypothèque ou l'aliénation du fonds dotal, se trouve justifiée par les *Petri exceptiones*, ouvrage que M. de Savigny considère avec raison comme reproduisant le droit Justinien dans son dernier état (1). Après avoir parlé du cas où la chose apportée en dot a été estimée, l'auteur ajoute (lib. I, c. 34): « *Sin autem sit immobilis inœstimata, non potest eam alie-* « *nare maritus sine consensu uxoris ; nec sufficit solus con-* « *sensus, sed opus est ut post biennium alienationem uxor* « *confirmet, et de aliis rebus mariti compensationem ha-* « *beat. Idem de propter nuptias donatione intelligendum* « *est.* » Tandis que Justinien, dans la Novelle 61, parlait principalement de l'immeuble compris *in donatione propter nuptias* et ne s'occupait que dans une disposition en quelque sorte incidente de l'immeuble dotal, au contraire notre auteur, qui est sans doute un praticien, met en première ligne la règle relative à l'immeuble dotal, puis ajoute que la même règle doit être considérée comme applicable en matière de donation *propter nuptias*. Petrus ne parle pas d'hypothèque : c'est que, dans le droit de Justinien, l'hypothèque n'étant plus soumise à une règle spéciale, le mot *alienatio* peut être employé *lato sensu* et comprend désormais la constitution d'hypothèque comme il comprenait déjà la constitution d'un droit d'usufruit ou de servitude (2).

Le système de la L. 22, C., *Ad sen. Vellei.* et de la Novelle 61, paraît avoir été modifié par Justinien lui-

(1) Voy. ci-dessus, p. 23, note 2.

(2) Peut-être aussi le silence de Petrus au sujet de l'hypothèque doit-il être expliqué par la disposition de la Novelle 134 ch. 8, dont je vais parler immédiatement.

même, en un point particulier. D'après la Novelle 134 ch. 8 (1), la femme mariée qui intervient dans un emprunt contracté par son mari, de manière à obliger sa personne ou ses biens, fait un acte qui est nul et qui restera nul lors même qu'il serait ensuite renouvelé et confirmé ; il n'y a exception à cette règle que pour le cas où la femme aurait profité de la somme empruntée. Remarquons tout d'abord que très-certainement cette Novelle 134 ch. 8 n'a aucune application possible à l'aliénation du fonds dotal faite par le mari *consentiente muliere* : pour cette aliénation le système de la Novelle 61 reste pleinement en vigueur. Mais *quid* en ce qui concerne l'hypothèque? On peut soutenir que, du moment qu'il s'agit d'hypothéquer le fonds dotal pour sûreté d'un emprunt contracté par le mari, le consentement donné par la femme à cette hypothèque est purement et simplement nul et ne peut d'aucune manière être confirmé (2). Pour moi, je pense que la Novelle 134

(1) D'où a été tirée la célèbre Authentique *Si qua mulier*, qui figure dans le *Corpus juris* à la suite de la L. 22, C., *Ad sen. Vellei*.

(2) C'est une question controversée entre les interprètes du droit romain que de savoir si la femme qui *intercède pour autrui* peut valablement renoncer au bénéfice du sénatusconsulte Velléien. L'affirmative me paraît certaine, en présence des textes suivants : Pomponius, L. 32 § 4 *Ad sen. Vellei*.; Justinien, L. 23 pr., C., *eod. T*.; Nov. 118 ch. 5. Au contraire, je suis disposé à admettre que la femme ne peut pas renoncer au bénéfice de la Nov. 134 ch. 8 : Justinien dit en termes absolus que l'acte de la femme doit être considéré comme non avenu, sauf un cas unique, celui où elle aurait profité de l'emprunt. Pourtant, dans notre ancien droit, la femme pouvait renoncer au bénéfice du Velléien et de l'Authentique *Si qua mulier;* comme souvent les notaires négligeaient de mentionner cette renonciation, il en résulta des procès, et Henri IV, pour y couper court,

ch. 8 n'a aucun trait à la condition du fonds dotal, qu'elle a dérogé en un point à la règle générale de la L. 22, C., *Ad sen. Vellei.*, mais non à la règle particulière de la Novelle 61. En effet, l'hypothèque du fonds dotal constituée par le mari *volente uxore* n'étant valable qu'autant qu'en définitive la femme ne sera pas en perte, on ne comprend pas comment Justinien aurait eu l'idée d'étendre même à ce cas, où la femme est déjà si bien protégée, la disposition protectrice de la Novelle 134 ch. 8.

— Je dois présenter une dernière observation sur la L. 4 *De fundo dot.* Nous voyons par l'*inscriptio*, que ce fragment est tiré du commentaire de Gaius sur l'Edit provincial. Sans doute Gaius se demandait, à propos de l'Edit provincial, si des *prædia tributaria* ou *stipendiaria* pouvaient être soumis à l'application de la loi Julia ou si au contraire cette loi supposait que le fonds apporté en dot était nécessairement un fonds italique (1). Sans doute aussi dans ce commentaire *ad edictum provinciale* Gaius se prononçait sur la question, tandis que dans ses Instituts (Comment. II, § 63) il se borne à la poser. Il semble bien, si nous devons nous en rapporter à Justinien (L. un. § 15, C., *De rei ux. act.*; Inst., pr. *Quib.*

---

abrogea en 1606 le Velléien et l'Authentique. Il paraît, du reste, que cet Édit de Henri IV ne fut d'abord enregistré qu'au Parlement de Paris. Voy. Roussilhe, *Traité de la dot* (n° 376, p. 274 et suiv. de la nouvelle édition de 1856).

(1) Dans tous les cas, il est certain que, du temps de Gaius, le gouverneur de province pouvait avoir à faire l'application de la loi Julia : car sa compétence était déterminée, non par la situation de l'immeuble litigieux, mais par le domicile du défendeur.

al. lic. vel non), que, dans l'opinion qui avait prévalu, la
loi Julia ne s'appliquait point au fonds provincial (1).
On pourrait même croire, d'après la manière dont s'exprime Justinien, que ce point était positivement tran-
ché par la loi Julia; mais, comme je l'ai déjà montré,
cela ne peut plus être admis depuis la découverte des
Institutes de Gaius. Il me paraît probable que la loi
Julia défendait simplement au mari d'aliéner le fonds
dotal sans le consentement de la femme; et qu'alors des
jurisconsultes, partant de l'idée que les particuliers ne
peuvent pas être véritablement propriétaires des fonds
provinciaux, par conséquent ne peuvent pas les aliéner,
en avaient conclu que la loi Julia, qui parle d'*aliéner*,
suppose un fonds italique, la seule espèce de fonds qui
soit susceptible d'une aliénation proprement dite, d'une
transmission de propriété d'un particulier à un autre (2).
On était ainsi arrivé à dire que le mari qui reçoit en
dot un fonds provincial peut librement en disposer,
comme s'il lui appartenait en propre; c'est-à-dire faire
passer à un tiers l'espèce de possession ou de jouissance

(1) Quand je parle d'un fonds provincial, je suppose un fonds à qui
n'a pas été accordé le *jus Italicum* : autrement, le fonds serait
certainement soumis à la loi Julia. Sur le *jus Italicum*, Voy. surtout
M. de Savigny, *Vermischte Schriften*, t. I, n° 3; et M. Revillout,
Étude critique sur le *jus Italicum* (*Revue histor. de dr. franç.
et étr.*, t. I, p. 241 et suiv.].

(2) On comprendrait encore mieux que la question se fût élevée et
qu'elle eût été tranchée dans le sens de la non-application de la loi
Julia au fonds provincial, en supposant que les expressions mêmes de
Gaius, *vel mancipatum ei dotis causâ vel in jure cessum vel usucaptum*, se trouvaient dans la loi : car un fonds provincial n'est susceptible ni de *mancipatio*, ni d'*in jure cessio*, ni d'*usucapio*. Mais
cette supposition n'est pas nécessaire.

dont il est investi; et c'est seulement Justinien qui, sous ce rapport comme sous plusieurs autres, a définitivement mis sur la même ligne les fonds provinciaux et les fonds italiques.

Mais, dans l'ancien droit, si le mari n'est pas *dominus ex jure Quiritium*, si par conséquent il ne peut pas être question pour lui de faire une aliénation dans le sens propre du mot, cela peut tenir à une circonstance tout autre que la situation géographique de l'immeuble qu'il a reçu en dot. Le mari a reçu en dot un fonds situé en Italie (ou jouissant du *jus Italicum*); seulement ce fonds lui a été simplement livré et non pas mancipé ou cédé *in jure*. Le mari n'en est pas devenu pleinement propriétaire; le *dominium ex jure Quiritium* réside toujours sur la tête du constituant. Le mari a seulement le fonds *in bonis*. De même qu'il ne pourrait pas *civiliter intendere fundum suum esse*, de même il est évident qu'abstraction faite de la loi Julia il ne pourrait pas l'aliéner, c'est-à-dire en faire passer la propriété *pleno jure* sur la tête d'un tiers. Faut-il en conclure que la loi Julia, qui vise l'*alienatio fundi dotalis*, est ici tout à fait inapplicable, c'est-à-dire que le mari pourra librement, au moyen d'une tradition, faire passer à un tiers l'espèce de droit dont il est investi? C'est un point que j'examinerai plus tard, en expliquant la L. 13 § 2 *De fundo dot.*

L. 5. — ULPIANUS, LIB. II *De omnibus tribunalibus.*

Julianus, lib. XVI Digestorum, scripsit neque servitutes fundo debitas posse maritum amittere neque alias ei imponere.

Julien, au livre XVI de son Digeste, écrit que le mari ne peut ni éteindre les servitudes dues au fonds ni le grever de nouvelles servitudes.

Les servitudes prédiales sont, en quelque sorte, des qualités des fonds (1), qualités qui augmentent la valeur du fonds dominant et qui au contraire diminuent celle du fonds servant. D'où résulte que véritablement on aliène pour partie la propriété d'un fonds, soit quand on éteint les servitudes actives qui lui appartenaient, soit quand on le grève de servitudes passives. Donc Julien avait raison d'appliquer ici la loi Julia, et de dire : « Le mari (sans le consentement de la femme) ne peut ni dépouiller le fonds dotal des droits de servitude qui y sont attachés ni lui imposer la charge de servitudes nouvelles » (2). Il y a là deux facultés distinctes dont le

(1) Celsus, L. 86 *De verb. signif.*
(2) Ulpien, L. 15 § 7 *De usufr. et quemadm.*, s'exprime exactement dans les mêmes termes à propos du nu-propriétaire d'un fonds : « *Nec servitutem imponere fundo potest proprietarius nec amittere servitutem.* »

mari est privé ; du reste, cette double privation dérive, comme d'un principe unique, de la nature même des servitudes. Nous allons étudier successivement les deux propositions de Julien. Seulement, il paraît convenable de renverser l'ordre dans lequel il les présente, attendu que celle qui se trouve en première ligne dans notre L. 5 est ensuite développée dans les LL. 6 et 7.

1. *Le mari ne peut pas établir de servitudes sur le fonds dotal.* — Nous dirons, en termes plus généraux : « De même que le mari ne peut pas transférer à un tiers la propriété intégrale du fonds dotal, de même il ne peut pas établir au profit d'un tiers sur le fonds dotal un droit réel quelconque, associant celui qui en serait investi aux avantages de la propriété ; » et il n'y a pas même à distinguer s'il s'agit d'un droit réel reconnu par le *jus civile* ou seulement maintenu *tuitione Prætoris* (1). Ainsi le mari ne peut pas concéder à un voisin, par *mancipatio* ou par *in jure cessio*, un droit de passage ou d'aqueduc sur le fonds dotal ; il ne peut pas grever ce fonds, par *in jure cessio*, d'une servitude *non ædificandi*, *oneris ferendi*, etc. Le voisin qui pendant plus ou moins longtemps, par la *patientia* du mari, aurait exercé ou quasi-possédé une servitude sur le fonds dotal, n'aurait point acquis par là en définitive un droit à la *tuitio Prætoris* (2). — Ce qui vient d'être dit d'une

---

(1) Comp. Ulpien, L. 1 § 2 *De servit. præd. rust.* (8,3); L. 10 pr. *Si serv. vindic.* (8,5); L. 11 § 1 *De Public. in rem act.* (6,2), etc.

(2) Je veux dire qu'il ne serait pas traité, *en définitive*, comme ayant la servitude. Mais rien ne s'opposerait à ce que *provisoire-*

servitude prédiale est également vrai d'une servitude
personnelle. Le propriétaire qui grève sa chose, soit
jure civili, soit *jure prætorio*, d'un droit d'usufruit ou
d'un droit d'usage, ce propriétaire, en réalité, fait une
aliénation partielle : tout acte de ce genre est donc interdit au mari (1). — De même encore, et à plus forte
raison, pour certains droits que le *jus civile* ne reconnaît pas, mais qui, garantis par le droit prétorien, en-
lèvent au propriétaire à peu près toute l'utilité de la
chose : je veux parler du droit d'emphytéose et du droit
de superficie (2). — Quant au droit de gage ou d'hypothèque, nous savons que, sous l'influence du sénatusconsulte Velléien, une incapacité plus absolue encore

ment sa quasi-possession fût protégée. Ainsi le tiers qui a possédé un
fonds dotal peut très-bien faire usage des interdits : la question de
dotalité, pas plus que la question de propriété, ne saurait être soule-
vée en matière d'interdits (argum. de L. 1 § 10 *De vi*). De même, à
partir du moment où ont été admis des interdits quasi-possessoires
(voy. L. 20 *De servit.*), celui qui exerce avec les conditions voulues
une servitude sur un fonds dotal serait certainement protégé contre
de simples voies de fait, même provenant du mari ou de la femme.

(1) J'ai déjà signalé plusieurs fois l'analogie qui existe entre la
condition du fonds dotal et la condition du fonds rural ou suburbain
appartenant à un mineur de 25 ans. En ce qui concerne la constitution d'un droit d'usufruit ou d'usage, la similitude est positivement
signalée par Ulpien : « *Si proprietatem habeat pupillus, non po-
« test usumfructum vel usum alienare, quamvis Oratio nihil de
« usufructu loquatur.... Quod et in fundo dotali placuit* » (L. 3
§ 5 *De reb. cor.*).

Ainsi, quand le mari a reçu en dot la pleine propriété d'un fonds,
la dot ne peut pas par son fait se trouver réduite à la nue-propriété.
Au contraire s'il a reçu en dot la nue-propriété, lorsque plus tard
l'usufruit s'éteindra, la pleine propriété sera *in dote* : l'*ususfructus
accrescens* est traité comme une alluvion (L. 4 *De jure dot.*).

(2) Quant au droit de superficie, voy. ce que j'ai dit plus haut
(p. 208), en expliquant la L. 32 *De jure dot.*

s'était établie, puisque le fonds dotal ne peut être grevé à ce titre lors même que la femme y consentirait.

II. *Le mari ne peut pas perdre les droits de servitude qui appartiennent au fonds dotal.* — Notre texte (de même que la Loi suivante) parle de servitudes *fundo debitæ*. Il ne faudrait pas croire, d'après cette expression, que le jurisconsulte suppose, non pas des servitudes déjà constituées comme droits réels au profit du fonds dotal, mais simplement une créance permettant au mari d'exiger d'une personne déterminée la constitution du droit réel. Lorsque le droit réel de servitude n'existe pas encore, qu'il y a eu simplement promesse de l'établir, on ne dirait certainement pas *Servitus fundo debetur :* un droit de créance ne peut être présenté que comme appartenant à la personne. Au surplus, pour se convaincre qu'en matière de servitude le verbe *debere* est employé là où le droit réel est déjà constitué, il suffit de lire cette phrase des Institutes : « *Ideo autem hæ servitutes* « *prædiorum appellantur, quoniam sine prædiis constitui* « *non possunt : nemo enim potest servitutem adquirere* « *urbani vel rustici prædii, nisi qui habet prædium ; nec* « *quisquam debere, nisi qui habet prædium* » (§ 3 *De servitut.*). Il est parfaitement certain que je puis promettre une servitude, m'obliger à fournir une servitude, sans être actuellement propriétaire d'un fonds : Justinien suppose donc une servitude constituée comme droit réel, et cependant il se sert du mot *debere* (1).

_____

(1) Je dis que Julien, parlant de *servitutes prædio debitæ*, suppose que le fonds dotal est effectivement devenu fonds dominant par rapport à un autre fonds. Du reste, j'admets très-bien que, si Titius

Cette servitude qui existe au profit du fonds dotal,
peut-être existait-elle déjà quand le fonds a été apporté
en dot au mari, peut-être aussi a-t-elle été acquise par
le mari depuis qu'il est devenu propriétaire du fonds (1).
Dans les deux cas, éteindre cette servitude au profit du
fonds servant, c'est aliéner pour partie le fonds dotal :
le mari n'a donc pas plus de pouvoir à cet égard dans
le deuxième cas que dans le premier. Même en supposant que la servitude ait été acquise *ex re mariti*, aux
dépens du mari, il faut appliquer la décision absolue
de Julien. Pourtant nous avons vu qu'en général la
chose acquise à l'occasion du fonds dotal, mais *ex re
mariti*, n'est pas dotale ; qu'ainsi le mari qui a reçu en
dot la moitié indivise d'un fonds et qui par suite de
l'*adjudicatio* est devenu propriétaire de la totalité, peut
disposer à son gré de la moitié indivise ainsi acquise
après coup (2). Dans le cas d'acquisition d'une servitude,
il y a évidemment quelque chose de tout particulier.
La servitude, étant une qualité du fonds, ne peut pas
avoir une autre nature que le fonds : on ne comprend
pas que, quand un fonds est dotal, la servitude qui lui
appartient ne soit pas, elle aussi, dotale. Il n'y a pas
moyen de concevoir la servitude comme existant séparée du fonds, tandis que, même après que je suis devenu

avait promis de faire acquérir au fonds dotal une servitude, le mari
ne pourrait pas lui faire *acceptilatio* de cette promesse : voy. ci-dessus, p. 24.

(1) De même, la créance qui a pour objet une servitude à faire naître au profit du fonds peut avoir été transmise, en même temps que
le fonds, au mari constitué *procurator in rem suam* ; elle peut aussi
avoir pris naissance en la personne du mari.

(2) Voy. ci-dessus, p. 192.

propriétaire unique d'une chose, on peut encore concevoir par la pensée deux moitiés indivises, soumises chacune à un régime différent. Du reste, il va de soi que, le fonds dotal s'étant ainsi accru (par l'acquisition de la servitude) aux dépens du mari, le mari lors de la restitution pourra se faire indemniser.

Le mari, dit Julien, ne peut pas *amittere servitutes fundo debitas.* Je traduis le mot *amittere* en disant que le mari ne peut ni faire périr ni laisser périr les servitudes dues au fonds dotal. Ainsi, d'abord, que le propriétaire du fonds servant, sous forme d'une action négatoire exercée contre le mari, se fasse faire par lui une *in jure cessio :* comme la servitude participe au caractère d'inaliénabilité du fonds, elle ne sera nullement éteinte. De même, que le mari reste deux ans sans exercer le droit de passage, la dotalité du fonds fera obstacle à ce que la servitude qui lui appartient se trouve éteinte *non utendo.* On applique ici cette décision raisonnable de Paul : « *Alienationis verbum etiam usucapionem continet : vix est enim ut non videatur alienare qui patitur usucapi. Eum quoque alienare dicitur qui non utendo amisit servitutes* » (1). Nous avons encore le témoignage formel d'Ulpien, qui nous dit (2) *servitutem remitti non posse,* qu'une servitude ne peut pas être abdiquée, quand elle appartient soit au fonds rural ou suburbain d'un mineur de 25 ans, soit au fonds dotal.

_____

(1) L. 28 pr. *De verb. signif.* : « Le mot *alienatio* comprend « même le cas d'usucapion : car il est difficile de ne pas considérer « comme faisant une aliénation celui qui laisse usucaper sa chose. « On dit aussi qu'il y a aliénation de la part de celui qui perd des « servitudes par non-usage. »

(2) L. 3 § 5 *De reb. cor.*

Il reste pourtant une difficulté en ce qui concerne l'extinction des servitudes *non utendo*. Ulpien, en matière
de donations entre époux, s'exprime ainsi : « *Si donatio-*
« *nis causâ vir vel uxor servitute non utatur, puto amitti*
« *servitutem, verùm post divortium condici posse* » (1).
En général, la donation est interdite entre époux : l'effet que deux époux veulent produire pour que l'un soit
gratifié aux dépens de l'autre, cet effet ne se produit
pas. D'après cela, on se demande ce qui arrivera si l'un
des époux, propriétaire d'un fonds qui est dominant
par rapport au fonds de l'autre, a soin, pour gratifier
son époux, de rester deux ans sans exercer la servitude : la servitude sera-t-elle éteinte, ou bien au contraire faut-il considérer la règle qui défend les donations entre époux comme devant ici faire obstacle à
l'effet ordinaire du non-usage? Ulpien se prononce pour
l'extinction de la servitude; seulement il donne satisfaction à la règle, en admettant que l'époux ainsi appauvri pourra exercer une *condictio* (*ob injustam causam*)
pour obtenir, soit le rétablissement de la servitude, soit
le montant du profit retiré par l'autre époux (2). J'ai
souvent entendu dire que cette décision n'était point
concordante avec la L. 3 § 10 *De don. int. vir. et ux.*,
où le même Ulpien s'exprime ainsi : « *Sciendum autem*

----

(1) L. 5 § 6 *De don. int. vir. et ux.* : « Si le mari ou la femme,
« dans l'intention de gratifier son conjoint, n'use pas d'une servi-
« tude, je pense que la servitude est éteinte, mais qu'après le di-
« vorce elle pourra être répétée par *condictio*. »

(2) Ulpien dit que la *condictio* sera exercée *post divortium*. Ces
mots sont purement énonciatifs : il est rare que l'époux qui a fait
une donation à son époux revienne sur cette libéralité tant que la
bonne harmonie subsiste entre le donateur et le donataire. Comp.
M. de Savigny, *System*, t. iv, append. ix, n° 2, note *a*.

« *est, ità interdictam donationem inter virum et uxorem*
« *ut ipso jure nihil valeat quod actum est. Proindè, si cor-*
« *pus sit quod donatur, nec traditio quidquam valet. Et*
« *si stipulanti promissum sit, vel accepto latum, nihil va-*
« *let : ipso enim jure, quæ inter virum et uxorem donatio-*
« *nis causá geruntur, nullius momenti sunt.* » Mais il
m'est impossible d'apercevoir l'ombre d'une contradiction entre les deux textes. En effet, de quoi s'occupe
Ulpien, dans la L. 3 § 10 ? Il s'occupe d'actes positifs,
conclus entre le mari et la femme pour enrichir l'un aux
dépens de l'autre (*quod actum est, quæ inter virum et
uxorem geruntur*) : c'est une tradition, une promesse
sur stipulation, une *acceptilatio*. Au contraire, dans la
L. 5 § 6 le jurisconsulte suppose une pure omission,
l'absence de tout fait d'exercice de la servitude. Certes,
en supposant que la L. 5 § 6 n'existe pas, tout interprète exact reconnaîtrait que le non-usage d'une servitude est en dehors de l'application du principe formulé
dans la L. 3 § 10.

Mais est-il aussi facile de concilier cette L. 5 § 6
avec l'idée que la servitude qui appartient au fonds
dotal ne s'éteint pas *non utendo* ? Si la loi Julia a la
puissance d'empêcher l'effet habituel du non-usage
prolongé pendant deux ans, pourquoi n'avoir pas attribué la même puissance à la règle qui interdit les
donations entre époux ? A cet égard, voici quel doit
être le point de départ d'une réponse satisfaisante :
« Du moment qu'il y a eu pendant deux ans défaut
d'exercice d'une servitude rustique, la servitude est
nécessairement éteinte, sans que nous ayons à rechercher quelle est la cause du non-usage, si c'est la négligence de l'ayant-droit, ou sa volonté réfléchie, ou un ob-

stacle plus fort que sa volonté » (1). Ulpien fait l'application pure et simple du principe au cas où un époux,
pour gratifier son époux, n'exerce pas la servitude qui
grève le fonds de celui-ci : la servitude sera éteinte *non
utendo*, bien que le non-usage soit fondé sur une *causa
injusta*. Et, au moyen de la *condictio* que pourra exercer le donateur, la règle qui interdit les donations entre
époux ne restera pas dénuée de sanction. Au contraire,
quand c'est une servitude appartenant au fonds dotal
que le mari a négligé d'exercer, il a bien fallu faire fléchir
le principe général sur la perte des servitudes par le
non-usage, parce qu'on ne pouvait pas à la fois appliquer ce principe et se conformer à la loi Julia. L'inaliénabilité du fonds dotal est une garantie pour la femme :
admettez qu'il puisse dépendre du mari que la propriété
du fonds dotal soit amoindrie, et dès lors la garantie que
la loi Julia a voulu donner à la femme s'évanouit sans
équivalent possible. — En résumé, la différence entre
le cas de la donation entre époux et le cas du fonds
dotal, cette différence s'explique par une considération
bien simple : Dans le premier cas, tout en admettant
l'extinction de la servitude, on peut empêcher qu'en

(1) L'exactitude de ce principe ressort notamment des décisions
suivantes :

Un homme m'avait légué une servitude sur son fonds; le legs ne m'é-
tant pas connu, deux ans s'écoulent depuis l'adition d'hérédité sans
que la servitude ait été exercée : la servitude se trouve éteinte (Pomponius. L. 19 § 1 *Quemadm. serv. amitt.*).

J'ai le droit de prendre de l'eau à une fontaine; la fontaine tarit,
de sorte que pendant deux ans il est impossible d'exercer la servitude : si plus tard l'eau reparaît, la servitude est éteinte, et, pour la
restituer, il faut l'intervention de l'Empereur (L. 34 § 1 et L. 35 *De
servit. præd. rust.*).

définitive l'un des époux ne s'enrichisse aux dépens de l'autre; dans le deuxième, au contraire, admettre cette extinction, ce serait purement et simplement dépouiller la femme de la garantie que la loi Julia a voulu lui assurer contre le mari (1).

(1) La distinction dont il s'agit n'est susceptible d'aucune application en droit français. D'une part, la servitude qui appartient au fonds dotal, comme celle qui appartient au fonds d'un mineur, ne peut pas s'éteindre *non utendo* (C. Nap., art. 710 et 1561). Mais, d'autre part, la servitude qui existe entre le fonds du mari et le fonds de la femme ne peut pas davantage s'éteindre de cette manière (C. Nap., art. 2253).

L. 6. — ULPIANUS, ʟɪʙ. v *De adulteriis.*

Sed nec libertas servitutis urbano prædio dotali debitæ competit, ne per hoc deterior conditio prædii fiat.

On ne peut même pas usucaper l'affranchissement d'une servitude urbaine appartenant au fonds dotal : autrement, la condition du fonds serait empirée.

En fait de servitudes prédiales, il n'y a que les servitudes rustiques (*servitutes prædiorum rusticorum*) qui s'éteignent par le simple non-usage. Pour les servitudes urbaines (*servitutes prædiorum urbanorum*), vainement le propriétaire du fonds dominant sera resté deux ans sans exercer son droit : la servitude ne sera pas éteinte par cela seul ; pour amener l'extinction, il faut de plus que le propriétaire du fonds servant se révolte contre la servitude, qu'il fasse un travail qui en rend l'exercice impossible, et que pendant deux ans il possède le fonds ainsi mis *in possessione libertatis*. En un mot, la simple inaction du propriétaire du fonds dominant, si elle s'est prolongée pendant le temps voulu, suffit pour lui faire perdre son droit de servitude rustique ; au contraire, quand il s'agit d'une servitude urbaine, il faut que le propriétaire du fonds servant s'en débarrasse, en quelque sorte, au moyen d'actes positifs. La

servitude rustique s'éteint *non utendo;* un fonds est affranchi de la servitude urbaine qui le grève, au moyen
d'une *usucapio libertatis* (1). Seulement cette *usucapio*
a cela de particulier qu'elle n'exige ni *justa causa* ni
bonne foi chez celui qui l'accomplit (2).

On voit combien il importe de distinguer soigneusement les *servitutes prædiorum rusticorum* des *servitutes
prædiorum urbanorum*, ou plus brièvement les *servitutes rusticæ* des *servitutes urbanæ* (3). Quel est le caractère propre qui nous permettra de dire si telle servitude appartient à l'une ou à l'autre classe? La question
est depuis longtemps discutée entre les interprètes du
droit romain. Je dois me borner ici à une exposition
très-sommaire. L'opinion la plus générale est que l'on
doit considérer quelle est la nature du fonds dominant :
est-ce un fonds de terre, un emplacement non bâti? la
servitude qui lui appartient sera rustique. Est-ce au
contraire une maison? la servitude sera urbaine (4). Je
suis disposé à croire qu'à l'origine c'est une idée de ce
genre qui a fait choisir les expressions *servitutes prædiorum rusticorum*, *servitutes prædiorum urbanorum*.
Mais, le nom une fois adopté, les jurisconsultes, qui
dans l'élaboration de leurs doctrines regardaient si
hardiment au fond des choses, ont bien vite reconnu

(1) Voy. Gaius, L. 6 ; Julien, L. 32 *De serv. præd. urb.* (8,2);
Paul, L. 4 § 29 *De usurp.* (41, 3).

(2) La *justa causa* ici serait l'acte du prétendu ayant-droit expri-
mant qu'il renonce à la servitude; la *bona fides,* l'opinion du propriétaire du fonds servant que cet acte est bien réellement émané de
l'homme qui avait pouvoir de disposer de la servitude.

(3) Expressions d'Ulpien dans la L. 1 *Si serv. vindic.* (8, 5).

(4) Les rédacteurs du Code Napoléon se sont placés à ce point de
vue (art. 687).

qu'en réalité la nature du fonds dominant est souvent indifférente, et que telle servitude qui se trouve appartenir à une maison est soumise aux mêmes règles, et par conséquent doit figurer dans la même classe, que telle autre qui appartient à un fonds de terre. Ainsi, la servitude de passage est une servitude rurale : sans doute à l'origine elle existait toujours au profit d'un fonds de terre, dont elle facilitait l'exploitation ; même du temps des jurisconsultes, ce n'est que par accident qu'une pareille servitude sera due à une maison, et, comme en ce cas exceptionnel la nature propre de la servitude n'est pas changée, on continue de la classer parmi les servitudes rurales. On peut donc dire que telle servitude est rurale ou urbaine suivant que, dans l'état habituel des choses, on la voit appartenir à un terrain non bâti ou bien au contraire à une construction. Et cette observation fait suffisamment comprendre la manière dont Ulpien s'exprime dans notre L. 6 : quand il parle d'une servitude *urbano prædio debita*, il a dans l'esprit les servitudes qui habituellement sont constituées au profit des maisons, et sa pensée n'embrasse certainement pas une servitude de passage qui se trouverait par accident appartenir à une maison.

Pour présenter ces idées d'une manière un peu plus philosophique, je dirai : « La servitude est rurale lorsqu'on peut la concevoir abstraction faite de toute idée de construction ; la servitude est urbaine lorsqu'il est impossible d'y songer sans que l'idée d'une construction vienne immédiatement à l'esprit. » — Et une analyse exacte conduit aux propositions suivantes : Le droit de servitude consiste toujours *in faciendo* (exemple : le *jus eundi*), *in habendo* (exemple : le *jus tigni immit-*

tendi), ou enfin *in prohibendo* (exemple : le *jus ne lumi-
nibus officiatur*). Dans toute servitude rurale, le propriétaire du fonds dominant peut *facere* ; dans la servitude
urbaine, tantôt il peut *habere*, tantôt *prohibere* (1).

Lorsqu'une servitude rurale appartient au *prædium
dotale*, nous avons vu, en expliquant la L. 5, que vainement le mari restera deux ans sans l'exercer : la loi
Julia protégera la femme contre l'effet ordinaire du
non-usage. Si nous supposons maintenant une servitude urbaine, la loi Julia va-t-elle également protéger la femme en empêchant l'*usucapio libertatis*? On
pourrait en douter, parce qu'ici en faveur du propriétaire du fonds servant, nous avons quelque chose de
plus que dans le cas précédent : ici nous n'avons pas
seulement la négligence prolongée du titulaire actuel
du droit, nous avons encore les efforts faits par le
propriétaire du fonds servant pour reconquérir sa liberté. Néanmoins, Ulpien décide que la femme est à
l'abri de l'*usucapio libertatis*, comme il a décidé qu'elle
est à l'abri de la perte *non utendo*. Mais notre L. 6
exprime bien qu'il y avait quelque raison de douter
dans le cas dont elle s'occupe, quand elle dit : *Sed nec
libertas servitutis... competit.*

Le fonds dotal, comme nous le verrons en expliquant
la L. 16, ne peut pas en général être usucapé par un tiers.
Quelque favorable que soit le retour à la liberté, le
propriétaire d'un fonds grevé d'une servitude urbaine
envers le fonds dotal ne peut pas non plus compléter

_____

(1) Voy., pour une exposition plus détaillée, M. de Vangerow
Lehrbuch der Pandekten, t. 1, § 339, p. 796 et suiv. de la 6ᵉ édition.

aux dépens du fonds dotal la propriété du sien, en accomplissant une *usucapio libertatis*. Mais évidemment il faut ici admettre la même restriction que la L. 16 indique au sujet de l'*usucapio ipsius fundi*. Supposons qu'au moment où le fonds investi d'une servitude urbaine est devenu dotal, le propriétaire du fonds servant avait déjà fait un acte contraire à la servitude : l'*usucapio libertatis*, ainsi régulièrement commencée, pourra très-bien s'accomplir malgré la dotalité survenue : l'homme est considéré comme ayant une sorte de droit acquis à pouvoir achever une usucapion qui à l'*initium* était possible. Nous verrons plus tard comment on peut expliquer cette règle posée dans la L. 16 et dont je me borne à faire ici l'application. Remarquons seulement qu'il ne peut rien y avoir de semblable quand il s'agit de la perte *non utendo*. Un fonds a droit à une servitude rustique; au moment où il devient dotal, la servitude n'était pas exercée depuis un temps plus ou moins long : pourvu qu'elle existe encore quand la dotalité survient, il ne pourra pas être question de perte *non utendo*. En effet, la simple inaction du titulaire de la servitude, tant qu'elle n'a pas duré deux ans, ne peut évidemment pas valoir droit acquis pour le propriétaire du fonds servant, comme une *possessio libertatis* bien caractérisée de la part de celui-ci. Et puis pendant combien de temps devrait avoir duré cette inaction au moment où survient la dotalité? On ne se contenterait pas qu'elle eût duré un jour : alors exigerait-on vingt jours ou vingt mois?

L. 7. — JULIANUS, LIB. XVI *Digestorum.*

PR.

Si maritus fundum Titii servientem dotali prædio acquisierit, servitus confunditur. Sed si eumdem Titio reddiderit sine restauratione servitutis, hoc marito imputabitur, et hoc casu maritus litis æstimationem præstabit ; quod si maritus solvendo non erit, utiles actiones adversùs Titium mulieri ad restaurandam servitutem dantur (1).

Si le mari acquiert le fonds de Titius, qui est grevé d'une servitude envers le fonds dotal, la servitude s'éteint par confusion. Si ensuite il rend ce fonds à Titius sans rétablir la servitude, le mari en sera responsable, et dans ce cas il devra indemniser la femme ; en supposant le mari insolvable, la femme obtiendra contre Titius des actions utiles pour faire rétablir la servitude.

Nous savons déjà que la servitude qui existe au profit du fonds dotal ne peut pas être éteinte par l'*in jure cessio* que le mari ferait au propriétaire du fonds servant ; que s'il s'agit d'une servitude rurale, elle ne périra pas *non utendo ;* enfin que, s'il s'agit d'une servitude urbaine, il n'y aura pas lieu à l'*usucapio libertatis,* à moins que

(1) Je donne ce texte d'après la Vulgate. La Florentine ne contient pas la phrase : *Sed si eumdem Titio reddiderit sine restauratione servitutis, hoc marito imputabitur.* Cette phrase n'est certainement pas un *glossema.*

cette *usucapio* n'eût commencé avant la constitution dotale. Outre ces trois modes d'extinction, les servitudes en
général s'éteignent encore par la confusion, c'est-à-dire
par la réunion entre les mains d'un seul et même propriétaire du fonds dominant et du fonds servant (1). La
servitude qui appartient au fonds dotal peut-elle s'é-
teindre de cette manière? Ainsi, le mari devenant propriétaire du fonds grevé d'une servitude envers le fonds
dotal, la servitude va-t-elle subsister, ou va-t-elle disparaître par voie de confusion? Julien admet sans difficulté qu'il n'y aura plus de servitude : *servitus confunditur.* « Pourtant, dira-t-on, le mari n'était pas forcé
d'acquérir le fonds servant! Voilà donc le fonds dotal qui
se trouve amoindri, partiellement aliéné, par suite d'un
fait purement volontaire du mari. » Ce n'est point là une
objection qui doive nous embarrasser. L'acte volontaire
du mari a pour objet direct l'acquisition d'un certain
fonds : cette acquisition lui est permise; ni la loi Julia
ni aucune autre ne la lui défend. Alors, à l'instant où
l'acquisition est consommée, il se trouve que la même
personne, déjà propriétaire du fonds dominant, devient
propriétaire du fonds servant : par un effet nécessaire
de la loi (*nemini res sua servit*), ou plutôt par la force
des choses, le fonds ainsi acquis, ayant à rendre désormais à son propriétaire le service que précédemment
il rendait à un étranger, cesse de pouvoir être considéré comme un fonds servant. Si l'on peut dire ici que
le fonds dotal est aliéné partiellement, toujours est-il
que ce n'est point une *alienatio voluntaria.* C'est quel-

_____

(1) Gaius, L. 1 *Quemadm. serv. amitt.* (8, 6); Paul, L. 30 pr.
De serv. præd. urb. (8, 2); Ulpien, L. 10 *Comm. præd.* (8, 4).

que chose de tout à fait analogue à ce qui se produit au cas du *damnum infectum :* le refus du mari de donner la *cautio damni infecti* amène comme conséquence l'aliénation du fonds dotal : on voit là une *alienatio necessaria*, lors même qu'il eût été très-facile au mari de l'empêcher en fournissant la *cautio.*

J'ai déjà remarqué (1) que cette décision de Julien est la preuve la plus positive que le mari est seul propriétaire du fonds dotal, que la femme n'y a aucune espèce de copropriété. En effet, pour que la confusion ait lieu il faut absolument supposer que celui qui devient l'unique propriétaire du fonds servant est aussi l'unique propriétaire du fonds dominant.

Julien, dans le fragment qui nous occupe, ne se borne pas à supposer que le mari est devenu propriétaire d'un fonds appartenant à Titius et grevé d'une servitude envers le fonds dotal. Il ajoute qu'au bout d'un certain temps le mari a rendu (*reddiderit*) ce même fonds à Titius, *sine restauratione servitutis*, sans exiger de Titius le rétablissement de la servitude. Il s'agit avant tout de savoir à quel titre il le lui a ainsi rendu. Est-ce en lui consentant une revente? Je suis convaincu que telle n'est point la pensée du jurisconsulte. En effet, si le mari, après avoir acheté et acquis le fonds de Titius, faisait avec Titius un nouveau contrat en sens inverse du premier, mais impliquant la validité et le maintien du premier, je ne puis croire que Julien, pour exprimer cela, eût employé le mot *reddere :* probablement il aurait parlé d'une *nova venditio*, il aurait dit que le mari aliène à son tour le fonds qu'il avait acquis. Le

(1) Voy. ci-dessus, p. 62 et 63.

mot *reddere* indique naturellement que la cause de
l'acquisition faite par le mari se trouve résolue ou rescindée. Et cette interprétation devient surtout plausible lorsqu'on voit le jurisconsulte supposer que c'est
précisément à Titius que le fonds est vendu par le mari :
s'il s'agissait d'une revente, d'un nouveau contrat, il
n'y aurait aucune espèce d'intérêt à savoir si c'est avec
Titius ou avec un tiers que l'affaire est conclue par le
mari : l'effet serait exactement le même dans les deux
cas. Le jurisconsulte, en disant que le fonds est *rendu*
à Titius, veut dire qu'il intervient, non pas un deuxième
contrat, mais une résolution du premier. Nous verrons
d'ailleurs que la décision s'explique et se justifie parfaitement dans toutes ses parties quand on pose ainsi
les faits.

Je dis que dans la pensée de Julien le contrat par
suite duquel le mari avait acquis le fonds de Titius s'est
trouvé résolu. Je vais citer quelques exemples. Titius,
en vendant son fonds au mari, a inséré dans le contrat
la clause appelée *addictio in diem*, c'est-à-dire qu'il a
été convenu que, si dans un certain délai Titius trouvait
à vendre le même fonds à de meilleures conditions, la
vente consentie au mari serait résolue (1). Ou bien Titius a inséré dans le contrat la clause appelée *lex com-*
missoria, c'est-à dire qu'il a été convenu que, faute par
le mari d'avoir ¡payé son prix d'achat à telle époque,
Titius pourrait considérer la vente comme ayant cessé
d'exister (2). Ou bien Titius a inséré dans le contrat le

(1) Voy. Paul, L. 1, et Ulpien, L. 2 *De in diem addict.* (18, 2).
(2) Voy. Ulpien, L. 1, et Pomponius, L. 2 *De lege commiss.*
(18, 3); Paul, L. 5 § 1 *De contr. empt.* (18, 1).

pacte de réméré, c'est-à-dire qu'il a été convenu que
Titius, remboursant au mari dans un certain délai le
prix d'achat payé par celui-ci, serait fondé à se faire
rendre son fonds (1). Ou bien enfin le mari a découvert
dans l'immeuble par lui acheté des vices rédhibitoires,
certains défauts qui le rendent impropre à l'usage auquel il le destinait ou qui en diminuent notablement la
valeur (2). Dans les trois premiers cas, Titius, ayant
trouvé de meilleures conditions ou n'ayant pas été payé
de son prix ou ayant remboursé le prix par lui reçu,
bien entendu dans le délai fixé, Titius, dis-je, peut faire
tomber la vente; et, de même, dans le quatrième, la
vente tombera si le mari intente l'*actio redhibitoria*.

Dans tous les cas qui viennent d'être indiqués, la vente
faite par Titius étant résolue, le fonds se trouvant *in-
emptus a marito,* il faut, autant que possible, effacer tous
les effets qu'a produits cette vente. Sans doute la doctrine commune des jurisconsultes romains est que la
propriété a fait impression sur la tête du mari, que,
même dans les cas où la résolution a lieu au profit du
vendeur Titius, la propriété ne lui fait pas retour immédiatement (avec ou sans effet rétroactif), par cela seul
que la condition s'est réalisée (3); mais ils admettent

(1) Alexandre, L. 2 ; Dioclétien et Maximien, L. 7, C., *De pact.
int. empt. et vendit.* (IV, 54).

(2) Voy. Ulpien, L. 1 pr. et L. 49 *De œdil. Ed.* (21, 1). Suivant
le même Ulpien (L. 21 pr. *eod. Tit.*), *redhibere* dérive précisément
de *reddere :* cela vient bien à l'appui du sens dans lequel je dis que
Julien a employé ce mot *reddere.*

(3) Ulpien et Marcellus paraissent bien avoir admis que l'acquisition même de la propriété peut se trouver résolue *eveniente conditione;* mais telle n'était certainement point la doctrine de Julien.

très-bien que les parties sont respectivement obligées à faire en sorte que tout au moins celle qui n'a aucune faute à s'imputer ne se trouve pas en perte par suite de la vente. Ainsi, au cas d'*addictio in diem*, le premier acheteur doit restituer les fruits qu'il a perçus; et, de son côté, le vendeur doit lui rembourser les dépenses raisonnablement faites sur la chose (1). De même, en général, au cas de la *lex commissoria* (2). Mais c'est surtout à propos de l'*actio redhibitoria* que le principe est posé par les jurisconsultes romains de la manière la plus formelle : « *Jubent ædiles*, dit Ulpien (3), *restitui et quod « venditioni accessit, et si quas accessiones ipse præsti- « terit, ut uterque resolutâ emptione nihil amplius con- « sequatur quàm haberet si venditio facta non esset.* » — « *Julianus ait,* lisons-nous un peu plus loin (4), *ju- « dicium redhibitoriæ actionis utrumque, id est vendito- « rem et emptorem, quodammodo in integrum resti- « tuere debere.* » — « *Factâ redhibitione*, dit enfin « Paul (5), *omnia in integrum restituuntur, perindè ac « si neque emptio neque venditio intercessit.* »

Faisons spécialement à notre espèce l'application de ce principe. Le mari avait acheté de Titius un fonds grevé d'une servitude envers le fonds dotal : à l'instant même où il est devenu propriétaire de ce fonds servant, le fonds dominant qui lui appartenait comme dotal a

---

Voy. l'excellent commentaire de M. Pellat sur la L. 44 pr. *De rei vind.*

(1) L. 16 *De in diem addict.*
(2) L. 5 *De lege commiss.*
(3) L. 23 § 1 *De ædil. Ed.*
(4) *Eâd.* L. 23 § 7.
(5) L. 60 *cod. Tit.*

perdu le *jus servitutis*. Aujourd'hui la vente ainsi faite
au mari se trouve résolue par l'effet d'une *addictio in
diem*, d'une *lex commissoria*, d'un pacte de réméré, ou
bien enfin par suite des défauts de la chose. Dans la doctrine de Julien, le mari a été propriétaire du fonds, et par
conséquent la servitude qui le grevait a été et reste éteinte
par confusion (1); mais aussi l'équité exige que, la vente
étant résolue, les parties se tiennent compte des béné-
fices ou des pertes qui pour chacune ont pu résulter de
cette vente. Donc Titius, qui reprend son fonds, est tenu
de rétablir au profit du fonds dotal la servitude qui s'é-
tait évanouie à la suite de la vente : le mari, pour l'y
contraindre, peut employer l'*actio empti*, l'*actio redhibitoria* (2). Et le mari, en veillant ainsi à ce que Titius exécute son obligation, accomplit lui-même une
obligation dont il est tenu envers la femme et de l'inac-
complissement de laquelle il pourrait avoir à répondre
dans l'action *rei uxoriæ*. De même que, si le mari avait
gardé le fonds par lui acheté, il devrait en restituant le
fonds dotal reconstituer la servitude qui appartenait à

---

(1) Il faut en dire autant même dans la doctrine de Marcellus et
d'Ulpien. En effet, ces jurisconsultes admettent bien, par exemple,
au cas d'*addictio in diem*, que la propriété fait retour au vendeur
dès que la condition est arrivée; mais ils ne vont pas jusqu'à considérer l'acheteur comme n'ayant jamais été propriétaire.

(2) On peut rapprocher de ce cas les deux cas suivants :

Le propriétaire d'un fonds servant le lègue à Mævius après avoir
institué pour héritier le propriétaire du fonds dominant; la servitude
s'éteint au moment où l'héritier fait adition, mais le légataire doit la
rétablir (Paul, L. 18 *De servit.*).

Je suis devenu héritier d'un homme sur le fonds duquel j'ai une
servitude : la servitude s'est éteinte; si maintenant je vous vends
l'hérédité, vous devez la rétablir (Pomponius, L. 9 *Comm. præd.*).

celui-ci, de même quand son achat a été résolu, s'il ne restitue pas le fonds dotal avec la servitude, il est comptable envers la femme, parce qu'il y a eu faute de sa part à ne pas user du droit qui lui appartenait vis-à-vis de son vendeur Titius : *hoc casu maritus litis æstimationem præstabit.*

Nous supposons qu'effectivement le mari, en rendant le fonds à Titius, n'a pas songé à exiger de celui-ci le rétablissement de la servitude : la femme a droit à une indemnité qui, rentrant dans la créance dotale, est garantie par le *privilegium inter personales actiones.* Malgré ce privilége, la femme ne sera peut-être pas payée par le mari : non-seulement le mari a des dettes, mais il n'a point de biens. La femme alors n'a-t-elle aucune ressource? Les principes généraux du droit lui permettent de s'attaquer à Titius. En effet, nous le savons, le mari avait action contre Titius pour le forcer, au moment où il a recouvré son fonds, à rétablir les choses dans l'état primitif : le mari pouvait notamment, en sa qualité de propriétaire du fonds dotal, demander le rétablissement de la servitude autrefois existante au profit du fonds dotal. Maintenant qu'il le restitue à la femme, s'il ne le restitue pas *cum jure servitutis,* s'il est hors d'état de payer à la femme la valeur de cette servitude, au moins faut-il qu'il lui cède l'action qu'il a négligé d'exercer : à cette condition seulement, la restitution du fonds dotal sera complète (1). Peu importe, du reste, que cette

_____

(1) Voy., en ce sens, Neratius, L. 31 pr. *De act. empti et vend.* (19, 1); Ulpien, L. 13 § 12 *cod. Tit.,* et L. 14 pr. *De furt.* (47, 2). Lorsqu'il n'y a pas eu de la part du débiteur une faute dommageable, on ne peut lui demander que la cession. Lors au contraire

cession ne soit pas réellement effectuée : on appliquera ici le principe que celui qui a droit de se faire céder une action peut dès à présent exercer l'action comme action utile, la cession étant supposée faite (1).

La décision de Julien, ainsi entendue, ne se rattache en aucune façon à l'inaliénabilité du fonds dotal : cette décision devrait encore être donnée lors même qu'il n'aurait jamais existé une loi Julia *De adulteriis*. Du reste, l'insertion de ce texte dans le Titre *De fundo dotali* se justifie suffisamment quand on réfléchit que Julien part de l'idée que la servitude due au fonds dotal peut s'éteindre par confusion, l'espèce d'aliénation qui s'opère alors n'étant point *voluntaria*. — Je ne vois donc rien de commun entre les *utiles actiones* que Julien accorde à la femme contre le propriétaire du fonds anciennement grevé de la servitude et la revendication qu'elle peut exercer contre l'acquéreur du fonds dotal illégalement vendu par le mari. La loi Julia n'a pas empêché que la servitude fût éteinte par confusion : ainsi l'action dont Titius est tenu après qu'il a recouvré son fonds ne peut pas être une action *in rem*, une action confessoire; c'est une action personnelle, dans laquelle on dit qu'il est obligé de rétablir la servitude. Au contraire le mari qui, contrairement à la loi Julia, a voulu aliéner le fonds dotal, n'a point cessé d'en être propriétaire : c'est donc la revendication qui peut être exercée

qu'il est en faute, comme dans notre espèce, on lui demande indemnité pour le dommage qui lui est imputable; et seulement, en cas d'insolvabilité, il faut bien que le créancier se contente de la cession d'actions.

(1) Voy. notamment Ulpien, L. 16 *De pactis* (2, 14), et L. 1 § 13 *De tutela et rat.* (27, 3).

par lui ou par la femme sa cessionnaire. Le pluriel *utiles actiones*, employé par Julien, vient encore à l'appui de notre interprétation : il se comprend très-bien comme désignant les actions que le mari peut avoir en raison du contrat qui a été résolu (action *empti, redhibitoria*, etc.); il ne s'expliquerait pas si la pensée du jurisconsulte était de donner à la femme une action confessoire utile. Enfin on peut encore remarquer que, quand la femme poursuit un tiers par application de la loi Julia, en prétendant que le mari n'a pas pu aliéner à son profit, nous ne voyons point que l'exercice de cette action soit soumis à la preuve que le mari est insolvable; notre L. 7 pr., au contraire, suppose que la femme ne poursuit Titius qu'après avoir constaté l'insolvabilité du mari. Je n'attache pas, du reste, une importance très-grande à cette dernière observation : au fond, il n'y a pas là une différence essentielle entre les deux cas.

Nous n'avons plus qu'à voir ce qui arriverait si, au lieu d'une résolution de la vente que Titius avait faite au mari, il y a eu une revente consentie par le mari, soit à Titius, soit à un tiers : en quoi la décision de Julien cesserait-elle alors d'être applicable? Sans aucun doute, dans ce cas de revente comme dans le cas de résolution, si le mari, quand il a cessé d'être propriétaire du fonds qu'il avait acquis, n'a pas réservé la servitude au profit du fonds dotal, il en est responsable envers la femme : c'est par sa faute que le fonds dotal est restitué amoindri, dégradé en quelque sorte par la perte de la servitude. Mais, où ce cas de revente diffère du cas de résolution, c'est en ce que le second acheteur comme tel, s'il n'a pas été lié par une clause spéciale de son contrat, n'est aucunement tenu de re-

constituer la servitude au profit du fonds dotal. D'où la
conséquence que la femme ne peut s'en prendre qu'au
mari de l'extinction de la servitude, et que si le mari
est insolvable, c'est la femme seule qui souffrira en définitive de la diminution de valeur du fonds dotal.

L. 7 § 1.

Sed cùm uxor fundum cui prædia viri servitutem debebant, in
dotem dat, fundus ad maritum
pervenit amissâ servitute, et ideo
non potest videri per maritum
jus fundi deterius factum. Quid
ergo est ? Officio de dote judicantis continebitur ut redintegratâ servitute jubeat fundum
mulieri vel heredi ejus reddi.

Mais lorsque la femme apporte
en dot un fonds auquel des immeubles du mari devaient une
servitude, ce fonds passe au mari
sans la servitude : alors on ne
peut pas dire que la perte pro-
vienne du fait du mari. Que va-t-
il donc arriver ? Il entrera dans
l'office du juge de l'action *de dote*
d'ordonner que le fonds ne soit
rendu à la femme ou à son héritier qu'après rétablissement de la
servitude.

Dans le *princ.* de ce fragment, Julien a supposé un
cas où la servitude existante au profit du fonds dotal
s'est trouvée éteinte par confusion à la suite d'un fait
volontaire du mari, à la suite de l'acquisition du fonds
servant par le mari. Ici, au contraire, dans le § 1, le
jurisconsulte suppose un cas où l'extinction de la servitude par confusion provient plutôt du fait de la
femme. Des immeubles appartenant au mari étaient
grevés d'une servitude, par exemple de la servitude de

passage, au profit d'un fonds appartenant à la femme (1);
la femme apporte en dot à son mari le fonds dominant :
elle amène par là l'extinction de la servitude. Est-ce à
dire qu'après la dissolution du mariage, quand il y
aura lieu pour le mari de restituer la dot, la femme ou
son héritier (2) devra se contenter de recouvrer le
fonds sans la servitude, ne pourra pas exiger le rétablissement de celle-ci? En aucune façon. Evidemment
la restitution du fonds dotal ne serait pas complète si
le mari pouvait conserver un avantage qui est la conséquence de la *datio in dotem*, si la femme ne recou-
vrait pas la propriété de son fonds avec les qualités
qu'elle avait lorsqu'elle a été transmise au mari. Il faudra donc que le mari, en restituant le fonds, grève envers lui ses propres immeubles comme ils l'étaient
dans le principe, sinon, il sera condamné envers la
femme à lui payer la valeur du droit de servitude.
Cette décision, comme celle du *princ.*, est évidemment
indépendante de l'inaliénabilité du fonds dotal.

*Officio de dote judicantis continebitur ut redintegratâ
servitute jubeat...* Ne faut-il pas conclure de ces expressions que l'action *rei uxoriæ* appartient à la classe des
actions arbitraires, c'est-à-dire de ces actions dans
lesquelles le juge, après avoir reconnu que la demande
est fondée, que le demandeur doit obtenir gain de

---

(1) *Prædia viri servitutem debebant.* Ici encore, comme dans
les LL. 5 et 6, le jurisconsulte suppose qu'il y a un droit réel de servitude et non pas un simple droit de créance. Voy. ci-dessus, p. 231.

(2) Du temps de Julien, l'héritier de la femme n'a l'action *rei
uxoriæ* qu'autant que la femme est morte après avoir mis en demeure
le mari ou l'héritier du mari (*Ulp. fragm.*, Tit. VI, § 7; *Vatic.
fragm.*, § 97).

cause, ne prononce pas immédiatement la condamnation, mais donne au défendeur un ordre dont l'accomplissement amènera son absolution? On ne peut nier
que les expressions de Julien ne concordent parfaitement avec ce caractère des *judicia arbitraria* (1). Un
texte de Paul, la L. 25 § 1 *Sol. matr.*, me porte également
à croire que les jurisconsultes romains voyaient dans
l'action *rei uxoriæ* une action arbitraire : « *Maritum*
« *in reddendá dote*, dit Paul, *de dolo malo et culpá ca-*
« *vere oportet. Quodsi dolo malo fecerit quominùs resti-*
« *tuere possit, damnandum eum quanti mulier in litem*
« *juraverit, quia invitis nobis res nostras alius retinere*
« *non debeat* » (2). Ainsi le mari qui restitue les choses
dotales n'est absous qu'à charge par lui de s'engager
à indemniser la femme des conséquences de son dol ou
de sa faute ; de même, pour que le défendeur à la revendication soit absous, il ne suffit pas qu'il restitue la
chose, il faut encore qu'il donne *cautio de dolo* ou même
de culpá (3). Que si le mari, par son dol, a rendu la
restitution impossible, il sera condamné à la somme
que fixera la femme elle-même, et la seule garantie
qu'on lui accorde, c'est le serment qu'on impose à la
femme. Ceci, du reste, n'est que l'application partielle
de la règle générale posée par Paul dans la L. 2 § 1 *De*

(1) Voy. Inst., § 31 *De action.* Aj. Ulpien, L. 68 *De rei vindic.*
(ci-dessus, p. 121 et suiv.).

(2) « Le mari qui restitue la dot doit s'engager pour le cas où il
« serait coupable de dol ou de faute. Que si par dol il s'est mis hors
« d'état de pouvoir restituer, il sera condamné à la somme fixée par
« la femme sous la foi du serment : en effet, un tiers ne doit pas
« retenir malgré nous ce qui nous appartient. »

(3) Voy. Gaius, L. 18, et Ulpien, L. 45 *De rei vindic.*

in litem jur. (12,3). Dans ce dernier texte, le jurisconsulte admet le *jusjurandum in litem*, non-seulement au cas de dol, mais encore au cas de *contumacia non restituentis vel non exhibentis;* et il me paraît plus que probable que, dans la L. 25 § 1 *Sol. matr.*, il mettait également sur la même ligne que le dol la *contumacia* du mari : la mention de la *contumacia* aura été supprimée par les commissaires de Justinien, attendu que de leur temps le mari est condamné à restituer les choses dotales *cum suâ causâ*, et que presque toujours sa *contumacia* pourra être domptée par l'emploi de la force publique (1). Ce qui prouve surtout cette suppression, c'est le motif donné par Paul, motif que les commissaires ont maladroitement laissé subsister. En effet, comment le jurisconsulte motive-t-il l'admissibilité du *jusjurandum in litem* au profit de la femme? *Quia invitis nobis res nostras* (2) *alius retinere non debeat.* Or, évidemment le mot *retinere* convient bien mieux au cas où le mari se refuse à restituer (*contumacia*) qu'à celui où méchamment il s'est mis hors d'état de restituer (*dolus*). Il peut donc y avoir *contumacia* du mari poursuivi par l'action *rei uxoriæ;* or, cette *contumacia* présuppose un *jussus judicis*, et ainsi Paul (L. 25 § 1 *Sol. matr.*) est parfaitement d'accord avec Julien (L. 7 § 1 *De fundo dot.*).

Au surplus, cette question de savoir si l'action *rei*

---

(1) Je dis *presque toujours :* car, s'il est condamné, par exemple, à rétablir une servitude, on conçoit que l'emploi de la force publique ne pourra pas suppléer à sa volonté.

(2) Cette expression *res nostras* ne veut pas dire que la femme est déjà propriétaire des choses dotales, mais seulement qu'elle y a droit.

uxoriæ est une action arbitraire, se rattache à cette autre question, beaucoup plus générale : *Une action peut-elle être à la fois* BONÆ FIDEI *et* ARBITRARIA? De très-bons esprits enseignent que ce sont là deux caractères incompatibles, et que les actions arbitraires forment une classe à part, également distincte des actions de bonne foi et des actions de droit strict (1). D'autres pensent, au contraire, que, toutes les fois que dans l'action *bonæ fidei* il s'agit d'une restitution à effectuer par le défendeur, il y a lieu de la part du juge à prononcer un *jussus* avant de procéder à la condamnation (2). Il paraît bien, en effet, que les jurisconsultes romains considéraient comme arbitraire l'action *depositi directa* (3). Les textes de Julien et de Paul que je viens d'expliquer me paraissent fournir un nouvel argument à l'appui de cette dernière doctrine.

J'ai toujours supposé jusqu'à présent le cas le plus simple, le cas où le mari, lorsqu'il restitue le fonds dotal, est encore propriétaire des immeubles qui autrefois devaient la servitude : le mari, dans ce cas, a toute facilité pour obéir au *jussus* du juge de l'action *rei uxoriæ :* s'il ne rétablit pas la servitude, c'est de sa part pure *contumacia,* et le juge pour le punir devra déférer à la femme le *jusjurandum in litem.* Maintenant, il serait possible que le mari eût aliéné les immeubles

---

(1) En ce sens, voy. notamment Puchta, *Cursus der Institutionen*, t. II, § 166, p. 138 et suiv.

(2) Voy. M. de Savigny, *System*, t. V, §§ 221 à 223. M. Leveillé, aujourd'hui professeur agrégé à la Faculté de Rennes, a donné à cette opinion des développements· intéressants (*De la résolution pour inexécution des charges,* p. 46 et suiv.).

(3) Voy. Ulpien, L. 1 § 21, et Marcellus. L. 22 *Depos.* (16, 3).

dont il s'agit, qu'il n'en fût plus propriétaire lorsqu'il
restitue le fonds dotal. Ici plusieurs distinctions doivent
être faites. D'abord, si le mari est un homme prudent,
il a dû en aliénant ces immeubles retenir sur eux au
profit du fonds dotal la servitude que celui-ci avait
perdue par l'effet de la confusion : cela étant, il
pourra faire d'une manière complète la restitution du
fonds dotal. De même, le mari, en vendant ses immeubles, a pu convenir avec l'acheteur que celui-ci,
dans telle hypothèse (naturellement dans l'hypothèse
où le vendeur aurait à restituer le fonds dotal), serait
tenu de rétablir la servitude : cette clause est parfaitement valable, car au fond elle est dans l'intérêt du vendeur : l'*actio venditi* pourra être donnée pour en assurer
l'exécution ; l'acheteur sera ainsi poursuivi, soit par le
mari, soit par la femme cessionnaire du mari (1). Mais
évidemment, à défaut d'une clause de ce genre, l'acheteur ne serait pas tenu : le mari ni la femme ne pourrait venir lui demander le rétablissement d'une servitude dont il n'a pas été question dans la vente. Seulement le mari aurait à répondre envers la femme de ce
que le fonds dotal n'a plus la servitude qui lui appartenait : s'il est vrai que cette servitude a péri sans la faute
du mari, c'est du moins par sa faute (2) qu'elle n'a pas
été rétablie lors de l'aliénation des immeubles qui autrefois en étaient grevés. Le mari qui restitue le fonds
dotal devra donc ou s'arranger avec le propriétaire ac-

_____

(1) Il y a donc ici quelque chose d'analogue à ce que nous avons
trouvé dans le *princ. in fine* de notre L. 7 (Voy. ci-dessus, p. 251).

(2) La femme pourrait même, suivant les cas, prouver qu'il y a eu
dol du mari, et alors le juge déférerait le *jusjurandum in litem.*

tuel des immeubles pour les remettre dans leur état primitif, ou payer à la femme une indemnité. Ici encore le
juge de l'action *rei uxoriæ* ne condamnera pas de suite
le mari à payer à la femme le *quanti interest ;* il commencera par lui ordonner de rétablir la servitude, car
ce rétablissement n'est pas chose absolument impossible pour le mari.

— Julien, dans la L. 7, part manifestement de l'idée
que le mari est propriétaire du fonds dotal, que seulement la femme a un droit de créance, une action personnelle, pour se le faire restituer. Si le mari ne devenait pas propriétaire du fonds dotal, la servitude qui
appartient à ce fonds ne serait point éteinte par confusion. Alors on peut se demander si cette L. 7 est restée
véritablement applicable dans le droit de Justinien.
Ainsi que nous l'avons vu (1), Justinien, dans la L. 30,
C., *De jure dot.*, proclame que les choses apportées en
dot *et ab initio uxoris fuerint et naturaliter in ejus permanserint dominio :* en conséquence, la femme, après
la dissolution du mariage, peut employer, pour se faire
restituer sa dot, non-seulement une action personnelle,
mais même la revendication. Alors, puisque le fonds
dotal a continué d'appartenir à la femme, ne faut-il pas
dire que la servitude qui lui est due par un fonds du mari
peut parfaitement continuer de subsister, et qu'ainsi
l'insertion de notre L. 7 dans le Digeste n'est que le
résultat d'une inadvertance? C'est toujours une chose
difficile que de démêler exactement la pensée de Justinien au milieu du flux de paroles qui déborde dans

(1) Voy. ci-dessus, p. 87 et suiv.

ses Constitutions : quand il innove, il est rare qu'on puisse apercevoir clairement la portée de l'innovation. Dans cette L. 30 *De jure dot.*, je crois que la pensée de l'empereur a été seulement d'empêcher qu'aucun créancier du mari ne pût être préféré à la femme sur les choses dotales, mais qu'il n'a point entendu donner force de loi à cette règle : *Les biens dotaux sont la propriété de la femme et non du mari*, ainsi qu'à toutes les conséquences qui en dérivent (1). Je ne puis donc voir dans l'insertion de notre L. 7 au Digeste une de ces bévues surprenantes trop souvent échappées à Tribonien et à ses collègues.

— Dans les LL. 5, 6 et 7, qui viennent d'être expliquées, on a toujours supposé un droit de servitude appartenant au fonds dotal. Il s'agissait de savoir si, en cas pareil, les règles qui de droit commun gouvernent les servitudes prédiales ne sont pas écartées par l'application de la loi Julia : nous avons vu que la servitude appartenant au fonds dotal continuerait à être susceptible de s'éteindre par confusion, mais que la loi Julia faisait obstacle à ce que désormais elle s'éteignît par *in jure cessio* du propriétaire, par non-usage, par *usucapio libertatis* (à moins que l'*usucapio* n'eût commencé ante-

---

(1) Voy., en ce sens, M. Bachofen, *Das römische Pfandrecht*, t. I, p. 245. « Le but de Justinien en accordant à la femme une « *vindicatio*, dit très-bien M. Bachofen, est de garantir les choses « dotales à l'encontre des créanciers du mari » (*die Dotalsachen der Frau gegen die Ansprüche von Seite der Gläubiger des Mannes zu sichern.*). — « La L. 30, disent également MM. Aubry et Rau (t. IV, p. 502, note 1), ne s'occupe que du conflit entre les droits de la femme et ceux des créanciers hypothécaires du mari. »

quàm fundus dotalis constitueretur). On peut supposer
maintenant que la dot comprend une servitude personnelle : ainsi un droit d'usufruit sur un fonds peut très-
bien être conféré au mari *dotis causâ*. Devrons-nous
faire relativement à cette servitude personnelle les
mêmes distinctions que nous avons vues faites relativement aux servitudes prédiales? D'abord, sans difficulté, si le mari devient propriétaire du fonds grevé
d'usufruit, l'usufruit constitué en dot s'éteindra par
confusion ou consolidation : la règle *nemini res sua
servit* recevra ici son application, comme en matière
de servitudes prédiales. Cela est d'autant moins douteux qu'une servitude personnelle est même plus
fragile de sa nature qu'une servitude prédiale. Mais
quid en ce qui concerne l'extinction par *in jure cessio* ou par non-usage ? Quant à ce dernier mode,
Tryphoninus admet de la manière la plus formelle
qu'il reste applicable au cas où la dot comprend un
usufruit sur un fonds : « *Quod si mulier in fundo suo*
« *marito usumfructum dotis causâ constituerit, tunc ex*
« *mariti personâ propriè erit ususfructus, qui et non*
« *utendo ipsi pereat...* » (1). De même que la constitution de dot peut consister à rendre le mari propriétaire
dans toute la force du terme, de même elle peut consister
à créer sur sa tête la servitude personnelle appelée *usufruit*, par conséquent un droit susceptible de s'éteindre
si le mari à qui il appartient laisse passer un certain
temps sans l'exercer (2).

(1) L. 78 § 2 *De jure dot.*: « Si la femme a conféré au mari *dotis*
« *causâ* un usufruit sur son fonds, le droit existera réellement en
« la personne du mari, et le mari pourra le perdre par non-usage...»
   (2) *Tunc ex mariti personâ propriè erit ususfructus, qui et*

Ce que Tryphoninus admet quant à la perte par non-usage doit être également admis, en principe, quant à la renonciation formelle que le mari ferait au profit du nu-propriétaire en employant l'*in jure cessio*. Les deux modes sont mis sur la même ligne quand il s'agit d'une servitude prédiale : pourquoi distinguerait-on entre eux quand il s'agit d'une servitude personnelle ? Lorsque l'extinction par *in jure cessio* n'est pas permise, la perte *non utendo* doit être considérée en général comme impossible (1) : de même, en sens inverse, là où la loi admet la perte *non utendo*, on peut en conclure la possibilité de l'extinction par *in jure cessio* (2). — Il y a seulement un cas dans lequel je ne ferais plus cette assimilation. Le mari a reçu en dot l'usufruit d'un fonds qui appartenait à la femme et qui n'a pas cessé de lui appartenir ; aujourd'hui, pour gratifier la femme ou pour lui faire une restitution anticipée de la dot, il voudrait amener l'extinction de son droit d'usufruit : le peut-il ? Oui, s'il laisse passer deux ans sans user ; non, s'il fait à la femme l'*in jure cessio* (3). — Mais, en supposant que le nu-propriétaire est un étranger, il n'y a,

non utendo ipsi pereat; cela est dit par opposition au cas prévu dans le *princ.* de la même L. 78. Tryphoninus ici supposait que la femme, étant usufruitière du fonds du mari, donne en dot son usufruit : alors *maritus usumfructum non habet, sed suo fundo quasi dominus utitur... nec est quod non utendo maritus amittat.*

(1) Paul, L. 28 pr. *De verb. signif.* (ci-dessus, p. 233).

(2) Je vais donner dans un instant le motif qui explique que l'usufruit constitué *dotis causâ* sur un fonds (à la différence de la servitude *prædio dotali debita*) soit susceptible de s'éteindre *non utendo*. On verra que ce motif est parfaitement applicable au cas où il s'agit d'extinction par *in jure cessio*.

(3) Voy. ci dessus, p. 234 et 235.

je le répète, aucune raison pour ne pas admettre l'extinction de l'usufruit par *in jure cessio* comme par non-usage.

Pourquoi donc les Romains ont-ils ainsi traité différemment le droit d'usufruit sur un immeuble et le droit de servitude prédiale? Pourquoi ont-ils considéré la loi Julia comme s'opposant à ce que la servitude *prædio dotali debita* fût éteinte dans des circonstances qui au contraire amènent très-bien l'extinction du droit d'usufruit constitué *dotis causâ* sur un immeuble? La différence peut d'abord s'expliquer jusqu'à un certain point quand on s'attache d'une part à l'objet de la loi Julia, d'autre part à la nature propre des servitudes prédiales et des servitudes personnelles. Quel est l'objet de la loi Julia? C'est de garantir à la femme la restitution de sa dot : le mari n'ayant pas pu aliéner le fonds dotal, la femme, quand sera venue l'heure de la restitution, ou obtiendra la retranslation de ce fonds, ou se fera envoyer en possession des biens du mari, parmi lesquels ce fonds comptera nécessairement pour lui servir de gage. Donc, si le fonds dotal est investi d'une servitude, on se conforme à l'esprit de la loi Julia en empêchant que la servitude puisse s'éteindre entre les mains du mari : ou la femme obtiendra retranslation d'un fonds dont la valeur est augmentée par l'existence de la servitude, ou, s'il faut en venir à une *missio in bona*, l'*emptor bonorum* donnera évidemment un prix plus élevé en raison de cette même servitude. Peut-on en dire autant quand c'est l'usufruit d'un fonds qui a été constitué en dot? Non : maintenir cet usufruit sur la tête du mari, de telle sorte qu'il ne puisse s'éteindre ni par le non-usage ni par l'*in jure ces-*

sio, ce ne serait véritablement pas assurer à la femme une garantie bien sérieuse. En effet, sans doute Ulpien admet que les créanciers qui se sont fait envoyer en possession des biens de leur débiteur peuvent comprendre dans la vente le droit d'usufruit qui lui appartient : l'*emptor bonorum* exercera ce droit *tuitione Prætoris* (1). Mais il est probable que pendant longtemps, par souvenir de l'ancienne exécution pratiquée sur la personne, on a considéré l'usufruit du débiteur insolvable ou récalcitrant comme s'éteignant à la suite de la procédure de saisie. D'ailleurs, même dans la doctrine d'Ulpien, l'usufruit, qui d'un moment à l'autre peut s'évanouir par la mort ou par la *capitis deminutio* du mari, n'est-il pas quelque chose de trop essentiellement fragile (2) pour que, dans le but de fonder sur son maintien une sûreté au profit de la femme, on aille déroger ici aux règles du droit commun en matière de servitudes?— Du reste, à vrai dire, je crois que la différence admise par les jurisconsultes entre la servitude prédiale et la servitude personnelle tient surtout à la manière dont s'exprimait la loi Julia. La loi Julia défend au mari d'aliéner le *prædium dotale*. Or on peut bien dire qu'il y a une aliénation partielle du fonds dotal lorsque le mari fait périr ou laisse périr les servitudes actives appartenant à ce fonds, tout comme lorsqu'il le grève de servitudes passives; au contraire le droit d'usufruit sur un fonds n'étant pas, dans les habitudes du langage des Romains, ce qu'on

---

(1) L. 8 pr. *De reb. auctor. jud. possid.* (42, 5).

(2) C'est en raison de cette fragilité que l'usufruitier d'un fonds n'est point considéré comme un *possessor* dispensé de fournir la *cautio judicio sisti.* Voy. L. 15 § 1 *Qui satisd. cog.* (ci-dessus, p. 63 et suiv.).

appelle *fundus* ou *prædium*, le texte de la loi Julia n'est réellement pas violé quand on admet que l'usufruit conféré sur un immeuble *dotis causâ* peut s'éteindre *non utendo* ou par *in jure cessio* (1).

Lorsque l'usufruit conféré à titre de dot s'est ainsi éteint par le fait ou par la négligence du mari, la femme pourra-t-elle lui en demander compte par l'action *rei uxoriæ*? A cet égard, Tryphoninus, dans la suite de la L. 78 § 2 *De jure dot.*, fait une distinction bien simple. D'abord si la femme est restée propriétaire, c'est elle qui profite de l'extinction de l'usufruit : elle sera désormais sans dot (2), et n'aura rien à réclamer du mari après la dissolution du mariage : nous avons donc ici un cas où la restitution anticipée de la dot est valable, en ce sens que le mari se trouve dès à présent libéré. Que si au contraire la femme a cessé d'être nue-propriétaire du fonds, l'extinction de l'usufruit entre les mains du mari n'a procuré à la femme aucun avantage : lorsqu'arrive le divorce, comme le mari

(1) Si le mari avait reçu en dot un droit de superficie ou d'emphytéose, le texte de la loi Julia pourrait parfaitement s'appliquer. En effet, on ne dit pas de l'usufruitier *Habet prædium*; mais on dit très-bien du superficiaire *Habet œdes superficiarias, Habet insulam superficiariam* (L. 39 § 2 *De damno inf.*), et de l'emphytéote *Habet* ou *possidet agrum vectigalem* (L. 15 § 1 *Qui satisd. cog.*). — Supposons (ce qui probablement ne s'est presque jamais présenté dans la pratique) que, le mari étant propriétaire d'un fonds, une servitude soit constituée *dotis causâ* au profit de ce fonds sur un fonds voisin : je décide que cette servitude prédiale, comme l'usufruit créé *dotis causâ*, peut s'éteindre par le non-usage (ou par l'*usucapio libertatis*) et par l'*in jure cessio*; il n'y a pas là un *prædium dotale*.

(2) *Indotata erit*, dit Tryphoninus. Il suppose que le mari n'avait reçu en dot que l'usufruit dont il s'agit.

s'est mis par sa faute hors d'état de restituer la chose
dotale, c'est-à-dire l'usufruit (1), il est tenu d'indemniser la femme, absolument comme s'il avait aliéné
ou détruit un meuble dotal : donc ici l'extinction
de l'usufruit n'a pas fait que la femme cessât d'être
dotée.

En résumé, lorsque c'est un simple droit d'usufruit
qui est conféré au mari *dotis causâ*, à la différence de
ce qui a lieu quand c'est la propriété même, il n'y a
point à distinguer si ce droit est établi sur un meuble
ou sur un immeuble : dans un cas comme dans l'autre,
la loi Julia est inapplicable, en ce sens que le droit
pourra s'éteindre par l'*in jure cessio* ou par le non-
usage (2); dans un cas comme dans l'autre, la femme
qui n'a pas profité de l'extinction peut, en exerçant l'action *rei uxoriæ*, demander compte au mari d'une perte
qui lui est imputable.

(1) Comment l'usufruit aurait-il pu être restitué à la femme, la
nue-propriété appartenant à un tiers? Sur ce point, voy. Pomponius,
L. 66 *De jure dot.*; voy. aussi notre L. 78 § 2, *in fine*.

(2) L'usufruit existant sur un immeuble, il faudrait deux ans de
non-usage; s'il existe sur un meuble, il suffira d'un an.

L. 8. — ALFENUS, LIB. III *Digestorum a Paulo epitomatorum.*

Vir in fundo dotali, uxoris ro - gatu, olivetum succiderat ad hoc ut novellum reponeret; posteà vir mortuus erat, et uxori dotem relegaverat. Ligna quæ ex oliveto excisa essent, oportere mulieri reddi respondit.

Le mari, à la prière de la femme, avait abattu une plantation d'oliviers sur le fonds dotal, dans le but de faire une plantation nouvelle; puis le mari était mort, après avoir légué la dot à la femme. Le jurisconsulte a répondu que les arbres abattus doivent être restitués à la femme.

Le fonds dotal était planté d'oliviers; le mari, d'après le désir de la femme, a fait arracher ces arbres. L'intention des époux était de les remplacer par une plantation nouvelle. Les arbres ayant ainsi été abattus, le mari est mort (sans doute avant que la plantation nouvelle ne fût effectuée). Le mari, du reste, avait légué à la femme survivante la dot de celle-ci. La question dont s'occupe le jurisconsulte est celle de savoir si la femme, par l'action *rei uxoriæ* ou *ex testamento*, peut se faire tenir compte des oliviers arrachés, ou si au contraire ces arbres ont été acquis définitivement au mari : le jurisconsulte décide la question en faveur de la femme.

D'abord il est bien évident que les arbres dont il s'agit ne peuvent pas être considérés comme des fruits : la destination du fonds n'était point de fournir périodiquement des produits de ce genre (1). Ce sont des meubles acquis au mari à l'occasion du fonds dotal : la dot doit être grossie d'autant (2). Toutefois, dans l'espèce, il y avait une raison de douter : le mari avait fait arracher les arbres *uxoris rogatu :* ne pouvait-on pas croire, d'après cela, qu'il avait été entendu entre les époux que le mari les garderait définitivement ? Rien n'autorise à le croire : car on ne doit jamais présumer l'*animus donandi.* D'ailleurs, cette intention de la femme fût-elle démontrée, la décision serait encore la même : car en général la femme ne peut pas *constante matrimonio* renoncer en faveur du mari à exercer la répétition de tout ou partie de sa dot, et cela est surtout vrai quand le mariage se dissout par le prédécès du mari (3).

Mais les époux n'auraient-ils pas pu valablement convenir que le mari gagnerait les arbres arrachés, à charge par lui de supporter les frais de la plantation nouvelle ? Je crois qu'en principe une pareille convention doit être considérée comme non avenue. J'accorde bien au mari le droit de se faire tenir compte des frais de la plantation nouvelle (4); mais je n'admets pas que, si la valeur des arbres arrachés dépasse le montant des frais, il puisse être permis au mari de réaliser un bénéfice en

(1) Voy. Ulpien, L. 7 § 12 *Sol. matr.* (ci-dessus, p. 68).

(2) Voy., ci-dessus, le commentaire de la l. 3 pr. *De fundo dot.*

(3) Voy. Ulpien, L. 2 *De pact. dotal.*, et L. 1 § 1 *De dote præleg.*

(4) Ulpien, L. 5 § 3 ; Paul, LL. 6 et 8 *De imp. in res dot. fact.* Comp. Ulpien, L. 1 § 3 *eod. Tit.*

gardant toute cette valeur. Du reste, dans l'espèce de
notre L. 8, où le mari avait légué la dot à sa femme,
celle-ci peut même réclamer le montant de la dot sans
avoir à tenir compte des dépenses simplement utiles (1);
bien plus, je serais assez disposé à croire, d'après la manière dont s'exprime le jurisconsulte, que, dans cette
même espèce, le mari était mort après avoir arra-
ché les vieux arbres, mais avant de les avoir remplacés
par une plantation nouvelle, de sorte qu'en faisant
même abstraction du *legatum dotis*, il ne pouvait être
question d'une indemnité à réclamer par son héritier.

Enfin la circonstance que les arbres n'avaient été arrachés que sur la demande de la femme, *uxoris rogatu*,
est-elle donc tout à fait indifférente? Non : par suite de
cette circonstance, le mari, eût-il fait acte de très-mau-
vaise administration en arrachant les arbres, se trouve
à l'abri de toute responsabilité : évidemment la femme
ne peut pas demander compte d'une faute qu'elle-même
a conseillée.

En somme, cette L. 8 se rattache, non pas à la théorie de l'inaliénabilité du fonds dotal, mais à la question de savoir quelles choses peuvent être considérées
comme composant la dot et comme devant à ce titre
être restituées par le mari.

---

(1) Voy. Marcien, L. 5 *De dote præleg.* — Un texte de Javolenus (L. 41 § 1 *De leg.* 2°), sur le sens duquel Pothier (Tit. *De
dote prælegatâ*, n° IV) me paraît s'être complétement mépris, doit
être entendu seulement des dépenses nécessaires, sans quoi il serait
en contradiction avec le texte de Marcien.

L. 9. — AFRICANUS, lib. viii *Quæstionum*.

Pr.

Si marito, debitori fundi, id quod debet, doti mulier promiserit, dotalem fundum effici.	Si le mari étant débiteur d'un fonds, la femme lui promet en dot ce qu'il doit, le fonds devient dotal.

Dans ce texte, comme dans les trois §§ qui suivent, le mari était tenu d'une dette envers la femme, et la femme a déclaré apporter en dot ce qui lui est dû (1). Sous quelle forme a eu lieu cette déclaration? D'après le texte, ce serait sous forme de promesse : le mari aurait stipulé *Promittis-ne quod tibi debeo?* et la femme aurait répondu *Promitto*. Mais il est plus que probable qu'ici, comme dans bien d'autres fragments, l'expression du jurisconsulte a été changée par Tribonien, et que celui-ci a parlé de *promissio* là où celui-là parlait de *dictio*.

(1) Dans le *princ.* et dans le § 1, le jurisconsulte suppose expressément que le mari est débiteur envers la femme et que c'est la femme qui constitue la dot. Mais, comme nous le verrons, cette supposition n'est pas absolument nécessaire pour comprendre la décision d'Africain.

En effet, nous ne voyons pas que la promesse sur stipulation produise jamais d'autre résultat direct que
la naissance d'une obligation ; or, ici la femme n'entend point s'obliger, elle veut seulement conférer au
mari l'avantage de pouvoir garder comme dot ce qu'il
lui devait en raison d'une promesse, d'une vente, d'un
mutuum, etc. (1). Quant à la *dictio,* au contraire, il paraît
bien que, suivant les cas, elle peut faire naître une obligation nouvelle ou éteindre une obligation déjà existante.
Ainsi nous voyons que Marcellus (L. 44 § 1 *De jure
dot.*) lui donne l'effet d'un pacte *de non petendo.* Sans
doute le texte de Marcellus, comme notre L. 9, parle
de *promissio;* mais, grâce à la maladresse des commissaires de Justinien, qui ont laissé subsister une
formule autre assurément que celle de la promesse
sur stipulation, la substitution de *promiserit* à *dixerit*
est manifeste. Une femme, épousant un fils de famille débiteur envers elle, avait dit au père de son
mari : *Quod mihi debes,* ou bien *Quod mihi filius tuus
debet, doti tibi erunt.* Que va-t-il en résulter? *Non
obligatur,* dit Julien ; *sed efficit ut id quod actione
de peculio servari a patre poterat, in dote sit.* Ce n'est
pas seulement la forme qui avait été employée, c'est
aussi l'effet produit (*non obligatur*), qui prouve jusqu'à
l'évidence qu'il ne s'agit point là d'une promesse sur
stipulation. Enfin Marcellus ajoute : *Sive igitur cum filio*

---

(1) On pourrait dire : « La femme s'oblige envers le mari, et alors
il y a une compensation qui sera invoquée par le mari s'il est poursuivi en vertu de l'obligation primitive. » Mais, outre que c'est là
une idée bien subtile, il ne paraît pas que du temps d'Africain la
compensation pût avoir lieu entre dettes provenant *ex diversis
causis.*

posthàc, sive cum patre agere instituerit, exceptione pacti conventi summovebitur. Du reste, d'autres juris-consultes attachaient à cette *dictio* un effet extinctif plus puissant encore, et l'assimilaient, non à un simple pacte *de non petendo*, mais à une *acceptilatio* (1).

Africain, dans notre L. 9 pr., suppose donc que, le mari étant débiteur d'un fonds envers la femme, la femme s'est constitué en dot par *dictio* le fonds dont il s'agit (2). Quel va être l'effet d'une pareille constitu-tion? A l'instant même, le fonds deviendra dotal (3). Ceci est facile à expliquer : les choses se passent natu-rellement comme si le mari, débiteur du fonds, l'eût donné *solutionis causá* à la femme, et qu'alors celle-ci l'eût retransféré *dotis causá* au mari : on sous-entend, conformément à l'intention des parties, deux transla-tions de propriété dont la deuxième viendrait immédia-tement détruire l'effet de la première. C'est ainsi que l'entend Tryphoninus lorsque, dans la L. 77 *in fine De jure dot.*, il dit, en parlant de l'obligation du mari : *Illa obligatio tota tolletur, perindè ac si solutum debitum mulieri, in dotem ab eá datum esset.*

---

(1) Voy. Paul, L. 25 ; Tryphoninus, L. 77 *De jure dot.*; Venu-leius, L. 31 § 1 *De novat.* Comp. mon *Traité des obligations solidaires*, p. 56 et suiv.

(2) On peut supposer de même que le mari devait le fonds à l'ascen-dant paternel de la femme : c'est celui-ci qui a fait la *dictio*. Ou bien enfin, le mari devait le fonds à un tiers qui était lui-même débiteur de la femme : ce tiers, délégué par la femme, peut *dicere viro fun-dum :* par là il cessera d'être débiteur de la femme et créancier du mari. Voy. ci-dessus, p. 271, note.

(3) On suppose, bien entendu, qu'il y a déjà mariage lors de la *dictio,* sans quoi la dotalité proprement dite commencerait seulement *cùm nuptiæ secutæ fuerint.*

Il va de soi, et cela, du reste, est encore confirmé par l'explication qui vient d'être donnée d'après Tryphoninus, que la décision de notre L. 9 pr. suppose de toute nécessité que l'immeuble dû par le mari lui appartenait au moment où la *dictio* a été faite. Il serait possible que le mari eût vendu ou promis un fonds appartenant à un tiers : comment la *dictio* intervenue entre la femme créancière et le mari débiteur pourrait-elle, en cas pareil, modifier la condition de l'immeuble entre les mains du tiers propriétaire? Paul exprime très-bien cette idée dans la L. 14 § 2 de notre Titre *De fundo dotali* : l'effet de la *dictio* quant à la dotalité de l'immeuble sera suspendu jusqu'à ce que le mari en soit devenu propriétaire. Celsus l'exprime également, dans la L. 58 § 1 *De jure dot.*, lorsqu'il dit : « Si au moment « où la dot a été constituée le mari n'avait pas la pro- « priété de la chose par lui due, *magis est ut liberatio* « *obligationis potiùs quàm res ipsa ad eum ità pervenisse* « *videatur.* »

Ce qui vient d'être dit s'appliquerait encore si, au lieu d'une *dictio*, nous supposions une *acceptilatio* faite *dotis causà* au mari débiteur d'un fonds : sans difficulté le fonds deviendra dotal, s'il appartient au mari. La raison est toujours la même : on sous-entend une translation faite par le mari à la femme et une retranslation faite par la femme au mari. A la différence de la *dictio,* cette *acceptilatio dotis causà* peut même émaner d'une personne quelconque envers qui le mari est obligé ; et il serait possible alors que trois translations fussent censées avoir eu lieu, savoir : une du mari à son créancier (*solutionis causà*), une autre de ce créancier à la femme (*donationis causà*), la troisième enfin de la femme au

mari (*dotis causâ*) (1). — Mais faudrait-il encore décider de même si la femme ou l'étranger dont le mari est
débiteur avait fait avec lui un simple pacte? Devons-
nous admettre que le fonds qui est dû par le mari et
qui lui appartient peut immédiatement devenir dotal
par l'effet du pacte? L'affirmative ne peut guère être
douteuse à partir du moment où il a été reconnu qu'une
dot est valablement constituée *per pactum*, de manière
à faire naître une action au profit du mari (2) : dès lors,
en effet, l'ancienne *dictio* disparaît, et le pacte en tient
complétement lieu. Mais je vais plus loin : je crois que,
même au temps des jurisconsultes classiques, l'immeuble dû par le mari peut devenir dotal en vertu d'un
pacte. En ce sens, j'invoque d'abord la L. 44 § 1 *De jure
dot.* (3) : d'après ce texte, la *dictio*, comme le pacte, ne
libère le mari que *exceptionis ope*, et pourtant elle a le
pouvoir d'imprimer à la chose due le caractère de dotalité. Mais il y a mieux : Ulpien, dans la L. 12 § 2 *De
jure dot.*, tranche la question de la manière la plus formelle. « *Si cum marito debitore*, dit Ulpien, *mulier pacta*
« *sit, ut id quod debeat, in dotem habeat, dotis actione*
« *scilicet eam agere posse existimo : licet enim ipso jure*
« *priore debito liberatus non sit, sed tamen exceptionem ha-*
« *bere potest* » (4). Dire que l'objet de l'obligation primi-

---

(1) Voy. Paul, L. 44 § 2, et Ulpien, L. 43 § 1 *De jure dot.*
Julien, L. 49 *cod. Tit.*, suppose, à l'inverse du cas qui nous
occupe, que le mari, ayant stipulé une somme d'un tiers *dotis causâ.*
lui en a fait *acceptilatio : Perindè est,* dit-il, *ac si acceperit
pecuniam et eamdem promissori donaverit.*

(2) Théodose et Valentinien, L. 6, C., *De dotis promiss.* (v, 11).

(3) Ci-dessus, p. 272.

(4) « Si la femme est convenue avec le mari, son débiteur, que ce

tive du mari pourra être réclamé par l'action *rei uxoriæ*,
assurément c'est bien dire que cet objet est devenu
dotal. La circonstance que l'obligation primitive est
éteinte *ipso jure*, ou bien au contraire est éteinte *exceptionis ope*, cette circonstance est donc sans intérêt quand
il s'agit de savoir si par la volonté des parties la chose
que doit le mari peut devenir dotale sans avoir cessé
un seul instant de lui appartenir. On pourrait être tenté
de rattacher cette décision de la L. 12 § 2 *De jure dot.*
à une doctrine générale d'Ulpien sur la translation de
la propriété, doctrine dont nous trouvons au Digeste
un certain nombre d'applications. J'en citerai seulement deux : « *Cùm ex causá mandati pecuniam mihi de-*
« *beas, et convenerit ut crediti nomine eam retineas, vi-*
« *detur mihi data pecunia et a me ad te profecta* » (1).
— « *Sed si (maritus) debitorem suum ei (uxori) solvere*
« *jusserit, hic quæritur an nummi fiant ejus debitorque*
« *liberetur. Et Celsus, lib.* xv *Digestorum, scribit viden-*
« *dum esse ne dici possit et debitorem liberatum, et num-*
« *mos factos mariti, non uxoris : nàm, et si donatio jure*
« *civili non impediretur, eum rei gestæ ordinem futurum,*
« *ut pecunia ad te a debitore tuo, deinde a te ad mulie-*
« *rem perveniret. Nàm, celeritate conjungendarum in-*
« *ter se actionum, unam actionem occultari; cæterùm*

« qu'il doit composerait la dot, je pense qu'elle peut agir, bien en-
« tendu, par l'action de dot: car, s'il n'est pas libéré de la dette pri-
« mitive *ipso jure*, il peut du moins invoquer une exception. »
(1) L. 15 *De reb. cred.* : « Vous me deviez de l'argent par suite de
« mandat, et il a été convenu que vous le garderiez comme argent
« prêté : l'argent est censé m'avoir été compté, puis être retourné de
« moi à vous. » Décision contraire d'Africain dans la L. 34 pr.
Mandati (17, 1).

« *debitorem creditori dare, creditorem uxori* » (1).

Voilà deux cas dans lesquels une translation de propriété, sous-entendue par Ulpien, n'était point admise
par Africain. Faut-il dire d'après cela qu'Africain, qui,
dans notre L. 9 pr. *De fundo dot.*, admet que le fonds
dû par le mari à la femme peut immédiatement devenir dotal par l'effet d'une *dictio dotis*, n'aurait pas attaché la même conséquence à un simple pacte conclu
en ce sens entre les parties? Non, je suis disposé à croire
qu'Africain lui-même n'aurait pas fait cette distinction
entre la *dictio* et le simple pacte : car il s'agit ici bien
moins de savoir si l'obligation primitive du mari est
éteinte *ipso jure* ou *exceptionis ope*, que de rechercher
si les parties n'ont pas suffisamment manifesté la volonté que le fonds dû par le mari fût désormais un fonds
dotal; et même il se pourrait qu'Africain, comme Marcellus, n'eût vu dans la *dictio* qu'une cause de libération *exceptionis ope*. Sans doute Africain n'admet pas
que l'argent dû *ex mandato* puisse en vertu d'un simple
pacte devenir *pecunia credita;* mais il faut bien remarquer que l'action *rei uxoriæ* ne naît pas nécessairement

(1) L. 3 § 12 *De donat. int. vir. et ux.* : « Si le mari a ordonné
« à son débiteur de payer entre les mains de la femme, on demande
« si les écus deviennent sa propriété et si le débiteur est libéré. Cel-
« sus, au livre 15 de son Digeste, écrit: Ne peut-on pas dire que le
« débiteur est libéré, et que les écus deviennent la propriété du
« mari et non de la femme? En effet, si la donation n'était pas dé-
« fendue par le droit civil, voici comment les choses se passeraient :
« les écus seraient transmis de votre débiteur à vous, puis de vous à
« votre femme. Car, par la rapidité des opérations qui se tiennent,
« l'une disparaît; il n'en est pas moins vrai que le débiteur donne
« au créancier et le créancier à la femme.... » Décision contraire
d'Africain, dans la L. 38 § 1 *De solut.* (46, 3).

re comme la *condictio ex mutuo*. Il est probable qu'Africain voyait ici, en matière de dot, un cas exceptionnel où l'on peut sous-entendre la double translation de propriété : car comment expliquer autrement la décision qu'il donne dans notre L. 9 pr.? Or, l'idée de cette double translation tacite une fois admise, je ne comprendrais pas qu'on la subordonnât à la circonstance que les parties ont exprimé leur volonté dans la forme de la *dictio* (ou de l'*acceptilatio*), et non dans celle du simple pacte.

L. 9 § 1.

Quod si ei promittat qui fundum aut decem debuit, in arbitrio esse mariti quid in dotem sit.

Si la promesse est faite à celui qui devait un fonds ou dix, qu'est-ce qui sera dotal? Cela dépend de la volonté du mari.

Le mari était tenu envers la femme d'une obligation alternative : il lui devait le fonds Cornélien ou 10,000 sesterces. La femme s'est constitué une dot, en ces termes : *Quod mihi debes, tibi doti erit.* On se demande si, comme dans le cas du *princ.*, une chose va immédiatement devenir dotale par l'effet de la *dictio*, et quelle sera cette chose. En supposant, bien entendu, qu'il y a déjà mariage, la femme a dès à présent une dot : si le divorce avait lieu, elle pourrait intenter l'action *rei uxoriæ*. Mais l'objet de cette action est indéterminé, comme l'était celui de l'action primitive que la *dictio* est venue faire disparaitre. Le droit commun en matière d'obligations alternatives est que le débiteur se libère en fournissant à son choix l'un des objets compris dans l'obligation (1). Ici la *dictio* qui a lieu laisse le

(1) Voy. notamment Ulpien, L. 10 § 6 *De jure dot.*

mari débiteur (éventuel, il est vrai) de ce qu'il devait en vertu de la cause précédente; ce qu'il devait, c'était, à son choix, le fonds Cornélien ou 10 : donc ce qu'il devra maintenant *ex dictione*, ce qui, par conséquent, sera dotal, ce sera encore, à son choix, le fonds Cornélien ou 10 (1). D'où il résulte sans difficulté que, si le mari aliène ou hypothèque le fonds Cornélien, par là même il choisit les 10 : l'acquéreur ou le créancier hypothécaire n'a pas à craindre une revendication, il se trouve qu'il a traité avec le propriétaire sur un fonds qui n'était point dotal, et ainsi, le mari fût-il insolvable quand il s'agit de restituer la dot, le tiers est à l'abri de toute réclamation de la femme (2).

Je dois rapprocher de ce texte une décision de Julien qui, en réalité, n'est autre chose que l'application du même principe : « *Si debitori suo mulier nuptura*, dit « Julien, *ità dotem promisisset :* QUOD MIHI DEBES AUT « FUNDUS SEMPRONIANUS DOTI TIBI ERIT, *utrum mulier vel-* « *let, id in dote erit. Et si quidem debitum maluisset* « *dotis nomine apud virum remanere, potest ea excep-* « *tione se tueri adversùs petentem fundum ; quod si fun-* « *dum dedisset, pecuniam marito condicet* » (3). Ici on

----

(1) Je suppose toujours que le fonds Cornélien appartient au mari : autrement, il ne pourrait pas devenir dotal.

(2) Je me place sous l'empire de la loi Julia. Dans le droit de Justinien, le fonds, ayant appartenu au mari, serait grevé au profit de la femme, comme tous les autres biens du mari, d'une hypothèque simple d'après la Constitution de 530 (L. un. § 1, C., *De rei ux. act.*), ou même d'une hypothèque privilégiée d'après la Constitution de 531 (L. 12, C., *Qui potiores*).

(3) L. 46 § 1 *De jure dot.* : « Une femme sur le point d'épouser « son débiteur a constitué une dot en ces termes: *Vous aurez en dot* « *ce que vous me devez ou le fonds Sempronien.* Qu'est-ce qui

suppose que le mari était tenu envers la femme d'une
obligation ordinaire et non d'une obligation alternative :
il lui devait, par exemple, 10,000 sesterces. La femme
lui dit : *Quod mihi debes, aut fundus Sempronianus,
doti tibi erit.* Quel va être l'effet de cette *dictio* ? Nous
savons qu'en général la *dictio* peut faire naître une obligation au profit du mari ou éteindre l'obligation dont le
mari était tenu. Ici les deux effets seront produits :
la pensée de Julien paraît bien être que d'abord le
mari sera libéré de sa dette et que de plus il deviendra créancier du fonds Sempronien. Ainsi, d'une part,
l'action qui appartenait à la femme se trouve éteinte, et,
d'autre part, le mari acquiert une *condictio* pour se faire
donner le fonds Sempronien. Il paraît qu'on n'admettait pas que ces deux effets distincts de la *dictio* pussent
se produire d'une manière alternative : dans la rigueur
des principes, ils se produisent cumulativement. Bien
entendu, comme il serait contraire à l'intention des
parties que le mari recueillît ce double bénéfice, on
trouvera un expédient pour mettre d'accord cette intention et la règle de droit. Par la *dictio* la femme veut
constituer en dot au mari soit l'avantage d'être libéré
de sa dette, soit l'avantage de pouvoir réclamer le fonds
Sempronien; mais qui pourra choisir entre ces deux
avantages, si le choix n'a pas été expressément attribué
à l'un des époux? C'est évidemment la femme : car se
constituer une dot de cette manière, si ce n'est pas

« sera dotal? Ce que la femme voudra. Si elle préfère que l'objet de
« l'obligation reste comme dot entre les mains du mari, elle peut se
« défendre par une exception contre la demande du fonds ; si elle a
« donné le fonds, elle réclamera l'argent au mari. »

purement et simplement contracter une dette, c'est du moins quelque chose d'analogue. La femme qui fait la *dictio* doit évidemment être traitée comme le débiteur qui a contracté une obligation alternative.

Ces idées étant bien comprises, la décision de Julien va s'expliquer facilement.

La femme, qui a le droit de choisir, a choisi l'objet de la dette dont le mari était tenu envers elle : c'est donc la somme de 10 qui sera *in dote* et non le fonds Sempronien. Mais cette option de la femme ne suffit pas pour éteindre la *condictio fundi Semproniani* que la *dictio* a fait naître au profit du mari : le mari a donc le droit de réclamer le fonds Sempronien; seulement la femme, en faisant insérer dans la formule l'exception *pacti conventi* ou *doli mali*, paralysera cette réclamation. Supposons, au contraire, que le choix de la femme ait porté sur le fonds Sempronien : l'intention de la femme est que la dot se compose du fonds Sempronien, et en conséquence elle a transféré au mari la propriété de ce fonds. Le mari n'en reste pas moins, par l'effet de la *dictio*, libéré de sa dette de 10; mais, cette libération se trouvant sans cause, puisque c'est décidément le fonds qui doit être *in dote*, la femme peut poursuivre par une *condictio sine causâ* le rétablissement de sa créance primitive (1).

Il me paraît incontestable que de cette manière la L. 46 § 1 se trouve expliquée dans toutes ses parties. Pourtant ce n'est pas ainsi qu'elle est entendue par Cu-

___

(1) On peut citer comme analogue la décision d'Africain, dans la L. 50 pr. *De jure dot.* (ci-dessus, p. 198).

jas. Suivant Cujas (1), si la femme opte pour le montant
de la dette du mari, celui-ci pourra bien en vertu de
la *dictio* réclamer le fonds Sempronien, mais alors la
femme le repoussera par une *exceptio in factum*; si au
contraire la femme opte pour le fonds, la créance que la
femme avait contre le mari reste intacte, et la femme
peut exercer l'action attachée à cette créance (2). Ainsi,
pour Cujas, quand Julien dit : *Pecuniam marito con-*
dicet, cela se réfère non pas à une *condictio sine*
causâ, mais à l'action que la femme avait contre le
mari avant la *dictio dotis*, action qui était une *condictio*
ex mutuo (ou sans doute aussi *ex stipulatu*). Cette interprétation me paraît inadmissible. D'abord Julien,
en posant l'espèce, dit simplement qu'une femme
allait épouser *son débiteur*, et qu'elle s'est constitué
en dot ce qu'il lui devait ou le fonds Sempronien; le
jurisconsulte n'indique en aucune façon que la dette
du mari provînt d'un *mutuum* ou d'une stipulation :
donc c'est arbitrairement que Cujas veut limiter
la décision du texte au cas où la dette est de telle nature qu'elle donne lieu à une *condictio*. D'autant mieux,
comme le remarque très-bien mon savant maître
M. Pellat (3), que les mots *condictio, condicere*, sont, la
plupart du temps, employés pour exprimer la répétition de ce qu'on a donné ou abandonné. J'ajoute que la
décision de Julien, entendue comme l'entend Cujas, ne

(1) *In lib.* xvi *Digest. Salvii Juliani, ad* L. 46 § 1 DE
JURE DOT.

(2) « *Causa crediti integra manet mulieri, et condictio, id*
est actio creditæ pecuniæ, ei competit adversùs maritum, quasi
suo loco manente obligatione. »

(3) *Textes sur la dot*, 2e édit., p. 212.

serait point parfaitement concordante. En effet, la *dictio* alternative dont il s'agit a certainement eu la puissance de fonder au profit du mari une action pour demander le fonds Sempronien, si bien que, quand la
femme opte pour le *quod debet maritus*, elle aurait besoin d'une exception pour repousser cette demande;
et, d'un autre côté, cette même *dictio* pourrait n'avoir
eu aucune espèce d'effet extinctif sur la dette du
mari (1)! Je ne puis pas comprendre pourquoi le jurisconsulte n'aurait pas mis exactement sur la même ligne
l'effet obligatoire et l'effet libératoire qui sont attachés
à la *dictio* et que dans l'espèce les parties avaient placés
également à côté l'un de l'autre.

---

(1) Du moment que Julien reconnaît que la *dictio* a pu, quoi qu'il
arrive, fonder une action au profit du mari, il doit reconnaître aussi,
pour être logique, qu'elle a pu, *omnimodo*, produire l'extinction de sa
dette. Admettons même avec Cujas que, pour Julien comme pour
Marcellus, par la *dictio* la dette soit éteinte seulement *exceptionis
ope :* alors voici ce qu'il faudrait dire : Si la femme, ayant opté pour
le fonds, exerce l'action de sa créance et que le mari lui oppose l'exception née de la *dictio*, elle aura besoin d'une réplique fondée sur l'option qu'elle a faite. Or notre texte n'indique en aucune façon cette
involution de procédure.

L. 9 § 2.

Quodsi Stichum aut fundum debuit maritus, et quod debet, doti ei promissum sit, Sticho mortuo fundum in dotem esse.	Le mari devait Stichus ou un fonds, on lui a promis en dot ce qu'il doit : Stichus venant à mourir, le fonds se trouve être dotal.

Le mari était tenu d'une obligation alternative, il devait l'esclave Stichus ou le fonds Cornélien. Nous supposerons que, lors de la naissance de cette obligation, la faculté de choisir entre l'esclave et le fonds n'avait pas été réservée au créancier, que par conséquent elle appartenait au débiteur; du reste, la décision de notre § 2 serait encore applicable si une clause expresse avait attribué le choix au créancier. Le débiteur se marie, et, à l'occasion de son mariage, le créancier (c'est-à-dire la femme même qu'il épouse, le père de cette femme ou son débiteur) fait une *dictio* ainsi conçue : *Doti tibi erit quod mihi debes.* Qu'est-ce qui va être dotal? On n'en sait rien pour le moment : cela dépend, en général, de l'option que fera le mari. De même qu'il dépendait de lui, avant cette *dictio*, de s'acquitter de sa dette en fournissant l'esclave Stichus ou en fournissant le fonds Cornélien, de même il dépendra de lui désormais que l'action *rei uxoriæ* qui prend naissance au profit de la femme ait

pour objet l'esclave ou le fonds : la chose qu'il choisira
deviendra immédiatement dotale, bien entendu en supposant qu'elle lui appartienne. Mais il peut se faire, et
c'est précisément à un cas de ce genre que Julien se
réfère dans notre texte, il peut se faire que l'objet qui
doit être dotal se trouve déterminé indépendamment
de toute option exercée par le mari. L'alternative comprenait deux corps certains ; l'un des deux, l'esclave
Stichus, vient à périr par cas fortuit : à l'instant même
nous savons que l'action *rei uxoriæ* aura pour objet celui qui reste, c'est-à-dire le fonds Cornélien : à l'instant même, le fonds Cornélien, s'il appartient au mari,
tombe sous l'empire de la loi Julia. La mort de l'esclave Stichus nous ramène au cas prévu par Africain
dans le *princ.* de cette L. 9 : les choses vont se passer
comme si le mari lors de la *dictio* avait dû seulement
le fonds Cornélien.

La décision de notre § 2 peut être rattachée à une question qui se présente dans la théorie des obligations alternatives en général et qui aujourd'hui encore est vive-
ment discutée entre les interprètes du droit romain.
Lorsque le corps certain qui était dû sous une alternative
vient à périr par cas fortuit, sans aucun doute l'autre
objet reste seul *in obligatione* (1) ; mais ne faut-il pas dire
que la valeur de celui qui a péri par cas fortuit est
in facultate solutionis, de telle sorte qu'il sera permis
au débiteur de se libérer en fournissant cètte valeur ?
Cette doctrine est certainement équitable : car d'une
part le débiteur ne souffrira pas d'un événement qui

---

(1) Paul, L. 34 § 6 *De contr. empt.* (18, 1) ; Ulpien, L. 2 § 3 *De
eo quod certo loco* (13, 4).

ne lui est pas imputable, et d'autre part le créancier
n'est véritablement point fondé à se plaindre que le débiteur lui donne le prix de la chose qui a péri, dans
un système de législation où l'action personnelle en
général aboutit à faire obtenir non pas la chose due elle-
même, mais seulement la *litis æstimatio.* Aussi voyons-
nous cette *facultas solutionis* reconnue par Ulpien :
« *Sed si Stichus aut Pamphilus legetur,* dit le juriscon-
« sulte, *et alter ex his vel in fugâ sit vel apud hostes,*
« *dicendum erit præsentem præstari aut absentis æstima-*
« *tionem : toties enim electio est heredi committenda, quo-*
« *ties moram non est facturus legatario. Quâ ratione*
« *placuit, et si alter decesserit, alterum omnimodo præs-*
« *tandum, fortassis vel mortui pretium...* » (1). A la vérité, on a prétendu d'abord que c'était là une opinion
isolée d'Ulpien, et que ce jurisconsulte lui-même n'y
avait pas grande confiance, comme l'atteste le mot *for-*
tassis (2); et ensuite que cette opinion était applicable

---

(1) L. 47 § 3 *De leg.* 1º : « On a légué Stichus ou Pamphile, et
« l'un d'eux est en fuite ou chez l'ennemi : il faut dire que l'héritier
« fournira celui qui est présent ou la valeur de l'autre : en effet, le
« choix doit être laissé à l'héritier lorsqu'il ne veut pas faire subir un
« retard au légataire. Par la même raison on a décidé que], si l'un
« vient à mourir, l'autre doit certainement être fourni, ou peut-être
« la valeur du premier.... »

(2) Ce mot indique simplement que le jurisconsulte n'entend point
présenter comme incontestable l'idée qu'il met en avant. — Pothier
cependant ne le comprend pas ainsi. « Cette décision, dit-il (*Traité*
« *des Obligations,* nº 230 *in fine*), comme l'observe fort bien
« Dumoulin (*Tract. de divid. et individ., pars* 11, nº 150), doit
« être restreinte au cas auquel il paraîtrait par des circonstances
« que telle a été la volonté du testateur, ce qu'indique le terme
« *fortassis.* » Il faut véritablement beaucoup de bonne volonté
pour donner une pareille signification au mot *fortassis.*

seulement en matière de legs et ne devait pas être étendue aux obligations alternatives qui naissent de contrats. J'avoue que je ne puis apercevoir pourquoi une
doctrine raisonnable quand il s'agit d'une obligation *ex
testamento* cesserait de l'être quand l'obligation est née
ex contractu. Au surplus, voici un texte de Papinien qui
nous autorise à dire que ce grand jurisconsulte profes-
sait la même opinion qu'Ulpien, et qu'il l'admettait
notamment en ce qui concerne l'obligation née d'une
promesse sur stipulation : « *Quod si promissoris fuerit*
« *electio : defuncto altero, qui superest, æquè peti poterit.*
« *Enimvero, si facto debitoris alter sit mortuus, cùm de-*
« *bitoris esset electio, quamvis interim non alius peti pos-*
« *sit quàm qui solvi etiam potest, neque defuncti offerri*
« *æstimatio potest, si forte longè fuit vilior, quoniam id*
« *pro petitore in pœnam promissoris constitutum est; ta-*
« *men si et alter servus posteà sine culpâ debitoris mo-*
« *riatur, nullo modo ex stipulatu agi poterit, cùm illo*
« *in tempore quo moriebatur non commiserit stipulatio-*
« *nem...* » (1). Papinien suppose que le débiteur, qui
a le choix entre Stichus et Pamphile dus sous l'alternative, fait périr Stichus : dès lors Pamphile est seul *in*

----

(1) L. 95 § 1 *De solut.* : « Le choix appartenait au promettant :
« l'un des deux esclaves étant mort, le survivant peut encore être
« demandé. Si maintenant c'est par le fait du débiteur, qui avait
« le choix, que l'un des esclaves a péri, bien que pour le moment
« celui-là seul puisse être demandé qui peut aussi être fourni, le
« prix du défunt, qui valait peut-être beaucoup moins, ne pouvant
« même pas être offert (ce qui a été établi en faveur du créancier
« comme peine du promettant), cependant, si l'autre esclave vient
« ensuite à mourir sans la faute du débiteur, le créancier ne pourra
« point agir *ex stipulatu*, attendu qu'à la mort de ce dernier
« esclave la stipulation n'a pas été commise... »

obligatione, et s'il périt par cas fortuit avant que le débiteur ne fût en demeure, l'action *ex stipulatu* sera éteinte. Papinien arrive à cette décision ; mais il indique d'abord une raison de douter. Le débiteur, en faisant périr Stichus, a évidemment empiré la condition du créancier, puisque nous n'avons plus *in obligatione* qu'un seul objet, et qu'il suffira de sa perte par cas fortuit pour éteindre complétement l'obligation. Ce fait, dommageable au créancier, ne devrait-il pas motiver une peine contre le débiteur ? Le débiteur est puni, en ce qu'il ne pourrait pas se libérer en offrant le prix de Stichus ; mais la peine qu'il mérite ne peut pas consister à maintenir contre lui l'action *ex stipulatu* au cas où Pamphile viendrait à périr par cas fortuit. Donc, évidemment, si, à titre de peine contre le débiteur qui a fait périr l'un des objets, il ne lui est pas permis d'offrir la valeur de cet objet, c'est qu'au contraire cette valeur pourrait être offerte, elle serait *in facultate solutionis*, si l'objet avait péri par cas fortuit (1).

_____

(1) Voy. en ce sens M. de Vangerow, *Lehrbuch der Pandekten*, t. III, p. 23 de la 6e édition. — Pothier (*Traité des Obligations*, no 254) donne un autre sens à ces mots : *Neque defuncti offerri æstimatio potest, si forte longè fuit vilior, quoniam id pro petitore in pœnam promissoris constitutum est.* Voici, suivant lui, quelle serait l'idée de Papinien : « Quand la chose due a péri par le fait du débiteur, la valeur de cette chose est *in obligatione* à la place de la chose même. Mais cela ne peut avoir aucune application au cas où l'homme qui devait deux choses sous l'alternative a fait périr l'une d'elles ; autrement on retournerait contre le créancier un principe qui n'a été établi qu'en sa faveur. » Je n'imagine rien de plus forcé que cette interprétation. Suivant Pothier, le mot *id* employé par le jurisconsulte romain se réfère à un principe dont il n'a pas encore été question ; au contraire, avec l'interprétation que je présente, *id* se réfère tout naturellement à ce qui précède, *neque*

Mais la doctrine qui vient d'être exposée n'est-elle pas contredite par notre L. 9 § 2? Voici ce qu'au premier abord on pourrait être tenté de dire : « La femme s'est constitué en dot ce que le mari lui doit, c'est-à-dire l'esclave Stichus ou le fonds Cornélien; le mari n'ayant pas encore exercé son option, Stichus vient à mourir par cas fortuit : Africain décide qu'à l'instant même le fonds devient dotal. Cela prouve que, si nous faisons abstraction de la *dictio dotis,* le mari ne pourrait payer sa dette qu'en fournissant le fonds : s'il pouvait également la payer en fournissant la valeur de Stichus, il n'y aurait pas de raison pour que la dotalité portât sur le fonds plutôt que sur cette valeur. » Ce raisonnement repose sur une confusion entre le cas où il y a deux objets *in obligatione* (obligation alternative) et le cas où, un seul objet étant *in obligatione,* un autre se trouve être *in facultate solutionis.* Dans l'espèce de notre L. 9 § 2, la femme a constitué en dot ce que le mari doit; or, l'esclave Stichus étant mort, le mari désormais doit exclusivement le fonds : donc, d'après les termes de la *dictio,* ce fonds doit devenir dotal. Ainsi la décision d'Africain se concilie parfaitement avec la doctrine de Papinien et d'Ulpien sur l'effet que produit la perte par cas fortuit de l'une des choses dues sous l'alternative (1).

defuncti offerri æstimatio potest. Voy. cependant M. Pellat, *Textes choisis des Pandectes,* p. 192 et suiv.

(1) Je signale encore deux différences entre le cas où les deux objets sont *in obligatione* et celui où l'un des objets est seulement *in facultate solutionis :* 1° Dans le premier cas, le créancier qui dans son action demanderait un des objets pourrait encourir la pluspétition *causâ* (Inst., § 33 *De action.*); dans le deuxième, il peut et

doit demander celui des objets qui est seul *in obligatione*. — 2° Dans le premier cas, l'un des objets dus venant à périr par cas fortuit, l'obligation subsiste ; dans le deuxième, en cas de perte de l'objet qui est seul *in obligatione*, l'obligation est éteinte.

L. 9 § 3.

His consequens esse ait ut, si Cornelianum aut Sempronianum fundum debenti, id quod debet, doti promissum sit, utrum eorum dotalem esse malit, hunc dotis esse (1). Planè, utrum velit, alienaturum ; alterum alienari non posse. Si tamen alienum rursùs redimat, adhùc in ejus potestate est an eum quem retinuisset alienare velit.

D'après cela, si, le mari étant débiteur du fonds Cornélien ou du fonds Sempronien, on lui a constitué en dot ce qu'il doit, celui des deux fonds qu'il voudra rendre dotal le deviendra. Par conséquent, il pourra aliéner celui qu'il voudra ; l'autre ne pourra plus être aliéné Si pourtant il rachetait le premier, il serait encore en son pouvoir d'aliéner celui qu'il avait retenu.

L. 10. — PAULUS, LIB. V *Quæstionum*.

Erit ergo potestas legis ambulatoria, quia dotalis (2) fuit obligatio. Numquid ergo, etiam illo nondùm redempto, alterum quoque alienare possit, quia potest alterum redimere, an hoc non debet recipi, ut nullus in dotem sit ? Certè ex postfacto videbitur rectè alienatus, illo posteà redempto.

L'application de la loi aura donc quelque chose d'indéterminé, parce que tel est le caractère de l'obligation qui a été l'objet de la *dictio*. Alors faut-il dire que, même avant le rachat du premier fonds, le mari, qui peut le racheter, peut aliéner l'autre; ou bien cela est-il inadmissible, parce qu'aucun des deux ne serait dotal ? Ce qui est certain, c'est que l'aliénation du second se trouvera validée après coup si le premier est racheté.

L'explication de ces deux textes ne doit pas être divisée. Les commissaires de Justinien ont rapproché le fragment de Paul de celui d'Africain, parce qu'en réa-

---

(1) Les mots *hunc dotis esse* manquent dans la Florentine ; nous les suppléons d'après Haloander.

(2) Cujas (*Observat.* lib. XI cap. XXVIII) lit *quia dotis talis fuit obligatio.* Voy. aussi Glück, *Ausführliche Erläuterung ,* t. XXV, page 397.

lité la question posée par celui-ci se trouve développée
par celui-là.

Le mari devait sous l'alternative le fonds Cornélien
ou le fonds Sempronien. La constitution de dot a été
faite en ces termes : *Doti tibi erit quod debes.* Qu'est-ce
qui sera dotal? Le fonds Cornélien ou le fonds Sempronien, au choix du mari. Africain présente cette décision
comme conforme à ce qui précède : en effet, il reproduit
ici, pour le cas où deux fonds sont dus sous l'alternative, exactement la même décision qu'il a donnée dans le
§ 1 pour le cas où le mari devait un fonds ou 10. Seulement l'application de la loi Julia, qui défend au mari
l'aliénation du fonds dotal, fait naître ici des questions
particulières. Bien entendu, nous supposons toujours
que le mari est propriétaire des deux fonds qu'il devait
sous l'alternative. Alors, dès l'instant qu'il aura manifesté la volonté que tel ou tel fonds devienne dotal, le
fonds ainsi déterminé sera effectivement dotal. Mais
cette option n'est pas nécessairement expresse : elle
peut aussi être tacite. Ainsi, le mari aliène (naturellement sans le concours de la femme) l'un des deux fonds,
par exemple le fonds Cornélien : l'aliénation est parfaitement valable, car jusqu'alors le mari n'avait pas
exercé son option et par conséquent n'avait rendu inaliénable aucun des deux fonds. Mais cette aliénation
implique par elle-même option : le mari, en aliénant le
fonds Cornélien, montre clairement que c'est le fonds
Sempronien qu'il veut rendre dotal.

Jusqu'ici point de difficulté : le fonds Sempronien se
trouve être dotal par l'effet d'une option explicite ou
implicite du mari. Mais on se demande si l'option une
fois faite est définitive, ou si au contraire le mari, après

avoir imprimé le caractère de dotalité au fonds Sempronien, ne pourrait pas se raviser et l'imprimer maintenant au fonds Cornélien. D'abord, évidemment, même
en faisant abstraction de toute volonté du mari de revenir sur son option, l'aliénation qu'il ferait aujourd'hui
du fonds Sempronien ne pourrait pas être proclamée
nulle à coup sûr et à tout événement : par exemple,
elle se trouvera très-valable si, la femme venant à mourir *in matrimonio*, le mari gagne la dot (1). Mais il s'a-
git de savoir si, par suite du changement de volonté
du mari, il se peut que l'aliénation du fonds Sempronien
soit dès le principe sûrement valable. Africain résout
cette question par l'affirmative. Prévoyant seulement
le cas où l'option du mari a été implicite, s'est exercée
par l'aliénation de l'un des fonds, il dit : « Que le mari
rachète le fonds ainsi aliéné, et il se retrouvera parfaitement libre de rendre dotal celui des deux que bon lui
semblera. » Il est certain, d'après cela, que l'option
une fois exercée n'a rien de définitif, et que le mari,
pourvu qu'il soit encore propriétaire du fonds que d'a-
bord il n'avait pas voulu faire entrer *in dotem*, peut
très-efficacement changer d'avis. Nous arrivons ainsi à
reconnaître qu'en principe, tant que les deux fonds
existent, la femme ne peut pas savoir, jusqu'à la restitution effective de sa dot, lequel devra lui être donné
comme dotal. J'aurai à examiner dans un instant si
cette faculté presque illimitée pour le mari de revenir
sur l'option une fois faite existe dans tous les cas,
comme on serait tenté de le croire d'après les termes

(1) Voy. ci-dessus le commentaire de la L. 3 § 1, notamment
p. 200 et 201.

généraux dans lesquels est conçue la décision d'Africain ; pour le moment je me borne à dire qu'elle existe sûrement lorsque l'obligation alternative du mari résultait d'une stipulation ainsi conçue : *Promittis-ne fundum Cornelianum aut fundum Sempronianum ?* et je continue à raisonner en me plaçant dans cette hypothèse.

Le mari ayant aliéné le fonds Cornélien, c'est le fonds Sempronien qui est dotal ; mais si le mari rachète le fonds Cornélien, il pourra parfaitement revenir sur sa première option, et dès lors le fonds Sempronien se retrouve immédiatement aliénable. Voilà ce que disait Africain. Quel développement nouveau va nous donner le texte de Paul ? Paul constate d'abord que, comme l'obligation alternative est *ambulatoria* (περιπα-τητικη, disent les Grecs), c'est-à-dire variable dans son objet, en ce sens que le débiteur, après avoir destiné l'un des objets au paiement, peut très-bien y employer l'autre, de même l'inaliénabilité qui résulte de la loi Julia peut successivement affecter l'un et l'autre immeuble. Puis, à propos de cette inaliénabilité, Paul se pose une question, que, du reste, il laisse sans réponse : Ne faut-il pas aller jusqu'à dire que, même avant d'avoir racheté le fonds Cornélien, le mari a le droit d'aliéner le fonds Sempronien ? Voyons avant tout quel peut être l'intérêt de cette question. Le mari, ayant mancipé et livré le fonds Cornélien à Primus, mancipe et livre le fonds Sempronien à Secundus : il s'agit de savoir s'il est fondé à revendiquer contre Secundus, comme le peut en général un mari qui a seul aliéné le fonds dotal (1), ou si au contraire Secundus ne pour-

(1) Voy. ci-dessous le commentaire de la L. 17 *De fundo dot.*

rait pas repousser cette revendication. Dans le premier
sens, on dira : « Il n'est pas encore bien certain que le
fonds Sempronien soit en définitive le fonds dotal. Sans
doute le mari a opté de ce côté ; mais d'un moment à
l'autre il peut revenir sur cette option. Permettre au
mari d'évincer l'acquéreur du fonds Sempronien, c'est
autoriser un résultat qui sera regrettable, qui se trouvera être souverainement injuste, si plus tard le mari
recouvre le fonds Cornélien et déclare que, revenant
sur sa première option, il entend *habere in dote fundum
Cornelianum.* » Mais, en sens inverse, on fera remarquer qu'il serait bizarre que pour le moment il n'y eût
point de dot, les deux fonds dont l'un ou l'autre doit
être dotal ayant valablement passé, par le fait du mari
seul, dans le patrimoine d'un tiers. — La question était
assurément délicate, et, si Paul la laisse sans réponse,
c'est probablement que lui-même n'était pas bien fixé
sur la solution. Seulement, il ajoute qu'il y a un cas où
toute difficulté s'évanouira. Supposons que le mari,
qui a d'abord aliéné le fonds Cornélien, puis le fonds
Sempronien, rachète le premier : à l'instant même l'a-
liénation du deuxième se trouve confirmée *ex postfacto,*
et sans aucun doute le mari ne serait point fondé à le
revendiquer. En effet, de même qu'en aliénant l'un des
fonds il rend l'autre dotal, de même, quand il les a
tous deux aliénés, en laissant l'un dans le patrimoine
d'autrui et en rachetant l'autre, il exprime bien la volonté que celui-ci soit dotal.

J'arrive à cette question, déjà indiquée un peu plus
haut, de savoir s'il est possible dans tous les cas d'accorder au mari, conformément à ce qui vient d'être
exposé, la faculté de changer d'avis. Sur ce point,

nous n'avons qu'à suivre le principe général que
nous trouvons mentionné dans plusieurs textes au sujet
des obligations alternatives. Ce principe consiste à distinguer suivant que le débiteur a simplement promis
de donner tel fonds ou tel autre, ou bien au contraire
que la stipulation était ainsi conçue : *Spondes-ne dare
illum aut illum, quem volueris?* Dans le premier cas
seulement, et non dans le deuxième, le débiteur peut
revenir sur l'option une fois faite : « *Cùm purè stipula-*
« *tus sim illud aut illud dari*, dit Venuleius, *licebit*
« *tibi, quotiens voles, mutare voluntatem in eo quod præs-*
« *taturus sis : quia diversa causa est voluntatis expres-*
« *sæ et ejus quæ inest* » (1). Quand j'ai simplement
promis de donner le fonds Cornélien ou le fonds Sempronien, tout ce qui peut rester douteux quant à l'intention des parties s'interprète en ma faveur : ainsi,
d'abord j'ai le droit de choisir entre les deux fonds, et
de plus j'ai le droit de revenir sur le choix que j'ai fait,
car ce *jus pœnitendi* ou *variandi* n'est nullement con-
trarié par les termes de la stipulation. Lors, au contraire, que la stipulation à laquelle j'ai répondu portait:
*Promittis-ne dare fundum Cornelianum aut fundum Sem-
pronianum, utrum volueris?* sans doute le droit de choisir m'est expressément réservé, mais le terme employé
ne comporte pas deux options successives : une fois que
j'ai désigné l'un des fonds, comme étant celui que je
compte employer, *cùm semel voluero*, le droit qui m'ap-

(1) L. 138 § 1 *De verb. oblig.* : « Lorsque j'ai simplement stipulé
« que vous me donnerez telle chose ou telle autre, vous pouvez,
« autant de fois que vous le voudrez, changer de volonté relati-
« vement à la chose qui sera fournie : en effet une volonté exprimée
« a un autre caractère qu'une volonté implicite. »

partient d'après les paroles de la stipulation se trouve épuisé.

Que décider si, après avoir stipulé le fonds Cornélien ou le fonds Sempronien, on ajoute, non pas *utrum volueris,* mais *utrum voles?* Le promettant ne sera pas lié par l'option une fois faite. C'est, du moins, ce qu'il est permis de conclure par *a fortiori* de la L. 112 pr. *De verb. oblig.*, dans laquelle Pomponius, supposant que le stipulant s'est réservé le droit de choisir, distingue suivant qu'il a dit *quem volam* ou *quem voluero :* « *Respiciendus erit sermo stipulationis : nàm si talis fuerit,* « QUEM VOLUERO, *cùm semel elegerit, mutare voluntatem* « *non poterit ; si vero tractum habeat sermo illius, et sit* « *talis,* QUEM VOLAM, *donec judicium dictet, mutandi* « *potestatem habebit* » (1). Ainsi, peu importe qu'on ait dit : « Promettez-vous le fonds Cornélien ou le fonds Sempronien? » ou bien qu'on ait dit : « Promettez-vous le fonds Cornélien ou le fonds Sempronien, celui des deux que vous voudrez, *utrum voles?* » Dans les deux cas, le promettant a le choix et peut revenir à son gré sur le choix qu'il a fait (2).

En définitive, nous n'appliquerons pas nos LL. 9 § 3 et 10 absolument à tous les cas où le mari, devant sous

---

(1) « Il faut faire attention au terme employé dans la stipulation : si « le stipulant a dit *quem voluero*, une fois qu'il aura choisi, il ne « pourra plus changer d'avis ; mais si le terme comporte un trait de « temps, comme *quem volam*, jusqu'à la *litis contestatio*, il aura « la faculté de changer. »

(2) Au contraire, il paraît qu'en matière de legs, lors même que le testament porte *utrum heres volet*, une fois que l'héritier a exprimé son choix, il ne peut plus changer (Julien, L. 84 § 9 *De leg.* 1°). Il y a peut-être eu là une certaine influence des principes du *legatum optionis*.

l'alternative le fonds Cornélien ou le fonds Sempronien,
a reçu en dot *quod debet*. Il faut toujours partir de l'idée
que le mari n'a le droit de rendre dotal l'un des deux
immeubles à son choix qu'en tant qu'il dépendait de
lui d'employer au paièment de sa dette celui des deux
qu'il voudrait, et aussi de l'idée qu'une fois son option
faite quant à la dotalité, il ne peut se raviser qu'en tant
qu'il le pouvait relativement au paiement de sa dette.
En termes plus généraux, quand la dot est constituée au
profit du mari en cette forme : *Doti tibi erit quod mihi
debes*, il importe encore grandement de savoir quelle
était la condition particulière faite au mari par le
contrat primitif : la même modalité qu'on aurait ob-
servée s'il s'était agi de payer la dette, on l'observera
maintenant qu'il s'agit de déterminer lequel des deux
immeubles est dotal. Donc, pour que le mari puisse,
conformément à nos deux textes, 1° choisir celui des
immeubles qui sera dotal, 2° revenir à son gré sur son
option, — il faut supposer, ou bien qu'il s'est engagé
simplement à donner le fonds Cornélien ou le fonds
Sempronien, ce qui est le cas ordinaire, ou bien qu'il
a ajouté *utrum volam*.

L. 11. — AFRICANUS, LIB. VIII *Quæstionum.*

Quodsi fundus in dotem æsti-matus datus sit, ut electio esset mulieris, negavit alienari fundum posse; quodsi ut arbitrio mariti sit, contrà esse.

Si un fonds a été donné en dot avec estimation, de telle sorte que le choix appartînt à la femme, le jurisconsulte a dit que le fonds ne peut pas être aliéné; que si le choix a été laissé au mari, il en est autrement.

Nous avons ici la continuation du passage d'Africain interrompu par la L. 10 et relatif aux obligations alter-natives. Si le mari était tenu d'une dette alternative et qu'il ait reçu en dot *quod debet*, nous savons que celle des parties qui pouvait choisir entre les deux objets pour le paiement de la dette peut également choisir entre eux pour déterminer lequel sera dotal. Nous trouvons ici, dans la L. 11, l'application du même principe faite à un cas un peu différent. On ne suppose plus que le mari fût débiteur avant la constitution de dot. On sup-pose que la propriété d'un fonds lui a été transférée *dotis causâ*, et qu'il y a eu estimation du fonds. Si l'on s'était borné à cela, nous dirions : L'estimation vaut vente : ce qui est dotal, ce n'est nullement l'immeuble, c'est le montant de l'estimation (1). Mais on a ajouté une

(1) Voy., ci-dessus, p. 39 et suiv.

clause particulière qui rend véritablement alternative
l'obligation résultant pour le mari de la constitution de
dot : il a été convenu que le mari aurait à restituer ou
le fonds ou l'estimation. Le jurisconsulte ne suppose
même pas qu'on se soit arrêté là : si on l'avait fait, ç'aurait
été au mari débiteur, conformément aux principes généraux, à rendre dotal, suivant sa volonté, le fonds lui-
même ou le montant de l'estimation. On a dit expressément que le choix appartiendrait à la femme, ou bien
au contraire qu'il appartiendrait au mari. Sur ce dernier
cas, je n'ai rien de plus à dire : il ressemble beaucoup
au cas prévu dans la L. 9 § 1. Il est évident que rien
ne s'oppose à ce que le mari aliène seul le fonds : par
là il exprime la volonté que l'estimation de l'immeuble
soit *in dote*. Au surplus, en principe, il reste libre de
changer d'avis : il pourra très-bien, après avoir racheté
l'immeuble, le rendre dotal à son tour.

Mais supposons qu'en même temps que le fonds était
transféré au mari avec estimation il ait été convenu
qu'à la femme appartiendrait de choisir entre le fonds
et l'estimation : alors il est évident que le mari ne peut
pas, en aliénant seul le fonds, priver la femme du droit
d'option qui lui a été réservé : par conséquent, si la
femme, après la dissolution du mariage, opte pour le
fonds, la loi Julia se trouvera applicable, et le tiers-acquéreur pourra être évincé. C'est ce qu'expriment très-bien
les empereurs Sévère et Antonin, lorsqu'ils disent : « *Si*
« *æstimata prædia in dotem data sunt, et convenit ut electio*
« *mulieri servetur, nihilominùs lex Julia locum habet* » (1).

(1) L. 1, C., *De fundo dot.* (v, 23) : « Si des fonds ont été apportés
« en dot avec estimation et que le droit de choisir ait été réservé à la

Seulement se présente la question de savoir si le mari
lui-même qui a fait l'aliénation pourrait, tant que la
femme n'a pas opté pour le fonds, revendiquer contre le
tiers acquéreur; je serais disposé, plus encore que dans
l'espèce de la L. 10, à lui refuser ce droit. — Toujours
en supposant que l'option a été réservée à la femme,
qu'arrivera-t-il si le fonds est aliéné par le mari *consentiente muliere?* Sans aucun doute l'aliénation est parfaitement valable, le tiers acquéreur est à l'abri de toute
revendication. Mais qu'est-ce que la femme, exerçant
l'action *rei uxoriœ*, demandera au mari? On peut dire
que le consentement qu'elle a donné à l'aliénation est
une renonciation au droit de choisir le fonds ou, en
d'autres termes, une option pour l'estimation. J'aime
mieux dire que le prix d'aliénation doit être considéré
comme subrogé à l'immeuble aliéné, et qu'ainsi la
femme pourra demander à son choix ce prix ou le montant de l'estimation primitive (1).

Ulpien, dans la L. 10 § 6 *De jure dot.*, prévoit les
trois cas qui viennent d'être indiqués, savoir : celui où
il a simplement été dit que le mari restituerait la chose
ou son estimation, celui où le choix a été expressément
réservé au mari, celui où le choix a été expressément
réservé à la femme. Dans les trois cas, dit-il, *si res non
exstet, œstimationem omnimodo maritus prœstabit.* Cela
est vrai, lors même que la chose aurait déjà été choisie
au moment où elle périt (2). Nous avons vu la règle
également appliquée par Africain, dans la L. 9 § 2.

• femme, nonobstant l'estimation la loi Julia est applicable. »
(1) Comp. le cas prévu par Javolenus, L. 32 pr. *De pact. dotal.*
(ci-dessus, p. 46 et suiv.).
(2) Je suppose, bien entendu, que le débiteur n'était pas en de-

meure de la donner ou le créancier en demeure de la recevoir au moment où elle périt (voy. Papinien, L. 95 pr. *De solut.*; Javolenus, L. 105 *De verb. oblig.*). Du reste, en général, cette demeure ne peut pas exister *constante matrimonio.*

L. 12. — PAPINIANUS, LIB. I *De adulteriis.*

Pr.

Etiam dirempto matrimonio, dotale prædium esse intelligitur.

Même après la dissolution du mariage, le fonds est considéré comme dotal.

C'est au mari que la loi Julia défend d'aliéner le fonds dotal *invitâ muliere*. On pourrait croire d'après cela que l'inaliénabilité cesse dès que le mariage est dissous : car, dès ce moment, il n'y a plus de mari. Il n'en est pourtant pas ainsi. Nous savons déjà que, le mariage étant dissous par la mort du mari, le fonds, qui passe à l'héritier ou au *bonorum possessor*, ne pourra pas être aliéné par lui (1); que, le mari devenant esclave, ce qui entraîne également dissolution du mariage, ses biens passent en masse à son maître, mais sans que celui-ci puisse aliéner le fonds dotal (2); enfin que, dans le cas de confiscation des biens du mari, le fisc, quoique toujours réputé solvable, n'a pas non plus le pouvoir d'aliéner le fonds dotal (3). De même, et à plus forte

(1) Voy. L. 1 § 1 *h. T.*
(2) Voy. L. 2 pr. *h. T.*
(3) Voy. L. 2 § 1 *h. T.*

raison, quand il y a eu divorce, le mari, demeuré propriétaire du fonds dotal, demeure aussi incapable de l'aliéner. En un mot, toutes les fois que le fonds dotal doit être restitué à la femme, celui qui est tenu de cette restitution n'a pas le pouvoir (à moins que la femme n'y consente) d'aliéner le fonds au profit d'un étranger. Voilà tout ce que veut dire notre L. 12 pr. Mais il est bien évident que, si, le mariage étant dissous par la mort de la femme, le mari doit gagner la dot, rien ne l'empêche d'aliéner à son gré le fonds qu'il a reçu en dot : l'aliénation même qu'il en aurait faite pendant le mariage se trouverait confirmée après coup (1).

(1) Voy. ci-dessus, p. 201, et ci-dessous le commentaire de la L. 17.

L. 12 § 1.

Soceri voluntas in distrahendo dotali prædio nulla est.	Le consentement que donne le beau-père à la vente du fonds dotal est de nul effet.

Ce texte, dans le droit de Justinien, n'a véritablement pas de sens. En effet, si le consentement que donne la femme *sui juris* à la vente passée par le mari ne valide pas cette vente (1), comment concevoir qu'on eût attaché plus de puissance au consentement donné par le père de la femme *filiafamiliâs*? Au contraire Papinien, en écrivant cette phrase, exprimait une déviation bien remarquable des principes de la puissance paternelle. Sous l'empire de la loi Julia, le mari aliène valablement le fonds dotal, pourvu que la femme y consente. Mais cela ne suppose-t-il pas que la femme est *sui juris*; et ne faut-il pas dire, quand elle est *filiafamiliâs*, que c'est à son père et non pas à elle qu'il appartient de consentir à l'aliénation? Non : ici il faut s'en tenir strictement à la lettre de la loi Julia. Le consentement que donne la femme à l'aliénation suffit toujours, lors même qu'elle est en puissance paternelle; le

---

(1) L. un. § 15, C., *De rei ux. act.* (voy. ci-dessus, p. 35).

consentement que donne son père ne suffit jamais. Et cette règle est vraie, même au cas d'une dot profectice : le fonds dotal ayant été aliéné par le mari avec le consentement de la femme, si ensuite l'action *rei uxoriœ* est intentée par la femme ou même par son père *adjunctâ filiœ personâ*, l'aliénation ne pourra pas être attaquée; si le fonds dotal a été aliéné par le mari seul, sans le consentement de la femme ni du beau-père, et qu'ensuite la femme vienne à mourir *in matrimonio*, le beau-père à qui appartient l'action *rei uxoriœ* ne pourra pas attaquer l'aliénation : c'est, du moins, la doctrine à laquelle je m'arrête, doctrine que confirme évidemment notre L. 12 § 1 (1). L'inaliénabilité du fonds dotal n'a été établie que dans l'intérêt de la femme ; c'est à elle seule à voir s'il convient que cette inaliénabilité cesse.

Il peut être curieux de rapprocher de la décision de notre texte ce que dit Pomponius au sujet des pactes que le mari peut conclure touchant la restitution de la dot : « *Cùm dos filiœ nomine datur*, dit Pomponius, *op-* « *timum est, pactum conventum cum utroque generum* « *facere, quanquàm initio dotis dandœ, legem quam* « *velit, etiam citrà personam mulieris, is qui dat dicere* « *possit. Si vero post datam pacisci velit, utriusque per-* « *sona in paciscendo necessaria est, quoniam jàm tùm* « *acquisita mulieri dos esset. Quo casu, si solus pater* « *pactus esset sine filiâ, sive solus agat, sive adjunctâ* « *filiœ personâ, ei soli nocebit et proderit pactum conven-* « *tum; nec si sola filia aget, neque proderit neque nocebit* « *ei. Si vero filia sola pacta fuerit, quo pacto melior con-* « *ditio patris fiat, proderit et patri, quoniam per filiam*

(1) Voy. ci-dessus, p. 201, et ci-dessous, le commentaire de la L. 17.

« *patri acquiri potest, per patrem filiæ non potest. Si*
« *vero sic pacta sit filia ut noceat, ipsi quandoque filiæ*
« *agenti nocebit pactum, patri vero nullo modo nocebit,*
« *nisi adjectâ quoque filiæ personâ experiatur. Dicen-*
« *dum est enim paciscendo filiam patris conditionem de-*
« *teriorem facere non posse, eo casu quo, mortuâ eâ in*
« *matrimonio, dos ad patrem reversura est* » (1).

Un homme, en mariant sa fille, lui a constitué une
dot. Quelque temps après, le mari fait un pacte au sujet
de la restitution de cette dot. Ce pacte peut lui être
avantageux ou désavantageux. Par exemple, une chose
avait été apportée en dot avec estimation, de telle sorte
que le montant de l'estimation était *in dote* : il est convenu que, si le mari vend cette chose, il devra restituer,
non le montant de l'estimation primitive, mais le prix,
plus fort ou plus faible, qu'il aura retiré de la vente (2).

---

(1) L. 7 *De pact. dotal.* : « Lorsqu'un père constitue une dot
« pour sa fille, il est très-bien que le gendre fasse ses conventions avec
« tous deux, quoiqu'à l'instant même où la dot est donnée le consti-
« tuant puisse en l'absence de la femme mettre les clauses que bon lui
« semble. Mais s'il s'agit de faire un pacte après la constitution, la
« présence de tous deux est nécessaire, parce que dès lors la dot est
« acquise à la femme. En ce cas, le père ayant figuré seul au pacte,
« qu'il agisse seul ou avec le concours de sa fille, c'est à lui seul que le
« pacte nuira ou profitera ; et si la fille agit seule, il ne pourra être
« invoqué ni par elle ni contre elle. Au contraire, si la fille seule a
« fait le pacte, pacte qui tend à améliorer la condition du père, il
« profitera au père, parce qu'un père peut acquérir par sa fille, tandis
« qu'une fille ne peut acquérir par son père. Que si la fille avait fait un
« pacte désavantageux, si elle-même agit, il lui sera opposable ; il ne
« pourra jamais être opposé au père, à moins que le père n'agisse avec
« le concours de sa fille. Il faut dire, en effet, que la fille qui fait un
« pacte ne peut pas empirer la condition du père dans le cas où, le
« mariage étant dissous par sa mort, la dot doit retourner au père. »
(2) Cas prévu par Paul, L. 12 § 4 *De pact. dotal.*

Prenons seulement l'hypothèse où le pacte est avantageux au mari, et comparons ce pacte avec le consentement donné à l'aliénation du fonds dotal. Si le mari a
fait le pacte avec son beau-père seul, il pourra bien
l'opposer au beau-père, il ne pourra pas l'opposer à la
femme ; de même, s'il avait aliéné le fonds dotal avec le
consentement du beau-père seul, l'aliénation ne pourrait jamais être opposée à la femme. En sens inverse,
lorsque le mari a fait le pacte avec la femme seule, il
pourra le lui opposer si c'est elle qui intente l'action
rei uxoriæ, il ne pourra l'opposer au beau-père qu'autant que celui-ci agirait *adjectâ filiæ personâ* (1) ; mais
si le fonds dotal a été aliéné par le mari avec le consentement de la femme seule, l'aliénation peut être opposée, et à la femme qui y a consenti, et au beau-père en
dehors de qui elle s'est faite. — En résumé, pour savoir
à qui peut être opposé le pacte fait par le mari *de dote
restituendâ*, il faut rechercher, conformément aux principes généraux du droit, avec qui le mari l'a conclu
(*res inter alios acta nemini neque nocet neque prodest*) ;
au contraire, quand il s'agit de savoir à qui peut être
opposée l'aliénation du fonds dotal, il faut simplement
s'en tenir à cette idée que le droit de propriété du mari
n'a été restreint que dans l'intérêt de la femme et que
la femme seule a qualité pour renoncer au bénéfice
d'une règle destinée à la protéger.

(1) Ulpien pense, au contraire, que, quand le mari a été délégué
à un tiers par la femme seule, cette délégation ne peut pas nuire au
père agissant même *adjunctâ filiæ personâ* : L. 2 § 1 *Sol. matr.*

L. 13. — ULPIANUS, lib. v *De adulteriis*.

Pr.

Dotale prædium accipere debemus tàm urbanum quàm rusticum : ad omne enim ædificium lex Julia pertinebit.

Par *dotale prædium* nous devons entendre aussi bien un immeuble urbain qu'un immeuble rural : en effet la loi Julia s'appliquera à toute construction.

Nous savons que l'*oratio Severi* ne s'appliquait qu'aux immeubles ruraux ou suburbains des mineurs de vingt-cinq ans ; le décret du Préteur n'était point nécessaire quand il s'agissait d'aliéner une maison de ville. Au contraire, la disposition de la loi Julia embrasse tout ce qui est immeuble. Que le bien donné en dot au mari soit situé à la ville ou à la campagne, destiné à l'habitation ou à l'agriculture, il sera frappé entre ses mains d'inaliénabilité. Je décide même qu'il n'est pas nécessaire de supposer que la propriété a été transférée au mari : un simple droit de superficie ou d'emphytéose qui lui aurait été constitué serait inaliénable entre ses mains (1).

(1) Voy., ci-dessous, le commentaire de notre L. 13 § 2.

Notre texte me paraît démontrer que la loi Julia disait : *dotale prædium*, et non pas *dotalis fundus*. Evidemment Ulpien veut définir le mot même dont se servait le législateur. Nous avons aussi, en ce sens, le témoignage de Gaius (Comment. II, § 63, et L. 4 *h. T.*) et celui de Paul (*Sent. rec.*, lib. II, Tit. XXI B, § 2). Il ne faudrait pas croire, du reste, que le mot *fundus* eût un sens moins large, qu'il ne comprît absolument que les fonds de terre : « *Fundi appellatione*, dit Florentinus, *omne ædificium et omnis ager continetur ; sed* « *in usu urbana ædificia* ÆDES, *rustica* VILLÆ *dicuntur.* « *Locus vero sine ædificio, in urbe* AREA ; *rure autem* AGER « *appellatur. Idemque ager cum ædificio* FUNDUS *dicitur* » (1).

---

(1) L. 211 *De verb. signif.* (50, 16). Aj. Ulpien, L. 60 *cod. Tit.* — Suivant M. Bachofen (*Ausgewählte Lehren*, p. 98, note 51), le mot *prædium* ne convenait qu'aux fonds italiques, et non aux fonds provinciaux. Mais cette idée me paraît contredite par le § 63 du Commentaire II de Gaius.

L. 13 § 1.

Prædii appellatione etiam pars continetur. Proindè, sive totum prædium in dotem sit datum, sive pars prædii, alienari non poterit. Et hoc jure utimur.

Le mot *prædium* comprend même une part dans un immeuble. En conséquence, que l'on ait donné en dot un fonds entier ou une partie d'un fonds, il y a inaliénabilité. Telle est aussi la règle suivie dans la pratique.

L'expression *habere prædium* suppose-t-elle nécessairement qu'on a la chose corporelle, qu'on a la puissance la plus complète qu'une personne puisse avoir sur un immeuble? Non. Sans doute, cette expression ne serait pas employée à propos de celui qui n'a sur l'immeuble qu'un droit d'usufruit; mais, au contraire, nous savons déjà qu'on emploie des expressions analogues quand il s'agit d'une personne qui a un droit de superficie ou d'emphytéose (1). De même, quand mon droit sur l'immeuble retient le nom de *dominium*, bien qu'un tiers puisse également participer à l'utilité que procure cet immeuble, je dirai très-exactement *Habeo prædium*. Nous arrivons ainsi à reconnaître que le mari qui a reçu en dot une part indivise dans la propriété d'un immeu-

(1) Voy. ci-dessus, p. 266, note 1.

ble est parfaitement soumis à l'application de la loi Julia :
aliéner cette part indivise, ce serait bien véritablement
dotale prædium alienare. Du reste, c'est là une idée que
nous avons déjà développée en expliquant la L. 2, C.,
De fundo dot. (1).

Est-ce là ce que le jurisconsulte Ulpien a voulu
exprimer dans notre L. 13 § 1, quand il a dit que la
pars prædii in dotem data ne peut pas plus être aliénée
que le *totum prædium?* Je suis convaincu que telle a
effectivement été sa pensée. Supposons que la femme
(ou le tiers qui veut la doter) soit propriétaire d'un
champ de 100 arpents. La femme fait établir au milieu
du champ une haie ou un fossé, de telle sorte que 50
arpents se trouvent d'un côté et 50 arpents de l'autre ;
puis elle donne en dot au mari les 50 arpents qui se
trouvent, par exemple, au nord. Sans aucun doute,
l'emplacement ainsi constitué en dot sera inaliénable ;
sans aucun doute aussi, on peut dire que le champ de
100 arpents a été divisé *in duas partes.* Pourtant, ce
n'est point à ce cas-là que se réfère le jurisconsulte.
Pourquoi ? par la raison bien simple qu'ici les 50 arpents reçus par le mari n'ont jamais été pour lui *pars
prædii ;* il a reçu en dot un fonds, *totum prædium,* ayant
telle et telle limites. Ulpien lui-même fait une application remarquable de cette idée, dans une autre matière : « *Si quis partem œdium tradat,* dit-il, *vel partem*
« *fundi, non potest servitutem imponere : quia per*
« *partes servitus imponi non potest, sed nec acquiri.*
« *Planè, si divisit fundum regionibus, et sic partem*
« *tradidit pro diviso, potest alterutri servitutem impo-*

<hr>

(1) Voy ci-dessus, p. 111 et suiv.

« *nere :* QUIA NON EST PARS FUNDI, SED FUNDUS. *Quod et*
« *in œdibus potest dici, si dominus, pariete medio œdi-*
« *ficato, unam domum in duas diviserit (ut plerique*
« *faciunt) : nam et hic pro duabus domibus accipi*
« *debet* » (1). Et Paul nous apprend que telle était aussi
la manière de voir de Quintus Mucius : « *Quintus Mu-*
« *cius ait partis appellatione rem pro indiviso signifi-*
« *cari : nam quod pro diviso nostrum sit, id non par-*
« *tem, sed totum esse* » (2). Il est vrai que Paul ajoute
immédiatement : « *Servius non ineleganter partis ap-*
« *pellatione utrumque significari* » (3).

(1) L. 6 § 1 *Comm. præd.* (8, 4) : « Si une personne aliène une
« partie de sa maison ou une partie de son fonds, elle ne peut pas
« établir une servitude : car un fonds ne peut pas devenir servant ou
« dominant *per partes*. Bien entendu, si la personne a divisé son
« fonds en régions, et qu'alors elle ait aliéné une partie divise, elle
« peut grever de servitude l'une ou l'autre région : car ce n'est pas une
« part dans un fonds, c'est un fonds. On peut en dire autant pour
« une maison, lorsque le propriétaire, en élevant un mur au milieu,
« divise une seule maison en deux (ce qui arrive souvent) : il faut
« voir là deux maisons. »

(2) L. 25 § 1 *De verb. signif.* : « Suivant Quintus Mucius, le
« mot *pars* signifie une part indivise dans une chose : quant à ce qui
« nous appartient *pro diviso*, ce n'est pas une partie, c'est un
« tout. »

(3) « Servius dit, non sans raison, que le mot *pars* a les deux
« sens. »

L. 13 § 2.

Dotale prædium sic accipimus cùm dominium marito quæsitum est, ut tunc demùm alienatio prohibeatur.

Nous considérons le fonds comme dotal au moment où la propriété est acquise au mari, de telle sorte qu'alors seulement commence l'inaliénabilité.

La règle ordinaire est que la personne qui a un droit sur une chose peut à son gré (à moins qu'il ne s'agisse d'une servitude personnelle) disposer de ce droit, le transférer à un tiers, en employant les modes établis à cet effet par la loi. La loi Julia est venue apporter une exception à cette règle : pour qu'il y ait lieu d'appliquer l'exception, il faut nécessairement supposer qu'on se trouve dans un cas où le mari, ayant acquis un certain droit, pourrait, si l'on suivait la règle ordinaire, l'aliéner au profit d'un tiers. Si le mari n'a encore acquis aucun droit sur l'immeuble, il n'y a pas besoin de la loi Julia pour l'empêcher d'aliéner ce qui ne lui appartient pas. Je crois qu'Ulpien, dans notre L. 13 § 2, n'a voulu faire autre chose qu'exprimer cette idée si simple. Par exemple, je ne puis pas admettre qu'il s'agisse ici exclusivement du *dominium ex jure Quiritium*, de sorte que le jurisconsulte aurait voulu dire : « Pour qu'on puisse parler de *prædiun dotale,* pour qu'il puisse être question par conséquent d'inaliénabilité, il faut absolument que le *dominium ex jure Quiritium* d'un certain immeuble ait été acquis au mari *dotis causâ.* Si celui qui veut constituer en dot un fonds italique se borne à le livrer au mari, de manière à le faire passer *in bonis mariti,* la loi Julia pour le moment reste complétement inapplicable : le mari qui a l'immeuble *in bonis* pourrait donc, en le livrant à Titius *ex justâ causâ,* le faire passer *in bonis Titii.* » Tel n'est point le sens qu'il faut donner à notre texte. C'est, du moins, ce que je vais chercher à démontrer.

Je remarque tout d'abord que les expressions *dominus* et *dominium,* employées seules et sans aucune addition, ne se réfèrent pas essentiellement au cas où une personne est propriétaire d'une chose *ex jure Quiritium,* mais qu'elles conviennent également au cas où la personne a la chose *in bonis.* En effet, lorsque Gaius nous dit (Comment. ii, § 40) que chez les pérégrins il existe *unum dominium,* une seule espèce de propriété; que chez les Romains autrefois il en était ainsi, de sorte qu'on était *dominus ex jure Quiritium* ou qu'on ne l'était pas du tout, mais qu'ensuite *divisionem accepit dominium,* la propriété se divisa en deux espèces, évidemment ce langage nous autorise à dire qu'un Romain du temps de Gaius peut être *dominus* sans être *dominus ex jure Quiritium,* et c'est précisément le cas de celui qui a une chose *in bonis.* —En expliquant la L. 1 pr. de notre Titre, j'ai déjà montré que telle est bien réellement la manière de parler des jurisconsultes romains. Paul, dans ce texte, dit qu'en vertu du deuxième décret le voisin devient *dominus* de la maison qui le menace, et

cependant ce voisin ne sera *dominus ex jure Quiritium*
que quand il aura accompli l'usucapion. Et Ulpien nous
rapporte une décision de Julien dont le texte, s'il a été
un peu modifié par les compilateurs, ne l'a du moins
pas été quant au point qui nous intéresse: « *Julianus*
« *scribit eum qui in possessionem damni infecti nomine*
« *mittitur, non priùs incipere per longum tempus do-*
« *minium capere quàm secundo decreto a Prœtore do-*
« *minus constituatur* » (1).

Mais veut-on des preuves plus directes que la dotalité existe, que par conséquent la loi Julia est applicable, dès l'instant où le fonds italique, livré au mari
ex causâ dotis, s'est trouvé *in bonis ejus*? Écoutons Ulpien : « *De divisione anni ejus quo divortium factum est,*
« *quœritur, ex die matrimonii, an ex die traditi marito*
« *fundi, maritus sibi computet tempus ? Et utique, in*
« *fructibus a viro retinendis, neque dies dotis constitutœ*
« *neque nuptiarum observabitur, sed quo primùm dotale*
« *prœdium constitutum est, id est traditâ possessione* » (2).
Supposons un mariage qui a duré dix ans et trois mois:
le mariage avait été contracté le 1er juillet, le divorce a
eu lieu le 1er octobre. Un fonds avait été donné en dot
au mari, et, la récolte se faisant en août et en septembre,
le mari a perçu onze récoltes. Evidemment il ne doit

---

(1) L. 15 § 16 *De damno inf.* (39, 2). Voy. ci dessus, p. 107
et suiv.

(2) L. 5 *Sol. matr.* : « En ce qui concerne la division de l'année
« où le divorce a eu lieu, on se demande si le mari doit prendre son
« point de départ au jour du mariage ou bien au jour où le fonds lui a
« été livré. Pour savoir quelle quantité de fruits le mari doit retenir,
« il n'y a point à s'inquiéter du jour où la dot a été constituée ni du
« jour du mariage, mais du moment où le fonds est devenu dotal,
« c'est à-dire où la possession a été livrée. »

pas garder en entier la récolte de la onzième année ;
mais quelle est précisément la fraction de cette récolte
qu'il est tenu de rendre ? Si le fonds avait été mancipé
et livré au mari *dotis causâ* le jour même du mariage,
il n'y aurait pas de difficulté : le mari devrait rendre
les trois quarts de la dernière récolte. Que faut-il décider
quand ces trois événements, mariage, constitution de
dot, tradition du fonds constitué en dot, n'ont pas eu
lieu le même jour ? quel est celui dont la date doit être
prise en considération ? Le jurisconsulte nous dit qu'on
ne doit s'attacher ni au jour du mariage ni même au
jour où la dot a été constituée, mais qu'il faut prendre
le moment où *dotale prædium constitutum est,* le moment où le fonds est effectivement devenu dotal ; et
comment l'est-il devenu ? Par la tradition faite au mari.
Ainsi, dans notre espèce, le mariage ayant été contracté
et la dot ayant été constituée le 1ᵉʳ juillet, si le fonds
constitué en dot n'a été livré au mari que le 1ᵉʳ août,
sur la dernière récolte le mari devra rendre à la femme,
non pas seulement les trois quarts, mais bien les cinq
sixièmes (1). Évidemment le texte d'Ulpien se prête
parfaitement à l'hypothèse où il y a eu d'abord *dictio*
ou *promissio* d'un fonds italique, puis, un mois après,
simple tradition de ce même fonds : le mari, à la suite
de cette tradition, a le fonds *in bonis,* il n'a pas encore

---

(1) A l'inverse, si le fonds avait été livré avant le mariage, par
exemple le 1ᵉʳ juin, il est certain qu'il ne deviendrait dotal dans
toute la force du terme qu'au moment du mariage. Le jurisconsulte
ne s'est pas préoccupé de cette hypothèse parce qu'il ne pouvait pas y
avoir de doute : comment le mari oserait-il prétendre aux fruits correspondant à une époque où il n'y a pas d'*onera matrimonii* à
supporter ? Voy. ci-dessus, p. 180 et 181.

le *jus Quiritium*, et néanmoins dès à présent *dotale prædium constitutum est*, le fonds a revêtu le caractère de
dotalité (1). — Je n'aperçois dans ce fragment. aucun
indice d'altération justinienne : je suis convaincu que
nous le possédons tel que le jurisconsulte l'avait écrit.
Pourtant il n'est pas absolument impossible que les
commissaires de Justinien aient parlé de *possession
livrée* là où le texte mentionnait une *propriété transférée par* MANCIPATIO *ou par* IN JURE CESSIO. Voyons si nous
ne pourrions pas invoquer quelque autre texte où la
possibilité même d'une altération ne saurait être admise.

Paul, dans la L. 14 pr. de notre Titre *De fundo dot.*,
suppose qu'une femme qui va épouser Titius remet à
Mævius, par la volonté de son futur mari, le fonds qu'elle
veut se constituer en dot : la condition du fonds, dit le
jurisconsulte, sera la même que s'il eût été remis au
mari, ce qui veut dire évidemment que le fonds sera
dotal. Or nous savons que la dotalité ne commence
qu'autant que *dominium marito quæsitum est :* c'est donc
que le mari est devenu propriétaire *per Mævium*. Maintenant, du temps des jurisconsultes, un homme pouvait-il ainsi acquérir la propriété *per extraneam personam* quel que fût le mode d'aliénation employé ? Non : il
est parfaitement certain que le fonds mancipé ou cédé
in jure à Mævius, même par l'ordre de Titius, aurait été

---

(1) Gardons-nous bien, du reste, de donner aux expressions d'Ulpien un sens trop absolu. Sa pensée n'est certes pas qu'un fonds ne
devient jamais dotal qu'autant qu'il a été livré au mari. Sans aucun
doute, le fonds mancipé ou cédé *in jure*, et non encore livré, au mari,
est dotal et inaliénable : nous en aurons la preuve en expliquant la
L. 16 *De fundo dot.*

acquis à Mævius et non pas à Titius : c'est seulement au
cas de tradition que je puis acquérir *per extraneam personam* la propriété à la suite de la possession (1). Donc
il est absolument inadmissible que les mots *tradit, tradidisset,* dans la L. 14 pr., appartiennent seulement aux
compilateurs : supposer que Paul avait écrit *mancipat*
ou *in jure cedit,* c'est lui prêter une erreur des plus
grossières. Paul disait donc réellement : « La tradition
que la femme fait à Mævius d'après la volonté du mari
·doit être censée faite au mari lui-même. » Mais la tradition appliquée à un fonds italique ne peut pas immédiatement en conférer le *dominium ex jure Quiritium,*
le fonds est seulement *in bonis mariti;* et pourtant dès
aujourd'hui c'est un *prædium dotale,* soumis comme tel
à la disposition de la loi Julia.

J'ajoute qu'il serait bizarre que, là où le *dominium*
est divisé entre deux co-propriétaires, la moité indivise
dans un fonds pût être dotale et inaliénable, tandis
que, là où le *dominium* est divisé entre deux personnes
dont l'une a le *nudum jus Quiritium* et l'autre a le fonds
in bonis, si celle-ci a reçu son droit *dotis nomine,* ce
droit ne serait point proprement dotal, point inaliénable. Avoir un fonds *in bonis,* c'est, en réalité, avoir beaucoup plus que la moitié indivise dans le fonds. On peut
donc tirer argument de ce que dit Ulpien, dans notre
L. 13 § 1 (2). — J'ai déjà dit que le droit d'emphytéose
ou de superficie conféré au mari *dotis causâ* me paraît

_____

(1) Voy Gaius, Comment. II, § 95; Modestin, L. 53 *De adq. rer.
dom.* (41, 1); Inst , § 5 *Per quas pers. nob. adquir.* (II, 9).

(2) On peut encore argumenter de ce que dit le même jurisconsulte
dans la L. 5 § 3 *in fine De reb. eor.* (27, 9).

également tomber sous l'empire de la loi Julia (1).
Là aussi il y a, en réalité, une sorte de *dominium*.

On pourrait objecter la manière dont Gaius s'exprime, au § 63 de son Comment. II : « Le seul cas, di-
rait-on, où Gaius nous présente la loi Julia comme in-
terdisant l'aliénation au mari, c'est le cas où le mari est
dominus ex jure Quiritium du fonds apporté en dot : car
Gaius suppose que la propriété a été acquise au mari
par *mancipatio*, par *in jure cessio* ou par usucapion. »
Mais entendre ainsi le texte de Gaius, c'est complètement dénaturer sa pensée. Voici ce qu'il veut dire : « Il
arrive quelquefois que le propriétaire ne peut pas aliéner sa chose. Par exemple, la loi Julia défend au mari
d'aliéner le fonds dotal *invitâ muliere*. Or le mari est
propriétaire de ce fonds dans toute la force du terme :
il a le droit le plus absolu que reconnaisse la loi civile, puisqu'il a pu acquérir le fonds par *mancipatio*,
par *in jure cessio* ou par usucapion. » En un mot, la
pensée de Gaius n'est pas que l'inaliénabilité existe seulement quand le mari est *dominus ex jure Quiritium*; sa
pensée est, au contraire, que l'inaliénabilité existe,
quelle que soit l'espèce de propriété acquise au mari et
lors même qu'il aurait sur le fonds le droit le plus par-
fait que reconnaisse la loi civile. Le mot *quamvis* employé par Gaius ne permet pas de donner un autre sens
à sa proposition (2).

— Le mari qui a le fonds *in bonis* a un certain *domi-*

(1) Voy. ci-dessus, p. 266. Aj. Ulpien, L. 3 § 4 *De reb. cor.*;
Dioclétien et Maximien, L. 13, C., *De præd. et al. reb. min.* (v, 71).
(2) M. Bachofen (*Ausgewählte Lehren*, p. 98 et suiv.) admet éga-

nium. Mais il se peut que le mari soit purement et simplement un possesseur de bonne foi : la femme ou un étranger a livré au mari *dotis causá* un fonds que le mari croyait lui appartenir et qui en réalité ne lui appartenait pas. Il faut convenir qu'ici le texte de la loi Julia nous fait défaut. Dirons-nous donc que le mari peut, même sans le consentement de la femme, aliéner au profit d'un tiers cette possession qu'il a reçue, de manière à mettre ce tiers, s'il est de bonne foi, *in causá usucapiendi?* Ici encore j'appliquerais la loi Julia, et je crois qu'effectivement les jurisconsultes romains étaient arrivés à défendre au mari d'abdiquer *invitá muliere* la possession dont il s'agit. On peut, du moins, invoquer en ce sens des arguments d'analogie que fournissent plusieurs textes :

1° Un époux est incapable de transférer la propriété à son époux *donationis causá* (1), comme le mari est en général incapable de transférer à une personne quelconque la propriété du fonds dotal. Mais la simple possession peut-elle passer, à titre de libéralité, d'un époux à l'autre ? A cet égard, on pourrait être tenté de croire que les jurisconsultes romains n'avaient pas une doctrine bien arrêtée. D'une part, Ulpien dit, en termes absolus, que cette transmission est impossible : *Inter virum et uxorem nec possessionis ulla donatio est* (2). Et Paul dit, de même, en parlant de l'époux donataire :

lement que la loi Julia est applicable là où le mari a simplement le fonds *in bonis*.

(1) Voy. Ulpien, L. 3 § 10 *De donat. int. vir. et ux.* (ci-dessus, p. 234 et 235).

(2) L. 46 *eod. Tit.*

Jure civili possidere non intelligitur (1). D'autre part, Paul rapporte que, suivant Julien, l'époux donataire a la possession : *Possidere uxorem rem a viro donatam Julianus putat*(2). Et, de même, Pomponius approuve l'opinion de Trebatius, suivant laquelle, *Si pauperior is qui donásset non fieret, usucapio possidenti procedit* (3). Ces textes sont-ils réellement contradictoires? Je ne le pense point. Voici quelle me paraît avoir été la doctrine de tous les jurisconsultes romains : « La donation n'est prohibée entre époux qu'autant qu'elle entraîne appauvrissement de l'époux donateur et enrichissement de l'époux donataire : en conséquence, si la possession ne constituait réellement pas un avantage juridique pour celui qui veut la donner, s'il possédait sans juste cause ou de mauvaise foi, la donation est valable et l'autre époux possédera *pro donato*. Lors même que la donation entraînerait appauvrissement pour celui qui veut la faire, l'autre époux sera considéré comme possédant la chose; seulement il ne la possédera pas *ex justâ causâ*, il n'y a pas eu transmission légitime de la possession ; il possédera *pro possessore*, à peu près comme le voleur » (4). — J'applique la même idée au cas où le mari possède de bonne foi un immeuble qu'il a reçu *dotis nomine*. Le mari ne peut pas transmettre à un tiers cette possession. Le tiers à qui la tradition serait faite

(1) L. 26 pr. *eod. Tit.*
(2) L. 1 § 2 *in fine Pro donato* (41, 6).
(3) L. 3 *eod. Tit.*
(4) Voy. en ce sens, Ulpien, L. 16 *De adq. vel am. poss.* (41, 2), L. 1 § 10 *De vi* (43, 16); Paul, L. 1 § 4 *De adq. vel. am. poss.* Comp. M. de Savigny, *Traité de la possession*, 1ʳᵉ partie, § 7 (p. 65 et suiv. de la traduction en français).

ne posséderait pas *ex justá causà* et par conséquent ne
pourrait pas usucaper. Du reste, j'ai peine à croire que
le mari lui-même pût être considéré ici comme conti-
nuant à posséder *ad unam causam, ad usucapionem.*
Cela est dit pour le débiteur qui remet en gage à son
créancier la chose dont il a commencé l'usucapion (1) :
il est alors de l'intérêt du créancier lui-même que sa
possession n'empêche pas le débiteur d'accomplir l'u-
sucapion. Mais quand le mari livre à un tiers *ex venditione* ou *ex donatione* l'immeuble qu'il a reçu en dot, il
y a de sa part purement et simplement, comme au cas
de donation entre époux, abdication de la possession (2). Je permettrais seulement au mari d'intenter
l'action Publicienne, comme il pourrait intenter la revendication s'il était devenu propriétaire du fonds; et
l'exercice de la Publicienne, comme celui de la revendication, ne pourrait aucunement être paralysé entre
ses mains par l'effet de la vente ou de la donation qu'il
a consentie (3).

2° La preuve la plus positive que le mari ne peut pas
transférer à un tiers la possession du fonds que de
bonne foi il a reçu en dot, se tire de la décision donnée
par Ulpien, dans la L. 5 § 2 *De reb. eor.* (27, 9) : « *Si
« pupillus,* dit Ulpien, *alienum fundum boná fide emp-
« tum possideat, dicendum puto nec hunc alienare tutores
« posse : ea enim quá quasi pupillaris vero distractus*

_____

(1) Javolenus, L. 16, et Julien, L. 33 § 4 *De usurpat.* (41, 3);
Paul, L. 1 § 15 *De adq. vel. am. poss.*
(2) Voy. le texte déjà cité de Paul, L. 1 § 4 *De adq. vel. am.
poss.*
(3) Voy., ci-dessous, le commentaire de la L. 17 *De fundo dot.*

« *est, venditio valet* » (1). Le texte de l'*oratio Severi*
supposait un fonds rural ou suburbain appartenant à
un mineur de 25 ans, et cependant Ulpien est d'avis
d'étendre la décision au cas où le mineur avait, non la
propriété, mais simplement la possession de bonne foi:
pourquoi la loi Julia, dont le texte suppose également
que le mari est devenu propriétaire du fonds reçu en
dot, ne comporterait-elle pas la même interprétation
extensive? Evidemment il ne peut y en avoir aucune
raison (2).

— Si la loi Julia a été reconnue applicable, non-
seulement au cas où le mari a *in bonis* le fonds qui lui
a été apporté en dot, mais même au cas où il en a simplement la possession de bonne foi, il semble qu'on
aurait dû l'appliquer aussi au cas où c'est un fonds
provincial qui a été apporté en dot, de telle sorte que
le mari ait acquis l'espèce de droit que les particuliers
peuvent avoir sur ces biens. Du temps de Gaius, il y

(1) « Si le pupille possède un fonds appartenant à autrui, mais
« acheté de bonne foi, je pense qu'il faut dire que même dans ce cas
« l'aliénation est défendue aux tuteurs : la vente n'est valable que là
« où elle vaudrait si on eût vendu un fonds appartenant véritablement
« au pupille. »

(2) M. Bachofen (*Ausgewählte Lehren*, p. 102) fait une distinction qui se rattache à sa doctrine générale sur la condition de la dot
et sur l'effet de l'aliénation du fonds dotal par le mari, et qui me
paraît tout à fait inadmissible : « Ou celui qui a constitué la dot était
« *in malâ fide*: alors l'aliénation faite par le mari *antè impletam*
« *usucapionem* est valable, en ce sens qu'elle ne peut être attaquée
« par personne. Ou bien celui qui a constitué la dot était un *bonæ*
« *fidei possessor*, investi par conséquent de la Publicienne : alors
« l'aliénation même faite *antè impletam usucapionem* devait être
« nulle, la femme pouvait l'attaquer au moyen de son action réelle. »

avait encore des doutes à cet égard ; mais il paraît, d'après le témoignage de Justinien, qu'on était arrivé à déclarer la loi Julia non applicable aux fonds provinciaux (1). Comment peut-on s'expliquer cela? Est-il bien raisonnable que le mari qui a reçu en dot un fonds provincial puisse à son gré l'aliéner, tandis que le mari qui aurait simplement la possession de bonne foi d'un fonds italique ne pourrait pas la transmettre à un étranger? Voici comment j'explique cette bizarrerie apparente : La loi Julia, en défendant au mari d'aliéner le fonds dotal, part de l'idée que ce fonds appartient au mari. On est arrivé à faire l'application de cette défense, non-seulement au cas où le mari est effectivement propriétaire, mais encore à celui où le mari, étant *in causâ usucapiendi,* ayant une possession qui au bout d'un temps assez court se convertira en véritable *dominium,* peut facilement dès aujourd'hui être considéré comme véritable propriétaire (2). D'ailleurs, le but immédiat de la loi Julia, c'est de garantir à la femme qu'à la dissolution du mariage elle pourra se faire retransférer par le mari la propriété du fonds dotal : on se conforme à ce but en décidant que le tiers qui reçoit le fonds du mari ne peut pas l'usucaper, attendu que par là même on

---

(1) Voy. ci-dessus, p. 225.

(2) Remarquez que, quand le mari a reçu le fonds *dotis causâ* d'un non-propriétaire, il peut usucaper par cela seul qu'il est de bonne foi et lors même que la femme serait de mauvaise foi. Et, bien entendu, quand il aura ainsi usucapé, arrivant le divorce, la femme, malgré sa mauvaise foi, pourra exiger la restitution (Pomponius, L. 11 *Sol. matr.*). C'est ainsi que, lorsqu'un *prædo* remet en gage à son créancier la chose qu'il possède de mauvaise foi, *proderit ei quod creditor bonâ fide possessor fuit* (Ulpien, L. 22 § 2 *De pigner. act.*).

augmente la possibilité pour le mari d'achever sa propre usucapion. Il s'agit donc toujours, en définitive, d'assurer à la femme pour l'époque du divorce la propriété d'un fonds, le *dominium prædii*. Au contraire, supposons qu'un fonds provincial est apporté en dot. Voilà un objet qui, par sa nature même, n'est pas susceptible de *dominium* au profit d'un particulier : « *In eo solo*, dit Gaius (1), *dominium populi romani est vel Cæsaris; nos autem possessionem tantùm et usumfructum habere videmur.* » Le mari acquiert une sorte d'usufruit, une possession qui jamais ne pourra se convertir en propriété : ce serait faire violence au texte de la loi Julia que de l'appliquer à un droit d'une qualité si inférieure : il ne s'agit pas pour la femme d'avoir lors du divorce le *dominium prædii*.

— Nous savons déjà qu'un *nomen*, un droit de créance, peut être apporté en dot au mari, et qu'alors le mari est libre en général (du moins quand ce *nomen* a pour objet des valeurs mobilières) d'en disposer à son gré (2). Supposons que la dot comprend une créance de 100,000 sesterces garantie par une hypothèque sur un immeuble. Cette hypothèque n'est pas un *prædium dotale*, et la loi Julia n'y est certainement pas applicable. En conséquence, le mari, qui peut disposer de la créance, peut aussi disposer de l'hypothèque qui n'en est que l'accessoire (3). De même, et à plus forte rai-

---

(1) Comment. II, § 7.

(2) Voy. ci-dessus, p. 23 et 24.

(3) C'est ainsi que chez nous les personnes qui pensent que le mari a pouvoir de céder seul les créances constituées en dot sous le régime dotal décident que « il est incontestablement en droit de céder aussi

son, l'immeuble ainsi grevé d'hypothèque n'étant point un *prædium dotale*, le mari non payé à l'échéance peut parfaitement, sans avoir besoin du consentement de la femme, vendre l'immeuble dont il s'agit, pour se payer sur le prix. Ici encore nous pouvons invoquer ce qui avait été décidé quant à l'application de l'*oratio Severi* : « *Si fundus pupillo pigneratus sit*, dit Ulpien, *an ven-* « *dere tutores possunt? Hunc enim quasi debitoris, hoc* « *est alienum vendunt. Si tamen impetraverat pupillus,* « *vel pater ejus, ut jure dominii possideant, consequens* « *erit dicere non posse distrahi, quasi prædium pupil-* « *lare* » (1). Devons-nous appliquer à notre matière cette dernière décision? J'y suis très-disposé. L'immeuble vient prendre la place de la créance dotale : il doit être dotal, et par conséquent inaliénable. Le mari obtient de l'Empereur de garder comme propriétaire, par une sorte de dation en paiement, l'immeuble hypothéqué : c'est bien là une acquisition qu'il fait *propter rem dotalem* (2).

« les hypothèques qui en sont les accessoires. » Voy. MM. Aubry et Rau, t. IV, p. 504, note 10.

(1) L. 5 § 3 *De reb. eor.* : « Si un fonds a été hypothéqué au pu- « pille, les tuteurs peuvent-ils le vendre ? Ils le vendront comme bien « du débiteur, c'est-à-dire comme bien appartenant à autrui. Mais « si le pupille ou son père avait obtenu de posséder ce fonds en « qualité de propriétaire, il est conforme aux principes de dire qu'il « ne peut pas être vendu, comme étant aujourd'hui fonds du « pupille. »

(2) Voy. ci-dessus, le commentaire de la L. 3 pr.

L. 13 § 3.

Heredi quoque mulieris idem auxilium præstabitur quod mulieri præstaretur.	L'héritier de la femme obtiendra la même protection qu'obtiendrait la femme elle-même.

Il est parfaitement certain que ce texte ne signifie pas que l'héritier de la femme a toujours et dans tous les cas les droits qu'aurait la femme elle-même. Ainsi, en général et en l'absence de toute stipulation, quand le mariage se dissout par la mort du mari ou par le divorce, la femme peut agir pour se faire restituer sa dot ; au contraire, quand le mariage se dissout par la mort de la femme, son héritier n'a aucune action de ce genre, le mari gagne la dot (1). Même quand, le mariage étant dissous par la mort du mari ou par le divorce, l'action *rei uxoriæ* a pris naissance en la personne de la femme, cette action, si la femme meurt avant de l'exercer, ne sera point transmise à son héritier, à moins que le mari ou son héritier ne soit déjà en demeure (2).

(1) *Fragments d'Ulpien*, tit. vi, §§ 4, 5 et 6. Aj. Honorius et Théodose, L. 11, C., *Sol. matr.* (v, 18).

(2) *Fragments d'Ulpien*, tit. vi, § 7. Aj. *Fragments du Vatican*, §§ 95 et 97.

Enfin la femme qui réclame sa dot jouit d'un *privilegium inter personales actiones;* la même faveur n'est pas accordée à son héritier dans les cas particuliers où il peut agir *de dote* (1). Tout cela montre bien qu'il faut se garder de prendre dans un sens absolu notre L. 13 § 3.

L'héritier de la femme n'a pas toujours le droit que la femme aurait pu exercer. A plus forte raison faut-il dire qu'il n'a jamais plus de droit que n'en aurait eu la femme. Ainsi, quand la dot consiste en quantités, le mari la restituerait à la femme *annuâ, bimâ, trimâ die: quid* vis-à-vis de l'héritier de la femme? Au premier abord, la question ne peut pas se présenter : car l'héritier de la femme ne peut avoir l'action *rei uxoriæ* qu'autant que la femme, avant de mourir, avait mis le mari en demeure; or, le mari n'a pu être ainsi mis en demeure que pour ce qui était déjà échu (2). On pourrait supposer que la femme avait stipulé que la dot lui serait restituée aux termes ordinaires : alors l'héritier de la femme, qui succède toujours à l'action *ex stipulatu*, devra évidemment se conformer aux échéances. Mais écartons l'hypothèse d'une stipulation faite par la femme. Les rétentions que le mari aurait pu exercer vis-à-vis de la femme, pourra-t-il également les exercer vis-à-vis de son héritier? Oui, sans difficulté, à moins qu'il ne s'agisse de rétentions *propter mores mulieris*, c'est-à-dire destinées à punir la mauvaise con-

---

(1) Sévère et Antonin, L. un., C., *De privil. dotis* (VII, 74). Comp. Justinien, L. 12 § 1 *in fine*, C., *Qui potiores* (VIII, 18).

(2) Cette idée bien simple paraît avoir échappé à Cujas, dans son commentaire sur la L. 12 de notre Titre *De fundo dot.* (*In lib.* I *Papiniani* DE ADULTERIIS).

duite de la femme (1). Enfin, je crois que le mari, qui
jouit du bénéfice de compétence quand l'action *rei*
uxoriæ est intentée par la femme (2), en jouit également
quand elle est intentée par l'héritier de la femme, bien
qu'en général il ne puisse pas être question de ce bénéfice lorsque, le mari étant mort, c'est son héritier qui
est poursuivi (3). En effet, on ne voit pas pourquoi
l'héritier de la femme serait mieux traité que le fisc ;
or, en cas de confiscation des biens de la femme, le
mari, tenu de l'action *rei uxoriæ* envers le fisc, jouit du
bénéfice de compétence (4). D'ailleurs Gaius paraît avoir
eu dans la pensée notamment le bénéfice de compétence, lorsqu'il a dit : « *Si, post divortium mortuâ*
« *muliere, heres ejus cum viro parenteve ejus agat, eadem*
« *videntur de restituendâ dote intervenire quæ ipsâ mu-*
« *liere agente observari solent* » (5). Sur ce texte, je
remarque simplement que, suivant toute apparence,
Gaius ne se bornait pas à dire que la femme était morte
après le divorce ; il ajoutait qu'elle avait mis le mari en

(1) Paul, statuant sur le cas inverse, celui où l'action *rei uxoriæ*
est exercée par la femme contre l'héritier du mari, accorde à cet héritier
toutes les rétentions qu'aurait pu exercer le mari, sauf la rétention
propter mores : « *Morum coercitionem non habet*, » dit-il (L. 15
§ 1 *Sol. matr.*). Il y a tout au moins un argument *a simili* à
tirer de là pour le cas qui nous occupe. Voy., d'ailleurs, Constantius
et Constans, L. 1, C. Th., *De dotibus* (III, 13).

(2) Ulpien, L. 12 *Sol. matr.*

(3) L. 12 *in fine* et L. 13 *Sol. matr.* Voy. cependant L. 18 pr.
eod. Tit.

(4) Paul, L. 36 *Sol matr.*

(5) L. 27 *Sol. matr.* : « Si, la femme étant morte après le divorce,
« son héritier poursuit le mari ou le père du mari, les choses se pas-
« sent, relativement à la restitution de la dot, comme quand c'est la
« femme elle-même qui agit. »

demeure. Cette indication aura été supprimée par les
compilateurs, comme inutile dans le droit de Justinien (1).

Nous venons, en quelque sorte, de déblayer le terrain, avant de nous occuper spécialement de notre
L. 13 § 3. L'explication en sera maintenant plus facile.
Quel est cet *auxilium* qui, d'après Ulpien, doit être
accordé à l'héritier de la femme comme il l'aurait été
à la femme elle-même? Il s'agit uniquement du moyen
de faire tenir pour non avenue l'aliénation du fonds
dotal, consentie par le mari contrairement à la loi Julia. Le mari a vendu et mancipé le fonds dotal *invitâ
muliere;* au moment du divorce le fonds est en la possession de l'acheteur ou de son ayant-cause : la loi
Julia fait que la propriété n'a point été transférée, et
par conséquent que le mari peut revendiquer le fonds;
mais, tenu de restituer la dot à la femme, il doit lui
céder cette revendication, et même, en l'absence d'une
cession effective, la femme obtiendrait du Préteur une
revendication utile. Voilà l'*auxilium* qui serait donné à
la femme elle-même : Ulpien nous apprend que ce bénéfice, à la différence du *privilegium inter personales
actiones*, est transmissible à l'héritier de la femme.

Mais, pour que cette transmission soit possible, que
devons-nous supposer? D'abord, très-certainement,
il faut supposer que l'héritier a droit au recouvrement
de la dot, c'est-à-dire que la femme en avait stipulé la
restitution, ou bien, à défaut d'une semblable stipulation, que la femme, ayant survécu à la dissolution du
mariage, est morte après avoir mis en demeure le mari

_____

(1) L. un. § 4, C., *De rei ux. act.* (v, 13).

ou son héritier. — Mais je vais plus loin : je crois qu'il faut supposer encore que l'aliénation du fonds dotal par le mari a eu lieu du vivant de la femme. Sans doute, il n'y a pas à distinguer si cette aliénation se place *durante matrimonio*, ou au contraire *post solutum matrimonium* : elle peut être nulle dans le deuxième cas comme dans le premier (1). Je dis seulement que l'héritier de la femme ne peut revendiquer contre le tiers-acquéreur qu'autant que la femme était vivante lors de l'aliénation. En effet, l'inaliénabilité n'existe que dans l'intérêt de la femme : il est certain qu'il ne pourrait pas en être question au cas où un étranger aurait stipulé la restitution de la dot à son profit. Pas plus que cet étranger, l'héritier de la femme n'a le droit *ex propriâ personâ* d'attaquer l'aliénation faite par le mari; l'héritier de la femme peut seulement succéder à ce droit s'il est né *in personâ mulieris ;* or, évidemment, pour que le droit d'attaquer l'aliénation soit né *in personâ mulieris*, il faut de toute nécessité que l'aliénation ait eu lieu *vivente adhûc muliere*. Le résultat auquel j'arrive me paraît commandé par la décision de Paul dans la L. 3 § 1 de notre Titre *De fundo dot.* :
« *Toties non potest alienari fundus, quoties mulieri* « *actio de dote competit aut omnimodo competitura est.* »
La femme une fois morte, on ne peut plus dire que l'action *de dote* lui compète ou lui compétera sûrement. On aurait pu décider que le droit d'attaquer l'aliénation déjà faite meurt avec la femme comme le *privilegium* : nous voyons, par notre L. 13 § 3, qu'on a préféré

(1) Voy. ci-dessus, p. 143. Voy. aussi le commentaire de la L. 12 pr., p. 304 et 305.

suivre ici le principe général sur la transmission des
actions d'un défunt à son héritier ; mais nous ne voyons
pas qu'on soit allé plus loin, et qu'on ait exigé du mari,
pour aliéner valablement après la mort de la femme,
qu'il obtienne le consentement de l'héritier qu'elle a
laissé (1).

(1) La doctrine que je présente ici est contraire à ce que dit Cujas,
qui, du reste, ne donne aucun développement : « *Si morte mulieris*
« *solutum est matrimonium*, dit-il, *nec tamen potest maritus*
« *post mortem mulieris prædium dotale alienare, quod heredi*
« *mulieris restituendum est ; sed, perindè ac mulieri, et heredi*
« *ejus idem auxilium præstatur, puta repetitio vel vindicatio*
« *prædii alienati, vindicatio rescissoria alienationis* » (In
lib. 1 Papin. De adult., ad L. 12 De fundo dot.).

L. 13 § 4.

Si, uxore herede institutâ, fundus dotalis fuerit legatus, si quidem deductis legatis mulier quantitatem dotis in hereditate habitura est, valet legatum; si minùs, an non valeat quæritur. Scævola respondit non valere; sed si totus fundus ex hereditate retinere possit, solidum legatum deberi, et si non totus, sed vel aliqua pars ex eo vindicari possit, si modo aliqua pars ad dotem supplendam desit, id duntaxat ex eo remanere apud mulierem ait quod quantitati dotis deest (1).

Le mari, ayant institué sa femme pour héritière, a légué le fonds dotal : si la femme, après les legs payés, doit avoir comme héritière le montant de la dot, le legs est valable. Dans le cas contraire, ou se demande s'il n'est pas nul. Suivant Scævola, le legs est nul : si la valeur intégrale du fonds peut être retenue par la femme dans l'hérédité, le legs est dû pour le tout ; si la femme ne peut pas retenir cette valeur intégrale, mais seulement une partie, de sorte qu'il manque quelque chose pour compléter la dot, elle ne pourra garder sur le legs que le montant de ce qui manque ainsi.

Lorsque le mariage se dissout par la mort du mari, tout comme lorsqu'il se dissout par le divorce, la femme, même en l'absence de toute stipulation qu'elle

(1) Je suis pour ce texte la leçon de la Vulgate. Dans la Florentine, il y a une lacune : les mots *respondit non valere* jusqu'à *legatum deberi* manquent. Je crois, avec M. Bachofen (*Ausgewählte Lehren*, p. 97, note 46), que le texte, même tel que je le donne, a été corrompu ; du reste, le sens est très-clair.

aurait pu faire *de restituendà dote*, peut exiger que la dot
lui soit rendue et peut tenir pour non avenue l'aliénation volontaire du fonds dotal qui aurait eu lieu
sans son consentement. Cela s'applique même au cas
où le mari aurait légué le fonds dotal : en effet le
legs *per vindicationem* est un mode d'aliénation, et par
conséquent tombe sous l'empire du texte même de la
loi Julia. Quant au legs *per damnationem*, sans doute
par lui-même il n'emporte pas aliénation ; mais, si l'on
admet avec moi la nullité du contrat de vente passé par
le mari (1), il ne paraît pas possible de valider même
le legs de créance (2). Aussi voyons-nous le jurisconsulte Paul refuser aux militaires eux-mêmes, à qui tant
de prérogatives avaient été accordées notamment en
matière de testament, le pouvoir de léguer le fonds
dotal : « *Dotalem fundum*, dit Paul (3), *si legaverit mi-*
« *les, non erit ratum legatum, propter legem Juliam.* »

Ulpien, dans notre L. 13 § 4, mentionne un adoucis-
sement à la règle que le mari ne peut pas léguer le fonds
dotal. Il suppose d'abord que la femme avait été instituée héritière par le mari et qu'elle avait fait adition de
son hérédité. Cette circonstance va-t-elle suffire pour
valider le legs? Non : la femme, héritière du mari,
pourra se dispenser d'exécuter le legs, si le légataire ne
prouve que ce qui lui reste en définitive tous legs
payés est au moins égal à la valeur du fonds. S'il ne lui

---

(1) Voy., ci-dessous, le commentaire de la L. 17 *De fundo dot.*

(2) Chez nous, au contraire, il est universellement admis que la
prohibition d'aliéner l'immeuble dotal ne s'étend pas aux dispositions
testamentaires. Voy. MM. Aubry et Rau, t. IV, 3e édit., § 537,
note 7.

(3) L. 16 *De test. mil.* (29, 1).

restait rien, le legs serait certainement nul pour le tout.
S'il lui reste une somme inférieure à la valeur du fonds,
elle pourra faire subir au légataire une réduction propor-
tionnelle, de manière à conserver toujours au minimum
l'équivalent du fonds.

Cette modification à la rigueur du principe est-elle
équitable? Oui, elle s'explique facilement. La femme, en
faisant adition de l'hérédité de son mari, renonce au
droit qu'elle avait d'attaquer la disposition contraire à
la loi Julia; mais on vient encore au secours de la femme
et l'on présume qu'elle n'a fait cette renonciation que
dans la pensée qu'en définitive elle n'en souffrirait pas.
La femme n'est donc tenue d'exécuter intégralement le
legs du fonds dotal qu'autant qu'elle se trouve indem-
nisée par les valeurs qu'elle recueille comme héritière.

C'est ainsi que Puchta paraît expliquer notre L. 13 § 4,
dans son *Cours sur les Pandectes* (1). Au contraire M. Bachofen s'élève contre cette explication. Suivant lui, « le
« maintien total ou partiel du legs, à l'encontre de la
« femme héritière du mari, tient à la nature de la suc-
« cession universelle, et ne peut aucunement être rap-
« porté au consentement de la femme, comme le veut
« Puchta : autrement, on ne s'expliquerait pas pourquoi
« la femme qui reçoit un legs n'est pas traitée comme
« la femme qui recueille l'hérédité » (2). La pensée de
M. Bachofen est que la ratification donnée par la femme

(1) « *Einer Genehmigung der Frau nach Endigung der Ehe
steht an sich nichts entgegen : daher kann das Vermächtniss
des Grundstücks durch den Mann gültig sein, wenn die Frau
Erbin ist, nur muss sie wenigstens so viel als ihre Dos beträgt,
aus der Erbschaft ziehen* » (§ 447, note *m*).
(2) *Ausgewählte Lehren*, p. 97.

à l'acte de disposition du mari ne peut jamais avoir
d'autre effet que de produire une *exceptio doli* au profit
du tiers (il cite à l'appui de cette proposition la L. 77
§ 5 *De leg.* 2°); et que, dans l'espèce de la L. 13 § 4, la
disposition se trouvant valable *ipso jure (valet legatum)*,
il doit y avoir là une autre cause que la ratification
tacite de la femme. Cette cause serait la circonstance
que la femme succède *in universum jus mariti.* Mais,
M. Bachofen ayant négligé de développer son idée à cet
égard, j'avoue que je ne puis absolument pas m'en rendre compte. Veut-il dire que, par cela seul qu'on est
héritier d'une personne, on ne peut pas critiquer les
actes de cette personne, en tant qu'on ne doit pas être
appauvri par l'effet de ces actes? Cela est impossible :
car bien souvent un héritier, qui doit en tout cas s'enrichir *ex hereditate*, attaque des legs mis à sa charge
par le défunt et en fait reconnaître la nullité. D'ailleurs
l'argument tiré par M. Bachofen de la L. 77 § 5 *De
leg.* 2° n'est point fondé. Dans ce texte, sur lequel nous
aurons occasion de revenir (1), Papinien suppose que le
mari a vendu le fonds dotal *contrà legem Juliam*, qu'ensuite il a fait à sa femme un legs et un fidéicommis (ce
dernier ayant pour objet précisément le prix du fonds) :
est-ce pour le cas où la femme recueille effectivement
le legs et le fidéicommis que Papinien accorde à l'acquéreur du fonds simplement le secours d'une exception
de dol? Pas le moins du monde : en pareil cas, je suis
convaincu qu'il aurait admis la validité *ipso jure* de
l'aliénation : car, pour être en règle avec la loi Julia, il
n'est point nécessaire qu'on ait obtenu le consentement

_____

(1) En expliquant la L. 17 *De fundo dot.*

immédiat et formel de la femme, il suffit que ce consentement soit intervenu d'une manière quelconque et à
une époque quelconque (1). Papinien suppose que la
femme n'a pas recueilli le fidéicommis, parce que le fidéicommis était nul : dès lors il est évident qu'il n'y a
pas eu de sa part une ratification implicite de la vente.
Seulement, le jurisconsulte ajoute que, si, la femme
ayant recueilli le legs, on lui offre de lui compter le
montant du fidéicommis, elle serait coupable de dol
en attaquant le tiers acheteur, et que dès lors celui-ci
pourrait la repousser au moyen de l'*exceptio doli mali*.

En somme, quand le mari a légué le fonds dotal, tout
comme quand il l'a vendu, l'aliénation, nulle dans le
principe, est validée, et validée *ipso jure*, par cela seul que
la femme a manifesté clairement sa volonté de la tenir
pour bonne ; cette manifestation peut résulter aussi bien
de ce qu'elle accepte un legs que de ce qu'elle accepte
l'hérédité laissée par le mari. Cela est parfaitement
d'accord avec les principes. Cela serait encore confirmé
au besoin par un texte d'Ulpien, ainsi conçu : « *Julianus*
« *quærit, si mulieri dos sit relegata, eaque rogata dotem*
« *restituere, an Falcidia locum habeat? Et negat habere,*
« *quoniam fideicommissum quoque negat valere. Quod si*
« *prætereà quid uxori legatum sit, putat ex residuo fidei-*
« *commissum præstari ; quod utiquè habità ratione Fal-*
« *cidiæ mulieri præstabitur...* » (2). Lorsque, le mariage

(1) Voy., ci-dessus, le commentaire de la L. 4 *De fundo dot.*,
p. 206 et suiv.

(2) L. 1 § 13 *De dote præleg.* (33, 4) : « La dot a été léguée à la
« femme, à charge par elle de la restituer : Julien se demande s'il y
« a lieu à l'application de la Falcidie. Non, dit-il, car le fidéicommis
« n'est pas valable. Que si un autre legs avait encore été fait à la

venant à se dissoudre par la mort du mari, celui-ci a
légué la dot à la femme, nous savons déjà que la loi
Falcidie ne s'applique pas à un pareil legs (1). Julien se
demande ce qu'il faudrait décider si la femme, légataire de sa dot, était grevée de la charge de la restituer à
un tiers ; et il admet qu'ici encore la loi Falcidie ne s'appliquera pas, par l'excellente raison que le fidéicommis
est nul. En effet le fidéicommis, en général, ne peut être
imposé qu'à la personne qui reçoit une libéralité du défunt ; or la femme, recouvrant sa dot, reçoit seulement ce
qui lui était dû. Mais si le mari, outre la dot (legs grevé
de fidéicommis au profit d'un tiers), a fait à la femme un
autre legs, le fidéicommis pourra valoir jusqu'à concurrence de cet autre legs, lequel bien entendu sera soumis
à la loi Falcidie. Ainsi la dot vaut 100 ; le mari l'a léguée
à la femme avec charge de restitution au profit de Titius ;
puis il a fait à la femme un deuxième legs, valant 50. En
principe, le fidéicommis est nul ; mais si la femme accepte le deuxième legs, Titius pourra exiger l'exécution
du fidéicommis jusqu'à concurrence de ce qu'elle aura
touché par suite de cette acceptation. Voilà donc un cas
où l'acceptation du legs fait à la femme procure au
tiers en faveur de qui le mari a disposé plus qu'une
simple *exceptio doli mali*.

Les décisions qui viennent d'être rapportées sont-
elles encore applicables dans le droit de Justinien ? Je
ne vois aucune raison d'en douter, en ce qui concerne

« femme, Julien pense que le fidéicommis serait dû jusqu'à concur-
« rence de l'excédant ; bien entendu, ce legs ne serait fourni à la
« femme qu'en tenant compte de la Falcidie. »

(1) Voy. ci-dessus, p. 71 et suiv.

la dernière (L. 1 § 13 *De dote præleg.*). Mais quant à
la décision de notre L. 13 § 4, si effectivement elle se
rattache à l'idée d'un consentement donné par la femme
au legs émané du mari, ne faut-il pas dire qu'elle se
trouve virtuellement abrogée par la L. un. § 15, C., *De
rei ux. act.*, dans laquelle Justinien défend au mari d'a-
liéner le fonds dotal *etiam consentiente muliere?* Assurément l'exactitude et l'attention des commissaires de
Justinien ne sont point au-dessus du soupçon, et bien
souvent des fragments de jurisconsultes anciens qui, en
533 ou 534, n'étaient plus susceptibles d'aucune application, ont néanmoins été insérés au Digeste. Mais dans
le cas qui nous occupe, je crois que c'est avec raison
qu'ils ont conservé notre texte. En effet, Justinien a
seulement voulu empêcher que par avance, *durante
adhùc matrimonio*, la femme se trouvât dépouillée
d'une action hypothécaire qui ne doit lui être utile que
plus tard ; mais, une fois le mariage dissous, une fois
né au profit de la femme le droit d'agir en recouvrement
de sa dot, je suis disposé à dire qu'elle est libre de renoncer à ce droit en tout ou en partie, qu'elle est libre
notamment de ratifier l'aliénation que le mari aurait
faite du fonds dotal (1).

---

(1) Nous avons déjà vu quelque chose d'analogue en ce qui concerne
le *privilegium dotis* (ci-dessus, p. 29 et 30).

L. 14. — PAULUS, lib. iii *De adulteriis*.

Si nuptura Titio, voluntate ejus, fundum dotis nomine Mævio tradit, dos ejus conditionis erit cujus esset si ipsi Titio fundum tradidisset.

Une femme, étant sur le point d'épouser Titius, livre à Mævius, par sa volonté, un fonds à titre de dot : la dot aura le même caractère que si le fonds eût été livré à Titius lui-même.

J'ai déjà fait usage de ce texte dans le commentaire de la L. 13 § 2. Il m'a fourni un argument pour établir que la loi Julia s'applique non-seulement au cas où le mari est devenu *dotis causâ* propriétaire *ex jure Quiritium*, mais encore au cas où il a seulement le fonds *in bonis*. En effet, Paul suppose qu'une femme qui va épouser Titius se propose de lui livrer *dotis nomine* un certain fonds, mais que, d'après la volonté de Titius, elle le livre à Mævius : *dos ejus conditionis erit*, dit alors le jurisconsulte, *cujus esset si ipsi Titio fundum tradidisset* : il y aura là une dot, ayant le même caractère que si le fonds avait été livré au mari. Évidemment, c'est une manière de dire que le fonds, dès qu'il a été ainsi livré à Mævius, devient inaliénable : car l'*inscriptio* de notre

L. 14 (*Paulus, lib.* III *De adulteriis*) et les décisions contenues dans la suite de ce fragment (§§ 1, 2 et 3) montrent que le jurisconsulte commentait la disposition de
la loi Julia sur l'aliénation du fonds dotal. Ainsi l'inaliénabilité existe, et cependant le fonds a été simplement livré par la femme, de sorte que le mari a bien
pu acquérir par Mævius la possession et l'*in bonis*, mais
non pas le *dominium ex jure Quiritium*.

Quelle peut avoir été l'idée de Titius lorsqu'il a prié
sa future de livrer le fonds à Mævius? Le jurisconsulte
suppose qu'il y a contrat de mandat ou contrat de bail
entre Titius et Mævius. Je puis très-bien acquérir la possession et même, à la suite de la possession, la propriété (ce qui comprend l'*in bonis*), par mon mandataire
ou par mon fermier : donc la tradition faite à Mævius,
mandataire ou fermier, a pour effet de donner à Titius,
mandant ou bailleur, la possession et la propriété, et
dès lors l'inaliénabilité pourra frapper le fonds, conformément au principe que nous avons vu posé par Ulpien
dans la L. 13 § 2. — Mais ne peut-on pas supposer également que Mævius est un créancier ou un donataire par
rapport à Titius? Ainsi, j'ai vendu ou promis à Mævius
le fonds Cornélien, qui ne m'appartient pas; j'épouse
Titia, qui est précisément propriétaire de ce fonds et
qui est disposée à me le transférer *dotis nomine;* voulant
me libérer envers Mævius, je prie Titia de lui remettre
le fonds. Ou bien je ne suis point débiteur de Mævius,
mais je veux lui faire une donation, et c'est dans ce but
que je prie Titia de lui remettre le fonds. Si nous com-
prenons bien comment les choses se passent dans ces
deux hypothèses, nous verrons qu'il est impossible que
le jurisconsulte ait voulu y faire allusion dans notre

L. 14 pr. En effet, c'est Mævius ici qui, à la suite de la tradition faite par la femme, aura la possession et la propriété : comme la prohibition de la loi Julia ne s'adresse qu'au mari, il est impossible d'admettre que le fonds Cornélien soit inaliénable entre les mains de Mævius. En définitive, les choses se passent comme si, la femme ayant transféré le fonds au mari *dotis nomine*, le mari, pour se libérer d'une dette ou pour faire une donation, l'avait immédiatement retransféré à Mævius. Mais, dira-t-on, le fonds transféré au mari étant par là même devenu dotal, le mari a-t-il bien pu le retransférer à Mævius? Oui, répondrai-je, il l'a très-bien pu du temps de Paul, attendu que la femme concourt à l'opération. Ainsi, dans ces hypothèses où Mævius est un créancier ou un donataire, le fonds n'a été dotal qu'un seul instant : immédiatement il a été aliéné par le mari *consentiente muliere*, et dès lors il ne peut pas être question d'y appliquer la loi Julia : ce qui est dotal désormais, c'est la valeur de l'immeuble. Ces hypothèses n'étaient donc point dans l'esprit de Paul, puisque le sens de notre L. 14 pr. est que le fonds livré à Mævius devient inaliénable comme s'il avait été livré au mari.

L. 14 § 1.

Si mulieris nomine quis fundum in dotem dederit, dotalis fundus erit; propter uxorem enim videtur is fundus ad maritum pervenisse.

Si un tiers a donné un fonds en dot au nom de la femme, le fonds sera dotal : en effet le mari paraît l'avoir acquis seulement à cause de la femme.

Ce texte se réfère à une particularité remarquable du système de la dot. En général, une personne ne peut acquérir une action que par elle-même ou par ceux qui sont sous sa puissance. Ici, au contraire, du moment qu'une dot est constituée au mari, en supposant qu'il n'intervienne aucune stipulation touchant la restitution, la femme acquiert une action *rei uxoriæ* pour le cas où le mariage se dissoudra par la mort du mari ou par le divorce. Il va de soi, par conséquent, que, si dans la dot ainsi constituée même sans le concours de la femme il se trouve un immeuble, cet immeuble, conformément à la L. 3 § 1 de notre Titre, tombe sous l'empire de la loi Julia.

Cette particularité du système de la dot est mise complétement de côté par M. Bachofen dans l'explication qu'il donne de l'action *rei uxoriæ*. Bien que, pour cette raison et pour d'autres encore, son explication me pa-

raisse inadmissible, je crois cependant être agréable au
lecteur en la reproduisant ici : « Dans la constitution de
« dot, dit M. Bachofen (1), il y a une convention du
« genre *Do ut facias*. La propriété des choses dotales est
« transférée au mari, sous l'obligation d'entretenir la
« femme avec leurs revenus (entre beaucoup de textes,
« voyez seulement la L. 75 *De jure dot.*).D'une semblable
« convention naissent, en général, deux actions, l'*ac-*
« *tio civilis præscriptis verbis*, en exécution de la pres-
« tation convenue, et une *condictio* en reprise de la
« propriété. Aucun de ces deux moyens n'est accordé
« à la femme. La plupart du temps, la vie en commun
« rendait inutile la protection légale habituelle ; et,
« pour des cas spéciaux, le Préteur ne pouvait pas re-
« fuser son appui extraordinaire. Voilà comment les
« choses se passaient pendant le mariage. Après la dis-
« solution du mariage, la *causa* pour laquelle la dot
« avait été donnée disparaissait, et en conséquence la
« femme avait droit à la restitution. On s'attend ici à
« la *condictio sine causâ*, car elle est donnée aussi
« *causâ finitâ* (v. L. 1 § 2 *De cond. sine causâ*) ; mais
« nous trouvons déjà anciennement une action parti-
« culière, l'*actio de dote*, appelée aussi *actio rei uxo-*
« *riæ*, qui se distingue par le pouvoir très-large laissé
« au juge, pouvoir en vertu duquel il peut régler aussi
« équitablement que possible les effets de la constitu-
« tion de dot (v. L. 8 *De cap. min.*, L. 66 § 7 *Sol.*
« *matr.*, L. 82 *De solut.* ; comp. Savigny, *Syst.*, t. II,
« 119). Le rapport entre époux exigeait cette modifi-

***

(1) *Ausgewählte Lehren*, p. 90 et suiv. Ce livre est certainement
de ceux qui mériteraient d'être traduits en français.

« cation de l'action, il était inconciliable avec la ri-
« gueur de la *condictio*. Mais l'action *de dote* vient-elle
« à manquer pour quelque raison : aussitôt la *condictio*
« *sine causà* rentre dans ses anciens droits. Par exemple,
« le mariage n'a pas lieu, et cependant une dot a déjà
« été donnée; ou bien, par suite d'une *permutatio dotis*
« (L. 26 *De jure dot.*, L. 21 *De pact. dotal.* ; applica-
« tion dans L. 18 § 1 *De fundo dot.*), l'ancien objet
« cesse d'être dotal...

« Tenant de la nature des *condictiones*, l'action *de dote*
« ne pouvait être exercée qu'après la dissolution du ma-
« riage : car c'est seulement alors que la *causa* cesse.
« Peu importe le motif de la dissolution. Il était indif-
« férent que le mariage cessât par la mort du mari ou
« par le divorce. Seulement la mort de la femme n'a
« pas le même effet : alors s'éteint la personne qui a
« droit à des aliments, et un tel droit ne peut pas se
« transmettre, — de sorte qu'on tenait pour intrans-
« missible même la reprise des choses dotales, consi-
« dérées comme base de ces prestations alimentaires :
« on laissait donc la dot au mari en libre propriété,
« sans aucune charge ultérieure... »

L. 14 § 2.

Si fundum alienum mulieri debeat maritus, eumque mulier ei dotis nomine promiserit, in pendenti erit, et tunc fiet dotalis cùm ad eum pervenerit.

Si le mari doit à la femme un fonds qui appartient à autrui, et que la femme le lui promette à titre de dot, la condition du fonds sera en suspens, et il ne deviendra dotal qu'après que le mari l'aura acquis.

Paul parlait évidemment d'une *dictio* et non pas d'une *promissio*. Du reste, relativement à ce texte, je n'ai rien de plus à dire que ce que j'ai déjà dit en commentant la L. 9 pr. Paul fait ici l'application du principe posé par Ulpien dans la L. 13 § 2.

L. 14 § 3.

Si fundum legatum sibi, dotis causâ mulier repudiaverit, vel etiam, substituto viro, omiserit hereditatem vel legatum, erit fundus dotalis.

Si, un fonds lui étant légué, la femme, pour se constituer une dot, répudie le legs, ou bien si, le mari lui étant substitué, elle répudie l'hérédité ou le legs, le fonds sera dotal.

Trois cas distincts sont prévus dans ce texte, savoir :

1° Le mari a été institué héritier par un tiers, qui a fait un legs à la femme. Si la femme refuse le legs, le mari en profitera : la chose léguée restera *in hereditate*.

2° La femme est appelée en première ligne, en qualité d'instituée, à une hérédité dans laquelle se trouve notamment un immeuble; le testateur a fait une substitution vulgaire au profit du mari, c'est-à-dire qu'il l'a institué pour le cas où la femme ne recueillerait pas l'hérédité. Si la femme répudie, il est évident que la condition mise à la vocation du mari se trouve accomplie (1).

3° Enfin le testateur, après avoir légué un fonds à la

(1) Les choses se passeraient de même si le mari, au lieu d'être substitué vulgairement, était appelé à la succession *ab intestat*.

femme, a substitué vulgairement le mari (1), c'est-à-
dire qu'il a exprimé la volonté qu'à défaut de la femme
le mari recueillit le bénéfice du legs. Ici encore la
femme, en répudiant, fait arriver la condition à laquelle
était subordonné le droit du mari.

Dans ces trois cas, la femme, en répudiant le legs ou
l'hérédité, se constitue une dot : par conséquent, si le
legs avait pour objet un immeuble, si l'hérédité comprenait un immeuble, cet immeuble sera dotal et soumis à la disposition de la loi Julia. Le jurisconsulte
Paul n'a pas prévu une autre hypothèse qui pouvait
également se présenter. Le testateur a institué pour héritiers le mari et la femme, ou bien il a légué le fonds
Cornélien conjointement au mari et à la femme; la
femme répudie l'hérédité ou le legs, de telle sorte que
le mari en recueille le bénéfice en totalité *jure accres-
cendi :* ici c'est la moitié de l'hérédité, la moitié du
fonds, qui pourra être dotale.

Dans tous les cas qui viennent d'être indiqués, pour
que la répudiation émanée de la femme vaille ainsi constitution de dot, il faut nécessairement supposer que le
mari est d'accord avec la femme, qu'il sait que la répudiation est faite *dotis causâ.* Que la femme répudie l'hérédité ou le legs sans prévenir le mari de la cause qui la
porte à cette répudiation : les biens acquis en conséquence par le mari lui resteront propres. Si, comme
nous l'avons vu, en expliquant le § 1 de notre L. 14, la
femme peut acquérir l'action *rei uxoriæ* lors même

(1) A la rigueur, le mot *substitutio (sub, institutio)* convient seulement au cas où une personne est appelée en seconde ligne à une
hérédité. On voit que Paul l'emploie également en matière de legs.

qu'elle n'a point concouru à la constitution de dot et
qu'elle n'en a pas eu connaissance, au contraire il est
tout à fait impossible d'admettre que le mari puisse à
son insu se trouver soumis à cette même action. On ne
peut pas concevoir une constitution de dot s'opérant
sans que le mari en ait conscience (1).

La décision de notre L. 14 § 3 n'est-elle applicable
que dans le cas où la répudiation qui profite au mari
émane de la femme? Non. Sans aucun doute, lorsque
c'est un étranger qui *dotis constituendæ causâ* répudie
l'hérédité ou le legs dont le bénéfice pourra dès lors
être recueilli par le mari, ici encore les biens seront
effectivement dotaux, l'immeuble sera soumis à la
disposition de la loi Julia. Cette proposition ne doit
point être considérée comme contredite par Ulpien,
qui, dans la L. 5 § 5 *De jure dot.*, s'exprime ainsi :
« *Si pater repudiaverit hereditatem dotis constituendæ*
« *causâ, forté quod maritus erat substitutus, aut quia*
« *potuit ab intestato hereditatem vindicare, dotem pro-*
« *fectitiam non esse Julianus ait. Sed etsi legatum*
« *in hoc repudiaverit pater, ut apud generum heredem*
« *remaneat dotis constituendæ causâ, Julianus probat*
« *non esse profectum id de bonis patris, quia nihil*
« *erogavit de suo pater, sed non acquisivit* » (2). Dans

(1) Voy., en ce sens, M. de Savigny, *System*, t. IV, § 145, note s
in fine (p. 31 de la traduction).
(2) « Si le père de la femme répudie une hérédité, dans l'intention
« de constituer une dot, par exemple parce que le mari lui était sub-
« stitué ou parce qu'il pouvait prendre l'hérédité *ab intestat*, Julien
« dit qu'il n'y a point là une dot profectice. De même, si le père
« répudie un legs, pour que l'objet reste comme dot entre les mains
« du gendre héritier, Julien admet que cela n'est point sorti des

ce texte, Ulpien, d'après Julien, ne dit point que les
biens recueillis par le mari à la suite de la répudiation du beau-père ne sont point dotaux, il dit simplement qu'il n'y a point là une dot profectice : ainsi, la
femme venant à mourir *in matrimonio*, son père n'aura
point l'action *rei uxoriæ*, les biens resteront *apud maritum*. Cela tient, comme l'exprime la fin du texte, à ce
que les jurisconsultes romains ne voient une dot profectice que là où les valeurs dotales sont réellement sor-
ties du patrimoine du père, qui s'est trouvé diminué
d'autant ; or dans les différents cas qui nous occupent
le patrimoine n'a pas été diminué, attendu que l'hérédité ou l'objet du legs n'en a jamais fait partie (1).

D'après cela, il ne me semble pas exact de dire, avec
M. de Savigny (2), que nous trouvons, dans notre L. 14
§ 3, une espèce de *brevi manu facta traditio :* l'idée du
jurisconsulte n'est pas du tout que les choses se passent
comme si la femme (ou son père) commençait par re-
cueillir la succession ou la chose léguée, pour ensuite
la transférer au mari. Ce n'est point ici comme dans le
cas (prévu par Africain, L. 9 pr.) où, le mari étant débiteur d'un immeuble envers la femme (ou envers le
beau-père), une *dictio* lui est faite en ces termes : *Doti
tibi erit quod debes.* On peut bien admettre dans ce

« biens du père : le père, en effet, n'a point diminué sa fortune, il a
« seulement omis d'acquérir. »

(1) Cette distinction, peut-être un peu subtile, entre le cas où je
diminue mon patrimoine et celui où je me refuse à l'augmenter, se
retrouve encore dans d'autres matières, notamment dans la matière
de l'action Paulienne : voy. Ulpien, L. 6 §§ 2-5 *Quæ in fr. cred.*
(42, 8).

(2) *System*, t. iv, p. 31 de la traduction.

dernier cas qu'il y a, en quelque sorte, une double tradition : aussi, la *dictio* étant ainsi faite par le beau-père, faudrait-il dire que la dot est profectice.

———

L. 15. — PAPINIANUS, lib. III *Responsorum*.

Dotale prædium, cujus vir possessionem retinuit, post litteras ad uxorem emissas, quibus dotis non fore prædium declaravit, in matrimonio defunctâ muliere, virum retinere placuit, quia mulier actionem ex pacto non habuit.

Le mari a conservé la possession d'un fonds dotal, après avoir écrit à la femme que ce fonds cesserait d'être dotal; la femme étant morte *in matrimonio*, on a décidé que le mari gardera le fonds, attendu que la femme n'a pas pu acquérir une action en vertu d'un pacte.

Il n'est pas très-facile de se rendre compte de cette décision. Quelle est précisément l'espèce à laquelle se réfère Papinien? Cujas, en abordant l'explication de cette Loi (1), commence par dire que ni les gloses ni les commentaires ne l'ont comprise. Lui-même a-t-il été plus heureux? Suivant lui, Papinien suppose que le mari, voulant faire une donation à la femme, est convenu avec elle que le fonds qu'il a reçu en dot cesserait d'être dotal, qu'il serait désormais traité comme paraphernal : le mari par là entend renoncer notamment au droit éventuel qu'il a de garder le fonds en cas de prédécès de la femme. Pothier reproduit cette explication de Cu-

(1) *In lib.* III *Responsorum Papiniani.*

jas (1). Mais il est absolument impossible que telle ait été l'idée de Papinien. En effet, si c'est réellement une donation que le mari a voulu faire à la femme, nous devrons appliquer les règles sur les donations entre époux ; or une règle incontestable de ces donations, c'est qu'elles sont toujours caduques par le prédécès de l'époux donataire (2). Si donc Papinien se référait au cas où le mari veut faire une donation à la femme, il n'aurait pas besoin de supposer que le mari est resté en possession du fonds, et surtout il ne mettrait pas en avant ce motif *quia mulier actionem ex pacto non habuit :* car, là où il s'agit d'une donation entre époux, y eût-il eu non pas simplement pacte, mais tradition ou *mancipatio* faite à la femme, tout cela doit être effacé du moment que la femme prédécède. Pour avoir la pensée de Papinien, il faut donc trouver un cas dans lequel, si lors du prédécès de la femme le mari gagne le fonds avec le reste de la dot, cela tient uniquement à ce qu'un simple pacte était intervenu entre les époux.

Voici, dans mon opinion, l'espèce sur laquelle Papinien avait à se prononcer : Une femme avait demandé à son mari de vouloir bien lui restituer dès à présent le fonds dotal : elle exposait qu'elle se trouvait dans un des cas où cette restitution anticipée est permise, de telle sorte que le mari n'a pas à craindre qu'après la dissolution du mariage, on puisse l'obliger à payer une seconde fois (3). Le mari reconnaît qu'effectivement la de-

(1) *Pand. Just.*, Tit. *De donationibus*, n° 19.

(2) Voy. notamment Dioclétien et Maximien, L. 18, C., *De donat. int. vir. et ux.* (v, 16).

(3) Ces cas sont indiqués dans les LL. 73 § 1 *De jure dot.* et 20 *Sol. matr.* J'y ai déjà fait allusion ci-dessus, p. 163.

mande de la femme est juste, et il lui écrit qu'il consent
à ce que le fonds cesse d'être dotal. Si en conséquence
il avait réellement restitué le fonds, si même dans sa
lettre il avait ajouté que désormais il entendait posséder
ce fonds au nom et pour le compte de la femme (1), le
fonds aurait immédiatement cessé d'être dotal, et, arrivant le prédécès de la femme, le mari n'aurait eu aucune
prétention à élever quant à cet objet. Mais, le mari
ayant répondu que, suivant le désir de la femme, le
fonds ne serait plus dotal, Papinien suppose que les
choses en sont restées là : dès lors, quand arrive le
prédécès de la femme, on ne voit pas quelle action ses
héritiers pourraient employer pour réclamer le fonds et
de quelle manière ils pourraient empêcher l'application
au profit du mari du principe suivant lequel, *mortuâ in
matrimonio muliere*, le mari gagne la dot adventice.

Il va sans dire que Papinien n'a songé ni au cas
d'une dot réceptice, c'est-à-dire dont la restitution a
été stipulée par la femme ou par un étranger, ni au cas
où, la dot étant profectice, l'ascendant *a quo profecta
est* se trouve encore vivant à la mort de la femme :
dans ces deux cas, il est évident que le mari sera tenu,
par l'action *ex stipulatu* ou par l'action *rei uxoriæ*, de
restituer le fonds avec les autres objets dotaux. — Il
semblerait, d'après cela, que notre L. 15 n'a plus aucune application possible dans le droit de Justinien : car,
Justinien ayant substitué l'action *ex stipulatu* à l'ancienne action *rei uxoriæ*, le mari en général ne gagne
pas la dot quand la femme meurt *in matrimonio*. Mais
l'empereur permet expressément de faire des conven-

(1) Voy. Ulpien, L. 77 *De rei vind.*

tions contraires, et, pour le cas où ces conventions auraient été faites, on comprend que la décision de Papinien restera parfaitement applicable (1). En définitive,
ce qui dans l'ancien droit était la règle n'est plus que
l'exception dans le droit de Justinien.

(1) L. un. § 6, C., *De rei ux. act.*

L. 16. — TRYPHONINUS, LIB. XI *Disputationum.*

Si fundum quem Titius bonâ fide possidebat, et longi temporis possessione poterat sibi quærere, mulier ut suum marito dedit in dotem, eumque petere neglexerit vir cùm id facere posset, rem periculi sui fecit. Nam, licet lex Julia, quæ vetat fundum dotalem alienari, pertineat etiam ad hujusmodi acquisitionem , non tamen interpellat eam possessionem quæ per longum tempus fit, si, antequàm constitueretur dotalis fundus, jàm cœperat. Planè, si paucissimi dies ad perficiendam longi temporis possessionem superfuerunt, nihil erit quod imputetur marito.

Si une femme a donné en dot comme sien à son mari un fonds que Titius possédait de bonne foi et qu'il pouvait acquérir par une possession de long temps, et si le mari, pouvant le revendiquer, a négligé de le faire, la chose est à ses risques. En effet, bien que la loi Julia, qui défend d'aliéner le fonds dotal, s'applique même à une acquisition de ce genre, cependant elle n'empêche pas là prescription de long temps, si, avant que le fonds ne fût constitué en dot, cette prescription avait déjà commencé à courir. Bien entendu, s'il ne restait que très-peu de jours pour parfaire le temps requis, il n'y aurait rien à imputer au mari.

Sur cette L. 16 je présenterai d'abord deux observations importantes :

1° Le texte, tel qu'il nous est parvenu dans la compilation justinienne, ne parle pas d'usucapion; il parle, à plusieurs reprises, de *longi temporis possessio* ou de

possessio quæ per longum tempus fit. Mais il est plus
que probable que le jurisconsulte Tryphoninus s'occupait uniquement de l'usucapion. En effet, de son temps
l'application de la loi Julia aux fonds provinciaux était
au moins fort douteuse : par conséquent, comme il
s'agit pour lui de rechercher la portée du mot *alienare*
employé dans cette loi, il est manifeste qu'il devait
parler d'un objet certainement soumis à son empire,
c'est-à-dire d'un fonds italique. Or les fonds italiques
sont seuls susceptibles d'usucapion (1), et la *possessio
longi temporis* en général ne s'y applique pas (2). Il est,
du reste, facile de comprendre pourquoi les commissaires de Justinien ont remplacé le mot *usucapio.* C'est
que, de leur temps, la durée de la possession exigée en
matière d'immeubles étant celle de l'ancienne *possessio
longi temporis,* cette dernière expression est naturellement employée partout où il s'agit d'immeubles, tandis que le mot *usucapio* est réservé à l'acquisition des
meubles par une possession prolongée (3).

2º Dans le cas prévu par Tryphoninus, le fonds est
devenu dotal sans avoir été livré par la femme au mari :
il y a eu *datio in dotem* d'un fonds possédé par un tiers.
Du reste, cela se comprend parfaitement dans l'ancien

---

(1) Gaius, Comment. II, § 46.

(2) Je dis *en général.* Si un homme a reçu *ex justâ causâ* et de
bonne foi un fonds italique (ou un meuble) et qu'il l'ait possédé pendant 10 ou 20 ans, il peut très-bien, suivant son intérêt, invoquer la
possessio longi temporis plutôt que l'usucapion. Voy. en ce sens
Marcien, L. 9 *De divers. temporal. præscr.* (44,3).

(3) Voy. la manière dont Justinien s'exprime dans la L. un., C., *De
usuc. transform.* (VII,34). — De Retes, *Ad legem Juliam de fundo
dotali,* admet déjà que Tryphoninus parlait d'usucapion. Voy. Glück,
Ausführliche Erläuterung, t. XXV, p. 155, note 70.

droit : la femme a très-bien pu, par une *mancipatio* ou par une *in jure cessio*, transférer la propriété d'un fonds qu'elle ne possédait pas. C'est donc sans raison que plusieurs interprètes entendent *dedit in dotem* comme s'il y avait *dare destinavit*, ou supposent que la femme a constitué le mari *procurator in rem suam* à l'effet d'exercer la revendication (1). C'est seulement pour trouver une application possible de notre L. 16 dans le droit de Justinien, à une époque où la *mancipatio* et l'*in jure cessio* étaient tombées en désuétude, qu'il est nécessaire de recourir à de pareilles explications des mots *dedit in dotem* (2).

Après ces observations préliminaires, occupons-nous des décisions données par Tryphoninus. Elles sont au nombre de trois, que nous allons étudier successivement, avec toute l'attention qu'elles méritent.

1° La loi Julia ayant défendu au mari d'aliéner seul le fonds dotal, il s'ensuit naturellement que le fonds dotal n'est pas susceptible d'être usucapé par un tiers. Comme le dit très-bien Paul, ALIENATIONIS *verbum etiam usucapionem continet : vix est enim ut non videatur alienare qui patitur usucapi* (3). Evidemment il eût été trop facile au mari d'éluder la prohibition de la loi Julia si un tiers avait pu, profitant de son inaction, usucaper le fonds dotal. D'après cela, il faut admettre sans difficulté que vainement ce tiers aurait reçu de bonne foi le fonds

___

(1) Voy. Vinnius, *Commentaire des Institutes*, sur le § 40 *De rer. divis.*, n° 3 ; Glück, *Ausführliche Erläuterung*, t. xxv, p. 124 et 125, notes 5 et 6.

(2) La L. 14 *De jure dot.* donne lieu à la même observation. Voy. le commentaire de M. Pellat sur ce texte.

(3) L. 28 pr. *De verb. signif.* (voy. ci-dessus, p. 233).

dotal : il y a ici un vice particulier qui malgré sa bonne foi l'empêchera d'usucaper. C'est ce que Pomponius exprime dans les termes les plus formels, lorsqu'il dit : *Ubi lex inhibet usucapionem, bona fides possidenti nihil prodest* (1). J'admets également, et en cela je ne fais qu'appliquer le passage de Paul qui vient d'être rapporté (L. 28 pr. *De verb. signif.*), qu'il n'y a point à distinguer si le possesseur a reçu le fonds dotal du mari lui-même ou d'un tiers : dans ce dernier cas, la défense adressée au mari serait encore méconnue, par cela seul que le mari en n'agissant pas laisserait s'accomplir l'aliénation (2). Enfin, toujours en m'appuyant sur le texte de Paul, je décide que, partout où existe l'inaliénabilité, l'usucapion doit être impossible. Ainsi, lorsque le fonds a été transféré *dotis causâ* au futur mari, la dotalité, à proprement parler, ne commence pas tant que le mariage n'a pas encore été contracté; mais, comme la défense d'aliéner s'applique au fiancé (L. 4 h. *T.*), la possibilité pour les tiers d'usucaper le fonds s'évanouit même avant le mariage. De même, lorsque le mariage est dissous (autrement que par la mort de la femme), tant que le fonds dotal n'a pas été restitué, il reste inaliénable (L. 12 pr. *h. T.*) : donc il ne redevient pas susceptible d'usucapion par cela seul qu'il n'y a plus mariage (3). — En général, lorsqu'une chose est inaliénable, le tiers qui

(1) L. 24 pr. *De usurp.* (41,3).

(2) Je montrerai un peu plus loin que, sur ce dernier point, M. de Savigny paraît être d'un autre sentiment.

(3) Cette décision est certaine dans l'ancien droit. Nous aurons bientôt à nous demander si elle doit encore être donnée dans le droit de Justinien.

ne peut pas en devenir propriétaire, qui notamment ne
peut pas l'usucaper, ce tiers ne serait pas fondé à intenter l'action Publicienne. Nous devons donc sans difficulté appliquer au cas où un homme qui possédait,
même de bonne foi, le fonds dotal, en a perdu la possession, ce passage de Paul : « *Si res talis sit ut eam Lex*
« *aut Constitutio alienari prohibeat, eo casu Publiciana*
« *non competit : quia his casibus neminem Prætor tuetur,*
« *ne contrà leges faciat* » (1). Il est évident que le Préteur méconnaîtrait la disposition de la loi Julia s'il accordait l'action Publicienne à la personne qui a reçu le
fonds dotal du mari seul ou d'un tiers. D'ailleurs, en
général, quand il accorde cette action, il fait remise de
la durée du temps, mais non des autres conditions requises pour l'usucapion; or ici l'usucapion est empêchée par le caractère même qu'a revêtu la chose (2).

2° Si Titius avait déjà commencé à usucaper le fonds,
s'il le possédait utilement pour l'usucapion *antequàm
constitueretur dotalis*, au moment où ce fonds est transféré *dotis causà* au mari ou au futur mari, il pourrait
achever cette usucapion. Ainsi la loi Julia empêche
bien qu'un tiers puisse commencer l'usucapion du fonds
dotal; mais elle n'empêche pas qu'il puisse accomplir
une usucapion déjà commencée à l'époque où est survenue l'inaliénabilité. Cette décision paraît singulière :

---

(1) L. 12 [...] *e public. in rem act.* : « Si la chose est de telle
« nature qu'une Loi ou une Constitution défende de l'aliéner, la Pu-
« blicienne n'est pas donnée : en cas pareil, le Préteur ne vient au
« secours de personne, afin de ne pas se mettre en contradiction avec
« les lois. »

(2) Comp. Cujas, *In lib.* XIX *Pauli ad Edictum, ad* L. 12 § 4
DE PUBLIC. IN REM ACT.

car, en réalité, la personne qui a reçu une chose *a non domino* n'en devient propriétaire, ou, en d'autres termes, l'aliénation ne se produit, qu'au moment où s'achève l'usucapion; or, dans notre espèce; la chose à ce moment-là est inaliénable. Peut-être les Romains voyaient-ils là une de ces aliénations qui, suivant l'expression de Papinien, *vetustiorem causam et originem juris habent necessariam* (1), et qui, en conséquence, ne sont point empêchées par la loi Julia (2). Quant à moi, je rattache cette possibilité pour le tiers possesseur d'achever l'usucapion régulièrement commencée à un principe général, dont les jurisconsultes romains font d'autres applications, lorsqu'ils disent que l'usucapion n'est point interrompue quand le possesseur devient de mauvaise foi ni même quand le propriétaire revendique contre lui. La règle, en droit romain, c'est qu'il n'y a qu'une seule cause qui interrompe l'usucapion : cette cause unique, c'est la perte de la possession (3). — C'est

(1) L. 13 *Famil. ercisc.* (10,2).

(2) Voy. ci-dessus, p. 105 et suiv. C'est effectivement ainsi que M. Bachofen explique la décision qui nous occupe : *Ausgewählte Lehren*, p. 96.

(3) Chez nous, il y a bien des causes *purement civiles*, autres que la perte de la possession, qui empêchent la prescription de courir. Aussi je crois que les rédacteurs du Code Napoléon ont eu tort de reproduire la décision romaine et de dire, dans l'art. 1561 : « Les « immeubles dotaux... sont imprescriptibles pendant le mariage, à « moins que la prescription n'ait commencé auparavant. » Un homme possède un immeuble, il est en train de le prescrire : que le propriétaire soit interdit, qu'il meure laissant pour héritier un mineur, et la prescription commencée s'arrête à l'instant. Avant la promulgation du Code Napoléon, un homme possédait une servitude, il pouvait la prescrire d'après la Coutume sous l'empire de laquelle il vivait : sa prescription est arrêtée par la promulgation de la loi nouvelle si la

ici le lieu de parler d'une doctrine que je trouve dans
M. de Savigny et qui me parait tout à fait inexacte.
Après avoir dit que, si le mari laisse l'usucapion s'accomplir et le possesseur acquérir la propriété, le mari
est responsable envers la femme, — le grand romaniste
de Berlin ajoute : « Si l'on objecte que cette perte est
« impossible, la prohibition de l'aliénation comprenant
« aussi la perte résultant de l'usucapion, la réponse est
« que, dans l'espèce, l'usucapion était commencée avant
« la constitution de dot et qu'ainsi le mari n'a contri-
« bué à l'usucapion que par son défaut d'agir. Si au
« contraire le mari eût lui-même aliéné l'immeuble
« dotal, non-seulement la *mancipatio*, comme transla-
« tion immédiate de la propriété quiritaire, serait nulle,
« mais la tradition même ne donnerait pas lieu à l'usu-
« capion, car on eût ainsi éludé facilement la prohi-
« bition de la loi. Dans ce dernier cas, l'usucapion
« consommant une aliénation prohibée ne résulterait
« donc pas de l'inaction, mais bien d'un acte positif
« du mari » (1). Évidemment M. de Savigny a
voulu, à toute force, faire rentrer notre L. 16 dans
sa théorie générale sur la *donation par simple omission*. Partant de là, il trouve dans le fragment de Tryphoninus deux cas distincts, savoir : d'abord le cas
où un tiers possédait avant le mariage, c'est-à-dire
en vertu d'une cause émanée d'une personne autre

servitude n'est pas de celles que le Code reconnaît prescriptibles. Si
dans ces deux cas le possesseur n'est point considéré comme ayant un
droit acquis à la prescription, pourquoi donc en est-il autrement
quand l'obstacle qui survient, c'est la dotalité de l'immeuble ?

(1) *System*, t. IV, appendice IX, nº 4.

que le mari, puis le cas où le tiers commence à posséder depuis la constitution de dot, c'est-à-dire en
vertu d'une cause émanée du mari. Dans le premier cas,
dit le savant interprète, comme il y a simple inaction
de la part du mari, l'aliénation *per usucapionem* n'est
point empêchée; dans le deuxième cas, au contraire,
comme il y a un acte très-positif du mari, qui a par
exemple vendu le fonds dotal, cette aliénation *per usucapionem* est impossible. La vérité est que Tryphoninus se borne à distinguer si la possession du tiers a
commencé *antequàm* ou *postquàm constitueretur dotalis
fundus;* que, quand elle n'a commencé qu'après la
constitution, sans examiner si la cause émane du mari
ou d'une autre personne, le jurisconsulte indique en
termes absolus que l'usucapion n'aura pas lieu. Ainsi,
quand le fonds constitué en dot a été vendu et livré à
Titius par un autre que le mari, Titius ne pourra pas
usucaper; et cependant ici le mari a été purement inac-
tif, il a simplement omis de revendiquer contre Titius.
Voilà une observation qui suffirait déjà pour renverser
toute la doctrine de l'éminent professeur. Mais, de
plus, cette doctrine est manifestement contredite par
la L. 28 pr. *De verb. signif.*, dans laquelle Paul nous
dit : *Vix est ut non videatur alienare qui patitur usucapi.*
M. de Savigny, du reste, a bien aperçu l'argument que
ce texte fournissait contre lui. Comment cherche-t-il à
le réfuter? Par cette phrase, véritablement un peu
naïve : « Pris dans la généralité dont il est susceptible,
« ce passage de Paul contredirait les principes si clairs
« qui viennent d'être exposés : on doit donc sous-en-
« tendre : *quand lui-même a donné lieu à l'usucapion.* »
C'est exactement comme si M. de Savigny disait : Ma

théorie n'est-elle pas préférable à la décision du jurisconsulte romain?

3° A la dissolution du mariage, le mari est tenu de restituer le fonds dotal. Comme tout débiteur de corps certain, il serait libéré de sa dette si, sans sa faute, l'exécution en était devenue impossible. Or, peut-on dire que nous soyons dans le cas d'appliquer cette règle lorsqu'un tiers qui possédait déjà le fonds *antequàm dotalis constitueretur* en a consommé l'usucapion depuis qu'il est devenu dotal? Evidemment, en principe, il y a faute du mari à n'avoir pas exercé contre le tiers possesseur une revendication qu'il ne tenait qu'à lui d'exercer : donc il est responsable envers la femme de cette négligence. Mais il y a là, en définitive, une question de fait à examiner : comme le remarque très-bien Tryphoninus, si, au moment où l'immeuble a été transféré au mari *dotis causá,* il ne manquait plus au tiers possesseur que deux ou trois jours pour compléter l'usucapion, évidemment on ne pourrait pas imputer à faute au mari d'avoir laissé passer un délai si court sans intenter la revendication (1). Ainsi nous appliquons en pareil cas la doctrine générale des fautes : le mari est tenu des fautes lourdes, et, du reste, la femme ne doit pas agir trop *amarè* contre lui.

— Nous savons que, dans le droit des jurisconsultes,

___

(1) Comme le dit le scholiaste grec des Basiliques, sur notre L. 16 (Sch. 1) : *Hoc intellige cum naturali quâdam æquitate, et tot pone dies intrà quos non erat verisimile posse maritum et docere advocatos, et in jus Titium vocare, et omnia facere quæ fieri oportet antè litem contestatam.* Voy. Glück, *Ausführliche Erläuterung,* t. xxv, p. 125, note 8.

le fonds dotal est inaliénable non-seulement tant que
dure le mariage, mais encore après sa dissolution, tant
que ce fonds n'a pas été restitué à la femme. Il faut
certainement en conclure que l'usucapion, qui ne peut
pas commencer à courir au profit d'un tiers pendant le
mariage, ne commencera pas davantage à courir après
le divorce ou après la mort du mari tant que la femme
n'aura pas obtenu la restitution effective du fonds dotal (1). Mais cette règle n'a-t-elle pas été modifiée par
Justinien? ne faut-il pas dire, dans le droit de Justinien, que le fonds dotal redevient susceptible d'usucapion dès que le mariage est dissous ou même réputé
dissous? C'est une idée à laquelle on arrive assez naturellement quand on lit la deuxième moitié de la L. 30,
C., *De jure dot.* Voici ce texte :

« *Omnis temporalis exceptio, sive per usucapionem in-*
« *ducta, sive per decem sive per viginti annorum curri-*
« *cula, sive per triginta vel quadraginta annorum metas,*
« *sive ex alio quocumque tempore majore vel minore sit*
« *introducta, ea mulieribus ex eo tempore opponatur ex*
« *quo possint actiones movere, id est, opulentis quidem*
« *maritis constitutis, post dissolutum matrimonium, mi-*
« *nùs autem idoneis, ex quo hoc infortunium eis illatum*
« *esse claruerit, cùm constante etiam matrimonio posse*
« *mulieres contrà maritorum parùm idoneorum bona*
« *hypothecas suas exercere, jàm nostrà lege humanitatis*
« *intuitu definitum sit, ficti divortii falsà dissimulatione,*
« *in hujusmodi causà quam nostra lex amplexa est, stir-*
« *pitùs eruendà* » (2).

(1) Voy, ci-dessus, p. 304 et 305.
(2) « Tout moyen de défense fondé sur le temps, soit qu'il résulte

Certes, au premier abord, on pourrait croire que,
d'après cette Constitution, si, par exemple, le mari avait
vendu et livré le fonds dotal à un tiers de bonne foi, la
prescription, suspendue pendant le mariage, commencé
à courir au profit du possesseur immédiatement après
que ce mariage est dissous (1). Mais d'abord il ne faut
pas grande réflexion pour apercevoir combien il est peu
probable que Justinien, qui se montre constamment
si soucieux d'assurer aux femmes le recouvrement de
leurs dots, surtout de leurs dots immobilières, soit
venu ici diminuer une garantie qui existait dans l'ancien droit. Nous savons qu'il résulte de plusieurs textes

« de l'usucapion, soit qu'il tienne au laps de dix ou vingt ans, de
« trente ou de quarante ans, ou de tout autre délai plus long ou plus
« court, pourra être opposé aux femmes en partant de l'époque où
« elles pouvaient agir, c'est-à-dire, si le mari est resté solvable, de
« l'époque de la dissolution du mariage, et, s'il est tombé en décon-
« fiture, de l'époque où ce désastre est devenu manifeste. En effet, nous
« avons déjà décidé, par un motif d'humanité, que, même pendant
« le mariage, les femmes peuvent invoquer leurs hypothèques sur les
« biens des maris insolvables, supprimant d'une manière complète,
« pour le cas ainsi prévu dans notre Constitution, l'ancienne fiction
« d'un divorce. »

(1) Ainsi le législateur français a cru reproduire la décision de Justinien lorsqu'il a dit (Code Nap., art. 1561) : « Les immeubles do-
« taux... sont imprescriptibles *pendant le mariage...* Ils deviennent
« néanmoins prescriptibles après *la séparation de biens...* » La L. 30,
C., *De jure dot.*, était déjà entendue de cette manière par la
plupart de nos anciens auteurs : Voy. Roussilhe, *Traité de la dot*,
nos 433 et 434. « La Loi *In rebus dotalibus*, dit Roussilhe, décide
« qu'aucune prescription, lorsque l'action devra réfléchir contre le
« mari, ne courra contre la femme pendant le mariage. » Et un peu
plus loin : « On a introduit qu'aucune prescription ne courrait contre
« la femme pendant le mariage pour ses biens immeubles dotaux
« si elle n'avait commencé à courir avant. » Comp. M. Troplong,
Du contrat de mariage, no 3572.

que l'inaliénabilité subsiste au profit de la femme tant
qu'elle n'a pas effectivement recouvré son immeuble
dotal, et sans aucun doute Justinien n'a point touché à
cette règle : est-il croyable qu'il ait voulu rendre l'immeuble susceptible d'être usucapé à un moment où il
n'est pas encore devenu susceptible d'être aliéné, et ce
sans même prendre la peine de nous donner le motif
d'une pareille bizarrerie? Enfin n'oublions pas que,
dans la première moitié de cette L. 30 *De jure dot.*, il
ne s'agit point exclusivement des immeubles dotaux,
mais au contraire de toutes choses apportées en dot,
même avec estimation : rien absolument n'autorise à
croire que la deuxième moitié ait une portée moins générale et soit applicable seulement aux immeubles
dotaux.

Quelle est donc véritablement la pensée de Justinien quand il nous dit que, soit l'usucapion, soit les
différentes prescriptions qu'il énumère, ont pu commencer à courir, de manière à pouvoir être opposées à
la femme, le jour où il a été possible à la femme d'exercer les actions qui lui compètent? Je suis convaincu
que l'empereur a uniquement dans l'esprit les actions
au moyen desquelles la femme peut en général recouvrer sa dot, c'est-à-dire une action personnelle contre
le mari ou l'héritier du mari, une action réelle pour
faire valoir son hypothèque privilégiée sur les choses
apportées en dot (1), même dans certains cas une action en revendication. Ainsi, la femme agit-elle par ac-

_____

(1) Cette action hypothécaire est l'objet principal de la première
moitié de la Constitution : tout naturellement la deuxième moitié s'y
réfère aussi d'une manière spéciale.

tion personnelle contre le mari ou contre un autre débiteur de la dot : la prescription ne peut pas lui être
opposée si trente ans ne se sont écoulés depuis l'instant où elle a pu intenter cette action (1). Est-ce l'action hypothécaire qu'elle emploie contre les mêmes
personnes : cette action n'est prescrite qu'après quarante ans, toujours à dater du moment où elle a pu être
exercée (2). Supposerons-nous que, le mari ayant aliéné, comme il en avait le droit, un immeuble apporté
en dot avec estimation, la femme intente son action
hypothécaire contre le tiers acquéreur : la *præscriptio
longi temporis,* qu'il invoquera comme ayant purgé
l'hypothèque (3), aura pu commencer à courir en sa
faveur, non pas le jour où il a reçu l'immeuble du mari,
mais seulement le jour où le droit d'agir s'est ouvert
pour la femme. Enfin il se pourrait qu'un meuble dotal
ayant été vendu et livré *a non domino* à un tiers de
bonne foi, la femme voulût, conformément au principe
posé dans la première partie de notre L. 30, revendiquer ce meuble (4) : l'usucapion (5) n'aura pu commen-

----

(1) L'action *de dote* est comprise dans la règle, posée par Théodose le
Jeune, d'après laquelle les actions qui autrefois étaient perpétuelles,
s'éteindront désormais par le laps de trente ans. Voy. L. un., C. Th.,
De act. certo temp. fin. (IV, 14), et L. 3, C. Just., *De præscr.* 30
vel 40 *ann.* (VII, 39). Comp. Inst., pr. *De perp. et tempor. act*
(IV, 12).

(2) Justin., L. 7 § 1, C., *De præscr.* 30 *vel* 40 *ann.*

(3) Paul, L. 12 *De div. tempor. præscr.* (44,3) ; Dioclétien et
Maximien, L. 19, C., *De evict.* (VIII, 45) ; Justinien, L. 8 pr., C.,
De præscr. 30 *vel* 40 *ann.*

(4) Voy. ci-dessus, p. 96 et suiv.

(5) En 529 (date de la promulgation de notre L. 30), l'usucapion
des meubles s'opérait encore par un an. C'est en 531 que Justinien

cer à courir au profit du possesseur qu'à partir du moment où la femme a eu la possibilité d'agir. Voilà le sens et l'application de la Loi de Justinien : pour y arriver, il n'est besoin de rien ajouter ni de rien supprimer au texte. Cette Loi, on le reconnaîtra, j'espère, ne se rapporte donc nullement à l'inaliénabilité et à l'imprescriptibilité du fonds dotal (1).

Justinien développe l'idée que le point de départ de l'usucapion ou de la prescription qui peut ainsi être

porta à trois ans le temps de possession nécessaire : voy. L. un., C., *De usucap. transform.* (VII, 31).

(1) Cujas disait déjà, en commentant la L. 12 pr. de notre Titre *De fundo dot.* (*In lib.* I *Papiniani De adulteriis*) : « *Ex hâc Papiniani sententiâ sequitur nec soluto matrimonio dotale prædium usucapi posse, quia in lege Juliâ* ALIENATIONIS *verbo etiam usucapio continetur. Verum etiam est dotale prædium usucapi non posse aut acquiri possessione longi temporis; nec obstare, quam objicit Accursius, L.* IN REBUS DOTALIBUS § OMNIS. *Quin rejectis omnibus Accursii rationibus, quæ perquàm inanes et nugaces sunt, Lex* IN REBUS *non hoc docet soluto matrimonio fundum dotalem usucapi posse, sed docet actionem de dote sive repetitionem dotis excludi præscriptione temporis legitimi. Deniquè non docet usucapione acquiri dominium fundi dotalis..., sed acquiri exceptionem temporis contrà mulierem heredemve ejus, soluto matrimonio dotem repetentem, quæ, ex quo repetitio ei competere cœpit, diu cessavit in repetitione dotis.* » Jusqu'ici j'admets pleinement la manière de voir de Cujas. Mais il a tort d'ajouter : « *Usucapio vero illa* (l'usucapion dont parle notre L. 30) *parit exceptionem tantùm possessori, non actionem in rem, non dominium.* » Cujas donne là au mot *usucapio* un sens qu'il n'a jamais eu. Et enfin il restreint outre mesure la portée de la Constitution, quand il dit en terminant : « *Deniquè ea Lex loquitur, non de dominio acquirendo fundi dotalis, qui est effectus usucapionis, sed de acquirendâ præscriptione usucapionis sive exceptione temporali adversùs repetitionem dotalis fundi.* » Il m'est impossible de comprendre pourquoi Cujas ne parle plus ici que du fonds dotal.

opposée à la femme n'est pas nécessairement le jour de la dissolution du mariage. L'usucapion ou la prescription commence toujours à courir dès l'instant où il est permis à la femme de poursuivre la restitution de sa dot ; or, comme elle peut la poursuivre même durant le mariage, par cela seul que vient à éclater la déconfiture du mari, c'est à ce même instant que nous placerons le point de départ de l'usucapion et de la prescription dont il s'agit. Encore une fois, il n'est nullement question de dire que dès cet instant disparaît pour les tiers l'impossibilité d'usucaper ou de prescrire le fonds dotal (1) : cette impossibilité subsistera tant que le fonds conservera son caractère de fonds dotal, c'est-à-dire tant qu'il n'aura pas été effectivement restitué à la femme. Déjà dans l'ancien droit, la dot devenait exigible pour la femme, bien qu'en réalité le mariage n'eût pas été dissous, si l'insolvabilité du mari était prouvée (2). Et Justinien lui-même, en 528, par une Constitution à laquelle se réfère notre L. 30 *in fine* (L. 29, C., *De jure dot.*), avait fait de cette règle ancienne une application particulière, en décidant que l'insolvabilité du mari permettait à la femme, *adhuc matrimonio constituto*, d'intenter l'action hypothécaire contre les tiers détenteurs qui n'avaient pas un droit préférable au sien sur les objets que le mari avait pu lui affecter, comme cela lui eût été permis *si matrimonium eo modo dissolutum esset quo dotis et antè nuptias donationis*

----

(1) C'est pourtant ainsi qu'autrefois était généralement entendue la disposition de Justinien, et c'est sous l'empire de cette fausse interprétation qu'on est arrivé à dire que le fonds dotal devient prescriptible après la séparation de biens (C. Nap., art. 1561).

(2) Voy. ci-dessus, p. 14 et 15.

exactio ei competere poterat. Du reste, tant que dure le mariage, la femme n'obtient point le droit d'aliéner ces objets, elle obtient seulement le droit de s'en réserver la possession, et celui d'en prendre les fruits pour l'entretien de sa maison, *ad sustentationem tàm sui quàm mariti filiorumque* (1). La L. 30 *in fine,* C., *De jure dot.,* en proclamant d'une manière générale le droit pour la femme de poursuivre la restitution de sa dot (*jus actiones movendi*) dès que le mari est en déconfiture, supprime seulement l'ancienne fiction qui consistait à supposer qu'un divorce était intervenu (*ficti divortii falsá dissimulatione... stirpitùs eruendá*).

---

(1) Il paraît que, dans notre ancien droit, c'est principalement en se fondant sur cette L. 29, C., *De jure dot.,* qu'on avait fini par admettre que la dot même mobilière est inaliénable entre les mains de la femme séparée de biens. Voy. M. Tessier, *Questions sur la dot,* n° 100, p. 120 et suiv.

L. 17. — MARCIANUS, LIB. VII *Digestorum* (1).

Fundum dotalem maritus ven-didit et tradidit. Si in matrimonio mulier decesserit et dos lucro mariti cessit, fundus emptori avelli non potest.	Le mari a vendu et livré le fonds dotal. Si la femme vient à mourir *in matrimonio* et que le mari gagne la dot, le fonds ne pourra pas être enlevé à l'acheteur.

Le jurisconsulte suppose que le mari seul a vendu et livré à un tiers le fonds dotal ; dans le droit de Justinien on peut supposer indifféremment ou que le mari était seul, ou qu'il avait le consentement de la femme (2).

(1) Il est douteux que ce texte appartienne réellement à Marcien : « L'*Inscriptio* vulgaire, dit Glück (*Ausführliche Erläuterung,* t. xxv, p. 402, note 91), paraît déjà inexacte, parce qu'il n'est pas à croire que les rédacteurs des Pandectes n'eussent emprunté que cet unique fragment au Digeste de Marcien, si Marcien avait vraiment écrit un Digeste, tandis qu'ils ont fait tant d'emprunts à ses Institutes. Au contraire, on voit, par les *inscriptiones* de fragments insérés dans les Pandectes, qu'Ulpius Marcellus avait écrit *Digestorum lib.* xxxix. Note L. 17 *De fundo dot.* est tirée de ce Digeste. En effet, que Marcellus au Livre vii traitât surtout de la dot et des donations entre époux, c'est ce qui résulte des fragments qu'on y a pris (L. 59 *De jure dot.*, LL. 7 § 2, 45 et 49 *De donat. inter vir. et ux.*). Haloander lit aussi MARCELLUS ; mais les Basiliques portent Μάρκιαν. »

(2) Voyez ci-dessus, p. 35 et suiv. ; p. 208, note 3.

Par application de la loi Julia, par application de la L. un. § 15 *De rei ux. act.*, peut-on dire à coup sûr dès le principe que l'aliénation est nulle? Nous savons déjà qu'en général le sort de l'aliénation est en suspens, et que pour le connaître il faut attendre la dissolution du mariage (1). En effet, dans l'ancien droit, la femme n'ayant point stipulé la restitution de la dot à son profit, si le mariage se dissout par la mort de la femme, comme le mari gagne la dot, il se trouve qu'il a pu très-valablement aliéner le fonds dotal; dans le droit de Justinien, les parties étant convenues que *mortuâ in matrimonio muliere* le mari gagnerait la dot, si effectivement le mariage se dissout par la mort de la femme, le tiers acquéreur n'a pas à craindre que le mari l'évince du fonds dotal. Notre L. 17 s'applique ici sans difficulté, nous sommes exactement dans le cas qu'elle prévoit. Nous aurons à rechercher si elle doit être entendue d'une manière limitative. Mais rapprochons d'abord un fragment de Papinien, qui donne la même décision, en ajoutant un développement:

« *Cùm vir prædium dotale vendidit*, dit Papinien,
« *scienti vel ignoranti rem dotis esse, venditio non*
« *valet; quam, defunctâ posteà muliere in matrimonio,*
« *confirmari convenit, si tota dos lucro mariti cessit. Idem*
« *juris est cùm is qui rem furtivam vendidit, posteà do-*
« *mino heres exstitit* » (2).

---

(1) Voy., ci-dessus, le commentaire de la L. 3 § 1.
(2) L. 42 *De usurpat.* : « Lorsque le mari a vendu le fonds dotal,
« l'acheteur connaissant ou ignorant la qualité de la chose, la vente
« n'est pas valable; mais, la femme venant ensuite à mourir *in*
« *matrimonio*, on admet que la vente se trouve confirmée, si le

Papinien compare le cas où le fonds dotal a été
vendu par le mari et le cas où une chose volée a été
vendue soit par le voleur lui-même, soit par un tiers.
Dans les deux cas, la tradition faite à l'acheteur, non-
seulement ne le rend pas propriétaire, mais même ne
le met pas *in causâ usucapiendi;* dans les deux cas aussi,
l'événement qui se produirait plus tard et qui serait de
nature à faire arriver la propriété au vendeur viendra
donner après coup à la vente et à la tradition qui ont
eu lieu toute leur efficacité, de manière que l'acheteur,
bien qu'ayant traité avec un homme qui n'avait pas
pouvoir d'aliéner, bien que n'ayant pas pu usucaper, se
trouvera désormais à l'abri de l'éviction (1). Mais faut-
il aller plus loin ? Faut-il considérer comme absolument identiques à tous égards le cas où le mari vend le
fonds dotal et le cas où c'est une chose volée qui est
l'objet de la vente ? Non, il y a entre les deux cas une
différence des plus notables. En cas de vente d'une
chose volée, pourvu que l'acheteur fût de bonne foi,
pourvu qu'il ignorât *rem furtivam esse,* le contrat de

« mari doit gagner toute la dot. Même décision lorsque l'homme qui
« a vendu une chose volée succède ensuite au propriétaire. »

(1) Il est tout à fait inutile de dire qu'on suppose qu'une seconde
vente est intervenue entre les mêmes parties après que la propriété
est arrivée au vendeur (v. M. de Savigny, *System,* t. IV, § 203,
notes *bb* et *cc*). Tel n'est point le sens des expressions d'Ulpien,
lorsqu'il dit (L. 4 § 32 *in fine De doli mali et metûs exc.*), en parlant d'un homme qui, après avoir vendu le fonds d'autrui, avait
succédé au propriétaire : *Per hoc intelligeretur cum fundum rur-
sùm vendidisse quem in bonis non haberet.* Le jurisconsulte prévoit le cas où Titius, ayant vendu le fonds Cornélien à Primus, puis
ayant succédé au propriétaire de ce fonds, le vend maintenant à
Secundus : il dit qu'au moment de cette deuxième vente le fonds n'est
pas dans ses biens, puisqu'il est dans les biens de Primus.

vente est parfaitement valable, chacune des parties est obligée, *utrinque obligatio contrahitur*, dit Paul (1). Au contraire, quand le mari vend le fonds dotal, non-seulement il n'y aura pas aliénation, mais le contrat de vente lui-même est frappé de nullité, il est considéré comme non avenu : il ne pourra pas être question des obligations que la vente fait naître entre les parties et qui sont sanctionnées par les actions *empti* et *venditi*, par l'exception *rei venditœ et traditœ*, etc. (2). Cette nullité de la vente faite par le mari ressort clairement de plusieurs textes. Ainsi elle est proclamée en termes formels (*venditio non valet*) par Papinien, dans la L. 42 *De usurpat.* Le même jurisconsulte Papinien, dans la L. 77 § 5 *De leg.* 2°, présuppose qu'en général la femme peut *irritam venditionem facere*, faire tenir la vente pour non avenue. Enfin il est certainement permis d'invoquer ici ce que les jurisconsultes décidaient au sujet de la vente d'un bien de mineur faite contrairement à l'*oratio Severi ;* or Ulpien (3) se demande si les tuteurs peuvent vendre (*vendere*) le fonds engagé au pupille, ce qui montre bien que l'*oratio Severi* s'applique au contrat même de vente pour le frapper de nullité. — D'après cela, sans doute l'usucapion du fonds dotal ne peut pas commencer pendant le mariage, soit quand celui qui le possède de bonne foi l'a reçu du mari, soit même quand il l'a reçu d'un tiers :

(1) L. 34 § 3 *De contrah. empt.* (18, 1).
(2) Ainsi, l'acheteur, même de bonne foi, ne peut pas intenter l'*actio empti* contre le mari pour le faire condamner à des dommages-intérêts. Il pourrait seulement intenter la *condictio indebiti* s'il a payé le prix : voy. en ce sens Julien, L. 37 *De condict. ind.*
(3) L. 5 § 3 *De reb. eor.*

dans les deux cas, la qualité de la chose empêche l'usucapion ; mais dans le premier cas il y a une raison de plus pour que l'usucapion n'ait pas lieu, c'est que la vente émanée du mari ne peut pas être considérée comme une *justa causa* (1). En un mot, la vente ainsi faite par le mari n'a pas plus de valeur que celle qui serait faite par un prodigue interdit.

Ce qui vient d'être dit va nous servir à résoudre une question sur laquelle on a beaucoup discuté. C'est la question de savoir par quelle personne et à quelle époque peut être invoquée la nullité de l'aliénation que le mari a voulu faire contrairement à la disposition de la loi Julia.

D'après une première opinion, l'aliénation est valable vis-à-vis du mari, nulle seulement vis-à-vis de la femme. En conséquence, le mari ne peut jamais revendiquer le fonds dotal qu'il a vendu ; cette revendication ne peut être exercée que par la femme, lorsque naît pour elle le droit de poursuivre la restitution de sa dot (2). — Cette opinion est contredite par tous les documents qui nous sont parvenus. En effet, si d'une part le mari est propriétaire du fonds dotal, si d'autre part la vente qu'il fait de ce fonds est nulle, on ne voit pas pourquoi il ne serait pas fondé à le revendiquer. Lorsque le bien d'un mineur a été vendu contrairement à l'*oratio Severi*, il semble qu'on devrait dire par

(1) M. de Savigny indique cette idée lorsqu'il dit, à propos de la L. 42 *De usurpat.* : « Le *confirmari* se rapporte d'abord à la validité du titre pour l'usucapion » (*System*, t. IV, § 203, note *bb*). Ajoutez, même t. IV, appendice IX, n° 4, note *c*.

(2) C'est notamment l'opinion de Wesenbec, *Comment. in Pand. juris civ.*, h. Tit. *in fine*.

analogie qu'il ne peut pas le revendiquer tant que dure la minorité; or, les empereurs Dioclétien et Maximien disent, au contraire, en termes absolus, que le *dominium discedere non potuit a pupillo vel minore* (1). D'ailleurs, quand Marcien (ou Marcellus) décide, dans notre L. 17, que, si la femme est morte *in matrimonio* et si le mari a gagné par là toute la dot, le fonds ne peut plus être enlevé à l'acheteur, le jurisconsulte a bien l'air de présupposer qu'en dehors de ce cas particulier le mari pouvait évincer l'acheteur. Enfin, si, comme j'espère l'avoir démontré, la femme avant Justinien n'avait, pour recouvrer sa dot, qu'une action personnelle privilégiée contre le mari, on ne voit pas comment une revendication naîtrait en sa personne à l'occasion de la vente que le mari a voulu faire du fonds dotal : évidemment il n'y a point lieu d'appliquer ici la règle *Resoluto jure dantis, resolvitur jus accipientis.*

L'opinion de M. Bachofen se rapproche beaucoup de la précédente; elle est encore bien moins admissible, en ce que l'auteur permet à la femme, même pendant le mariage, de revendiquer le fonds aliéné par le mari. Je traduis la plus grande partie du passage où M. Bachofen développe cette idée : « La loi Julia, dit-il, est du nombre des *leges perfectæ.* L'aliénation est « nulle et non avenue (L. 42 *De usurp.*) : par consé- « quent, le tiers-acquéreur est exposé à l'éviction « (LL. 13 § 3 et 14 *De fundo dot.*, L. 77 § 5 *De leg.* « 2º), et il ne peut prescrire (L. 16 *De fundo dot.*), « qu'il soit de bonne ou de mauvaise foi (L. 42 *De* « *usurp.*). L'éviction peut venir seulement de la femme

_____

(1) L. 16, C., *De præd. et al. reb. min.* (v. 71).

« et non du mari. La femme seule a le droit d'in-
« tenter une action *in rem* contre le tiers acquéreur,
« bien qu'elle ne soit pas propriétaire, et sans être
« tenue d'attendre l'époque de l'action *de dote :* elle
« peut l'intenter immédiatement, et non pas seule-
« ment après la dissolution du mariage ou après la
« déconfiture du mari. Ces propositions découlent
« d'abord de la relation, déjà signalée, entre la
« *dotalis obligatio* et la défense de la loi Julia : dans
« la *dotalis obligatio*, c'est la femme qui a le droit, et le
« mari qui est tenu : donc la revendication peut appar-
« tenir seulement à la femme, et non au mari. Elles
« sont aussi confirmées par les témoignages des sour-
« ces, peu abondants il est vrai : Papinien (L. 77 § 5
« *De leg.* 2⁰), comme Ulpien (L. 13 § 3 *De fundo dot.*),
« parlent uniquement de l'action de la femme, et en
« termes qui précisément excluent l'action du mari.
« D'ailleurs, il est formellement dit que, même après
« la mort de la femme, le mari qui gagne la dot n'a au-
« cune action (L. 42 *De usurp.* et L. 17 *De fundo dot.*) :
« à plus forte raison n'en avait-il pas avant. Que l'épo-
« que où la revendication peut être exercée ne soit
« point celle de l'action *de dote,* que cette revendication
« puisse avoir lieu immédiatement après l'aliénation,
« c'est ce qui ressort de plusieurs circonstances : —
« d'abord de la destination même de la revendication :
« elle doit garantir et conserver à la femme son droit
« sur l'immeuble; comment le pourrait-elle encore
« après un temps peut-être très-long? Cela ressort aussi
« de fragments qui, comme la L. 13 § 3 *De fundo*
« *dot.*, ne limitent aucunement le droit d'agir de la
« femme....

« La rédaction de cette *vindicatio* n'est indiquée nulle
« part. Il doit nécessairement y avoir une fiction,
« qu'exige l'esprit du droit de l'époque. Aucune ne
« convient aussi bien que celle-ci : *Rescissâ alienatione,*
« *quasi jus alienandi mariti non fuerit,* qui était usitée
« dans des cas analogues (L. 13 § 1 *De minor*). Les
« expressions *Mulier venditionem irritam facit* (Papi-
« nien, L. 77 § 5 *De leg.* 2°), *Mulieri auxilium præsta-*
« *bitur* (Ulpien, L. 13 § 3 *De fundo dot.*), reçoivent leur
« sens littéral quand on admet ainsi ce *judicium in*
« *rem, rescissâ alienatione datum.* Alors le mari est
« exclu du droit d'agir, par la forme même : car per-
« sonne ne peut rescinder sa propre aliénation ; et de
« même la femme quand elle a consenti...

« La *dotis datio* implique une convention du genre *do*
« *ut facias :* le mari devient propriétaire, sous l'obli-
« gation d'entretenir la femme avec les revenus de
« la chose. L'entretien de la femme est ainsi le but,
« le transport de la propriété au mari n'est que le
« moyen pour arriver à ce but; en d'autres termes, le
« *dominium mariti* est la forme sous laquelle la femme,
« pendant le mariage et conformément à la nature de
« cette union, profite de sa chose. La *vindicatio* de la
« femme et l'importance de la fiction de rescision se
« présentent ainsi dans tout leur jour. En effet la *vin-*
« *dicatio* est une conséquence de ce que la dot appar-
« tient à la femme : alors la fiction de rescision peut
« utilement être invoquée par la femme, même pendant
« le mariage » (1).

Il n'y a là, suivant moi, qu'une série d'idées in-

_____

(1) *Ausgewählte Lehren*, p. 107 et suiv.

cohérentes ou tout au moins non justifiées. J'ai déjà eu l'occasion d'en combattre plusieurs. Quelques mots suffiront maintenant pour achever la réfutation de toute cette doctrine.

M. Bachofen dit d'abord que le mari qui a vendu le fonds dotal ne peut pas le revendiquer. Cette proposition est d'autant plus singulière que l'auteur lui-même cite les textes qui proclament que le mari est propriétaire des biens dotaux et ceux qui déclarent nulle la *venditio prædii dotalis*. M. Bachofen s'appuie sur ce que l'inaliénabilité du fonds dotal se lie à l'existence de l'action *rei uxoriæ :* il en conclut que cette inaliénabilité doit pouvoir être invoquée par la personne qui a l'action, non par celle qui en est tenue. Je me borne à répondre que l'inaliénabilité établie par la loi Julia se lie en effet à l'existence au profit de la femme de l'action *rei uxoriæ*, mais en ce sens que, la propriété du fonds dotal devant rester *apud maritum*, la femme, quand viendra pour elle le moment de redemander sa dot, sera plus assurée de la recouvrer. — M. Bachofen invoque ensuite la L. 77 § 5 *De leg.* 2° et la L. 13 § 3 *De fundo dot.* Certes il ressort de ces textes que la femme (ou même son héritier) peut poursuivre le tiers à qui le mari a vendu le fonds dotal. Mais ce qu'il est impossible d'admettre, c'est que ces mêmes textes excluent le droit de revendication du mari. — L'argument le plus bizarre, à mon sens, est celui-ci. « Après la mort de la femme, le mari qui gagne la dot n'a aucune action : *à plus forte raison* n'en avait-il pas auparavant. » Il est évident qu'ici notre auteur a oublié la disposition de la L. 3 § 1 *De fundo dot.* Si le mari, qui gagne la dot quand la femme meurt *in matrimonio*, ne peut pas revendiquer contre le tiers acquéreur, c'est simplement parce que la vente est confirmée dès qu'il se trouve que la femme n'a jamais eu droit à la restitution de sa dot, l'inaliénabilité du fonds dotal n'ayant été établie que pour garantir entre les mains de la femme le résultat de l'action *rei uxoriæ*. — Enfin, M. Bachofen affirme qu'une personne ne peut jamais rescinder l'aliénation qu'elle a faite. Mais il se donne à lui-même un démenti en citant la L. 13 § 1 *De minor.*, où nous voyons le mineur revendiquer le bien par lui aliéné (1).

La deuxième proposition que M. Bachofen cherche à faire prévaloir, c'est que la femme, pendant le mariage (en dehors du cas où le mari est en déconfiture), peut revendiquer le fonds dotal par un *judicium rescissorium*. Ainsi l'aliénation faite par le mari au profit d'un tiers aurait ce résultat, tout à fait inattendu, de conférer à la femme l'exercice d'un droit de propriété qu'elle n'avait pas jusqu'alors (2). J'ai suffisamment démontré plus haut que du temps des jurisconsultes on n'avait jamais donné à la femme, qui poursuit le recouvrement de sa dot à l'époque où elle y a droit, une action en revendication *même utile ;* à plus forte raison ne la lui donnait-on pas quand le droit de se faire restituer ses biens dotaux n'est pas encore ouvert. — Je

---

(1) Glück admet aussi (*Ausführliche Erläuterung*, t. xxv, p. 402 et suiv.) que le mari peut revendiquer pendant le mariage le fonds dotal aliéné *contrà legem Juliam.*

(2) Si le fonds dotal se trouvait entre les mains d'un *prædo* ou d'un homme qui le tient d'un autre que du mari, M. Bachofen n'oserait probablement pas permettre à la femme de le revendiquer pendant le mariage.

remarque d'ailleurs une contradiction dans la théorie de M. Bachofen. Si, comme il le dit, la femme est réellement restée propriétaire des biens apportés en dot au mari, l'aliénation émanée de celui-ci devrait être pour elle chose tout à fait indifférente : alors je ne comprends pas qu'elle ait besoin de la faire rescinder, et que M. Bachofen ne lui donne qu'un *judicium rescissorium* (1). Du reste, avec ce point de départ, je ne comprends pas non plus que Papinien, dans la L. 77 § 5 *De leg.* 2°, nous représente la femme *irritam faciens venditionem*. De deux choses l'une : ou la femme était déjà propriétaire du fonds dotal avant l'aliénation faite par le mari, et alors, cette aliénation étant pour elle *res inter alios acta* et n'ayant pu entamer son droit, elle n'a pas besoin de la faire rescinder; ou le mari était seul propriétaire avant l'aliénation, et alors, l'aliénation une fois rescindée, la femme n'aura pas cessé d'être dans son ancienne condition, c'est-à-dire sans aucune action pour le moment (2).

Il me reste à exposer le système auquel je m'arrête sur cette importante question : Quel effet peut avoir, soit par rapport au mari, soit par rapport à la femme, l'aliénation que le mari a voulu faire contrairement à la loi Julia? J'ai déjà eu l'occasion d'indiquer par avance mon opinion à cet égard (3). J'admets d'abord sans dif-

---

(1) Je concevrais davantage qu'on permît à la femme de faire rescinder l'aliénation qui a eu lieu au profit du mari *dotis causâ*, lors de la constitution de dot. Mais telle n'est point l'idée de M. Bachofen.

(2) M. de Vangerow combat également la théorie de M. Bachofen (voy. *Lehrbuch der Pandekten*, t. I, § 217, p. 452 de la 6e édit.).

(3) Voy. notamment mon commentaire sur la L. 13 § 3 (ci-dessus, p. 332).

ficulté que le mari peut revendiquer le fonds contre son
acheteur ou contre les ayants-cause de celui-ci : la vente
étant nulle, c'est véritablement comme si le mari reven-
diquait contre un possesseur sans titre ou contre un possesseur qui aurait reçu le fonds *a non domino* (1). Que
si, au moment où la femme a droit de se faire restituer
sa dot, le mari n'a pas exercé cette revendication, de
manière que le fonds se trouve encore entre les mains
du tiers acquéreur, le mari, qui n'a pas cessé d'être
propriétaire, doit retransférer à la femme sa propriété
ou lui céder son action en revendication; et, faute par
lui de le faire, la femme sera autorisée à revendiquer
comme si la cession à laquelle elle a droit lui eût été
réellement faite. Sans aucun doute cette doctrine est
conforme aux principes généraux; de plus, elle cadre
très-bien avec tous les textes. C'est ici le lieu d'étudier
d'une manière complète un texte de Papinien auquel
plus d'une fois déjà je me suis référé (2), la L. 77 § 5 *De
leg.* 2° : « *Qui dotale prædium*, dit Papinien, *contrà legem
« Juliam vendidit, uxori legatum dedit, et emptoris fidei*

----

(1) Lorsque le mari revendique ainsi contre son acheteur, si
celui-ci oppose l'exception *rei venditæ et traditæ*, le mari peut-il
la combattre directement, ou doit-il avoir eu soin de faire insérer
une réplique dans la formule? Malgré les expressions *venditio non
valet*, qu'on peut entendre en ce sens que la vente est absolument
comme non avenue, je suis disposé à croire qu'une réplique est
nécessaire. C'est ce qui me paraît ressortir de cette décision générale
d'Ulpien : « *Et si (venditor) tradiderit possessionem, fuerit
« autem justa causa vindicanti, replicatione adversùs excep-
« tionem utitur* » (L. 1 § 5 *De except. rei vend. et trad.*). C'est
aussi l'opinion de M. de Vangerow (*loc. cit.*).

(2) Voy. notamment le commentaire de la L. 13 § 4 (ci-dessus, p. 338).

« *commisit ut amplius ci pretium restituat. Emptorem*
« *fideicommissi non teneri constabat. Si tamen, accepto*
« *legato, mulier venditionem irritam faceret, eam, oblato*
« *pretio, doli placuit exceptione summoveri* (1).

Le mari a vendu le fonds dotal sans le consentement
de la femme ; nous supposons, du reste, qu'il l'a vendu
à sa véritable valeur, par exemple, cent sous d'or. Puis,
dans son testament, il a légué à sa femme un objet qui
vaut cinquante ; et, dans le même testament ou dans un
codicille, il a chargé l'acheteur du fonds de payer le
montant de son prix à la femme (2). Papinien commence
par dire que très-certainement le fidéicommis n'est pas
valable, que l'acheteur n'en est pas tenu. Mais à quoi
tient cette nullité ? Elle ne tient pas, comme on pourrait le croire d'abord, à ce que celui-là seul peut être
grevé d'un fidéicommis qui a reçu une libéralité du défunt (3) : car, d'un rescrit de l'empereur Antonin le
Pieux, on avait conclu qu'un créancier peut toujours
grever son débiteur d'un fidéicommis au profit d'un
tiers, de manière à enlever à son héritier le droit d'exi-

(1) « Un homme, ayant vendu le fonds dotal contrairement à la loi
« Julia, a fait un legs à sa femme, et, de plus, il a chargé l'acheteur,
« à titre de fidéicommis, de lui remettre le prix. Sans difficulté,
« l'acheteur n'était point tenu du fidéicommis. Si pourtant la
« femme, après avoir reçu le legs, voulait faire tomber la vente, on
« pourrait, en lui offrant le prix, l'écarter par l'exception de dol. »
(2) C'est ainsi que l'espèce est entendue par Cujas, dans son commentaire sur le Livre VIII des *Réponses* de Papinien. Au contraire,
dans son commentaire sur le Titre *De leg.* 2°, il suppose que le
fidéicommis est seulement de la différence entre la valeur du fonds
dotal et le montant du legs.
(3) Voy. Gaius, Comment. II, §§ 260 et 261 ; Just., pr. et § 1
De sing. reb. per fideic. (II, 24).

ger le paiement (1) Dans l'espèce, la nullité du fidéicommis tient précisément à ce que, la vente faite par
le mari ayant pour objet le fonds dotal, l'action *venditi*
n'a pas pu prendre naissance : le fidéicommis, étant
ainsi imposé à un homme qui n'a pas été gratifié par
le mari et qui n'est pas son débiteur, ne peut évidemment pas être obligatoire pour lui.

Maintenant, la femme pourra-t-elle utilement revendiquer le fonds dotal ? l'acheteur n'a-t-il aucun autre
moyen de le garder que de payer la *litis œstimatio* fixée
par la femme elle-même sous la foi du serment? Si la
femme répudie le legs que lui a fait le mari, elle est
parfaitement fondée à revendiquer le fonds : l'acheteur
alors n'a d'autre alternative que d'obéir au juge qui lui
ordonne de restituer ou d'encourir cette *litis œstimatio.*
Mais Papinien suppose que la femme a commencé par
accepter le legs, et qu'ensuite elle attaque l'acheteur. Les expressions dont il se sert pour exprimer
cette poursuite exercée par la femme sont tout à
fait remarquables : *mulier venditionem irritam facit.*
Je vois dans ces expressions la preuve que, quand
la femme poursuit l'acheteur, c'est avec une action
qui a pris naissance en la personne du mari. En
effet, si elle avait de son chef un droit de revendication, elle n'aurait pas besoin de faire tomber la vente
consentie par le mari; elle se bornerait à dire : « Cette
vente ne me regarde pas, c'est pour moi *res inter alios
acta.* » Ainsi, supposons qu'un usufruitier ait vendu et
livré comme sienne la chose dont il a seulement l'usu-

_____

(1) Voy. Ulpien, **L.** 77 *De leg.* 1°; Scævola, L. 37 § 3 *De
leg.* 3°.

fruit : le propriétaire, survenant avant que l'usucapion ne soit accomplie par l'acheteur, n'aura pas besoin de faire annuler la vente, il lui suffira de montrer qu'il n'est ni le vendeur ni l'ayant-cause du vendeur. Au contraire, dans l'espèce de notre L. 77 § 5, la femme est l'ayant-cause du mari : il faut donc qu'elle montre que la vente émanée de son auteur n'est pas valable, et c'est ce qu'expriment très-bien les mots *Irritam venditionem facit*. Ces mots ne s'expliquent d'une manière tout à fait satisfaisante que dans le système que j'ai présenté.

Arrivons à la décision de Papinien. La femme a recueilli le legs que lui avait fait son mari. Dès lors elle commettrait un dol si elle apportait quelque obstacle à l'accomplissement des volontés du défunt. Or peut-il y avoir doute sur les intentions de celui-ci? Non : évidemment il a voulu que d'une part l'acheteur gardât le fonds, que d'autre part la femme obtînt l'objet légué et le montant du prix de vente. Donc, si la femme, après avoir accepté le legs, revendique le fonds contre l'acheteur, celui-ci doit pouvoir paralyser cette revendication, en mettant la femme précisément dans la position où le défunt a voulu la mettre, c'est-à-dire en lui offrant le prix.

J'ai toujours supposé que le mari était *dominus ex jure Quiritium* du fonds dotal, et qu'il avait voulu aliéner intégralement son droit. Il sera facile de faire l'application des principes que j'ai posés à tous les autres cas qui peuvent se présenter. Si, par exemple, le mari avait seulement le fonds *in bonis*, ou s'il en avait la possession de bonne foi (1), qu'il l'ait vendu et livré à un

(1) Voy. le commentaire de la L. 13 § 2 (ci-dessus, p. 315 et suiv.)

tiers, il pourra intenter l'action Publicienne, et, après la dissolution du mariage, la femme pourra être investie de cette même action. S'il a voulu constituer une servitude sur le fonds dotal, ou éteindre une servitude appartenant au fonds dotal, il pourra intenter l'action négatoire dans le premier cas, l'action confessoire dans le deuxième ; et la femme, après que le fonds lui aura été restitué, pourra également être investie de l'une ou de l'autre de ces actions.

— Nous disons que le mari qui a vendu, mancipé et livré le fonds dotal sans le consentement de la femme, peut le revendiquer contre le tiers acquéreur : le juge, faisant application de la loi Julia, n'aura pas à tenir compte de cette tentative d'aliénation. Mais la vente, ainsi frappée de nullité, ne pourrait-elle pas se trouver validée après coup, de manière à rendre impossible désormais cette revendication de la part du mari? Elle serait certainement validée, nous l'avons déjà vu, par la ratification de la femme (1). Elle le serait également, comme il résulte de notre L. 17 et de la L. 42 *De usurpat.*, si, la femme venant à mourir *in matrimonio*, le mari par là même gagnait la dot. En effet, la loi Julia n'ayant établi l'inaliénabilité du fonds dotal que comme un moyen de garantir à la femme la restitution de sa dot, il est évident que, là où il n'y a pas lieu à cette restitution, il ne doit plus être question d'inaliénabilité. Du moment qu'il ne s'agit que de l'intérêt du mari, on ne peut, sans outrepasser et sans méconnaître le but

(1) Voy. ci-dessus, p. 207. Voy. aussi le commentaire de la L. 13 § 4 (p. 337).

du législateur, appliquer encore la disposition de la loi Julia.

Nos textes disent très-bien que, le mari ayant gagné la dot par la mort de la femme, le tiers acquéreur du fonds dotal n'a plus à craindre une éviction : le mari a perdu le droit de revendiquer. Mais qu'arriverait-il s'il avait revendiqué auparavant, et recouvré l'immeuble à la suite de l'*arbitratus* du juge? Sans doute le juge n'a pas tenu compte de la vente faite par le mari ; mais s'ensuit-il que cette vente doive être définitivement considérée comme non existante et qu'ainsi elle ne soit plus susceptible d'aucune espèce de confirmation? J'aurais beaucoup de peine à suivre cette doctrine rigoureuse : je crois que, par cela seul que le mari gagne la dot, la vente qu'il a faite est confirmée et qu'ainsi l'action *empti* sera donnée à l'acheteur pour en poursuivre l'exécution. Je vois ici quelque chose d'analogue à ce qui a lieu lorsqu'un homme, ayant vendu sa chose, la livre sans recevoir satisfaction de l'acheteur et sans suivre sa foi : alors il ne cesse point d'en être propriétaire, et, par conséquent, faute de paiement du prix, il peut la revendiquer ; mais la vente tient toujours, et l'acheteur n'a qu'à payer son prix pour être en droit d'exiger que la chose lui soit de nouveau livrée. De même, lorsque le mari a vendu et livré le fonds dotal, il peut le revendiquer et en recouvrer la possession ; mais si la femme vient à mourir laissant la dot au mari, la vente que le mari avait faite et que jusqu'alors il avait pu méconnaître se trouve maintenant confirmée et l'exécution peut en être poursuivie.

N'existe-t-il aucun autre cas dans lequel la vente du fonds dotal puisse ainsi se trouver validée après coup?

Que décider si, la dot étant profectice et la femme mourant *in matrimonio*, le mari est tenu de l'action *rei uxoriæ* envers l'ascendant paternel qui avait doté sa fille ? Je suis disposé à croire qu'ici encore le tiers acquéreur doit être à l'abri de l'éviction, comme quand le mari gagne la dot. Je me fonde d'abord sur la règle formulée par Paul (L. 3 § 1 *h. T.*) suivant laquelle il y a inaliénabilité du fonds dotal lorsque l'action *de dote* compète ou doit sûrement compéter à la femme : d'après cela, un étranger qui, en constituant la dot, en a stipulé la restitution, ne peut pas invoquer la loi Julia ; or, si l'ascendant paternel de la femme est mieux traité que cet étranger, c'est seulement en ce sens que, sa fille mourant *in matrimonio*, il peut se faire rendre la dot quoiqu'il n'en ait pas stipulé la restitution (1). J'invoque encore la L. 13 § 3, où nous voyons Ulpien donner le même *auxilium* dont aurait joui la femme à l'héritier de celle-ci, mais non pas à l'ascendant *a quo dos profecta est :* on comprend que l'héritier, qui continue la personne de la femme, succède au droit qu'elle a eu de faire tomber l'aliénation ; au contraire l'ascendant qui reprend la dot profectice arrive *jure proprio* et non pas comme successeur de sa fille (2). — On pourrait alléguer en sens contraire une Constitution de l'empereur Alexandre, la L. 3, C., *De jure dot.*, déjà rapportée plus haut (p. 16), et de laquelle il résulte que l'ascen-

(1) L'ascendant qui constitue la dot peut renoncer au bénéfice établi en sa faveur et convenir avec son gendre que celui-ci, *mortuá uxore*, gardera les biens. Voyez Dioclétien et Maximien, L. 6, C., *De pact. conv.* (v, 14).

(2) Ajoutez ce que j'ai déjà dit en expliquant la L. 12 § 1 *h. T.* (ci-dessus, p. 307).

dant qui recueille la dot profectice doit respecter les affranchissements dont le mari a pu conférer le bénéfice aux esclaves dotaux ; mais l'argument *a contrario* que fournit ce texte me parait trop faible pour prévaloir contre les considérations qui précèdent.

L. 18. — JAVOLENUS, LIB. VI *ex posterioribus Labeonis.*

PR.

Vir in fundo dotali lapidicinas marmoreas aperuerat. Divortio facto, quæritur, marmor quod cæsum neque exportatum est, cujus esset, et impensam in lapidicinas factam mulier an vir præstare deberet. Labeo marmor viri esse ait; cæterùm viro negat quidquam præstandum esse a muliere, quia nec necessaria ea impensa esset, et fundus deterior esset factus. Ego non tantùm necessarias, sed etiam utiles impensas præstandas a muliere existimo; nec puto fundum deteriorem esse, si tales sunt lapidicinæ in quibus lapis crescere possit.

Un mari avait ouvert des carrières de marbre dans le fonds dotal. Le divorce ayant eu lieu, ou demande à qui appartient le marbre extrait, mais non encore emporté, et si c'est la femme ou le mari qui doit supporter les dépenses faites en vue de ces carrières. Labéon dit que le marbre appartient au mari; il ajoute que la femme n'a rien à rembourser au mari, attendu qu'il ne s'agit pas d'une dépense nécessaire, et que le fonds a été dégradé. Quant à moi, je pense que la femme ne doit pas rembourser seulement les dépenses nécessaires, qu'elle doit rembourser aussi les dépenses utiles, et je ne considère pas le fonds comme dégradé s'il s'agit de carrières telles que la pierre s'y reproduise.

Lorsque dans le fonds que le mari reçoit *dotis causâ* il y a une carrière déjà ouverte, le mari a certainement le droit de continuer l'exploitation, et il en gagnera les produits comme des fruits. Mais pourrait-il dans le fonds dotal ouvrir lui-même une carrière? Il me paraît évident que personne n'a le droit de l'en empêcher; que seulement, si, quand il s'agira de restituer le fonds, ce fonds en définitive se trouve dégradé, il pourra en être responsable. Le mari a plus de droit qu'un usufruitier : celui-ci ne peut pas changer la destination de la chose, convertir un domaine d'agrément en domaine de produit ou *vice versâ;* il n'est point défendu au mari d'opérer une conversion de ce genre. En conséquence, l'usufruitier ne peut ouvrir une carrière que sous certaines conditions (1); le mari peut d'une manière absolue ouvrir des carrières dans le fonds dotal, sauf à être responsable si, en définitive, par suite de ses travaux, le fonds qu'il restitue vaut moins que le fonds qu'il a reçu.

Je considère ces principes comme étant le point de départ d'une bonne explication de notre texte.

Voici d'abord les faits que suppose le jurisconsulte : Le mari a ouvert des carrières de marbre dans le fonds dotal; des blocs de marbre ont été extraits, mais ils n'ont pas encore été emportés pour être vendus; le divorce arrive. Maintenant, deux questions se présentent : 1° ces blocs de marbre, qui sont encore sur le fonds dotal, près de la carrière d'où ils ont été tirés, appartiennent-ils au mari ou appartiennent-ils à la femme? 2° les frais que le mari a faits pour commencer l'exploitation de cette carrière resteront-ils à sa charge ou pourra-t-il s'en faire tenir compte par la femme en lui restituant le fonds ?

(1) Voy. Ulpien, L. 13 § 5 *De usufr. et quemadm.* (7, 1).

Sur la première question, il ne paraît pas y avoir eu difficulté : Labéon admet que les blocs de marbre appartiennent au mari et non à la femme, ce qui veut dire qu'ils sont gagnés par le mari, que le mari n'est point tenu de les restituer à la femme ; et sur ce point Javolenus n'élève aucune contradiction (1). Ainsi, les jurisconsultes romains, en principe, ne considèrent point comme des portions de la chose dotale, les produits d'une carrière même ouverte par le mari. Ces produits, en effet, ont un tout autre caractère que les arbres non compris dans une *silva cædua*, comme par exemple des oliviers, que le mari fait abattre (2).

Mais sur la deuxième question, Javolenus n'est plus complétement d'accord avec Labéon. Suivant Labéon, le mari n'a jamais droit de se faire indemniser par la femme des frais qu'a nécessités l'ouverture de la carrière. Javolenus combat cette proposition comme trop absolue, en montrant que les motifs donnés à l'appui par Labéon ne sont pas toujours applicables. En effet, Labéon se fondait d'abord sur ce que le mari n'a point fait là une dépense nécessaire ; à cela Javolenus répond très-bien : « Sans doute l'ouverture de la carrière n'est point une dépense nécessaire, mais ce peut être une dépense utile ; or, le mari est autorisé à se faire tenir compte même des dépenses simplement utiles » (3). La-

(1) Si le bloc de marbre, au lieu de n'être pas encore *exportatum*, avait été vendu et livré par le mari, il est certain que dans tous les systèmes le tiers acheteur serait à l'abri d'une réclamation de la part de la femme ; car, voulût-on y voir une chose dotale, comme elle est mobilière, le mari aurait parfaitement pu l'aliéner.

(2) Voy. le commentaire de la L. 8 (ci-dessus, p. 268 et suiv.).

(3) Voyez ci-dessus, p. 166 et 167.

béon ajoutait, pour refuser au mari toute espèce de recours, que le mari en ouvrant la carrière avait dégradé le
fonds, qu'ainsi il n'avait même pas fait une dépense utile.
Mais il est évident qu'en ceci Labéon allait beaucoup
trop loin : s'il se peut que le mari ait détruit une exploitation agricole convenable pour ouvrir une carrière
qui se trouve déjà épuisée quand arrive le divorce, il se
peut aussi qu'au lieu d'un terrain stérile qu'il avait reçu
en dot il restitue aujourd'hui une carrière qui pendant
longues années donnera de riches produits. « Je ne
pense pas, dit Javolenus, que le fonds soit dégradé
lorsqu'il s'agit de carrières *in quibus lapis crescere possit*, dans lesquelles le marbre peut se reproduire. » Occupons-nous un instant du curieux phénomène ainsi
mentionné par le jurisconsulte.

Les anciens admettaient que dans certaines carrières
les vides faits par le travail des ouvriers peuvent se
combler par la force réparatrice de la nature, de telle
sorte que la carrière donne indéfiniment des produits
périodiques, comme la terre cultivée par l'homme
donne chaque année des récoltes sans s'épuiser jamais.
« *Inter plurima Italiæ miracula*, dit Pline, *ipsa mar-*
« *mora in lapidicinis crescere auctor est Papirius Fa-*
« *bianus, naturæ rerum peritissimus; exemptores quoque*
« *adfirmant compleri sponte illa montium ulcera. Quæ*
« *si vera sunt, spes est nunquàm defuturam luxu-*
« *riam* » (1). — Ce que Pline rapporte ainsi, sans le ga-

_____

(1) *Plinii Secundi historiarum mundi* lib. xxxvi, c. xxiv
in fine : « Parmi les nombreuses merveilles que l'on trouve en
« Italie, en voici une que garantit Papirius Fabianus, très-savant
« naturaliste : Le marbre se reforme dans les carrières. Les ouvriers
« affirment aussi que les brèches qu'ils font se referment d'elles-

rantir, est reconnu et même expliqué par la science moderne. « Il ne faut pas bien des siècles, dit Buf-
« fon (1), ni même un très-grand nombre d'années,
« comme on pourrait le croire, pour former les albâ-
« tres : on voit croître les stalactites en assez peu de
« temps; on les voit se grouper, se joindre et s'étendre
« pour ne former que des masses communes, en sorte
« qu'en moins d'un siècle elles augmentent peut-être
« du double de leur volume..... L'albâtre est une ma-
« tière qui, se produisant et croissant chaque jour,
« pourrait, comme le bois, se mettre, pour ainsi dire, en
« coupes réglées à deux ou trois siècles de distance : car,
« en supposant qu'on fît aujourd'hui l'extraction de tout
« l'albâtre contenu dans quelques-unes des cavités qui
« en sont remplies, il est certain que ces mêmes cavités
« se rempliraient de nouveau d'une matière toute sem-
« blable, par les mêmes moyens de l'infiltration et du
« dépôt des eaux gouttières qui passent à travers les
« couches supérieures de la terre et les joints des
« bancs calcaires. » — « Les marbres de seconde forma-
« tion, » dit-il un peu plus loin, « peuvent, comme les
« albâtres, se régénérer dans les endroits d'où on les
« a tirés, parce qu'ils sont formés de même par la
« stillation des eaux. Baglivi rapporte un grand nom-
« bre d'exemples qui prouvent évidemment que le
« marbre se reproduit de nouveau dans les mêmes
« carrières..... » En Italie notamment, il paraît que
les eaux du Velino, chargées de matières calcaires,

« mêmes. Si le fait est vrai, on peut espérer que le luxe n'aura point
« de terme. »

(1) Édition de Lacépède (1818), t. III, p. 64.

ont une vertu prodigieuse pour former des masses en-
tières de rocs.

—De la L. 18 pr. *De fundo dot.*, je dois rapprocher
un texte qui a beaucoup embarrassé les commentateurs.
Ulpien y pose les deux mêmes questions qui font
l'objet de notre L. 18 pr.; il les pose dans des termes
presque identiques, et je crois qu'il les décide absolument comme Javolenus. « *Si vir in fundo mulieris do-*
« *tali,* » dit Ulpien, « *lapidicinas marmoreas invenerit, et*
« *fundum fructuosiorem fecerit, marmor quod cœsum*
« *neque exportatum est, mariti est; et impensa non est*
« *ei præstanda, quia nec in fructu est marmor, nisi*
« *tale sit ut lapis ibi renascatur, quales sunt in Galliâ,*
« *sunt et in Asiâ* » (1). Toute la difficulté est dans ces
mots *quia nec in fructu est marmor :* en effet, comment
comprendre que le jurisconsulte s'exprime ainsi,
quand il a commencé par dire que le mari, en ouvrant
la carrière, a rendu le fonds *fructuosior,* et surtout
quand il a décidé que les blocs extraits de la carrière
et non encore transportés sont gagnés par le mari? An-
toine Favre et Pothier (2), pour échapper à la difficulté, supposent que le texte a été altéré et proposent
de lire : *mariti* NON *est.* Indépendamment de ce que

_____

(1) L. 7 § 13 *Sol. matr.* : « Si le mari a trouvé des carrières
« de marbre dans le fonds dotal et qu'en les exploitant il ait obtenu
« un revenu plus considérable, le marbre extrait, mais non encore
« emporté, lui appartient. Quant à la dépense, elle ne doit pas lui être
« remboursée, parce qu'il n'a pas créé une source de revenus, à moins
« qu'il ne s'agisse d'une de ces carrières où le marbre se reforme,
« comme il y en a en Gaule et en Asie. »

(2) *Pand. Justin.*, Tit. *Soluto matrimonio*, n° 45.

cette addition en elle-même a d'arbitraire, Ulpien serait ainsi en désaccord avec Labéon et avec Javolenus :
car ceux-ci, dans notre L. 18 pr., attribuent sans difficulté et d'une manière absolue les blocs de marbre au
mari. Cujas (1) ajoute également une négation ; mais il
l'ajoute ailleurs : il lit NEC *fundum fructuosiorem fecerit.* Je ne puis croire qu'Ulpien se soit laissé aller à
une rédaction si vicieuse : car il semblerait alors que,
si les blocs de marbre appartiennent au mari, c'est
parce qu'il n'a pas rendu le fonds *fructuosior.*

Voici, à mon sens, ce qu'a voulu dire Ulpien : « Le
mari a ouvert dans le fonds dotal des carrières de
marbre ; le produit de ces carrières est supérieur au
revenu que le fonds donnait auparavant. Dans tous les
cas, les blocs de marbre, dès qu'ils sont extraits de la
carrière, appartiennent au mari, et il n'aura point à
en rendre compte dans l'action *rei uxoriæ ;* mais il ne
peut se faire indemniser par la femme des frais de
mise en exploitation qu'autant qu'il a créé une source
durable de revenus, la carrière n'étant point déjà
épuisée au moment où le fonds est restitué à la femme. »
Et cette décision, conforme à celle de Javolenus, est
parfaitement raisonnable. En effet, dans le cas où la
carrière est déjà épuisée lors de la dissolution du mariage, d'une part la femme ne doit aucune indemnité
pour une dépense dont elle ne retire aucun profit, et
même c'est elle qui aurait droit à une indemnité si le
fonds en définitive a été dégradé par l'ouverture et
par l'exploitation de la carrière ; mais, d'autre part, il

---

(1) *Observat.,* lib. xv, c. 21 ; — *In Tit.* DE USURP., ad L. 4
§ 11.

est équitable que le mari gagne au moins les produits
qu'il a retirés ainsi à ses dépens. Dans le cas où l'exploitation pourra se prolonger après la dissolution du
mariage, de telle sorte que la femme qui recouvre son
immeuble le trouve plus productif qu'il n'était autrefois, le mari gagne les produits par lui perçus, comme
en général il gagne les fruits, et de plus il est juste
que la femme rembourse la dépense dont elle va profiter.

— Enfin on pourrait voir une contradiction entre
cette L. 7 § 13 *Sol. matr.*, qui, comme la L. 18 pr. *De
fundo dot.*, fait gagner définitivement au mari les produits de la carrière, et un fragment de Pomponius,
dont nous avons déjà fait usage (1), la L. 32 *De jure
dot.* En effet, dans cette dernière Loi, le jurisconsulte
suppose que les produits de la carrière ouverte dans le
fonds dotal font partie de la dot ; il les met sur la même
ligne que les arbres *quæ fructus non essent*, et décide
que, si le mari les a vendus *voluntate mulieris*, le montant du prix de vente est dotal. Je ne veux pas m'arrêter sur cette difficulté, qui ne rentre pas précisément
dans mon sujet. Je dirai seulement qu'à mon sens la
L. 32 *De jure dot.* se rapporte soit à des *lapides* qui
avaient déjà été extraits de la carrière au moment où le
fonds est devenu dotal, soit à des *lapides* extraits pendant le mariage, mais qui, d'après la volonté exprimée
par la femme, doivent être *in dote* comme le fonds d'où
ils proviennent (2).

(1) Voy. ci-dessus, p. 208.
(2) Cas prévu par Paul, L. 8 pr. *Sol. matr.*

Si per mulierem mora fieret quominùs æstimationem partis fundi viro solveret et fundum reciperet, cùm hoc pactum esset, fructus interim perceptos ad virum pertinere ait Labeo. Sed puto potiùs pro portione fructus virum habiturum, reliquos mulieri restituturum. Quo jure utimur.

Si la femme est en demeure de payer au mari l'estimation d'une partie du fonds afin de le recouvrer, suivant ce qui avait été convenu, Labéon dit que les fruits perçus dans l'intervalle appartiennent au mari. Quant à moi, je pense que le mari ne les gardera qu'en proportion de sa part et qu'il rendra le surplus à la femme. Et c'est effectivement ainsi qu'on procède.

Il faut convenir qu'ici l'espèce n'est pas posée avec une clarté parfaite et qu'un certain effort est nécessaire pour reconnaître quels sont bien précisément les faits sur lesquels ont été rendues les décisions de Labéon et de Javolenus. Voici, à mon sens, ce qui avait eu lieu :

Titius et Titia étant co-propriétaires, chacun pour moitié indivise, du fonds Cornélien, et se mariant ensemble, Titia a donné en dot à son mari sa part indivise dans le fonds commun; de plus, il a été convenu que, quand viendrait pour Titia le moment de se faire restituer sa dot, elle pourrait exiger le fonds tout entier, à charge par elle de payer au mari la valeur de la part qui appartenait à celui-ci avant la constitution de dot. Le divorce arrive. Le mari serait disposé à remettre le fonds à la femme; mais, faute par la femme de payer la somme convenue, le mari retient le fonds et continue d'en percevoir les fruits. La question est de savoir, et cette question est bien certainement étrangère à la disposition de la loi Julia, ce qu'on devra faire des fruits ainsi perçus par le mari. la femme étant en demeure de recevoir le fonds.

Labéon, préoccupé sans doute de l'idée que la femme est *in morâ*, lui fait perdre tous les fruits : *fructus interim perceptos ad virum pertinere ait Labeo.* Javolenus, au contraire, fait une distinction. Quant aux fruits correspondant à la part indivise qui était propre au mari, sans doute le mari doit les garder : en effet il n'est pas possible que la femme se trouve avoir en définitive et la jouissance de la somme qu'elle ne paye pas et la jouissance de la part qu'elle a en quelque sorte achetée ; autrement, elle aurait grand intérêt à se laisser ainsi mettre en demeure. Mais quant aux fruits de la part apportée en dot, ils étaient destinés à subvenir aux charges du mariage : le mari ne peut les gagner qu'en proportion du temps pendant lequel ces charges ont pesé sur lui.

FIN.

TABLE

ALPHABÉTIQUE DES MATIÈRES.

(Le chiffre indique la page.)

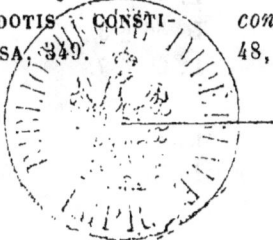

TABLE

DES PRINCIPAUX TEXTES

NON COMPRIS DANS LE TITRE DU DIGESTE *DE FUNDO DOTALI*

QUI SONT EXPLIQUÉS DANS CE VOLUME..

I. DIGESTE.

II. CODE DE JUSTINIEN.

III. NOVELLES.

FIN DE LA TABLE.

Imprimé par Charles Noblet, rue Soufflot, 18.

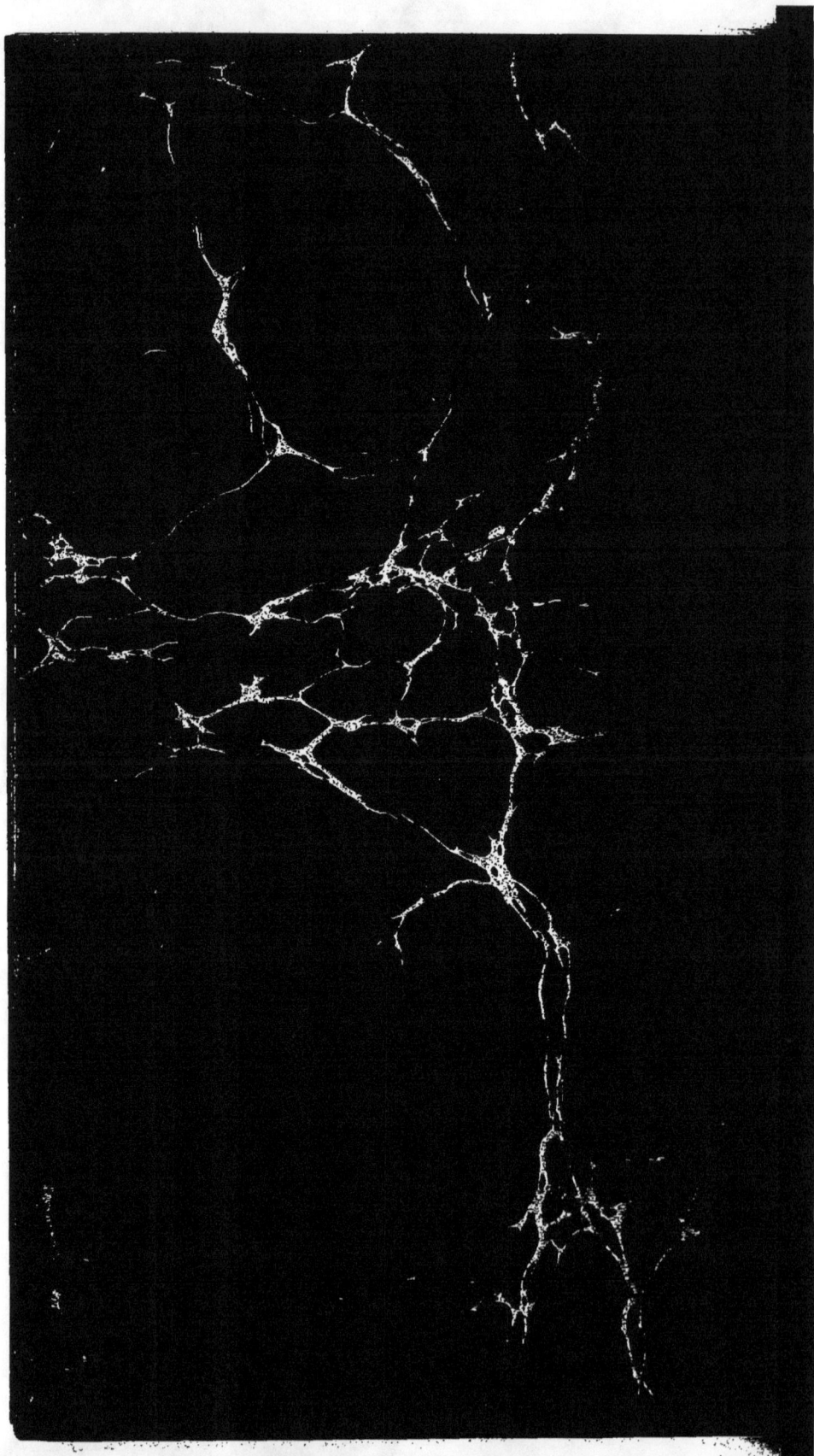

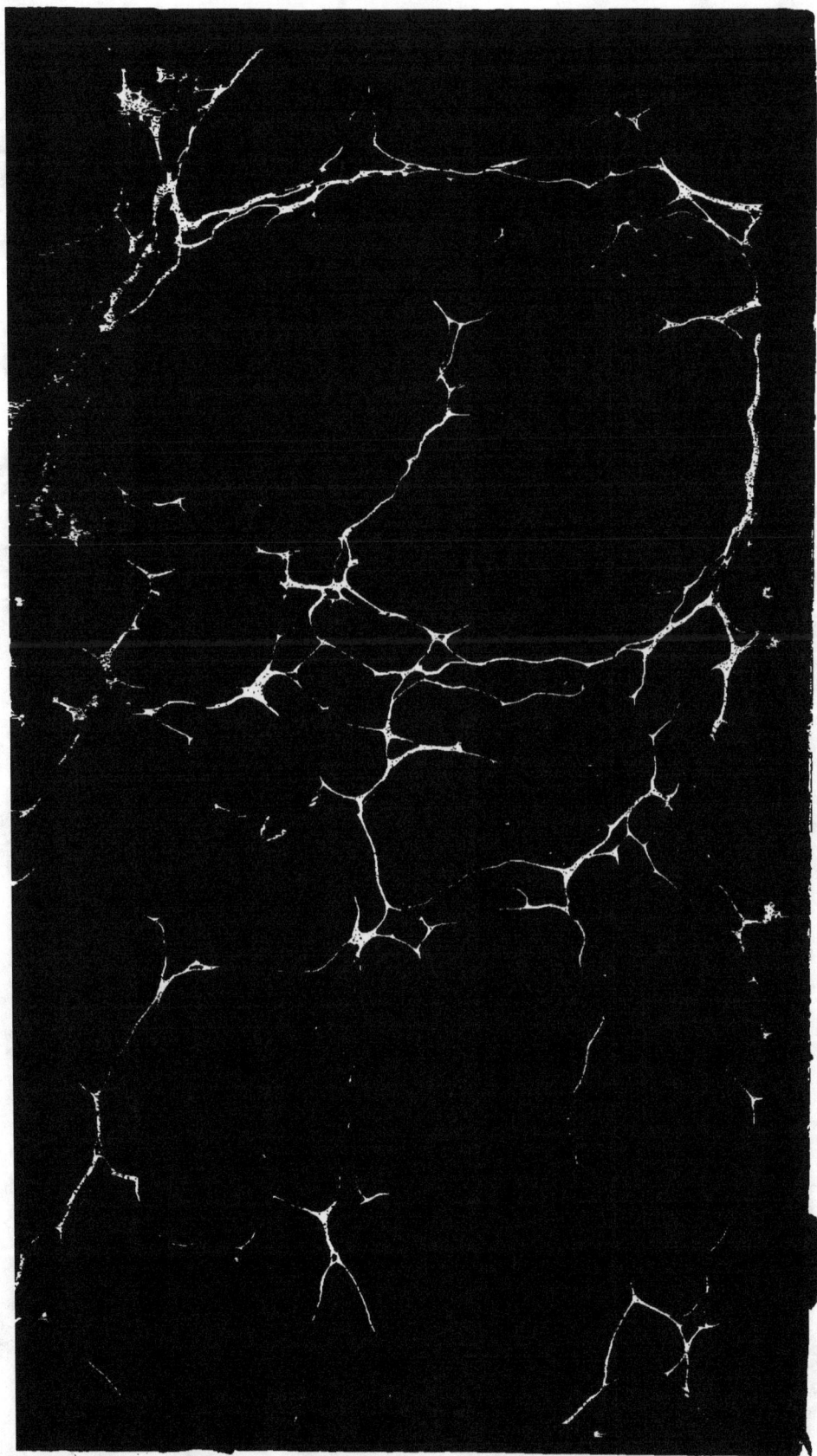

www.ingramcontent.com/pod-product-compliance
Lightning Source LLC
Chambersburg PA
CBHW052103230326
41599CB00054B/3710